A LINGUAGEM PERDIDA DO SIMBOLISMO

CB012407

Harold Bayley

A LINGUAGEM PERDIDA
DO SIMBOLISMO

Um estudo sobre a origem de certas letras,
palavras, nomes, contos de fadas,
folclores e mitologias

Tradução
NEWTON ROBERVAL EICHEMBERG
ALÍPIO CORREIA DE FRANCA NETO

EDITORA CULTRIX
São Paulo

Dados Internacionais de Catalogação na Publicação (CIP)
(Câmara Brasileira do Livro, SP, Brasil)

Bayley, Harold
    A linguagem perdida do simbolismo : um estudo
sobre a origem de certas letras, palavras, nomes,
contos de fadas, folclores e mitologias / Harold
Bayley ; tradução Newton Roberval Eichemberg,
Alípio Correia de Franca Neto. — São Paulo :
Cultrix, 2005.

    Título original: The lost language of symbolism.
    ISBN 85-316-0918-6

    1. Marcas d'água 2. Marcas de tipógrafo
3. Religião - História 4. Simbolismo I. Título.

05-8719   CDD-291.37

Índices para catálogo sistemático:

1. Simbolismo : Religião comparada 291.37

O primeiro número à esquerda indica a edição, ou reedição, desta obra. A primeira dezena à direita indica o ano em que esta edição, ou reedição, foi publicada.

Edição	Ano
1-2-3-4-5-6-7-8-9-10-11	05-06-07-08-09-10-11

Direitos de tradução reservados pela
EDITORA PENSAMENTO-CULTRIX LTDA.
Rua Dr. Mário Vicente, 368 — 04270-000 — São Paulo, SP
Fone: 6166-9000 — Fax: 6166-9008
E-mail: pensamento@cultrix.com.br
http://www.pensamento-cultrix.com.br

Impresso em nossas oficinas gráficas.

"A mente inglesa, que não se deixa influenciar com facilidade pela retórica, transita livremente sob a pressão dos fatos."

E. B. Tylor

"Por um momento, pode-se despertar interesse por uma nova hipótese, mas é apenas o acúmulo de fatos que, no final, influencia perceptivelmente a opinião pública."

Walter Johnson

SUMÁRIO

Capítulo IV

O MILÊNIO

Capítulo V

O ESPÍRITO DO BEM

Capítulo VI

AS HOSTES DO SENHOR

CAPÍTULO XIII

O PRESIDENTE DAS MONTANHAS

Capítulo I

INTRODUÇÃO

"Não pode haver dúvida de que um número enorme dessas marcas d'água tinha um significado religioso, mas somos tentados a acreditar, com base no fato de esse mesmo símbolo ter sido utilizado contemporaneamente em várias partes da Europa, que esses símbolos constituíam um meio de comunicação e de encorajamento espiritual entre todos os que haviam sido admitidos nos segredos da seita. A proposta tem muitos pontos que a recomendam, mas requer uma análise prolongada e erudita antes de poder ocupar posição como uma hipótese aceitável...

"Fazendo toda justiça ao Sr. Bayley, admitamos que ele não seja arrogante nem dogmático. Ele propôs uma teoria com bases um tanto insuficientes, e evidenciou uma certa preocupação excessiva quanto a expandir essa teoria além dos limites razoáveis. Mas ele está pronto a admitir que a sua própria obra é uma obra de sugestões e não de provas, e não resta dúvida de que ele levantou uma questão para considerações posteriores. A hipótese dele é engenhosa, e até certo ponto parece sustentável; mas, no momento, devemos considerá-la como 'não demonstrada'."

— *Westminster Gazette*,
12 de maio de 1909.

Este livro, embora não tenha sido escrito especialmente com esse propósito, consubstancia as conclusões provisórias formuladas há três anos em *A New Light on the Renaissance* (Uma Nova Luz sobre a Renascença). Eu disse, na época:
"Os fatos ora apresentados tendem a demonstrar que –

"1. Desde o seu aparecimento, pela primeira vez, em 1282, até a última metade do século XVIII, os curiosos desenhos inseridos em papel na forma de marcas d'água constituem uma corrente de *emblemas* que foram aparecendo de maneira coerente e ininterrupta.

"2. Esses emblemas são fósseis-de-pensamento ou cristais-de-pensamento, em que se alojam, entesouradas, as aspirações e tradições das numerosas seitas místicas e puritanas que se espraiaram pela Europa na Idade Média.

"3. Essas marcas em papel são, pois, documentos históricos de grande importância, que lançam luz não apenas sobre a evolução do pensamento europeu, mas também sobre muitos problemas obscuros do passado.

"4. As marcas d'água indicam que a fabricação de papel foi uma arte introduzida na Europa, e lá desenvolvida pelas seitas protestantes anteriores à Reforma, conhecidas na França como os albigenses e os valdenses, e na Itália como os cátaros ou os patarinos.

"5. Essas heresias, embora nominalmente erradicadas pelo Papado, continuaram a existir secretamente durante vários séculos depois que desapareceram de vista diante dos olhos da história.

"6. Os ornamentos utilizados por tipógrafos na Idade Média são emblemas semelhantes àqueles utilizados pelos fabricantes de papel, e explicáveis por um semelhante código de interpretação.

"7. O despertar conhecido como a Renascença foi o resultado direto de uma influência deliberada e tradicionalmente exercida pelos fabricantes de papel, tipógrafos, sapateiros e outros artesãos.

"8. A mãe nutriz da Renascença, e, por conseguinte, da Reforma, não foi, como se supôs, a Itália, mas o distrito provençal da França."

Há uma prova curiosa e direta da influência valdense no final de uma das primeiras edições da Bíblia (a de 1535, conhecida dos colecionadores como Olivetana), onde a seguinte afirmação é astuciosamente oculta em criptograma:

> *Les Vaudois, peuple évangélique,*
> *Ont mis ce thrésor en publique.*
> (Os valdenses, povo evangélico,
> Entregaram este tesouro ao público.)

O veículo por meio do qual esse interessante criptograma foi escondido do mundo é a estrofe que se encontra no fim do volume. A *primeira letra de cada palavra* desses versos, como se pode ver, compõe, *com todas as outras primeiras letras*, a mensagem secreta:

> "*L*ecteur *e*ntends, *s*i *v*erité *a*ddresse
> *V*iens *d*onc *o*uyr *i*nstamment *s*a promesse

14

Et vif parler: lequel en excellence
Veult asseurer nostre grelle esperance
Lesprit iesus qui visite et ordonne
Noz tendres meurs, ici sans cry estonne
Tout hault raillart escumant son ordure.
Prenons vouloir bienfaire librement.
Iesus querons veoir eternellement."

Nos estudos que se seguem, ocupei-me de todo o simbolismo como sendo a minha esfera de ação, mas os temas ilustrados são, como antes, marcas de tipógrafo e marcas em papel que não haviam sido interpretadas até o momento. Em sua maioria, esses signos perderam inteiramente a sua significação original, e hoje são utilizados exclusivamente com objetivos comerciais; porém, houve uma época em que eles não eram apenas marcas comerciais, mas também hieróglifos, sob os quais a pérola de alto preço era reverenciada.

A extraordinária tenacidade com que os valdenses ou os albigenses conservaram as suas tradições poderá, até certo ponto, responder pelo aparecimento dos seus princípios místicos na forma de marcas em papel, e é possível rastrear fracamente o curso dessa tradição elo por elo.

As fábricas de papel da Europa sempre estiveram, em sua maior parte, situadas em distritos hereges — na Holanda, por exemplo, que Bayle descreveu como uma "grande arca de heresia", e Lamartine como "a oficina de inovadores" e como "o asilo e o arsenal de novas idéias".

Mas os termos técnicos da fabricação do papel — tais como "*retree*" [o papel que apresenta imperfeições de qualquer tipo], uma corruptela da palavra francesa *retirè* (retirado) — implicam que a fabricação do papel foi, antes de mais nada, uma arte *francesa* e, como é bem conhecido, a introdução da fabricação de papel na Inglaterra foi obra de refugiados *franceses*. Onde quer que esses homens sofridos desembarcassem, eles agiam como missionários que traziam mão-de-obra especializada, e os arquivos do Escritório de Registro de Patentes mostram claramente a atividade dos expatriados, não apenas na manufatura, mas também na área da invenção. Muitas patentes foram tiradas por eles para a fabricação do papel, a tipografia, a fiação, a tecelagem e outras artes. Em 1686, há referência a uma patente concedida para fabricar papel destinado à impressão e à escrita, e os detentores dessa patente haviam então "trazido recentemente da França excelentes trabalhadores, e já haviam instalado várias oficinas e máquinas recém-inventadas para fazer coisas desse tipo, e que até o momento não foram utilizadas na Inglaterra".

Nos dias de hoje, os fabricantes de papel da Escócia desfrutam de merecida preeminência, e é interessante constatar que a atividade deles, de maneira semelhante, também deve sua introdução à mesma fonte. "Em Glasgow", diz Smiles, "um dos refugiados foi bem-sucedido em estabelecer uma fábrica de papel, a primeira naquela região da Escócia. O huguenote que a erigiu escapou da França, acompanhado apenas de sua filha pequena. Depois de sua chegada a Glasgow, ele se sustentou por algum tempo apanhando farrapos e sobras nas ruas. Porém, fazendo economia e sendo diligente, ele por fim conseguiu acumular meios suficientes para dar início à sua fábrica de papel, e, desse modo, assentar as bases de um importante ramo da indústria escocesa."[1]

Os atuais fabricantes do papel utilizado para as cédulas do Banco da Inglaterra são descendentes da família De Portal, oriunda da Provença, sendo que muitos membros dessa família foram registrados como estando "entre os mais ativos líderes dos albigenses".[2] Depois da Revogação do Edito de Nantes, o fundador do negócio em questão fugiu para a Inglaterra, onde morreu em 1704. No seu testamento, escrito na França, ele diz: "Em primeiro lugar, eu, sem cessar, agradeço ao meu Deus por ele ter incutido no meu coração a vontade de escapar da perseguição, e por ter abençoado o meu projeto na minha própria pessoa e na de meus filhos. Considero o meu refúgio inglês como a melhor herança que a eles posso legar."[3]

O quartel-general dos huguenotes era Auvergne, Angoumois e as Províncias do sul da França, onde, só em Angoumois, de acordo com Smiles, eles possuíam seiscentas fábricas de papel.[4]

A Revogação do Edito de Nantes varreu ostensivamente e por completo os huguenotes — a quem o Papa Clemente XI identificou com "a raça execrável dos antigos albigenses" — para fora da França; no entanto, é característico do espírito das Províncias do sul que, cem anos depois desse acontecimento desastroso, ocorreu o avanço de um batalhão de marselheses a Paris, marchando, como acreditavam, para amparar a cambaleante estátua da Liberdade, o que inverteu a escala da Revolução Francesa.[5]

1. *The Huguenots*, p. 338.
2. *Library Association Record*, iv, p. 129.
3. *Ibid.*, p. 129.
4. *The Huguenots*, p. 158.
5. Há uma representação gráfica desse episódio em *The Reds of the Midi*, de Félix Gras. Veja também *Secret Societies and the French Revolution*, Una Birch.

O historiador da fabricação do papel em Arches, no sul da França, afirma que organizações secretas, datando de imemorial antigüidade, existiam entre os trabalhadores que fabricavam papel, e que essas "associações de companheirismo solidamente organizadas" duraram até muito tempo depois da Revolução. "Ficamos impressionados", diz ele, "com o espírito geral de insubordinação que, em todas as ocasiões sob o antigo regime, animava os trabalhadores fabricantes de papel. Colaborando para a propagação do pensamento escrito, o qual, durante o século XVIII, foi o principal agente destruidor do estado de coisas existente, e até então respeitado, poderia parecer que os trabalhadores que fabricavam papel sabiam antecipadamente das convulsões sociais que estavam prestes a ocorrer e das quais eles eram os obscuros auxiliares."[6] Heckethorn dedica um capítulo do seu livro *Secret Societies* (Sociedades Secretas) a essas guildas ou corporações, que não existiam apenas entre os fabricantes de papel, mas também entre outros artesãos e artífices da França. A franco-maçonaria estava a princípio envolvida com essa *compagnonnage*, e as suas várias subdivisões eram conhecidas por títulos tais como os "Filhos de Salomão", os "Companheiros das Raposas", as "Raposas da Liberdade", os "Independentes",[7] e assim por diante.

Receio que os capítulos preliminares deste livro — os quais reduzi ao mínimo indispensável — serão um tanto cansativos, mas o Capítulo VIII introduzirá o leitor em algumas das belezas ocultas nos contos de fadas, e que até agora não foram apreciadas, e, nos capítulos finais, chegaremos a um conjunto de fatos que, sem dúvida, devem ter feito parte, eu suponho, da Gnose ou Sabedoria secreta dos Antigos. É do conhecimento de todos que, durante os primeiros séculos do Cristianismo, certos "gnósticos" proclamaram a sabedoria sobrenatural e a "capacidade de restituir à humanidade o conhecimento perdido do verdadeiro e supremo Deus".[8]

O gnóstico, diferentemente do moderno *agnóstico* ou aquele que, declaradamente, *não* conhece, afirmava que era *gnostikos*, ou "verdadeiro no saber", e que era depositário da *Gnose*, termo definido pelos dicionários modernos com o

---

6. "*On est frappé de l'espirit général d'insubordination qui, de tout temps, sous l'ancien régime, a animé les ouvriers papetiers. Collaborant à la propagation de la pensée écrite, qui, pendant le xviii⁵ siècle, a été le grand agent destructeur de l'état de choses, jusque-là respecté, il semble que les ouvriers papetiers avaient conscience des bouleversements sociaux, qui allaient survenir et dont ils étaient les obscurs auxiliaires.*" — H. Onfroy, *Histoire des Papeteries à la Cuve d'Arches et d'Archettes*, p. 35. Paris, 1904.

7. Vol. i., pp. 317-24.

8. Mosheim, *Eccles. Hist.*, parte ii., cap. v.

significado de "introvisão filosófica", "iluminação", "intuição", e "um conheci-mento superior das coisas espirituais".

A principal função do Gnosticismo era a salvação moral, mas ele também afirmava chegar ao que está por trás da letra da palavra escrita, e descobrir o valor ideal de todas as histórias religiosas, mitos, mistérios e rituais. As mitologias eram consideradas como representações populares de idéias religiosas originariamente reveladas, e acreditava-se que o Cristianismo fosse a revelação plena da verdade mais profunda contida, em proporção maior ou menor, em toda religião. A fé do Cristianismo era, na verdade, tratada como se tivesse pouca ou nenhuma relação com o fato histórico, e quase como se fosse um sistema ideal desenvolvido a partir da mente de um filósofo.

O gnóstico afirmava que ele não era apenas o cristão filósofo que desenvolveu a verdade a partir do pensamento, mas também o depositário de uma tradição secreta, sobre a qual o seu sistema originalmente foi construído.

Até antes da metade do século II, os gnósticos não eram considerados here-ges,[9] mas a história subseqüente do Eclesiasticismo, em seu apego excessivo aos dogmas eclesiásticos, infelizmente se definiu num amplo registro da terrível e pro-longada batalha entre a espiritualidade do Gnosticismo e o literalismo do Eclesiasticismo oficial. Foi uma luta em que o Gnosticismo, nas suas variadas fases, foi nominalmente extinto, e o Eclesiasticismo triunfou de maneira ostensiva.

Por volta do final do século VI, o Gnosticismo desapareceu da história, sendo supostamente banido da existência; no entanto, ele aparentemente apenas se ocul-tou no subsolo, e continuou a florescer *sub rosâ*.

É nos antigos cemitérios da Provença que ainda se encontra o maior número de medalhões gnósticos. "O Gnosticismo", diz King, "a princípio enraizou-se e *floresceu no sul da Gália*, assim como atesta o tratado de Irineu dirigido contra ele."

Em 1135-1204, o racionalismo materialista provavelmente alcançou o seu clímax no sistema de Maimônides, que reconhecia apenas o sentido básico ou literal das Escrituras, e rejeitava como sonho fantástico todas as interpretações alegóricas existentes. O Sr. Bernard Pick afirma: "Surgiu uma reação contra isso, e a Kabala[10] interveio como um contrapeso à superficialidade crescente da filosofia

---

9. Mead (G. R. S.), *Fragments of a Faith Forgotten*, p. 418.

10. Tal como a Gnose, sua precursora, a Kabala da Idade Média foi a Ciência da Sabedoria secreta, e os seus adeptos se regozijavam em chamar a si próprios de "inteligentes" e "*connoisseurs* da sabedo-ria secreta". — *The Cabala*, Bernard Pick. *The Open Court*, 1910, p. 146. "A Kabala", disse Reuchlin, "nada mais é que uma teologia simbólica, na qual não apenas as letras e as palavras são símbolos de

maimonista. A tempestade desencadeada contra o sistema de Maimônides *irrompeu na Provença*, e espalhou-se pela Espanha."[11]

A Mão estendida marcada com a palavra *Foy* (Fé), o símbolo da Fidelidade ou fé mantida, é uma marca de papel *Provençal* do século XVI, e é lógico supor que a Fé ali mantida era a fé tradicional que havia naquele distrito de muitas e longas dores, banhado em sangue, e que as marcas colocadas no papel eram uma continuação do tradicional sistema gnóstico de intercomunicação. "As idéias deles", diz King, "eram comunicadas aos iniciados por meio de figuras compostas e de *siglae*, que tinham uma voz para o sábio, mas uma voz que o vulgo não conseguia ouvir."

Muitos desses símbolos gnósticos figuram nos dias de hoje entre as insígnias da Franco-Maçonaria, e é provável que esta seja a última depositária das tradições que ela assimilou das sociedades secretas da Idade Média. Não é improvável que a continuidade dessas tradições tenha se mantido graças aos Templários e aos Rosa-cruzes. De Quincey afirmava que estes últimos, quando foram expulsos da Alemanha devido à perseguição, reapareceram na Inglaterra como franco-maçons, e Elias Ashmole lembrou no seu *Diary* (Diário) que os símbolos e sinais da Franco-Maçonaria foram tomados de empréstimo, em parte, dos Cavaleiros Templários, e em parte dos Rosa-cruzes. Reivindica-se para a Franco-Maçonaria o fato de ela ser um belo sistema moral velado em alegorias e ilustrado por símbolos, e, de acordo com o Dr. Oliver, "os nobres e sublimes segredos daquilo de que nós (franco-maçons) temos a posse estão contidos nas nossas tradições, são representados por figuras hieroglíficas e são insinuados pelos nossos costumes e cerimônias simbólicos". "Mais uma vez", diz o Dr. Oliver, "declaramos, depois de fazê-lo repetidas vezes, que o grande segredo da Franco-Maçonaria cristã é a prática da moral e da virtude neste mundo como uma preparação para a felicidade em outro."

Qualquer que possa ter sido a sua origem e a sua finalidade, a Franco-maçonaria espalhou-se rapidamente pela Europa, não obstante a oposição implacável da Igreja de Roma. Em 1738, por instigação da Inquisição, terríveis anátemas fulminaram contra ela, todos os franco-maçons foram excomungados e a pena de morte foi decretada contra eles.

---

coisas, mas as coisas são símbolos de outras coisas." Considerava-se que esse método de interpretação kabalístico fora originariamente comunicado por meio de revelação, a fim de que pessoas de vida santa pudessem, por intermédio dele, alcançar uma comunhão mística com Deus, ou deificação.
— Inge (W. R.), *Christian Mysticism*, p. 269.
11. *The Open Court*, 1909, p. 148.

Muitas das marcas comerciais ilustradas nas páginas que se seguem são obviamente emblemas maçônicos, de onde se pode inferir que em meio aos iniciados da Franco-Maçonaria se encontravam numerosos trabalhadores e viajantes. As ramificações das sociedades secretas da Idade Média sobre as quais a Franco-Maçonaria foi edificada, a assombrosa vitalidade da tradição somada aos poderes disseminadores dos apóstolos itinerantes e dos menestréis nômades — tudo isso sem dúvida contribuiu para manter viva a brasa, que arde sem chamas, daquilo que certa vez deve ter sido uma filosofia brilhante e altamente desenvolvida.

O objetivo e a intenção do famoso tipógrafo cuja marca é reproduzida a seguir era, evidentemente, veicular a Grande Sabedoria tradicional, cujo emblema, a serpente, circunda um par de cegonhas.

Esses pássaros simbolizavam a "piedade filial" em razão do cuidado e da solicitude que se supunha nutrissem para com as cegonhas mais velhas, e "piedade filial", assim como foi definida por Confúcio — um perito nesse assunto — significa "levar adiante os objetivos dos nossos antepassados".[12]

Porém, depois de se levar em consideração todos os aspectos razoáveis do poder da tradição, ainda é por demais difícil responder pelo conhecimento oculto

12. Giles (H. A.), *Religions of Ancient China*, p. 32. Não é improvável que essa noção que nos leva a agir como agiram os nossos pais explique a história infantil segundo a qual são as cegonhas que trazem os bebês ao mundo.

que os místicos da Idade Média indubitavelmente possuíam. Ficará evidente que não apenas os significados dos símbolos egípcios, tais como o escaravelho, a vela e a fivela, foram perfeitamente entendidos, mas também que a íntima relação entre o simbolismo e a origem das palavras foi corretamente apreciada.

Embora os etimologistas concordem com o fato de que a língua é poesia fóssil, e que a criação de cada palavra foi originalmente um poema que incorporava uma metáfora audaciosa ou uma concepção brilhante, muito pouco se entende a respeito de como é estreita e íntima a relação que existe entre simbolismo e filologia. Porém, como salienta Renouf, "é provável que o gato, que em egípcio é *Mau*, tenha se tornado o símbolo do Deus-Sol ou Dia porque a palavra *Mau* também significa luz".[13] Renouf, do mesmo modo, observa que Rá não apenas era o nome do Deus-Sol, mas que também era a palavra egípcia usada comumente para *Sol*. De modo semelhante, o Ganso, um dos símbolos de Seb, era chamado de *Seb*; o Crocodilo, um dos símbolos de SEBEK, era chamado de *Sebek*; a Íbis, um dos símbolos de TECHU, era chamada de *Techu*; e o Chacal, um dos símbolos de ANPU (Anúbis), era chamado de *Anpu*.

Paralelismos com relação a esse costume egípcio também podem ser rastreados na Europa, onde, entre os gregos, a palavra *Psique* servia não apenas para denotar a Alma mas também a Borboleta, um símbolo da Alma; e a palavra *Mylitta* servia para designar tanto o nome de uma Deusa como o do seu símbolo, a Abelha. Entre os antigos escandinavos, o Touro, um dos símbolos de Thor, era chamado de *Thor*, sendo este um exemplo, de acordo com o Dr. Alexander Wilder, "do jogo de palavras, tão comum naqueles tempos, por vezes deixando-nos em dúvida se foi a casualidade de um nome ou som semelhante que levou à sua adoção como um símbolo, ou se se tratou meramente de um erro crasso".[14]

Eu não estava ciente de que houvesse alguma antiga justificativa para o que eu acreditava fosse a nova suposição de que, em muitos exemplos, os nomes de animais outrora sagrados trazem em si a chave para o que foi simbolizado originalmente. A idéia de que identidades de nome a princípio se deveram ao jogo de palavras, a um erro crasso ou ao acaso deve ser descartada quando constatamos que — como na maioria dos exemplos por mim observados — o valor simbólico do animal não é expresso por um homônimo ou por um trocadilho, mas em monossílabos que aparentemente são os vestígios de alguma língua matriz maravi-

---

13. *On the Origin and Growth of Religion as Illustrated by the Religion of Ancient Egypt*, p. 237; *Hibbert Lectures*, p. 879.
14. *Symbolical Language of Ancient Art and Mythology*, R. Payne-Knight, p. 124.

lhosamente antiga, pré-histórica, quase extinta. A língua moderna é um mosaico em que jazem encerrados fragmentos e fósseis de línguas predecessoras. Em comparação com a imensa antigüidade dessas línguas, o sânscrito não é senão um idioma recente. Em seu progresso semelhante a uma geleira, a Linguagem deve ter, ao longo das eras, depositado detritos de línguas que eram faladas possivelmente milhares de anos antes de que fosse descoberta a arte do registro por meio da escrita, mas que, não obstante, ficaram indelevelmente inscritos e fielmente preservados sob a forma de nomes de montanhas, de rios e de regiões. Impérios podem desaparecer e nações submergir no esquecimento sob sucessivas ondas de invasão, porém topônimos e nomes próprios, preservados pela tradição oral, permanecem, até um certo ponto, inviolados, e eu estou convencido de que é nessa direção que devemos procurar a hipotética língua-mãe de um povo hipotético, conhecido atualmente como "arianos".

As raízes primordiais que parecem rastreáveis ao longo de extensões bem mais amplas do que o permitem quaisquer outras raízes já reconhecidas são a semítica El, que significa Deus e Poder; a semítica Ur, que significa Fogo ou Luz; a semítica Jah, Yah ou Iah, que significa "Tu és" ou o Sempre-Existente; a sânscrita Di, que significa Brilhante; e a hinduísta Om ou Aum, que significa o Sol. É também evidente que Pa e Ma, que significam um Pai ou Mãe, foram outrora raízes de ampla abrangência. Além dessas raízes, eu acredito que, pelo método comparativo, recuperei da Antigüidade a raiz *ak*, que outrora significava, pelo que parece, *grande* ou *poderoso*.

A sílaba Ak me chamou a atenção pela primeira vez com respeito a Hackpen Hill, em Avebury, localizada em Wiltshire. Num dos cumes dessa colina se erguiam as ruínas remanescentes da Cabeça do colossal templo de Rocha que no passado se estendia ao longo de cinco quilômetros da região na forma de uma serpente. Como *Pen* obviamente significava *Cabeça*, ocorreu-me que Hackpen poderia equivaler originalmente a "Grande Cabeça", suposição que buscou algum apoio nos nomes Carnac na Bretanha e Karnak no Egito. Em ambos os locais, como em Avebury, estão as ruínas de prodigiosos templos, e a regra geral de que os sítios em que se erigiam templos eram, em sua origem, locais onde se realizavam sepultamentos parecia resolver, de maneira fácil e legítima, as duas Karnaks em *Karn ak*, o grande *Carn* ou amontoado de pedras que cobre uma sepultura. Na Bretanha, uma das maiores pedras em Carnac é conhecida como Menak, e uma das rochas de Longship, situada ao largo do cabo Land's End, também é chamada de Menak. Como *men* era a palavra celta para *pedra*, o nome Menak em ambos os exemplos aparentemente significava *Grande Pedra*. Há também em Carnac um túmulo gigantesco chamado Thumiac, aparentemente uma combinação de *tum*, a palavra celta para *outeiro*, e *ac*, grande. Os irresistíveis filhos de Anak (ou Enaque) são mencionados no Deuteronômio[15] como "grandes e altos", e eram "considerados gigantes". Castor e Pólux, que em certos lugares eram chamados de Grandes Deuses, foram, na Grécia, denominados Anakes. *Anak* era a palavra fenícia para Príncipe, e *anax* é "príncipe" em grego. Uma das palavras sânscritas para Rei é *ganaka*, e notamos *ak* ocorrendo constante e quase universalmente em títulos divinos e da realeza, como, por exemplo, em Akbar, ainda significando "o Grande"; em Cormac[16] o Magnífico — o "Poderoso Rei" da Irlanda; em Balak, Rei de Moab; em Shishak, que depôs Reoboão; em Ztak, o "grande mensageiro", uma forma do D*ag*on babilônico; e em H*ak*on, o nome do atual Rei da Noruega. Hakon ou Haakon, cognatos do nome alemão Haco, que é definido pelos dicionários como "Alto Clã" (*High Kin*), devem estar relacionados com a palavra grega *archon*, que atualmente significa "supremo governante"; porém eu suponho que significasse originariamente "o grande". O *arch* de *archon* sobrevive em nossas palavras inglesas *monarch* (monarca) e *archangel* (arcanjo); ocorre nos nomes reais Archelaus, Archidamus e Arcas, e é provável que possa ser identificado com o *ach* gutural do fabuloso "Gwrnach *o Gigante*", que figura na lenda arturiana. As palavras gregas que designam um "chefe" são *archos* e *aktor*, e estas, assim como *anak*, um "príncipe", e *archon*, um "soberano", significaram outrora, com toda certeza, "o grande". Em nossas palavras inglesas *major* (principal) e *mayor* (prefeito) temos exemplos paralelos de títulos que podem ser rastreados originalmente até "grande", e no centro de *magnus* pode-se reconhecer o Ak primordial abrandado em Ag.

A palavra *maximus* equivale foneticamente a "m*ak*simus". Os homens nobres e importantes do Peru eram conhecidos como *Curacas*. O antigo nome do México era Anahuac, e na época de Cortez havia uma tradição nativa de que Anahuac fora originariamente "habitada por gigantes". A Serpente Gigante da América do Sul é conhecida como *anaconda*, e o pico mais alto dos Andes é denominado Aconcágua. No Peru, de acordo com Prescott, a palavra *capac* significava "*grande* ou *poderoso*", e o Ser Supremo, o Criador do Universo, era adorado sob o nome de P*ach*acham*ac*. O *ac* triplo que ocorre nessa palavra sugere que ela era equivalente a Trismegisto

---

15. Deuteronômio xi. 10; ix. 2.

16. Supõe-se que este nome signifique "filho de um carro de guerra", o que é muito pouco convincente. Em nenhum momento julguei necessário comparar opiniões correntes com as minhas próprias sugestões.

ou Três Vezes Grande. Uma das designações de Juno era Acrea, isto é, a Grande Rhea, a Magna Mater dos Deuses. O Júpiter assírio era denominado Merod*ach*, e o radical *ac* é a forma mais antiga do nosso *oak* (carvalho) inglês, sagrado para Júpiter, e outrora reverenciado como a maior e mais forte das árvores. A fruta *jak* (jaca), da Índia oriental, é descrita no *New English Dictionary* do Dr. Murray como "enorme" e "monstruosa". O boi gigante, o maior animal do Tibete, é chamado de *yak*; a forma mais antiga de Baco, que era simbolizado por um boi, era Iakchos, e novamente deparamos com *Ak* nos nomes dos heróis Herakles (Hércules) e Achiles (Aquiles). Em Achill Head, na Irlanda, uma colina gigantesca, com mais de seiscentos metros de altura, exibe ao mar um precipício a prumo desde o pico até a base; e o mais impressionante, embora não seja o mais imponente dos penhascos em torno de Land's End, é ainda localmente conhecido como Pordenack. No *Zodiac* (Zodíaco), a Grande Zona de Di, a Luz Brilhante, e em outros exemplos assinalados mais adiante, aparentemente nos encontramos de novo com o Ak pré-histórico usado no sentido que sugeri.

Essas inferências, e outras a elas aparentadas, podem dever-se à fantasia ou à "coincidência", mas a validade de algumas das minhas conclusões filológicas é fortalecida, e até mesmo constatada, pelo fato de que elas foram formuladas quase contrariamente ao meu bom senso, e antes que eu tivesse qualquer idéia de que para elas houve uma justificativa em tempos antigos. Conta-se que o Demônio certa vez tentou aprender a língua basca, e que, ao cabo de seis meses, dominara com êxito uma palavra: esta era escrita como Nabucodonosor e pronunciada mais ou menos como Senaqueribe. Obviamente, tenho plena consciência de como é perigoso o terreno que estou trilhando e como estão expostas à contestação muitas das posições por mim adotadas; no entanto, me pareceu melhor correr certo risco de passar por ridículo em vez de, por excesso de prudência, ignorar e suprimir pistas que, em mãos animadas de um conhecimento mais completo, poderão proporcionar descobertas de alto e amplo interesse, e até mesmo lançar novas luzes sobre a ciência da Antropologia.

A singularidade, a inovação e a quase inexpugnável força da minha posição está no fato de que toda idéia que eu me aventuro a propor, até mesmo noções de jardim-da-infância, tais como o simbolismo do ancinho, do caracol, do pepino e da salsicha, baseiam-se na evidência material de que elas foram algum dia inquestionavelmente predominantes. Os emblemas de tipógrafos são reproduzidos em fac-símile a partir de livros que, em sua maior parte, estão em minha posse. Os desenhos de contornos são reproduções de marcas d'água na metade do seu tamanho natural, algumas de minha própria coleção, mas, principalmente, extraídas do monumental *Les Filigranes: Dictionnaire Historique des Marques du Papier dés leur apparition vers 1282 jusqu'en 1600; avec 39 figures dans le texte et 16,112 facsimiles de filigranes* (As Filigranas: Dicionário Histórico das Marcas no Papel desde o seu aparecimento, por volta de 1282, até 1600; com 39 figuras no texto e 16.112 fac-símiles de filigranas) (4 volumes, fólio, Bernard Quaritch, 1907), do Monsenhor Briquet.

CAPÍTULO II

A PARÁBOLA DO PEREGRINO

Give me my scallop shell of quiet,
My staff of faith to walk upon,
My scrip of joy, immortal diet,
My bottle of salvation,
My gown of glory, hope's true gage;
And thus I'll take my pilgrimage.

SIR WALTER RALEIGH.

(Dá-me a minha vieira* da paz,
O bordão da fé em que me apóie,
Minha bolsa de júbilo, alimento imortal,
A botelha da minha salvação,
Meu manto de glória, real garantia de esperança;
E assim hei de seguir em peregrinação.)

A idéia de que a Vida é uma peregrinação e que cada Pessoa é um peregrino é comum à maioria dos povos e regiões, e Alegorias sobre esse tema são quase universais. Em 1631, uma dessas Alegorias foi escrita na Boêmia com o título de *O Labirinto do Mundo e o Paraíso do Coração*. Seu autor foi Jan Amos Komensky (1592-1670), um líder dos sectários conhecidos entre eles mesmos como a "Unidade" ou "Irmãos", e para a história como "Irmãos Boêmios" ou os "Irmãos Morávios". Esses resignados entusiastas eram sem dúvida uma manifestação daquele espírito de misticismo que, em atividade ou em estado de dormência, pode ser rastreado desde a aurora da História, e é encontrado sob epítetos tais como

---

* Concha com estrias que parecem irradiar de um centro comum e que os romeiros de Compostela usam no chapéu. (N.T.)

essênios, terapeutas, gnósticos, montanistas, paulicianos, maniqueístas, cátaros, valdenses, albigenses, patarinos, lolardos, amigos de Deus, espiritualistas, arnoldistas, fratricelli, anabatistas, quacres e muitos outros.

O Labirinto do Mundo foi condenado como herético, e, até 1820, era incluído nas listas de livros perigosos e proibidos. O Conde Lutzow — a quem os leitores ingleses estão em débito por uma tradução admirável — afirma que o misticismo desse livro era tão adequado aos anseios espirituais dos boêmios que muitos deles, exilados de sua pátria por causa de sua fé, levavam consigo o *Labirinto*, e que esse livro era, praticamente, a única coisa que possuíam. Na própria Boêmia, depois que o livro foi proibido, as poucas cópias que escaparam à destruição passaram secretamente de mão em mão, e eram escondidas em segurança nas cabanas dos camponeses.[1]

O autor de *The Pilgrim's Progress* (O Peregrino) foi um funileiro batista que sofrera perseguição, e entre os registros patéticos do anabatismo continental encontra-se a seguinte convicção continuamente expressa: "Devemos sofrer neste mundo, pois Paulo disse que *todos os que viverem devotamente em Cristo Jesus devem sofrer perseguição*. Precisamos conquistar inteiramente o mundo, o pecado, a morte e o diabo, não com espadas nem lanças materiais, mas com a espada do Espírito, que é a Palavra de Deus, e com o escudo da fé, que amortecerá o impacto de todas as setas afiadas e ameaçadoras, e colocar na cabeça o elmo da salvação, com a couraça da retidão, e calçar nossos pés com a preparação do Evangelho. Sendo assim fortalecidos com essas armas, iremos, junto com Israel, atravessar o deserto, enfrentar e vencer todos os nossos inimigos."[2] Em 1550, outro anabatista obscuro, depois de receber sua sentença de morte por heresia, exclamou: "Não é pelo bem do grupo, nem por conspiração, que padecemos: procuramos não combater com espada alguma senão a do Espírito — ou seja, a Palavra de Deus."[3]

Pode-se ver essas piedosas convicções expressas nos emblemas de marcas comerciais reproduzidos a seguir, e que representam a espada do Espírito e o elmo da salvação.

---

1. *The Labyrinth of the World and the Paradise of the Heart*, editado e traduzido para o inglês pelo Conde Lutzow (The Temple Classics), p. 266.
2. *A Martyrology of the Churches of Christ commonly called Baptists*, traduzido do holandês por T. J. Van Braaght, e editado para a Hanserd Knollys Society por E. B. Underhill, vol. I, p. 376. Londres, 1850.
3. *Ibid.*

Quase igualmente familiares são os símbolos do peregrino reproduzidos a seguir. A Figura 6 é o açoite da disciplina; a Figura 7 a cinta da retidão[4], a Figura 8 o bordão da fé, a Figura 10 a concha vieira do romeiro, as figuras 12 e 13 o frasco da salvação; e a Figura 14 o poço da salvação, de onde "com alegria tirareis água".[5]

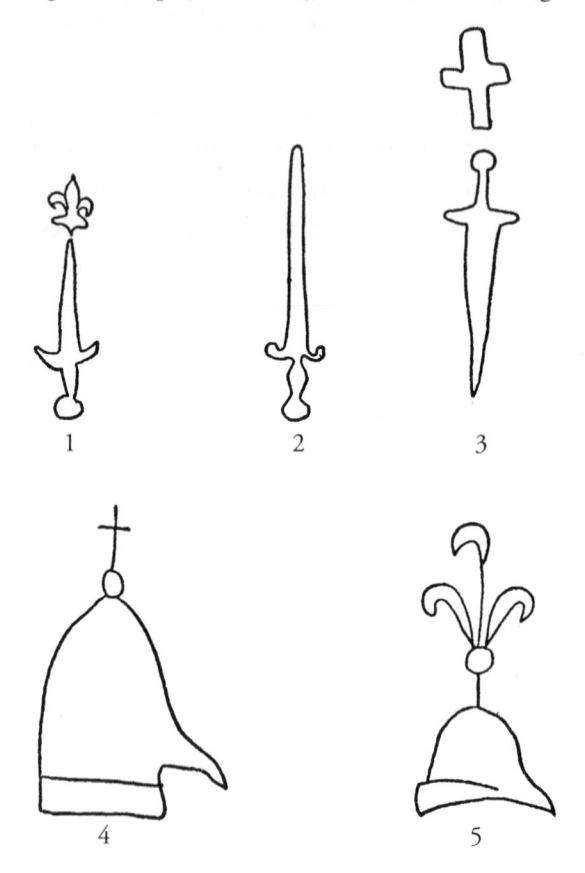

Em *O Labirinto do Mundo*, Komensky provê seu peregrino com certos implementos além do equipamento convencional, entre os quais se encontram as asas da aspiração, representadas a seguir. Ele faz Cristo dizer: "Meu filho, eu habito dois lugares: no céu, em Minha glória, e na terra, no coração dos humildes. E é meu desejo que doravante também tu tenhas duas moradas: uma aqui, em casa, onde prometi estar contigo; a outra junto Comigo, no céu. Para que te possas erguer a ti mesmo até lá, dou-te estas asas (que são o anseio pela felicidade eterna

4. "A justiça será o cinto dos seus lombos, e a fidelidade, o cinto dos seus rins." — Isaías, xi. 5.
5. Isaías, xii. 3.

6

7

8

9

10

11

12

13

14

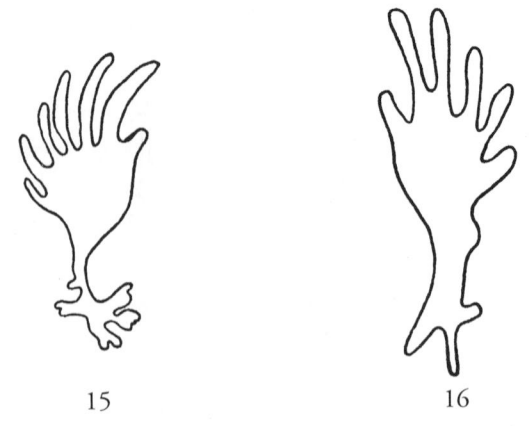

15   16

e a prece). Se te agradarem, serás capaz de alçar vôo para o alto até Mim, e em Mim te regozijarás, e Eu em ti."

Quando o herói de Komensky deu início à sua busca percorrendo a Cidade da Rainha Vaidade, o seu guia, a Falsidade, empenhou-se em torná-lo cego à verdadeira realidade, nele ajustando certas lentes falsificadoras. "Esses óculos, como depois entendi, foram feitos com o vidro da Ilusão, e os aros em que foram colocados eram feitos do chifre que se chama Costume." Esses óculos deformadores do Convencionalismo mostravam todas as coisas em cores falsas, o hediondo como

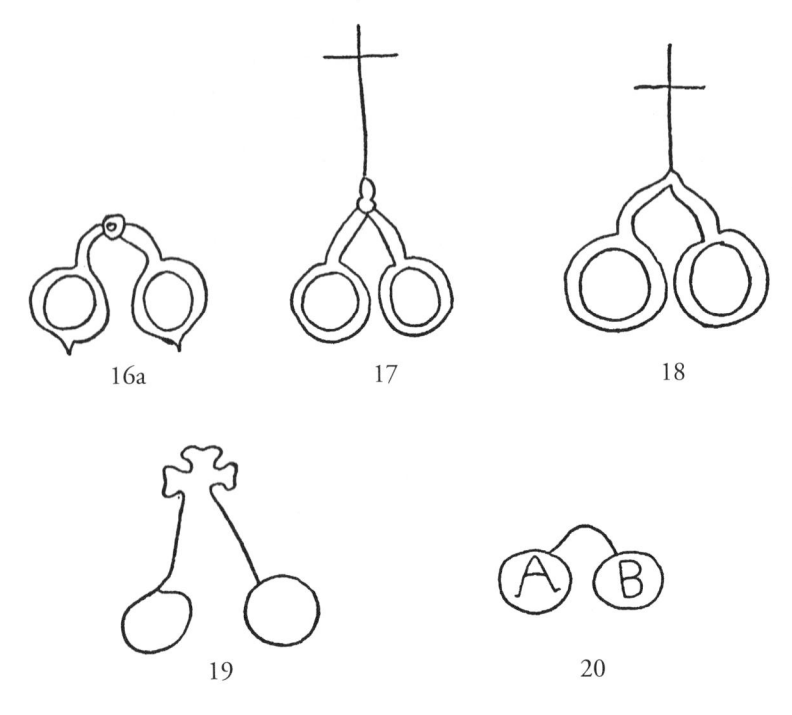

16a   17   18

19   20

belo, o preto como branco, e foi apenas quando o peregrino emergiu da Feira das Vaidades e se voltou para Cristo que ele se livrou dos obstáculos que o desviavam do caminho. Então, em lugar dos óculos do Costume, Cristo conferiu-lhe certos Óculos Sagrados, dos quais "a borda exterior era a Palavra de Deus, e o vidro dentro dela era o Espírito Santo".

Esses óculos sagrados, dos quais alguns são representados na página anterior, possuíam uma faculdade, semelhante às que se vê em contos de fadas, de revelar maravilhas surpreendentes. Entre outras coisas, eles permitiam que o peregrino percebesse e reconhecesse companheiros puritanos até então invisíveis, morando aqui e acolá, dispersos e ignorados no Mundo.

No começo do Cristianismo e em épocas pré-cristãs, o símbolo da pureza era o Unicórnio[6], e essa marca comercial esteve amplamente em voga, sendo que só entre os fabricantes de papel Monsenhor Briquet registrou 1.133 exemplos. Mesmo hoje, um antigo unicórnio, que obviamente foi levado pela maré do tempo, pode ser visto, utilizado como anúncio, do lado de fora da loja de um boticário em Antuérpia; e uma famosa firma de químicos ingleses faz uso do mesmo emblema como sua marca comercial — o que outrora, evidentemente, era uma afirmação muda da pureza dos remédios. Em cada caso, o emblema, tendo sobrevivido ao seu século, continuou a ser utilizado como uma mera convenção, uma forma da

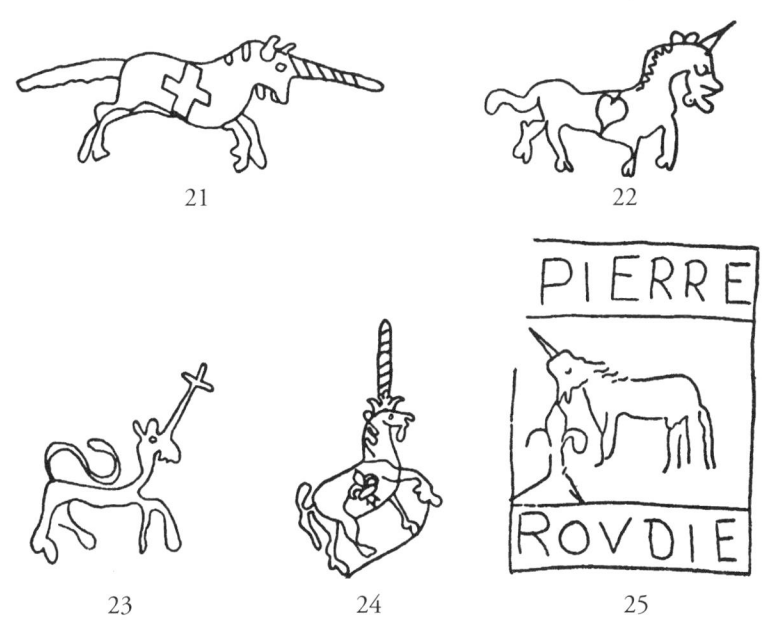

21 22 23 24 25

---

6. *Christian Symbolism*, Sra. H. Jenner, p. 148.

qual o espírito desde há muito se evadira. Entre os fabricantes de papel e os tipógrafos puritanos da Idade Média, o unicórnio serviu obviamente não como um emblema da pureza material, mas da pureza moral. Via de regra, o animal era encontrado sem quaisquer indicações que revelassem a sua significação, mas os poucos exemplos aqui reproduzidos traem o caráter simbólico deles.

Um dos termos genéricos com os quais os puritanos da Idade Média eram designados era *cátaros*, isto é, os puros.

Na Figura 25, o Unicórnio Puritano é representado alimentando-se de uma *Fleur-de-Lys*, a qual, como um emblema da Trindade, é um dos poucos sobreviventes ainda empregados na eclesiologia cristã. Na Figura 26, ela é santificada por uma cruz, e na Figura 27, é marcada com as inciais I e S, simbolizando Jesus *Salvator*, o Caminho, a Verdade e a Vida. A possível objeção de que o latim era uma língua que estava acima da compreensão das classes dos artesãos pode ser descartada pelo testemunho de De Thou[7], que escreveu, em 1556, com referência aos valdenses: "Não obstante a sordidez deles, admira que estejam bem longe de serem incultos em seus princípios morais. *Quase todos entendem latim*, e são capazes de escrever razoavelmente bem."

26   27

O lema dos valdenses italianos era *Lux lucet in tenebris*[8], e essa luz brilhando incompreendida nas trevas era tal como Cristo, a Luz do Mundo, simbolizada pela *Fleur-de-Lys*. Na Figura 27a, a Flor de Luce ou Flor de Luz é representada flamejando com um halo, e nas figuras 27b e 28 podemos vê-la florescendo e se espalhando em todas as direções.

---

7. *The Huguenots in France*, S. Smiles, p. 330.
8. *Narrative of an Excursion to the Valleys of Piedmont*, Wm. Gilly, p. 257.

27a 27b 28

29

O tipógrafo inglês John Day, comparando as trevas do período precedente com a sua própria época, em que a iluminação era mais pura, adotou como marca comercial essa enérgica insinuação ao leitor: "Acorda, pois é Dia"; e, com espírito semelhante, o tipógrafo John Wight utilizou-se, como o seu emblema, de um retrato de si mesmo carregando a *Scientia*, com o lema: "Bem-vindo o Wight* que traz uma tal luz."

Às vezes, a Luz era simbolizada por um castiçal, como nos exemplos seguintes.

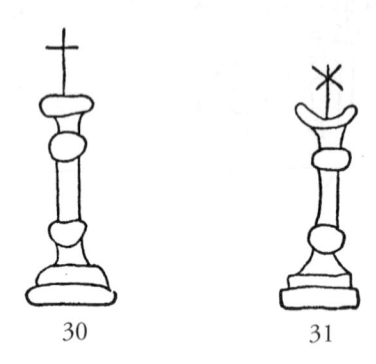

A Figura 30 é encimada por uma cruz, e na Figura 31 a Luz é representada por uma Estrela-cruz ou letra X. Dentro da forma desse X, os místicos liam as letras L V X, de modo que ela formava um engenhoso rébus ou monograma da palavra "*lux*".

Os desenhos seguintes representam Jesus Cristo, o "Ungido de Luz". Monsenhor Briquet colecionou muitos espécimes dessas efígies, todas elas distinguindo-se por *três* cachos de cabelo, sendo que o três, evidentemente, pretende simbolizar a unidade de Cristo com a Trindade. Nas figuras 33 e 34, a Luz — indicada pela cruz de Lux — procede da boca, e a "unção" de Luz é inconfundivelmente indicada na Figura 33 pela posição da *Lux* nos cachos do cabelo. Existe um formato de papel conhecido até hoje como Jesus; e como a maioria dos termos técnicos do comércio de papel deve sua origem a marcas d'água primitivas, é possível inferir com segurança que os desenhos em questão são a fonte do termo "Jesus".

"Deus", diz Komensky, "é nosso Escudo", e os desenhos a seguir representam esse Escudo e Broquel invulneráveis.

As letras I, H e S na Figura 35 são as famosas iniciais comumente lidas de modo errado para indicar *Jesus Hominum Salvator*. Na Figura 36, está a *Fleur-de-*

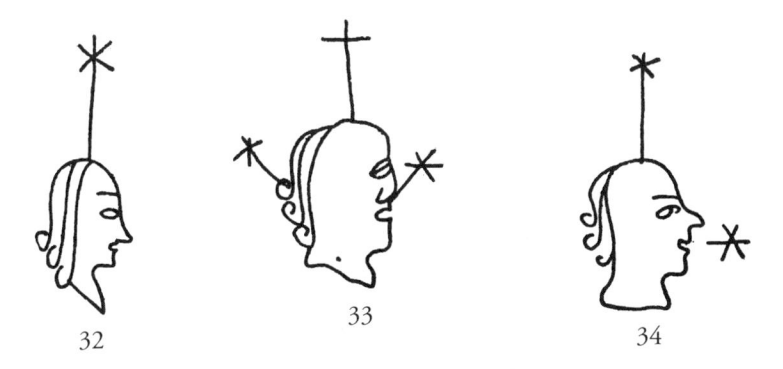

32   33   34

Lys e o I S de Jesus *Salvator*, e nas figuras 38 e 39, Cristo é representado por um Peixe. Este era um símbolo muito utilizado nas Catacumbas pelos cristãos primitivos, e a sua popularidade se deveu, em parte, ao fato de que as letras da palavra grega para "peixe" formavam as iniciais da sentença, "Jesus Cristo, Filho do Homem, Salvador".

35

36   37

38   39

Com freqüência, o Peixe toma a forma de um Delfim, isto é, um Golfinho, que antigamente era considerado o amigo especial do homem. Entre os gregos, o Delfim era venerado como o Salvador dos náufragos, e essa qualidade especial de ser um Salvador fez dele um peixe emblemático favorito dos cristãos.

40   41   42   43

Um Delfim era o brasão da província francesa de Dauphiney, distrito que era o quartel-general dos valdenses.

O homem que desenhou o castiçal reproduzido a seguir adotou o lema: "Eu me consumo a serviço dos outros", e o objetivo do místico tem sido sempre o de guiar seus companheiros do cativeiro da corrupção para a liberdade dos filhos da Luz. O emblema dos valdenses italianos era uma vela acesa colocada num castiçal encimado por sete estrelas e trazendo sob ele a seguinte inscrição: *Lux lucet in tenebris.*[9] "Os homens só podem ser felizes", diz Eckartshausen, "quando a venda que bloqueia a entrada da luz verdadeira lhes cai dos olhos, quandos os grilhões da

44

---

9. *A Short History of the Italian Waldenses*, Bompirni (S. V.), p. 1.

escravidão são desatados do coração deles. O cego precisa ver, o coxo precisa andar, antes que a felicidade possa ser compreendida. Porém, a grande e onipotente lei, a que está indissoluvelmente ligada à felicidade do homem, é a seguinte: 'Homem, deixa a razão governar tuas paixões'." "Onde", pergunta ele, "está o homem que não tem paixões? Permita que esse homem se revele. Todos nós não fazemos uso das correntes da lascívia mais ou menos intensamente? Não somos todos escravos, todos pecadores? Essa compreensão do nosso estado de inferioridade incita em nós o anseio de redenção; nós erguemos os nossos olhos para o alto."[10]

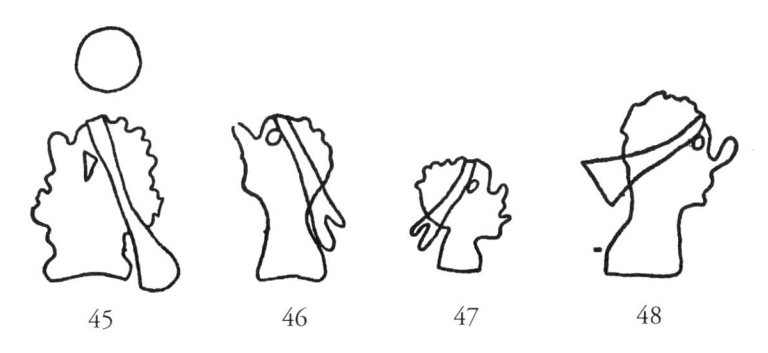

45   46   47   48

Os desenhos reproduzidos acima retratam o Homem Comum (*Everyman*) como esse escravo sofrido. Na Figura 45, ele é visto preso às amarras da infelicidade, suspirando por alguma Perfeição, simbolizada pelo círculo sobre a sua cabeça.

"Só o perfeito pode levar qualquer coisa à perfeição", continua Eckartshausen. "Apenas Um pode nos abrir os olhos interiores, de modo a nos levar a contemplar a Verdade; apenas Um pode nos libertar das cadeias da sensualidade. É Jesus Cristo, *o Salvador do Homem*, o *Salvador* porque ele quer nos desembaraçar das conseqüências que se seguem à cegueira da nossa razão natural." Por meio do poder de Jesus Cristo, "a venda da ignorância cai dos nossos olhos; rompem-se as cadeias da sensualidade, e nos regozijamos na liberdade dos filhos de Deus".[11] "Pode-se observar que em todos esses desenhos que retratam esses escravos a venda foi puxada para cima dos olhos. Na Figura 49, a venda da ignorância desapareceu por completo, e o escravo iluminado está boquiaberto numa expressão de assombro e admiração. Nas figuras 50 e 51, a figura sem venda, agora aparentemente chorando de alegria,

10. *The Cloud upon the Sanctuary*, Karl von Eckartshausen, p. 62.
11. *The Cloud upon the Sanctuary*, Karl von Eckartshausen, p. 60.

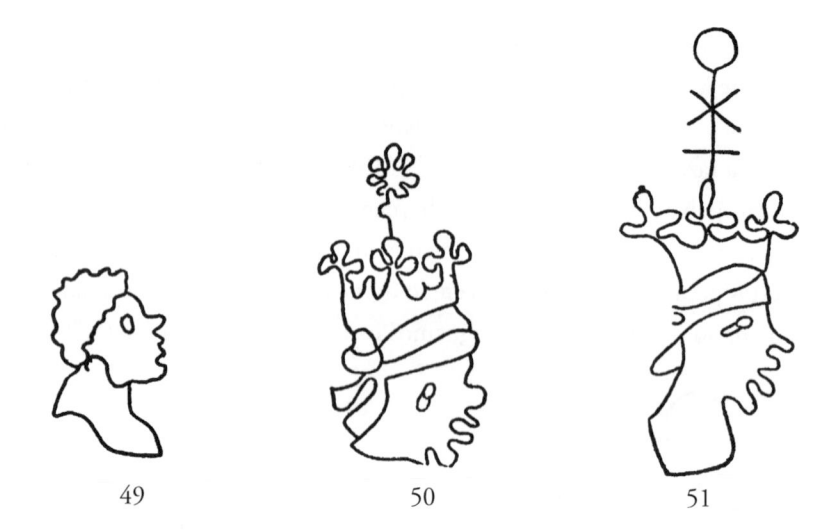

49   50   51

está coroada, num dos exemplos com a Rosa da Bem-aventurança, e no outro com a Cruz da Salvação, a Coroa de *Lux* e o Círculo da Perfeição.

Sem dúvida, esses emblemas representam o cumprimento da promessa: "Eu lhes tenho transmitido a glória que me tens dado, para que sejam um, como nós o somos; eu neles, e tu em mim, a fim de que sejam aperfeiçoados na unidade."[12]

---

12. João, xvii. 22, 23.

Capítulo III

OS CAMINHOS DA ASCENSÃO

My soul, like quiet palmer,
  Travelleth towards the land of heaven;
Over the silver mountains,
Where spring the nectar fountains.

Sir Walter Raleigh.

(Minha alma, tal como silencioso peregrino,
  Viajou até as terras do céu;
Pelas montanhas de prata,
Onde manam as fontes de néctar.)

"E muitos haverão de ir e dizer: 'Vinde, e deixai-nos subir à montanha do Senhor'."

— Isaías.

Poder-se-ia multiplicar indefinidamente os símbolos sob os quais a Alegoria tem ocultado a Busca do Ideal, e quase igualmente múltiplas são as formas sob as quais os simbolistas exprimiram as suas concepções da Visão da Beleza.

Os desenhos reproduzidos a seguir representam a ascensão da alma pela Escada da Perfeição, a *Scala Perfectionis* do Misticismo, consagrada pelo tempo. Desde Plotino, tem-se louvado constantemente essa Escada das Virtudes. "O nosso ensinamento", diz Plotino, "só vai até o ponto em que ele pode indicar o caminho por onde a Alma deve seguir, mas a própria Visão deve ser a da realização da Alma."[1]

A Escada era um emblema favorito da estrada dos Deuses, pois ela descrevia uma ascensão gradual em bondade, um progresso passo a passo e degrau por degrau rumo à Perfeição. Dante relembra a visão:

---

1. Cf. *Studies in Mystical Religion*, R. M. Jones, p. 76.

I saw rear'd up
In colour like to sun-illumined gold
A ladder, which my ken pursued in vain,
So lofty was the summit.[2]

(Eu vi, erguida,
Com a cor do ouro iluminado pelo sol,
Uma escada, que a minha vista tentou abarcar em vão,
Tão elevado era o cimo.)

A qualidade santa dos emblemas reproduzidos a seguir é indicada pelo anjo no topo da Figura 53, e pela cruz que está no alto da Figura 52. A meta da ascensão é expressa na Figura 54 pela *Fleur-de-Lys* da Luz, e na Figura 55 por uma Estrela, a Visão de Cristo, a Brilhante Estrela da Manhã.

52   53   54   55

Era um princípio valdense que "Jesus Cristo, a quem todas as coisas obedecem, é a nossa Estrela Polar, e a única estrela que nós devemos seguir", idéia que é sem dúvida expressa na estrela coroada e com uma cauda longa, reproduzida na página seguinte.

Os valdenses também consideravam Cristo um Cervo, e os pastores deles como Cabras Montesas que saltavam de virtude em virtude.[3] As letras I e S indicam que o significado da Figura 59 deve ser encontrado na passagem: "Refulgente, o dia nasce no coração dos homens; sim, rompe o dia e as sombras se dispersam; e Cristo chega como um veloz Cabrito Montês e um jovem Cervo nas montanhas de Bether."[4]

---

2. *Paradiso*, Canto xxi.
3. Ed. Montet, *Histoire Littéraire des Vaudois*, p. 65.
4. Cf. S. Fisher, *Baby Baptism meer Babism*, Londres, 1653, p. 512.

Monsenhor Briquet reproduz mais de trezentos emblemas (datando de 1318) que ele descreve como "Montes, Montanhas ou Colinas". São emblemas do que Bunyan chama de Montanhas Deleitáveis — em outras palavras, aquelas Colinas Sagradas para as quais o salmista erguia os olhos, e que, de acordo com Obadias, "gotejavam doce vinho". Os místicos se glorificavam na crença de que eles "caminhavam com o Senhor, trilhando e caminhando em saltos leves pelas aprazíveis montanhas da Terra Celestial", e voltavam continuamente os olhos para o leste, na expectativa de que Cristo de súbito apareceria sobre as colinas de Bether.

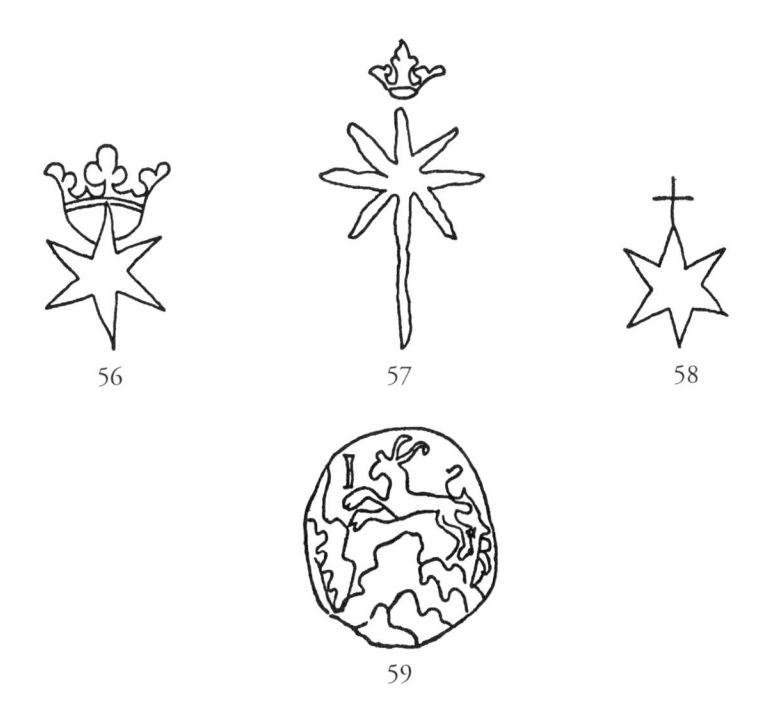

56   57   58

59

Na linguagem da Alegoria, colinas ou montanhas, com muita freqüência, significam Meditação e Comunhão Celestial, e eis a razão da lenda que diz que o Santo Graal foi preservado no cimo de *Montsalvat*, a Montanha da Salvação.

As Montanhas da Mirra e as Colinas do Incenso para onde o autor do Cântico dos Cânticos[5] diz que se retirará, são, idealmente, as mesmas "montanhas de prata" sobre as quais, de acordo com sir Walter Raleigh –

5. Cântico dos Cânticos iv. 6.

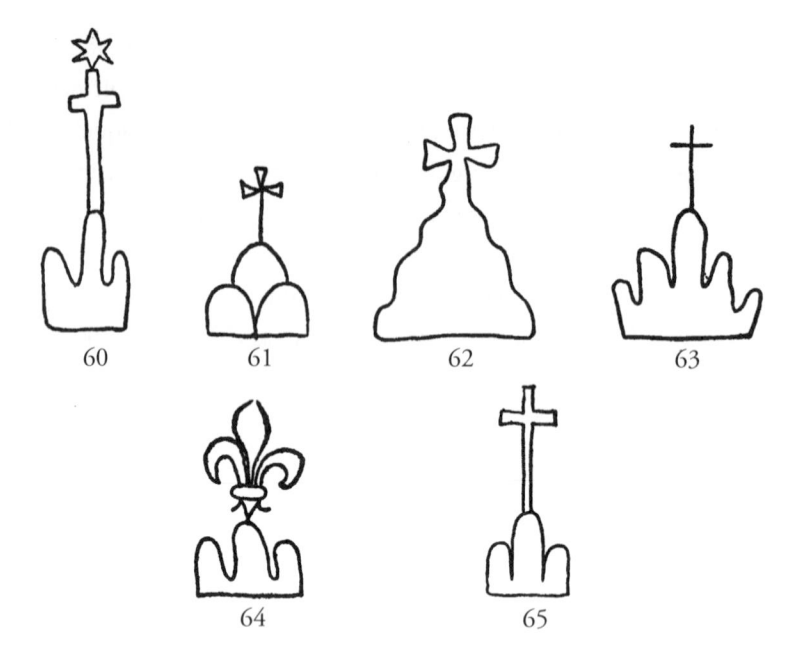

My soul, like quiet palmer,
Travelleth towards the land of heaven.

(Minha alma, tal como silencioso peregrino,
Viajou até as terras do céu.)

Nos Emblemas, elas eram representadas em número de três, cinco ou seis. Mais comumente, porém, eram em número de três. Entre os judeus, o Monte das Oliveiras, de *três* picos, era considerado sagrado, e se dizia que era a morada da Divindade. Supunha-se que o Monte Meru, a montanha sagrada da Índia, tivesse três picos constituídos de ouro, prata e ferro; e os hindus, tártaros, manchurianos e mongóis veneravam o Monte Meru como a morada da Trindade, Brahma, Vishnu e Shiva. A *Fleur-de-Lys* da Luz, equilibrada sobre a Figura 64, é um ideograma das palavras: "Como um espírito à nossa frente, está Cristo, o Senhor, que nos levará ao topo das montanhas nos laços da Caridade."

Essa passagem é extraída de *A Santa Conversação* de São Francisco de Assis. Se, como se supõe, Francisco era filho de uma valdense, isso responderá pela sua ardente prática do princípio valdense "Trabalho é Oração". "Sempre tive", disse ele, "o hábito de trabalhar com as minhas próprias mãos, e é meu firme anseio que todos os outros irmãos também trabalhem." São Francisco inverteu a idéia tradicional de que só a Igreja poderia salvar as almas dos homens, por agir acreditando que a própria Igreja devia ser salva pela fé e pelo trabalho das pessoas. Um desenvolvimento subseqüente do movimento foi a formação da ordem associada dos Terciários, isto é, trabalhadores e trabalhadoras que preservavam o espírito dessa norma, ao mesmo tempo em que davam continuidade às suas ocupações mundanas. A mais importante característica desse movimento, diz o Dr. Rufus M. Jones, foi o cultivo de um espírito de grupo, e "a formação de um sistema de organização entre os artesãos e trabalhadores, o qual se desenvolveu numa das forças poderosas que por fim levaram à eliminação do sistema feudal".[6]

Existe, por isso, uma probabilidade óbvia de depararmos com o misticismo franciscano expresso nas marcas e nos sinais dos artífices contemporâneos. A Figura 65a é um emblema de tipógrafo, e as figuras 67, 83 e 84 são reproduzidas a partir de exemplos de vitrais de lares do século XVII exibidos no Museu Cluny em Paris.

Na Figura 66, o círculo é novamente o símbolo da Perfeição. O místico gostava muito de meditar sobre o ponto supremo da perfeição, e, para atingir o auge da sua capacidade, seguia a prescrição: "Sede perfeitos, como vosso Pai no Céu é perfeito." A letra Z encimando a Figura 67 representa Zion (Sião), a "Beleza da Perfeição", e o monograma I S na Figura 68 representa Jesus Salvator, o Libertador prometido. "Virá de Sião o Libertador e ele apartará de Jacó as impiedades."[7]

Sobre o monte da Figura 60 estão a Estrela e a Cruz do esperado Messias; sobre os das figuras 69 e 70 está a Coroa da Bem-aventurança; e a águia batendo as asas na Figura 71 representa a promessa: "Os que esperam no Senhor renovam as suas forças, sobem com asas como águias, correm e não se cansam, caminham e não se fadigam."[8]

A vela encimando a Figura 72 é um raro porém inconfundível emblema do Espírito Santo. *Spiritus* significa originalmente sopro ou vento, elemento que o desenhista que criou o emblema só poderia expressar representando algum objeto tal como uma vela, que capta e envolve o vento.[9]

---

6. *Studies in Mystical Religion*, p. 162.

7. Romanos xi. 26.

8. Isaías xl. 31.

9. Depois de escrever isso, eu descobri que a vela era um símbolo egípcio para o Espírito. F. E. Hulme afirma: "O símbolo egípcio para o sopro é a vela de um navio: idéia feliz e expressiva, pois a vela é inerte e inútil até que seja estimulada pelo sopro do vento, produzindo, sob sua influência, movimento e serviços." — *Symbolism in Christian Art*, p. 102.

65a

66   67   68

Para transmitir essa mesma idéia do Espírito que habita o topo da montanha, o autor das figuras 73 e 74 usou o símbolo familiar da Pomba.

Os seguidores do Espírito Santo também eram considerados Pombas, uma idéia promovida pela injunção: "Sede inofensivos como as pombas." Em *A Santa Conversação* entre São Francisco e a Dama Pobreza, é lembrado que certos homens "começaram, todos de uma só vez, a seguir o abençoado Francisco, e, enquanto com passos mais leves eles se apressavam em direção aos cimos, eis que Dama Pobreza, do topo da mesma montanha, os observava nas escarpas da colina, e vendo aqueles homens em tão intrépida escalada — ou melhor, *alçando vôo* (*flying*) para o alto ['alado' (*winged*) por aspiração*] — muito se admirou, e disse: 'Quem

---

* A pronúncia de *winged* interpondo o som do *h* entre *w* e *i* é homófona à de *flying*. (N.T.)

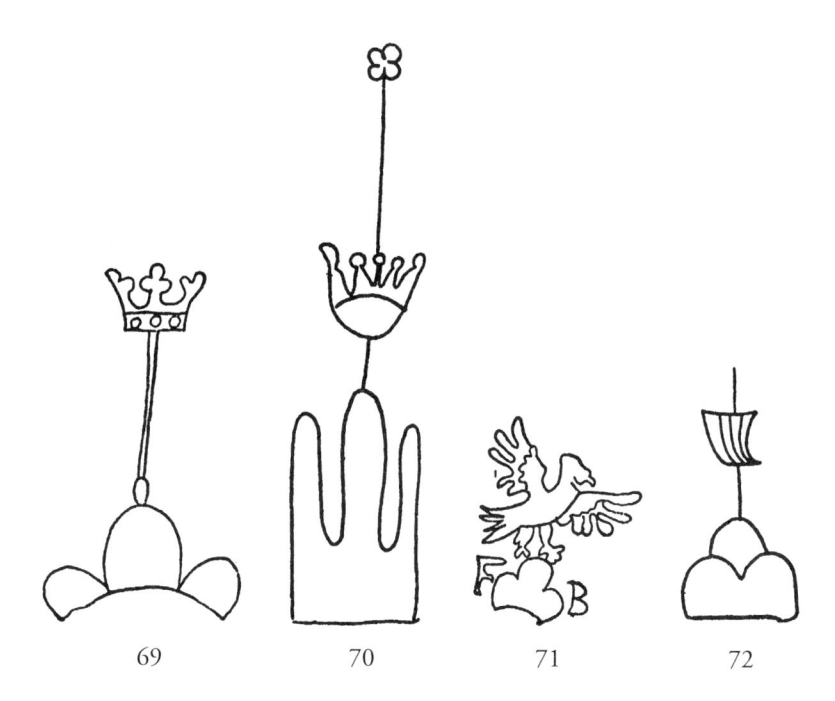

69   70   71   72

são esses que vêm voando como nuvens e como pombas até suas janelas?' E eis que uma voz veio até ela e disse: 'Nada receies, ó filha de Sião, pois estes homens são a semente que o Senhor abençoou e escolheu em amor sincero.' Assim, sentando-se de novo no trono de sua nudez, Dama Pobreza presenteou-os com as bênçãos da doçura, e lhes disse: 'Qual é a razão da vossa vinda? — Dizei, meus irmãos. E por que assim vos apressais desde o Vale de Lágrimas até o Monte da Luz?'"

73   74

Nas figuras 75 e 76 é mostrado o Monte da Luz com a Cruz de *Lux* em seu ápice, e na Figura 77 há o desenho de uma pomba voando rumo ao céu.

"Nós viemos a ti, nossa Senhora (Pobreza)", prossegue o autor de *A Conversação Sagrada*, "e te rogamos que nos receba para ti em paz; queremos nos tornar servos do Senhor da Virtude porque Ele é o Rei da Glória. Ouvimos falar que és a Rainha da Virtude, e de algum modo aprendemos isso pela experiência. Por isso,

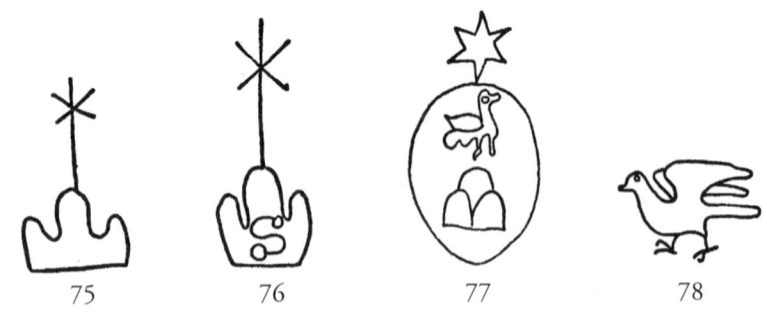

75 76 77 78

de joelhos a teus pés, suplicamos a ti humildemente que te dignes a estar conosco e a seres para nós o caminho que leva ao Rei da Glória ... Apenas nos concede passagem à tua paz e seremos salvos, a fim de que, através de ti, Ele nos possa receber, Ele que, através de ti, nos redimiu."[10]

A expressão "redimiu" sempre teve entre os místicos um sentido um pouco diferente daquele que possui popularmente. Acreditava-se que a redenção fosse não um ato de piedade incondicional, nem uma perda imediata das máculas condenáveis de uma pessoa por meio de um súbito mergulho na "fonte do sangue de Emmanuel", mas um processo gradual e progressivo, um lento desenvolvimento e expansão das capacidades espirituais do homem. "Não é cristão", escreveu um famoso místico, "o homem que apenas consola a si mesmo com o sofrimento, com a morte e com a satisfação de Cristo, e a si mesmo atribui esse consolo como sendo uma dádiva de boas graças, permanecendo ele próprio uma besta selvagem e não regenerada. Se esse suposto sacrifício significa ser útil para mim, ele tem de ser forjado *em* mim. O Pai deve gerar Seu filho no meu desejo de fé."[11]

O misticismo ensina universalmente que todo homem tem dentro de si os germes ou as sementes da Divindade, e que, pela conquista de si mesmo, essas centelhas do Céu podem ser avivadas até se tornarem uma labareda, a labareda um fogo, o fogo uma estrela e a estrela um sol.

O espírito de Cristo era considerado uma estrela despontando na escuridão da alma, "uma candeia que brilha em lugar tenebroso, até que o dia clareie e a estrela da alva nasça em vosso coração".[12] O ideal de Paulo e dos seus seguidores místicos em geral era "Cristo *em* vós", e "todo homem perfeito *em* Cristo",[13] e esse ideal foi promovido pelo misticismo séculos antes do nascimento de Paulo ou da aurora do

---

10. *Sacrum Commercium*, Temple Classics, pp. 44-45.
11. William Law, citado em *Christian Mysticism*, Inge, p. 280.
12. 2 Pedro i. 19.
13. 1 Colossenses i. 27, 28.

Cristianismo no mundo. "Sois *deuses*, sois todos filhos do Altíssimo", diz o poeta que escreveu o Salmo 82, e ele apresenta essa afirmação num lamento: "Eles nada sabem, nem entendem; vagueiam em trevas; vacilam todos os fundamentos da terra."

Ninguém sabe quando ou onde a idéia de Renascimento (*Re-Birth*) teve sua origem. Há quarenta séculos, essa idéia era comum na Índia, para onde provavelmente se deslocara vinda da Caldéia. Num documento egípcio atribuído ao terceiro século antes de Cristo, constam a pergunta e a resposta: "Quem é o criador do Renascimento?" "O Filho de Deus, o Homem Uno, pela vontade de Deus." O mesmo documento ensina que ninguém pode se salvar sem o Renascimento; que o corpo material, percebido pelos sentidos, não deve ser confundido com o corpo espiritual e essencial; e que, para alcançar o Renascimento, a pessoa deve triunfar sobre os sentidos corporais, desenvolver as capacidades interiores e pôr em prática de maneira resoluta a sua força de vontade. Em conseqüência disso, a "Divindade nascerá". "Não sabes", prossegue o filósofo egípcio, "que nasceste um Deus, Filho do Uno." Esse antigo cântico religioso do Renascimento devia ser entoado ao ar livre, com a face voltada para o sudoeste, no pôr-do-sol, e para o leste, no nascente, e a doutrina devia ser mantida em segredo ou esotérica.[14]

Uma das primeiras experiências do Peregrino de Komensky é a instrução que Cristo lhe transmite sobre a necessidade de renascer. Equipado com os óculos do Espírito Santo, pede-se a ele para que volte a passar por lugares onde antes se extraviara. Ele entra numa "igreja chamada 'Cristianismo'" e, vendo na sua parte mais secreta o que lhe parecia um santuário cortinado ou encoberto, dele se aproxima imediatamente, "sem se acautelar dos sectários que discutiam nas naves". De dentro, o santuário velado que ele percebera era "A Verdade do Cristianismo". Lá, cintilava reluzente luz e havia uma fragrância muito suave flutuando no ar; no entanto, para espanto do Peregrino, milhares de homens passavam pelo santuário e não entravam nele. "Eu também via que muitas pessoas versadas nas escrituras — sacerdotes, bispos e outros que tinham em alta consideração, sua própria santidade — contornavam o santuário; alguns, na verdade, olhavam para dentro, mas não entravam; e isso também me pareceu digno de lástima."[15]

O filósofo egípcio já mencionado escreveu sobre o Renascimento: "Toda vez que reconheço dentro de mim a visão sincera que nasce graças à piedade de Deus, passo, através de mim mesmo, para dentro de um corpo que não pode morrer nunca, e agora *eu não sou o que era antes*, porém sou nascido na Mente."[16] Isso

---

14. *Personal Religion in Egypt*, W. M. Flinders Petrie, pp. 94-98.
15. pp. 214-215.
16. *Personal Religion in Egypt*, W. M. Flinders Petrie, p. 94.

corresponde à afirmação de Komensky: "Aquele que, no entanto, atravessou o portal mais íntimo *torna-se um pouco diferente* dos outros homens: está repleto de bem-aventurança, júbilo e paz."[17]

Alcançar essa bem-aventurança do Renascimento ou Regeneração era a meta do misticismo, tão antiga quanto o mundo. "Ser renascido", diz Eckartshausen, "significa voltar a um mundo governado pelo espírito da sabedoria e do amor, e onde o homem-animal obedece."[18] O "R" gótico equilibrado sobre as montanhas na Figura 79 era a inicial e o símbolo de *Regeneratio*. A serpente enrolada na cruz, como nas figuras 80 e 81, também era um símbolo da regeneração ou salvação devido ao fato de esse réptil, periodicamente, mudar a pele e nascer mais uma vez. O significado do símbolo da serpente está impresso na Figura 80 graças ao acréscimo da letra R — sendo este um daqueles casos em que as "inscrições são colocadas acima das figuras a fim de que a letra possa explicar o que a mão desenhou".[19]

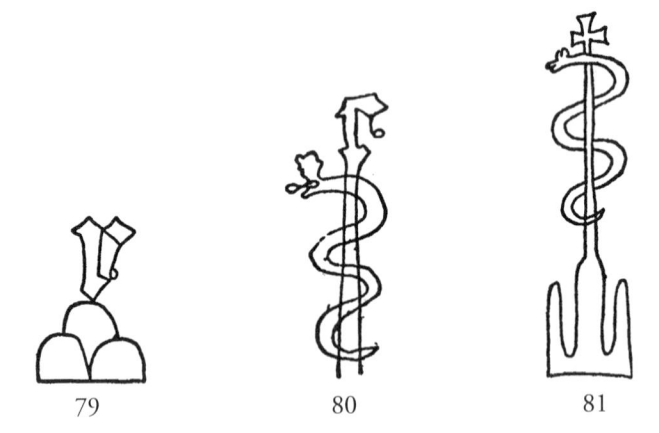

79   80   81

O trevo encimando a Figura 82 é um emblema da Trindade amplamente reconhecido. Assim posicionado no ponto mais alto das Colinas Sagradas, ele indica "as três folhas de trevo do conhecimento da Trindade, no qual consiste a felicidade final de cada hóspede temporário que está embaixo".[20] A estrela da manhã e Cristo, o Peixe, não necessitam de explicação. A lua crescente encimando as figuras 84 e 85 era um símbolo da Terra do Céu, e era usada com esse significado pelos cristãos primitivos nas catacumbas.[21]

17. p. 215.
18. *Cloud upon the Sanctuary*, p. 77.
19. Cf. *The Romance of Symbolism*, S. Heath, p. 15.
20. *Philobiblon*, Richard de Bury.
21. *The Word in the Pattern*, Sra. G. F. Watts.

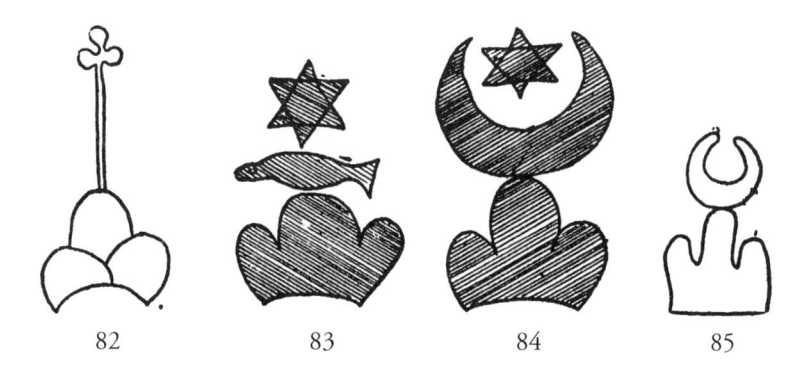

| 82 | 83 | 84 | 85 |

Todavia, os emblemas da vida contemplativa são relativamente raros em comparação com os que representam as virtudes ativas. Cada uma das várias Virtudes e Graças tinha o seu próprio símbolo distintivo, por meio do qual eram expressos os vários caminhos da ascensão.

O primeiro dos Caminhos era a pureza e a aspiração. "Quem subirá ao monte do Senhor?", pergunta o Salmista, e a condição se segue: "O que é limpo de mãos e puro de coração."[22] O Caminho da Solitude e da Pureza era simbolizado por um Cervo, que era também considerado como um tipo de aspiração religiosa, provavelmente devido a esta passagem dos Salmos: "Igual ao cervo que suspira pelos regatos." Havia uma antiga crença segundo a qual o cervo, embora fosse uma criatura tímida, nutria implacável aversão pelas cobras, as quais se empenhava em destruir; por isso, ele veio a ser considerado um emblema apropriado da luta do cristão contra o mal.[23]

| 86 | 87 | 88 |

22. Salmo xxiv, 3, 4.
23. *Symbolism in Christian Art*, F. E. Hulme, p. 176.

Um segundo Caminho era a Justiça. "O Senhor justo ama a Justiça", e a senda do justo, "como uma Luz radiante, brilhou cada vez mais até a Perfeição do Dia." O leitor estará familiarizado com os emblemas que encimam as Balanças da Justiça aqui ilustradas.

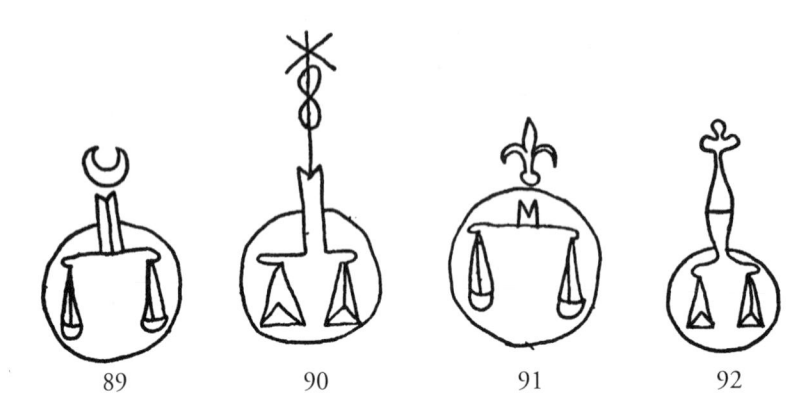

89   90   91   92

Observe como o Espírito do Amor foi indicado engenhosamente pela forma de coração da Asa da Pomba na Figura 93. O número 8 no alto da Figura 90 tem sido adotado, desde tempos mais antigos, como o emblema da regeneração. No Egito, ele era um dos símbolos de Thoth, o reformador e regenerador que vertia as águas da purificação na cabeça dos iniciados. De acordo com Swedenborg, o 8 "corresponde à purificação",[24] e diz-se que a forma octogonal das pias batismais cristãs surgiram dessa causa simbólica.[25]

Komensky afirma que os princípios do "verdadeiro Cristianismo" estão sintetizados em dois conselhos: todos deveriam amar a Deus acima de todas as coisas que podem ser nomeadas, e todos deveriam sinceramente amar ao próximo como a si mesmos.[26] Esse Caminho do Amor era simbolizado pelo coração, que, na Figura 98, é retratado com as chamas do ardente fogo da caridade. As flores que

---

24. *Arcana Celestia*, nº 2.044, 2.633.

25. Cf. *The Science of Correspondences*, E. Madeley, p. 363.

26. As expressões seguintes dessa regra de ouro provam que ela é universal e não pertence em particular a nenhuma época ou seita:

"Faz como gostarias que fosse feito para ti." — *Persa*.

"Não faças ao teu vizinho aquilo que te desgostaria se ele o fizesse a ti." — *Grego*.

"O que não queres que seja feito a ti, não faças aos outros." — *Chinês*.

"Deve-se buscar para os outros a felicidade que se deseja para si." — *Budista*.

"Ele buscou para os outros o bem que desejou para ele mesmo. Deixai que passe isso adiante." — *Egípcio*.

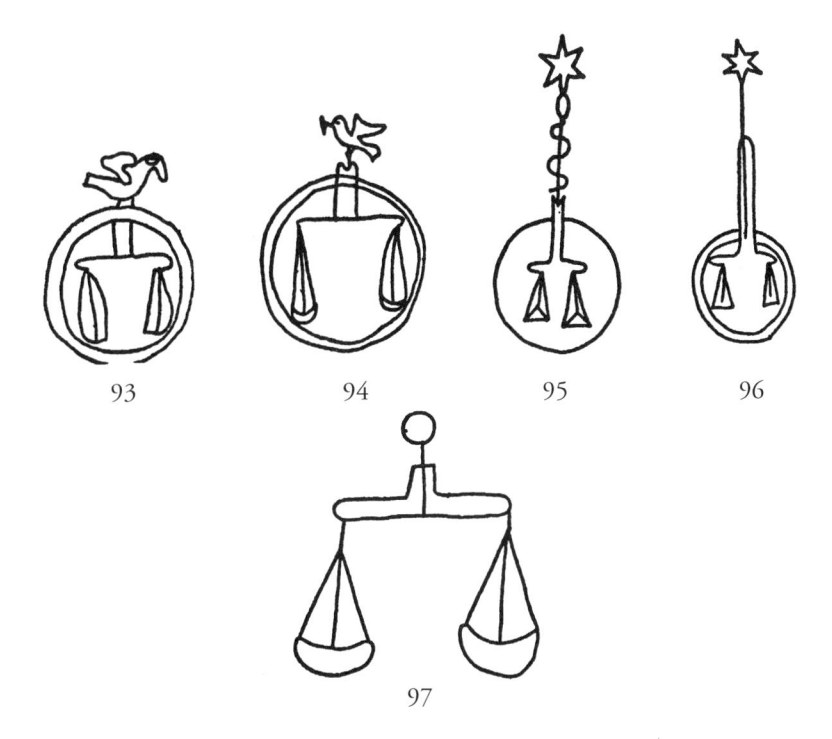

93 94 95 96

97

desabrocham do coração na Figura 104 eram os emblemas das boas obras; as flores, como diz Durandus, eram "usadas para representar o fruto das boas obras que brota das raízes da Virtude".[27]

Um quarto Caminho era a Humildade. "Ele te declarou, ó homem, o que é bom, e que é o que o Senhor pede de ti: que pratiques a justiça, e ames a misericórdia, e andes humildemente com o teu Deus."[28] O símbolo da humildade e da resignação paciente era o Asno, e a cruz de *Lux* em sua testa significava que "é a humildade que te deve prender a Deus, e que te manterá em constante adesão a ele".

"Toda e qualquer coisa que queiras que os homens vos façam, do mesmo modo fazei para eles." — *Cristão*.

"Não permiti que nenhum dentre vós trate o seu irmão de uma maneira que ele próprio não gostaria de ser tratado." — *Muçulmano*.

"A norma verdadeira na vida é zelar e fazer pelas coisas dos outros como eles fazem pelas suas." — *Indiano*.

"A lei impressa no coração de todos os homens é amar os membros da sociedade como eles amam a si mesmos." — *Romano*.

"Seja o que for que não queres que o teu próximo te faça, não faças a ele. Esta é toda a lei. O restante é mera demonstração dela." — *Judeu*. (Extraído de *The Swastika*.)

27. *The Symbolism of Churches and Church Ornaments*, p. 51.
28. Miquéias vi. 8.

98 99 100 101 102 103

A roda encimando as figuras 106 e 107 era o emblema da conciliação Divina. Assim como os inúmeros raios de um círculo estão unidos num único centro, e assim como a mente se eleva, as diferenças entre as seitas perdem a sua hostilidade e se fundem na árvore axial de Cristo.

Um quinto Caminho era a Esperança, a âncora da Alma. É provável que os desenhistas das figuras 108 a 115 tivessem em mente as palavras de Paulo: "Forte alento tenhamos nós que já corremos para o refúgio, a fim de lançar mão da

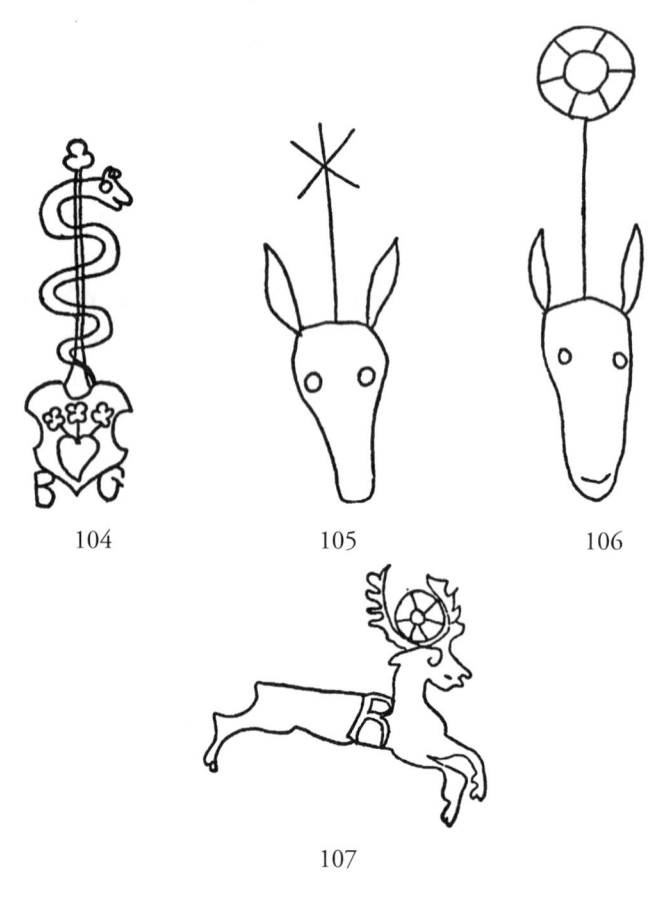

104 105 106

107

esperança proposta; a qual temos por âncora da alma, segura e firme, e que penetra além do véu, onde Jesus, como precursor, entrou por nós, tendo-se tornado sumo sacerdote para sempre, segundo a ordem de Melquisedeque."[29] As iniciais I e C na Figura 114 significam Jesus Cristo, que era considerado não apenas como O Caminho, mas também como o objetivo a ser alcançado. Na Figura 115, a âncora e a estrela aparecem com esse último sentido encimando as Colinas Sagradas.

Komensky faz comentários sobre o que ele chama de a servidão abençoada dos Filhos de Deus. Com a ajuda dos seus óculos sagrados, o peregrino era capaz de perceber que os cristãos invisíveis aceitavam voluntariamente para si serviços humildes e ignóbeis, e que, se apenas pudessem reconhecer um meio pelo qual

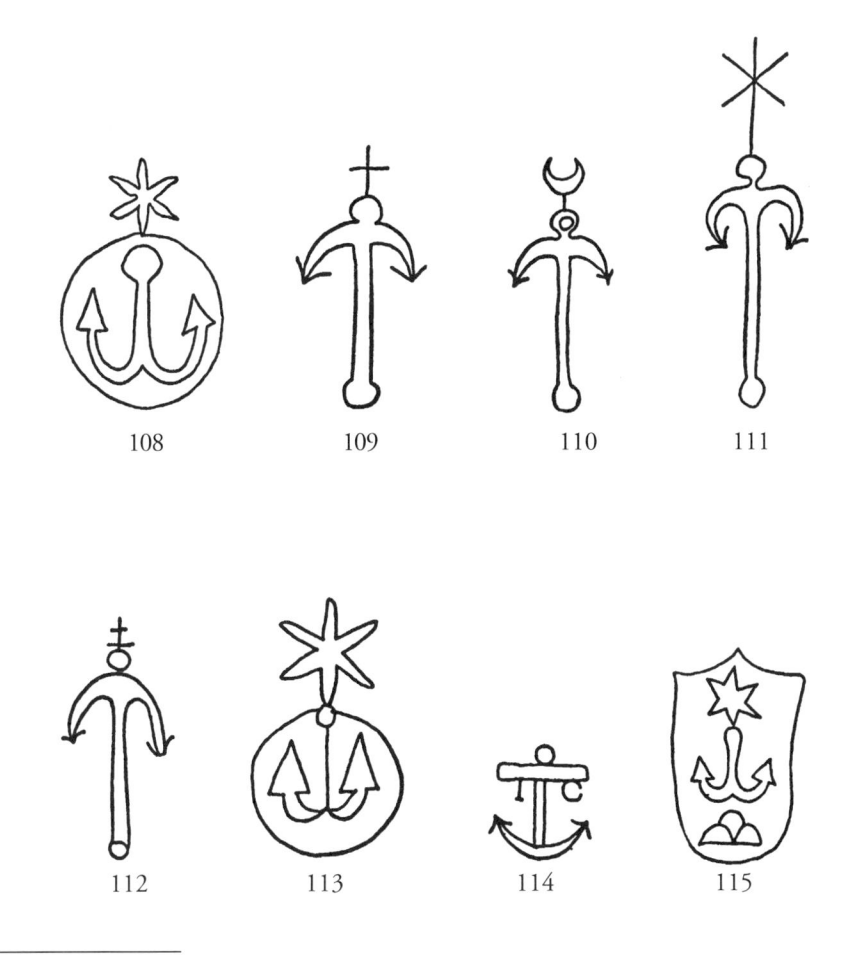

108   109   110   111

112   113   114   115

29. *Hebreus* vi. 18-20.

seus companheiros se pudessem beneficiar, não hesitariam em recorrer a esse meio nem se demorariam para fazê-lo. Tampouco enalteciam os serviços a que tinham se entregado, nem faziam menção deles aos outros, mas, quer deparassem com a gratidão ou com a ingratidão, continuavam "a servir tranqüila e alegremente".[30]

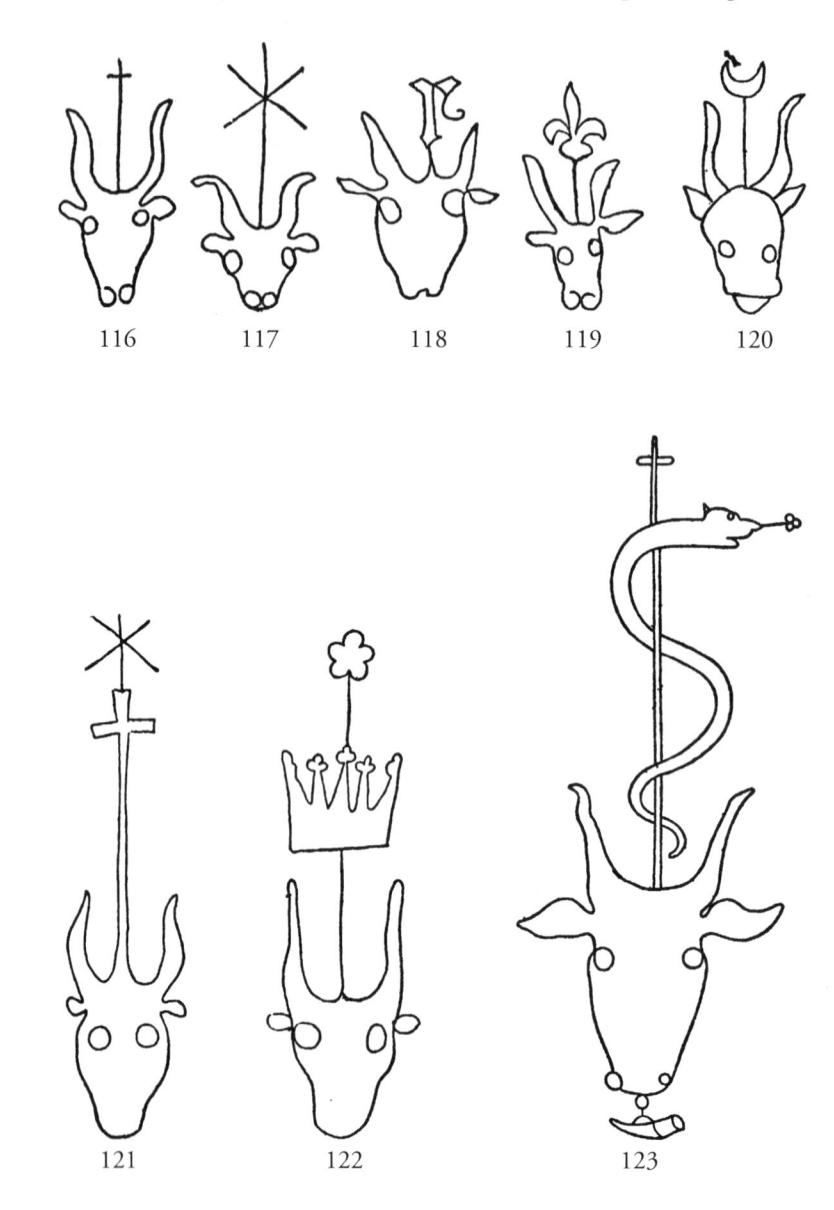

30. *Labyrinth*, p. 224.

O símbolo do trabalho desinteressado e do infatigável serviço comunitário era o Boi, que, de acordo com Hulme, era emblemático "de todos os que, pacientemente, suportam a carga e o trabalho árduo em silêncio para o bem dos outros".[31] Monsenhor Briquet reproduz quase mil e quinhentas variedades de marcas d'água onde aparece o Boi, e que foram usadas entre os anos 1321 e 1600; e, comentando acerca da estranha multiplicação dessa imagem na Itália, na França e na Alemanha, observa: "O fato de sua ampla popularidade é real, mas sua causa é desconhecida."[32]

Não raro, o emblema do Boi aparece sem adornos, quando ele pode ser lido, como o lema na Figura 44 (na página 36): "Eu me consumo a serviço dos outros"; mas, via de regra, ele aparece em combinação com algum símbolo ou símbolos suplementares da Visão.

O objeto que coroa a Figura 127 é o Sangraal, que, de acordo com a tradição, foi o cálice usado na Última Ceia e, subseqüentemente, por José de Arimatéia para guardar o sangue que fluiu de um flanco do Salvador crucificado. O Sr. A. E. Waite considera as várias versões da demanda do Graal perdido como espelhos da cavalaria espiritual, espelhos da perfeição, representações da vida mística, como o ensinamento da Igreja espiritualizada e como oferta, em forma de romance, de uma apresentação da crônica de todas as almas.[33]

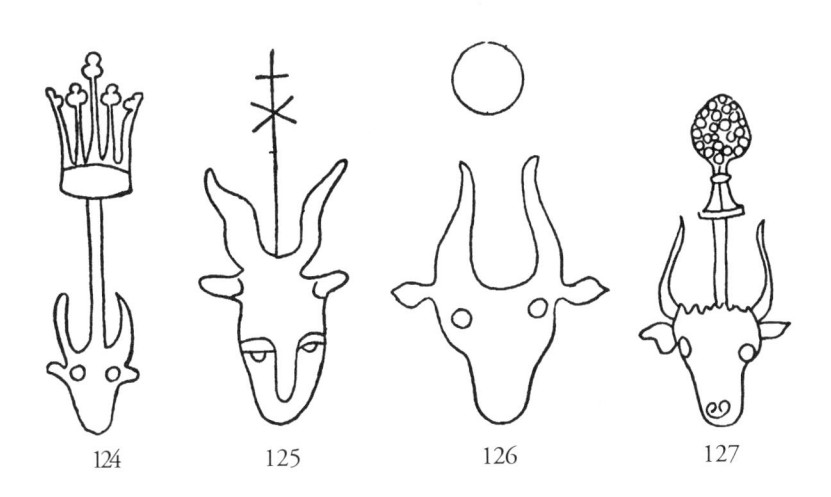

124   125   126   127

31. *Symbolism in Christian Art*, F. E. Hulme, p. 277.
32. *Les Filigranes*, vol. iv., p. 716.
33. A. E. Waite, *The Hidden Church of the Holy Grail: Its Legends and Symbolism considered in their affinity with certain Mysteries of Initiation and other traces of a secret tradition in Christian Times.*

No exemplo do Graal aqui ilustrado, o Novo Vinho do Reino de Deus é simbolizado pelo cacho de uvas, mas a diversidade dos emblemas do Santo Graal é praticamente infindável, e cada simbolista descreve sua Visão de acordo com suas preferências. Os místicos consideravam a si próprios como uma procissão ininterrupta de templos humanos, e o Santo Graal em cuja busca cada um se empenhava, era o ideal, em perpétua expansão, de suas próprias aspirações.

As estradas para a Busca ilustradas até agora foram a Pureza e a Aspiração, a Justiça, a Caridade, a Humildade, a Esperança e o Serviço Desinteressado. Existem, além delas, uma ou duas outras a serem consideradas, mas é notável que símbolos de esquemas mais convencionais relativos à salvação estejam ausentes. O crucifixo não aparece nas marcas d'água,[34] nem quaisquer emblemas que possam ser interpretados como justificação pela Fé, salvação pelo Sangue, ou, na verdade, por qualquer coisa da natureza de uma reconciliação vicária. A causa reside no fato de que esses caminhos populares eram considerados pelos místicos como enganosos, e, por essa razão, não eram mapeados em emblemas. Diz o Rei Artur:

Spake I not truly, O my knights?
Was I too dark a prophet when I said
To those who went upon the Holy Quest,
That most of them would follow wandering fires
Lost in the quagmire?

(Não falei com lealdade, Ó meus cavaleiros?
Teria sido profeta por demais sombrio ao dizer
A quantos prosseguiam na Santa Busca
Que a maioria deles havia de seguir chamas errantes,
Perdidas no lodaçal?)

O Dr. Patrick (1626-1707) expressa a doutrina tradicional do misticismo em sua obra *The Parable of the Pilgrim* (A Parábola do Peregrino), que já foi um livro popular mas agora está esquecido, em que ele diz que a única Fé que nos levará a Jerusalém é a conformidade com a ética de Jesus. "Mas, se posso ter a ousadia de introduzir uma pergunta", disse o inquiridor, "rogo que me satisfaças explicando por que chamas a essa fé de fé do peregrino; há outra além dela?" "Há", retrucou o seu professor; "neste mundo, deparamos com uma fé mais corajosa, refinada e

---

34. Entre os 15.112 exemplos ilustrados pelo Monsenhor Briquet, há *uma única* exceção a esta afirmação.

delicada do que a crença modesta e rústica que descrevi; é uma fé elegante e cortês, que se assenta tranqüila e que, no entanto, te coloca no colo de Cristo. Circula sob tantos nomes que agora não posso passar a enumerar todos eles. Ela é chamada de projeção de nós mesmos em Cristo, uma confiança nos Seus méritos, um abrigarmo-nos sob o manto de Sua justiça: e embora às vezes seja chamada de um caminhar até Ele em busca de salvação, há, no entanto, este mistério no assunto, o de que podes ir e, não obstante, não ir; podes ir e, no entanto, ficar imóvel; podes lançar-te sobre Ele, e não chegar até ele; ou, se deres passos curtos, ou se te esforçares para chegar até Ele, o trabalho está feito, e não precisas segui-Lo. Na verdade, trata-se de uma graça em repouso, e não em movimento.

"Espero que a tua alma jamais penetre nesse segredo, nem siga a turba nessas fantasias infundadas. Mas, em vez disso, farás as tuas mãos deitarem por terra esse ídolo da fé que fora erguido com tanta devoção, e religiosamente reverenciado por tanto tempo entre nós; essa imagem morta da Fé, que tantas pessoas têm adorado, na qual têm confiado, e pela qual têm perecido; — quero dizer que a noção que tem sido tão zelosamente proposta, como essa crença nada mais é que uma confiança em Jesus pela salvação; um repouso confiante nele; uma ação de nos projetarmos totalmente sobre os Seus méritos; ou uma aplicação de Sua justiça às nossas almas. E se lançares a eles todas essas outras frases, as quais nos dizem que essa fé é uma tomada de posse de Cristo, um ato de arrebatá-Lo, de estreitá-Lo ou de abraçá-Lo, farás o melhor, e com mais certeza isso te impedirá de ser enganado."[35]

---

35. *The Parable of the Pilgrim*, Londres, 1840, pp. 96, 97.

Capítulo IV

O MILÊNIO

Thou hast destroyed it,
The beautiful world,
With powerful fist:
In ruin 'tis hurled,
By the blow of a demigod shattered!
The scattered
Fragments into the void we carry,
Deploring
The beauty perished beyond restoring.
Mightier
For the children of men
Brightlier
Build it again,
IN THINE OWN BOSOM BUILD IT ANEW!

GOETHE.

(Tu o destruíste,
O belo mundo,
Com poderosa mão:
Lançado em ruínas,
Desfeito por um semideus, com golpes adversos!
Os fragmentos dispersos,
Nós os transportamos ao vazio,
Deplorando
A beleza que pereceu, irreparável. Agora,
Mais possante,
Para os filhos dos homens,
Mais brilhante
Ergue-o de novo,
EM TEU PRÓPRIO CORAÇÃO ERGUE-O UMA VEZ MAIS!)

Uma doutrina fundamental entre os místicos era a da iminência do Milênio; não a noção material da descensão de Cristo numa nuvem, o resgate de 144.000 cristãos para o alto e a destruição deste mundo corrompido, mas a opinião de Orígenes de que, em vez de um conflito final e desesperado entre Paganismo e Cristianismo, o Milênio consistiria numa iluminação gradual, num tributo voluntário pago ao Cristianismo pelos poderes seculares.[1]

O reino de Deus antecipado era expresso por uma esfera encimada por uma cruz, e esse emblema foi encontrado num papel fabricado, no máximo, em 1301. No decorrer dos séculos seguintes, as formas primitivas e simples aos poucos foram embelezadas por símbolos suplementares, evidência de que o espírito que havia por trás dessas marcas comerciais não era o de simples imitação, mas, isto sim, vinha de uma tradição viva e inteligente. Na Figura 128, a bola e a cruz da iluminação gradual aparecem em lugar da cruz de *Lux* no topo do castiçal.

1. Gibbon observa que a doutrina do reino de Cristo na terra, tratada a princípio como uma profunda alegoria, foi considerada gradualmente como opinião duvidosa e inútil, acabando por ser repudiada como uma invenção absurda da heresia e do fanatismo. (*Decline and Fall*, xv.)

O homem que concebeu a Figura 129 exprimiu a disseminação universal do Cristianismo ao estender uma cruz a cada um dos quatro cantos da esfera. As iniciais I e C obviamente significam Jesus Cristo, e na Figura 132 o ansiosamente esperado reino da Doçura e da Luz é indicado pelo coração e pela *Fleur-de-Lys*. O Reino do Céu era freqüentemente assinalado pela introdução de um Crescente no círculo. Se o traço horizontal central do A maiúsculo tivesse forma de V, isso com freqüência significava Ave[2]; e, desse modo, a Figura 135 pode ser lida como *Ave Millenarium*, uma maneira de o velho mundo exprimir a aspiração: "Venha a nós o Vosso Reino."

À esfera e à cruz do Milênio muitas vezes estão associadas as Montanhas Santas, como nos exemplos abaixo. Estas emblematizam a profecia: "Acontecerá que o monte da casa do Senhor será estabelecido no cume dos montes e se elevará sobre os outeiros, e para ele afluirão os povos. Irão muitas nações e dirão: 'Vinde, e subamos ao monte do Senhor e à casa do Deus de Jacó, para que nos ensine os seus caminhos, e andemos pelas suas veredas'; porque de Sião procederá a lei, e a palavra do Senhor, de Jerusalém. Ele julgará entre muitos povos e corrigirá nações poderosas e longínquas; estes converterão suas espadas em relhas de arado, e suas lanças em podadeiras; uma nação não levantará a espada contra outra nação, nem aprenderão mais a guerra. Mas assentar-se-á cada um debaixo da sua videira e debaixo da sua figueira, e não haverá quem os espante, porque a boca do Senhor dos Exércitos o disse. Porque todos os povos andam, cada um em nome do seu deus; mas, quanto a nós, andaremos em nome do Senhor, nosso Deus, para todo

136   137   138

---

2. No altar à Virgem na igreja de Santa Gudula, em Bruxelas, aparece o criptograma ao lado. Lê-se, para a frente e para trás, AV MARIA.

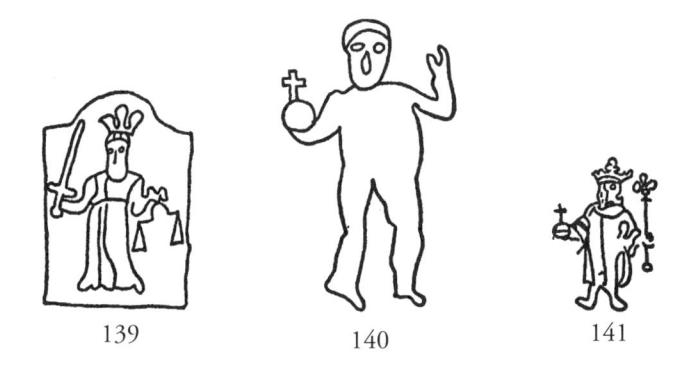

139   140   141

o sempre. Naquele dia, diz o Senhor, congregarei os que coxeiam e recolherei os que foram expulsos e os que eu afligira; dos que coxeiam farei a parte restante e dos que foram arrojados para longe, uma poderosa nação; e o Senhor reinará sobre eles no monte Sião, desde agora e para sempre."[3]

As marcas d'água acima reproduzidas retratam o ansiosamente esperado Rei que devia reinar em Sião. Na Figura 139, ele carrega a balança da Justiça e a espada do Espírito, é está coroado com um trevo; e na Figura 140 ele segura a esfera e a

142   143   144

145   146   147   148

---

3. Miquéias iv. 1-7.

cruz, e aparentemente estende uma das mãos em bênção. O cetro trazido pelo Rei da Figura 141 mostra em sua ponta, significativamente, a *Fleur-de-Lys* da Luz.

O homem que concebeu a Figura 142 indicou o reino da Luz ao estender, no alto e embaixo, a cruz de *Lux*. A letra R no interior do círculo era o signo da Cidade da Regeneração, e as iniciais I e R, com toda probabilidade, representavam Jesus Redemptor. Estes I e R combinados (na Figura 144, eles são consagrados por uma cruz) podem ser vistos entalhados num fragmento de escultura em pedra que se encontra hoje no jardim do Museu Cluny, em Paris, relíquia de algum antigo guarda-vento ou balaustrada. A Figura 145 apresenta as duas iniciais combinadas num monograma, e a Figura 146 (tirada da amostra de um vitral de um lar do século XVII) mostra uma variação desse monograma.

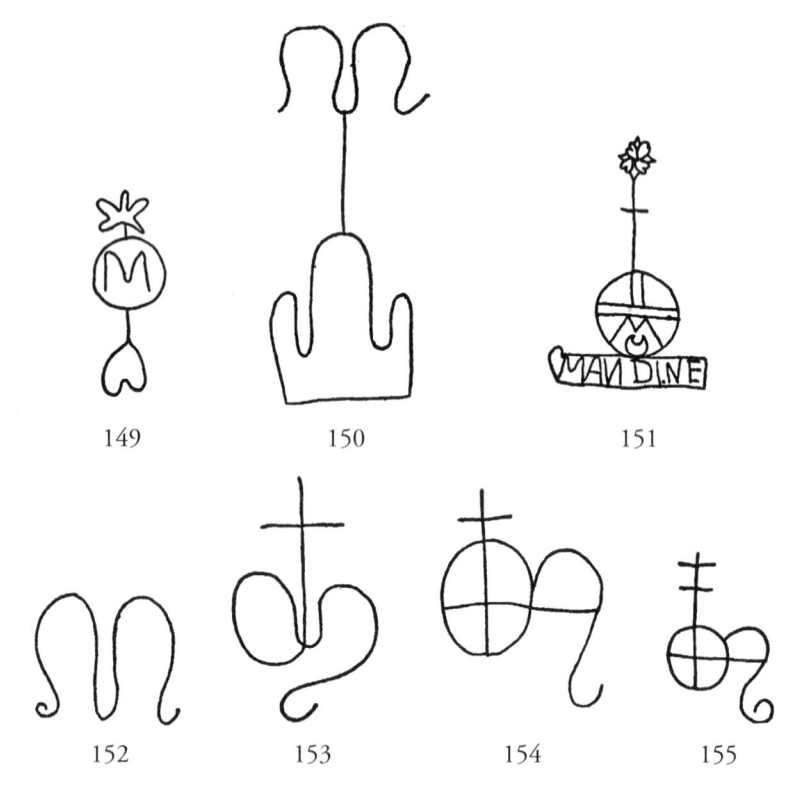

149   150   151

152   153   154   155

Um antiquário italiano do século XVIII supôs que o M maiúsculo, muitas vezes encontrado em antigos camafeus e sinetes, poderia ter significado a palavra *Millenarium*;[4] e o fato de que essa letra aparece freqüentes vezes combinada com

---

4. *Gemmæ Antiquæ Litteratæ*, Francisci Ficoronii, Roma, 1757, p. 21.

emblemas de marca d'água relativos ao Milênio tende a reforçar a suposição. O M maiúsculo aparece em papel pela primeira vez em 1296; por vezes, uma cruz o distinguia, e ele figurava freqüentemente como o objetivo da ascensão, e ocasionalmente, de maneira curiosa, se combinava com a esfera, a cruz e a letra A, como nas figuras 154 e 155.

A predominância dos emblemas do Milênio comprova como estavam difundidas as idéias milenaristas. A ambição do misticismo medieval de trazer à luz uma Comunidade cristã purificada, e de aniquilar o que ele supunha ser o império do Anticristo, é expressa enfaticamente no *Roman de la Rose* (Romance da Rosa), em que o poeta escreve:

> No one apart,
> Should claim the fulness of thy heart,
> But every living man should be
> Joined in one vast fraternity;
> Loving the human race as one,
> Yet giving special love to none;
> Mete out such measure as ye fain
> From others would receive again.
> . . . .
>
> It is because unrighteous folk
> Refuse to bear the gentle yoke
> Of this fair love, that it hath been
> Needful to set the judge as screen.
> To shield the weak against the strong,
> *Uphold the right, and quell the wrong.*
>
> (Ninguém sozinho
> Deveria reclamar a plenitude do teu coração,
> Mas todos os homens vivos deveriam se juntar
> Numa grande fraternidade;
> Amar a raça humana como sendo uma raça una,
> Sem, no entanto, oferecer amor especial a ninguém;
> Transmite essa medida à proporção que, de bom grado,
> Dos outros a recebas novamente.
> . . . .
>
> É pelo fato de o povo iníquo
> Recusar-se a suportar o doce jugo

Desse amor imaculado, que foi e é preciso
Pôr-se o juiz como um muro
Que proteja os fracos dos fortes,
Que sustente o certo e que domine o errado.)

Essas idéias socialistas e utópicas eram muito amplamente aceitas entre "os homens comuns" da Europa medieval, e foi a tentativa dos nossos Lolardos ingleses de as pôr em prática que fez com que se abatesse sobre o Lolardismo uma perseguição tão desastrosa e prolongada. É surpreendente que a história não registre, no continente, nenhuma tentativa de se impor o Milênio pela espada até 1524, ocasião em que irrompeu a revolução malograda conhecida como a Guerra dos Camponeses. A figura associada com mais proeminência a esse movimento é Thomas Munzer, que tinha título universitário equivalente ao Master of Arts inglês e que "fundou uma sociedade secreta em Allstatt, empenhada, por um solene voto, a trabalhar incessantemente para promover o novo Reino de Deus na terra, um Reino que deveria se basear no modelo da Igreja Cristã primitiva".[5] Munzer, cujas idéias derivaram em grande medida do fato de ser ele um tecelão itinerante que, no decorrer de suas viagens, ficara sob a influência dos Irmãos Boêmios, instalou e pôs em funcionamento uma máquina impressora especial para a disseminação das suas idéias. Inflamado pelas pregações dos apóstolos de Munzer, e motivado contra a opressão dos seus superiores feudais, o campesinato da Europa Central ergueu-se em insurreição e estabeleceu entre os seus integrantes uma "Fraternidade Evangélica Cristã". Nos seus *Doze Artigos*, eles anunciavam os direitos do "homem comum", condenando os abusos dos tempos como "impróprios e não fraternos, grosseiros e não estando de acordo com a palavra de Deus". "Cristo", afirmavam eles, "resgatou-nos e nos redimiu a todos com o Seu precioso sangue, tanto o trabalhador pobre quanto o que se acha na mais alta condição, sem exceção. Portanto, lemos de fato na Escritura que somos livres e que seremos livres. Não que sejamos tão inteiramente livres que não tenhamos autoridade alguma que reine sobre nós, pois isso Deus não nos ensina. Viveremos em obediência, e não na liberdade do nosso orgulho carnal; amaremos a Deus como o nosso Senhor; estimaremos os nossos próximos como irmãos, e as coisas que faremos para eles serão como se as tivéssemos feito para nós mesmos."

Durante seis meses, o campesinato ignorante e mal orientado manteve a sua posição, saqueando e destruindo castelos e conventos, e cometendo excessos de-

---

5. *The Peasants' War*, E. Belfort Bax, Londres, 1899, p. 239.

ploráveis. Depois que o feudalismo reassumiu o controle, "não havia fim para enforcamentos e decapitações", ou, como se expressou outro contemporâneo: "Tudo chegou a tal ponto que até mesmo uma pedra se apiedava, pois a punição e a vingança dos senhores conquistadores eram grandes."[6]

Nos dez anos da supressão do levante dos Camponeses, a Europa testemunhou outra tentativa de impor pela força um Reino de Cristo no nível material. Um grupo de fanáticos, reforçados por entusiastas e por descontentes com a política, vindos de vários cantos da Europa, ganharam força na cidade de Münster, e a proclamaram "a nova Jerusalém, a Cidade da Regeneração, o Reino de mil anos, de acordo com a Sua Santa Vontade".

Não é necessário considerar os acontecimentos subseqüentes que ocorreram em Münster, pois, com exceção de uma pequena mas ruidosa minoria, os místicos condenaram rigorosamente o uso de armas carnais, e censuraram como "homens selvagens" os que advogavam a força física. Todavia, o cerco de Münster não apenas se sobressai como um dos mais notáveis e românticos episódios da história, mas a ele acresce o interesse quanto à possibilidade de ter sido ele a base e a inspiração da obra *Holy War* (Guerra Santa) de John Bunyan. Aos olhos de Bunyan, os habitantes de Münster eram os santos de Deus em guerra contra os poderes deste mundo e de Satã.

Entre as insígnias reais fabricadas em Münster para o Rei de Sião, eleito pelo povo, estava uma esfera dourada. "Na esfera", diz o Sr. Bax, "havia uma cruz dourada em que se achavam gravadas as palavras: 'Um Rei de Retidão por toda a parte.'"

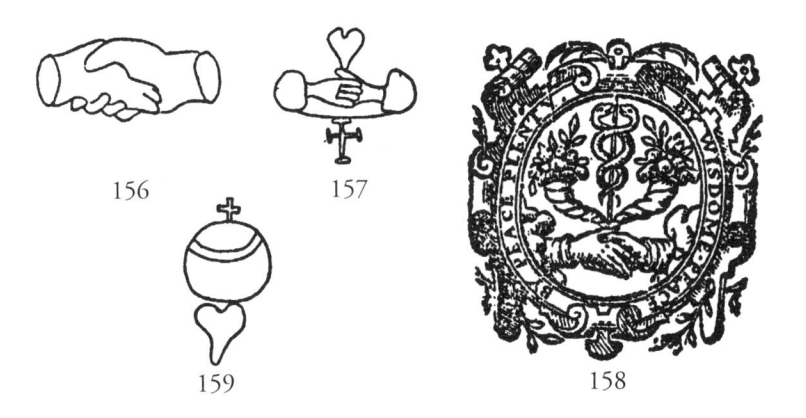

156   157

159   158

6. O número de vítimas dessa insurreição trágica foi estimado por alguns historiadores como chegando a 130.000.

Com a queda de Münster, os líderes do movimento foram esfolados vivos com tenazes aquecidas ao rubro, e as pessoas do povo sofreram o massacre costumeiro.

A história não registra quaisquer tentativas posteriores de impor o Milênio pela espada, mas a evidência das marcas comerciais comprova o quão extensamente as idéias milenaristas foram nutridas durante os séculos subseqüentes.

O aperto de mãos em fraternal concórdia dispensa comentários*; e na Figura 157, a sua significação é fortalecida pelo acréscimo do coração e da cruz.

As simpatias de Komensky inclinavam-se inevitavelmente para "o homem comum". Ele o retrata em *O Labirinto*, apresentando uma petição das suas muitas queixas, exibindo suas chagas, vergões causados por chicotadas e ferimentos, e mendigando alguma remissão por sentir-se tão pressionado e acossado que pelos seus poros mana suor sangrento. O "homem comum" é informado pelo Conselho de Autoridade de que, quando ele aparentemente não reconhece a proteção dos seus superiores, ele precisa se acostumar com a ferocidade deles; mas a "concessão", ironicamente, garante que "por meio da boa vontade, da obediência e do verdadeiro apego" aos seus superiores e governantes, ele pode ser bem-sucedido em ganhar o favor dos mesmos, e por isso ser-lhe-á "permitido usufruir desse favor".[7]

Mas os trabalhadores da Idade Média eram otimistas invencíveis, e continuavam a ancorar suas esperanças na iminência da vinda de Cristo. Na Figura 160, a Âncora da Esperança aponta para cima, para a esfera e a cruz, e a cruz na Figura 161 identifica o emblema como sendo o Estandarte de Cristo e a marca do Seu triunfo.

Ambos os estandartes exibem o trevo na ponta do mastro, e as flâmulas na Figura 162 se entrelaçam na forma de um S. Freqüentes vezes, a letra S significa *Spiritus*, e no seu atual contexto ela pode ser lida como um emblema da passagem: "Quando chegar o inimigo, como uma torrente o Espírito do Senhor erguerá

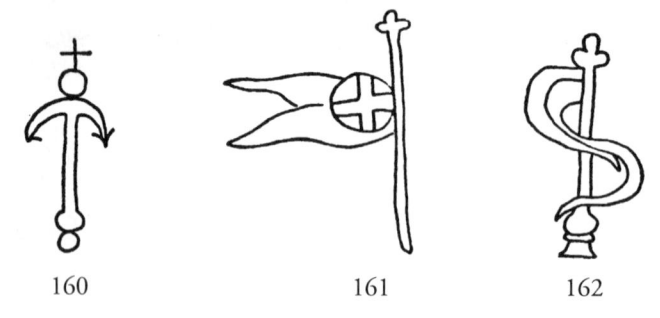

160   161   162

---

* Mas é interessante assinalar que o aperto de mãos como forma convencional de saudação foi uma invenção dos gnósticos maniqueístas. (N.T.)
7. *The Labyrinth*, pp. 183-184.

contra ele um estandarte. E o Redentor virá a Sião e aos de Jacó que se converterem, diz o Senhor. Dispõe-te, resplandece, porque vem a tua luz, e a glória do Senhor nasce sobre ti. Porque eis que as trevas cobrem a terra, e a escuridão, os povos; mas sobre ti aparece resplendente o Senhor, e a sua glória se vê sobre ti."[8] O Z de Zion (Sião) é visto na Figura 163, e o S de *Spiritus* na Figura 164.

163   164

É difícil para nós, vivendo nestes dias estáveis e comparativamente esclarecidos, compreender o desejo e a expectativa com que os místicos medievais ansiavam pelo "fulgor da Tua ascensão". "Vem depressa", diziam eles, "amado meu, faze-me semelhante ao gamo ou ao filho da gazela, que saltam sobre os montes aromáticos. Antes que refresque o dia, e fujam as sombras, irei ao monte de mirra e ao outeiro do incenso."[9] A iluminação que os hereges da Idade Média entendiam como sendo o Milênio é conhecida nos dias de hoje como Renascença; e esta pode ser comparada com aquela "Redenção" pela qual, diz o Apóstolo Paulo, "toda a criação anseia e sofre as dores do parto".

A marca do tipógrafo reproduzida a seguir é uma planta sendo regada pelo ralo de um regador, e o lema é DONEC OPTATA VENIANT, "Até que venham as coisas desejadas". Pouca dúvida pode haver quanto ao que estava implícito em *optata*, as "coisas pelas quais se anseia". Antes de ter deparado com essa eloqüente figura, escrevi: "O que chamamos Renascença foi tão-somente o frutificar de uma planta cujo cultivo fora obra alimentada com carinho durante séculos... Não foi uma flor silvestre e não cuidada, mas uma planta rara e exótica, acalentada por séculos de sangue e lágrimas."[10]

8. Isaías lix. 19-20; lx. 1, 2.
9. Cântico dos Cânticos viii. 14; iv. 6.
10. *A New Light on the Renaissance*, p. 212.

165

Profecias anunciando a Aurora tão esperada eram tão numerosas quanto os emblemas que as ilustram, e as esperanças na abençoada Aurora parecem nunca ter diminuído. As figuras 166 e 167 ilustram a aurora se aproximando com suas flâmulas luzentes, a "precursora do aprazível Febo, que, com seus claros e reluzentes raios, produz aquele dia abençoado pelo qual muitos anseiam".[11]

166   167

11. *Fama Fraternitatis*, R.C., anônimo (1614-1616).

A Aurora dos latinos ou Éos dos gregos é idêntica à Ushas hinduísta, a cujo respeito, três mil anos atrás, um poeta indiano escreveu:

> Ushas! Daughter of the sky,
> Hold thy ruddy lights on high;
> Bring us food with dawning day,
> Riches with thy radiant ray;
> White-robed nymph of morning sky,
> Bring us light, let shadows fly!
>
> . . . .
>
> Lo, she comes in crimson car,
> Scattering splendour from afar;
> From the realms beyond the sun
> In her chariot comes the Dawn;
> Ushas in her loveliness
> Comes to rouse us and to bless!
>
> Mortals in devotion bend,
> Hymns and songs of joy ascend;
> Ushas in her radiant beauty
> Comes to wake us to our duty;
> Bring us blessings in her car,
> Drives all evil things afar!
>
> White-robed daughter of the sky,
> Hold thy ruddy light on high,
> Day by day with dawning light
> Bring us blessings ever bright,
> Bring us blessings in thy car,
> *Drive the shades of night afar!* [12]
>
> (Ushas, Filha do céu,
> Ergue as luzes róseas;
> Traze-nos o alimento no dia que já nasce,
> E riquezas com teu raio radiante;
> Ninfa do céu matinal, com tua túnica branca,
> Traze-nos a luz, dispersa as sombras!
>
> . . . .

---

12. *Rig Veda*, Hino a Ushas, a Deusa da Aurora; extraído de *Indian Poetry*, Dutt, pp. 20-22.

Vê! Ela chega no carro carmesim,
Espargindo o esplendor de longe;
Dos domínios além do sol
Na sua carruagem além do sol
Na sua carruagem chega a Aurora;
Ushas, na sua graça e encanto,
Chega para nos despertar e nos abençoar!

Os mortais se curvam em devoção,
Hinos e cânticos de alegria sobem ao céu;
Ushas na sua beleza radiante
Nos vem despertar para o trabalho;
Traze-nos bênçãos no seu carro,
Afasta os males todos!

Filha do céu, com a tua túnica branca,
Ergue as luzes róseas,
Dia a dia, com a luz que nasce,
Traze-nos bênçãos sempre radiantes,
Traze-nos bênçãos no teu carro,
Afasta as sombras da noite!"

As chaves encimando o emblema do Amor na Figura 168 eram os símbolos de Janus, o porteiro do Céu. Seu nome, Janus, é uma variação de Dianus, e contém a mesma raiz: *dies*, dia. Era encargo de Janus escancarar os portais do céu e libertar a Aurora, às vezes representada por uma ave pernalta.

168

As aves pernaltas reproduzidas a seguir (íbis[13], grous e garças) simbolizavam a Manhã, porque, permanecendo na água ou na praia, elas eram as primeiras a saudar a Aurora à medida que ela surgia, vinda do Oriente. Quer isso fosse intencional, quer intuitivo, a famosa pintura de Farquharson, *Dawn* (Aurora), representa uma imensidade de águas e um grou em vôo ascendente. Entre os

---

13. A íbis também era reverenciada como um ser que destrói serpentes e que bebe água pura. Ver Plutarco, *Ísis e Osíris.*

169   170   171

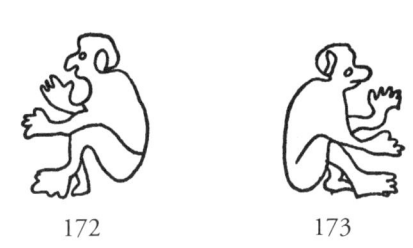

172   173

egípcios, uma ave conhecida como *bennu* — uma espécie de garça — era considerada como o emblema da Regeneração, e anunciava o reaparecer do Sol, o retorno de Osíris à luz.[14]

O Babuíno com as patas levantadas era o emblema da sabedoria saudando a Aurora ascendente. O babuíno era adotado como um emblema da sabedoria devido à sua expressão séria e aos seus modos humanos, e o seu hábito de emitir sons inarticulados ao nascer do sol levou-o a ser reverenciado como o Saudador da Aurora.[15] O babuíno e a íbis eram os emblemas de Thoth, o reformador, o regenerador e o Deus da escrita e do aprendizado. Os egípcios chamavam a íbis de *techu*, e Techu era um dos nomes de Thoth; o mês Thoth, tal como o nosso janeiro derivado de Janus, era o primeiro mês ou mês que iniciava o ano.

---

14. Cf. *The Romance of Symbolism*, S. Heath, p. 154.
15. *Religion of Ancient Egypt*, W. M. Flinders Petrie, pp. 22-32.

Capítulo V

O ESPÍRITO DO BEM

Before beginning and without an end,
As space eternal and as surety sure,
Is fixed a Power Divine which moves to good:
Only its laws endure.

The Light of Asia.

(Antes do começo e sem um fim,
Eterno como o espaço e infalível como a certeza,
Está fixado um Poder Divino que se move para o bem:
Só a sua lei perdura!)

A Luz da Ásia.

A crença na existência de um Espírito benfeitor, onipotente e onisciente é, e sempre foi, mais ou menos universal. Todas as religiões primitivas da China, do Egito[1], do México e do Peru apresentam um monoteísmo puro e um alto padrão de ética[2], e o Monoteísmo é evidenciado de modo semelhante na venerável coleção de hinos e de lendas indianos conhecida como os Vedas (cerca de 1500 a.C.):

He the Father, made us all,
He the Ruler, hears our call,
He the Feeder, feeds each nation,
Every creature in its station:
Names of many Gods he bears,
He is one — we seek by prayers.[3]

---

1. Cf. *Egyptian Religion*, E. A. Wallis Budge. [*A Religião Egípcia*, Editora Cultrix/Pensamento, São Paulo, 1990.]
2. Cf. *The Original Religion of China*, John Ross.
3. *Rig Veda*, x. 82, extraído de *Indian Poetry*, traduzido por Romesh Dutt, p. 34.

(Ele o pai nos fez a todos nós,
Ele que é o Rei ouve a nossa voz,
Ele o Provedor, provê cada nação,
Toda criatura em sua condição:
Leva nomes de muitos deuses,
Ele é um só — nós o procuramos em preces.)

Em outra passagem, o *Rig Veda* afirma: "Há Uma Existência, e os sábios a chamam por muitos nomes";[4] e há razão para se acreditar que as numerosas divindades do Egito foram originariamente expressões locais de um monoteísmo fundamental. Plutarco sustentava que todos os nomes de deuses diziam respeito à mesma Essência: "Não deuses diferentes para povos diferentes, nem bárbaros nem gregos, nem meridionais nem setentrionais, mas assim como o sol e a lua e a terra e o mar são comuns a todos, embora sejam chamados por diferentes nomes entre diferentes povos, assim também o Logos que ordena todas as coisas, e a Providência una, que também governa os poderes ordenados para servirem a ela para todos os propósitos, têm recebido diferentes honras e títulos em conformidade com as leis das diferentes nações."[5]

Embora fosse reconhecido entre os místicos gregos que "Jove, Plutão, Febo e Baco são Um",[6] e embora Miquéias descreva o Milênio como todo homem que caminha em nome do seu Deus, acrescentando que "andaremos no nome do Senhor, nosso Deus",[7] os guardiões oficiais do Cristianismo trabalhavam sucintamente para suprimir o que condenavam como sendo a depravação herética da mente. Se um maniqueísta passasse para o lado do sistema cristão de Constantino, ele era obrigado a abjurar os seus antigos companheiros com as palavras rituais: "Amaldiçôo as pessoas que dizem que Zoroastro, Buda, Cristo, Mani e o Sol são todos um e o mesmo ser."[8] O sistema filosófico conhecido como Kabala, que exerceu grande influência sobre o pensamento europeu durante o final da Idade Média, enumerou setenta e dois nomes para designar a Divindade, e com muitos deles nos depararemos no decorrer destas investigações.

Os caracteres na Figura 174 formam o Tetragrama hebraico ou o nome-mistério de quatro letras do Poder Criador. Derivado das formas passadas, presentes e

---

4. *Brahma Knowledge*, L. E. Barnett, p. 14.
5. Cf. *Personal Religion in Egypt*, W. M. Flinders Petrie, pp. 122-123.
6. *The Gnostics and their Remains*, C. W. King, 2ª ed., p. 321.
7. Miquéias iv. 5.
8. Cf. *Mystical Traditions*, I. Cooper-Oakley, p. 286.

174

futuras do verbo "ser", e combinando essas formas dentro de si mesmo, o Tetragrama era venerado como um símbolo do Eu Sou imutável. Ele é encontrado em outras teologias além da hebraica e, na forma de trigrama, AUM, era usado como uma senha nos mistérios egípcios. Era considerado entre os muçulmanos como uma sílaba criadora de tudo, cujo poder curava a picada das serpentes e recuperava os coxos, os mutilados e os cegos. Os brâmanes afirmam que todos os ritos, oblações e sacrifícios passarão; "mas o que não passará é a sílaba AUM, pois ela é um símbolo de Deus, o Senhor dos seres criados".[9]

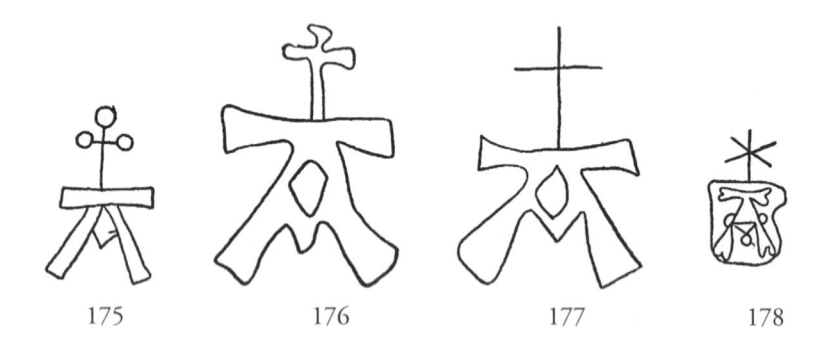

175   176   177   178

A combinação de A e de T ilustrada nas reproduções acima é a forma hebraica de *Alfa* e *Ômega*, sendo T (*Tau*) a última letra e A (*Aleph*) a primeira do alfabeto hebraico. O símbolo do *Alfa* e do *Ômega*, o Primeiro e o Último, não se restringia ao Cristianismo, mas foi encontrado entre documentos egípcios. A palavra "último" geralmente é mal entendida com relação a isso, sendo que a implicação mais verdadeira é o fim dos últimos dias e a aurora de uma nova era ou de um novo princípio.[10]

A Pomba comum está relacionada com o Alfa e o Ômega. A Pomba era considerada um símbolo do Espírito do Bem devido aos círculos na sua garganta,

9. Cf. *A Lexicon of Freemasonry*, A. G. Mackey (artigos "Jehovah", "Name of God", "Tetragrammaton").
10. Cf. *Encyclopædia of Religion and Ethics* (artigos A e O).

179

cujas cores representavam os Setes Espíritos de Deus ou raios do prisma constituí-do pela Trindade.[11] Compreendia-se também que a suave e insinuante "voz da rola" era um eco sobre a terra da voz de Deus.[12] A pomba era considerada um equivalente do Alfa e do Ômega, porque o valor numérico da palavra grega para Pomba, 801, era o mesmo valor numérico das letras A e O.[13]

A Figura 181 é a famosa marca de Christopher Plantin, o grande tipógrafo. O compasso, com ou sem a Mão de Deus, era um símbolo "Daquele que fixou a terra e o céu, e mediu o firmamento". Há uma referência nos Provérbios[14] ao

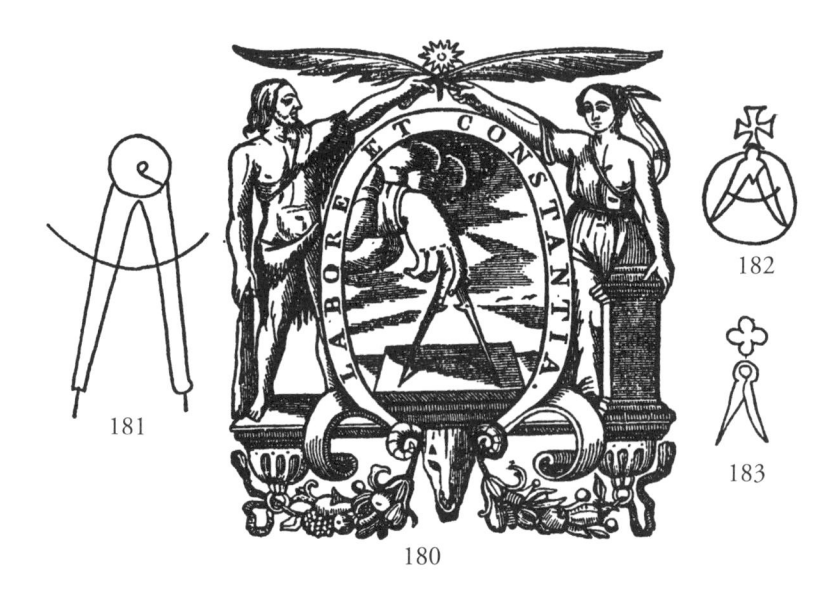

181

LABORE ET CONSTANTIA

180

182

183

11. *Clothed with the Sun*, Anna Kingsford, p. 298.
12. *Solomon and Solomonic Literature*, Moncure D. Conway, p. 123.
13. *Fragments of a Faith Forgotten*, G. R. S. Mead, p. 371.
14. Provérbios viii. 27.

Criador preparando os Céus e traçando com um compasso o horizonte sobre a face do abismo. Diz-se que as duas pontas do compasso representam espírito e matéria, vida e forma; destes, todas as complexidades do manto fugaz e eternamente mutável da vida-una são produzidas dentro do círculo, imposto a si mesmo pelo Ser que ordenou as fronteiras do Seu Universo ou do Seu Sistema.

Os autores de *O Caminho Perfeito* assinalam que entre os símbolos e insígnias dos Deuses Egípcios nenhum é mais comumente representado do que a Esfera. Essa Esfera — ilustrada nas reproduções a seguir — era o emblema do Movimento criativo, pois a Força da Manifestação é rotatória; sendo, na verdade, a "roda do Espírito da Vida" descrita por Ezequiel como uma "roda dentro de uma roda",

| 184 | 185 | 186 | 187 |

com todo o sistema do universo, desde o planeta até a sua partícula mais ínfima, a girar da mesma maneira.[15]

O inseto ilustrado nas figuras 188 e 189 é o Escaravelho egípcio, o símbolo do Ser que existe por si mesmo. O escaravelho era cultuado e reverenciado em razão da beleza iridescente das suas asas, porém, mais particularmente, devido ao seu hábito peculiar de modelar bolinhas de barro. "Há muitas pessoas que, até hoje", diz Plutarco, "acreditam que o gênero do besouro não tem fêmea, mas que os machos deitam seu esperma numa bolinha de terra, que eles rolam, empurrando-a para trás com as suas patas traseiras — e fazem isso imitando o Sol que, enquanto se move de oeste para leste, faz o céu girar no sentido contrário."[16] Os egípcios chamavam o escaravelho de *Chepera*, palavra que é também o termo egípcio para "Ser".[17]

---

15. p. 167.
16. *Ísis e Osíris.*
17. Renouf, *Hibbert Lectures*, p. 217.

188

189

Na Figura 190, o Escaravelho está associado com a Águia bicéfala — o símbolo da Onipotência.[18] A águia bicéfala era venerada pelos hititas como o emblema do Rei do Céu, e se diz que o Pássaro do Sol hitita era a Roc mágica da mitologia oriental. Foi uma Roc — mortal inimiga das serpentes — que transportou Simbá o Marujo a uma altitude tão grande que ele perdeu a terra de vista, e foi uma Roc que o transportou para o vale dos diamantes.[19] A mitologia da América Central registra a existência de uma grande ave chamada "Voc", e a associa a um episódio em que ela engole uma serpente.[20] Os aborígenes australianos acreditam que as aves eram os deuses originais, e que a águia em especial é um grande poder criador.[21]

190

O Sr. Andrew Lang, que reproduz, em seu livro *Custom and Mith* (Costume e Mito), uma ilustração do "Thunderbird" (Pássaro-Trovão) da América do Norte, observa que os Índios Peles-Vermelhas sempre tiveram, até onde se tem conhecimento disso na Europa, o hábito de usar pictografia com o propósito de conservar suas lendas, seus poemas e seus encantamentos.[22] A águia era identificada com Zeus, o Trovejador, e a Águia de Patas e Asas Abertas da Europa (veja a Figura 192) corresponde muito de perto ao Pássaro-Trovão dos índios peles-vermelhas, tal como foi ilustrado na Figura 191.[23]

18. *The Migration of Symbols*, G.d'Alviella, p. 21. [*A Migração dos Símbolos*, Editora Pensamento, São Paulo, 1990.]

19. De acordo com Swedenborg, pedras preciosas significam verdades espirituais, e os monumentos do Egito chamam as pedras preciosas de duras pedras da verdade. Cf. *The Science of Correspondences*, E. Madeley, p. 363.

20. *The Popol Vuh, the Mystic and Heroic Sagas of the Kiches of Central America*, L. Spence, p. 20.

21. *Custom and Myth*, A. Lang, p. 54.

22. p. 294.

23. De *Custom and Myth*, p. 298.

191   192

Durante o período mosaico, a águia era considerada um emblema do Espírito Santo, e é dito que a sua representação com duas cabeças é um registro da dupla porção de Espírito miraculosamente concedida a Eliseu. Dante se refere à águia como o Pássaro de Deus, e descreve uma imagem dos espíritos dos príncipes justos formando as suas hostes na figura de uma águia.

> Lo, how straight up to Heaven he holds them reared,
> Winnowing the air with those eternal plumes.[24]

> (Vê! Como direto para o Céu ele os orienta,
> Abanando o ar com aquelas eternas plumas.)

Em Heráldica, às vezes encontramos uma águia no topo de uma escada. A Escada é a *Scala Perfectionis*, e a águia é a meta da Visão.

Ocasionalmente, as pessoas que conceberam os emblemas da águia enfatizavam o propósito dos seus desenhos acrescentando um símbolo suplementar do Grande Espírito. A Cruz e os Três Círculos na Figura 195, e no centro da Figura 194 representam a tríplice Divindade, "essa Trindade (*Trinitie*) e Unidade (*Unitie*) que

193   194   195

---

24. *Purgatório*, Canto ii.

196

197

esse triângulo globoso representa numa figura mortal e imortal".[25] Observe na Figura 196 a grinalda da Paz, feita de folhas de oliveira, e o coração do Amor.

A marca do moderno prestamista é um remanescente degradado do brasão da família Médici e, subseqüentemente da Lombardia. As três esferas douradas representavam outrora a tríplice Perfeição, sendo o ouro o metal perfeito e a esfera ou círculo a forma perfeita. Na Figura 178 (na página 74), esses três círculos da perfeição estão relacionados com o Aleph-Tau.

Os três princípios da Divina Essência também foram representados por um trevo. Segundo a tradição, São Patrício, pregando a doutrina da Trindade aos irlandeses pagãos, arrancou um trevo *shamrock** e se serviu dele como um objeto em

198   199   200   201

25. *Microcosmus*, Purchas. Londres, 1619.
* Essa variedade de trevo é também o emblema nacional da Irlanda. (N.T.)

torno do qual explicou sua lição. Mas a palavra *shamrakh* é árabe, e o trifólio ou folha de três lóbulos é um símbolo mais antigo e mais amplamente difundido do que o Cristianismo. Era muito freqüente a concepção da Divindade como sendo Tríplice, e nos templos em ruína, tanto do Oriente como do Ocidente, ocorre em profusão o emblema do trevo.

202

O número *quatro* e o quadrifólio, ou trevo de quatro folhas, eram considerados tão sagrados para o Espírito Supremo quanto o número *três*. O poderoso Tetragrama era uma palavra de *quatro* letras, e quase todos os povos da Antigüidade tinham, para a Divindade, um nome que era composto por *quatro* letras.[26] Entre os gnósticos, o Ser Supremo era indicado pelo número *quatro*.[27] Sobre a figura sacrossanta desse nome era feito o juramento entre os pitagóricos, juramento esse que Jâmblico nos comunica nos seguintes versos:

> By that pure quadriliteral Name on high,
> Nature's eternal fountain and supply,
> The parent of all souls that living be –
> By it, with faithful oath I swear to thee.[28]

> (Por esse puro nome de quatro letras nas alturas,
> Fonte e provisão eternas da natureza,
> Origem de todas as almas que estejam vivas,
> Por ele, com voto fiel, a ti faço minhas juras.)

---

26. Em assírio é Adad; em egípcio Amun; em persa Sire; em grego Theos; em latim Deus; em alemão Gott; em francês Dieu; em turco Esar; em árabe Allah; cf. *Numbers: Their Occult Power and Mystic Virtue*, W. Wynn Westcott, p. 22. [*Os Números: Seu Poder Oculto e Sua Virtude Mística*, Editora Pensamento, São Paulo, 1990.]
27. *The Gnostics*, C. W. King, 2ª ed., p. 307.
28. Cf. *A Lexicon of Freemasonry*, Mackey, p. 348.

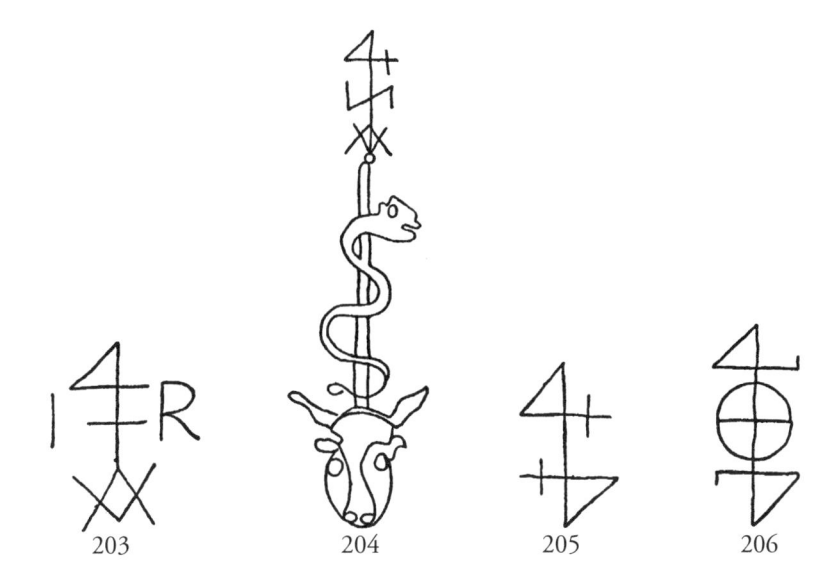

203   204   205   206

Um motivo para essa veneração do número quatro era a perfeita igualdade dos quatro lados de um quadrado, onde nenhuma das linhas fronteiriças excede as outras num único ponto.[29] Por isso, ela se tornou um símbolo geométrico da Eqüidade e da Justiça da Divindade, "onde nada que seja desigual habita".[30]

O 4 geométrico era freqüentemente utilizado para denotar o ponto supremo e o pináculo da ascensão. Ele é utilizado com esse propósito nas figuras 203 e 204. Na primeira, as iniciais I e R denotam Jesus Redemptor.

Às vezes, o 4 é duplicado, de modo que pode ser lido para cima ou para baixo. Um correspondente sugeriu que o círculo na Figura 206 representa o mundo esférico, e que os dois quatros simbolizam a passagem, "Para onde me ausentarei do teu Espírito? Para onde fugirei da tua face? Se subo aos céus, lá estás; se faço a minha cama no mais profundo abismo, lá estás também".[31] A Águia reproduzida na figura a seguir é marcada com o 4 para cima e para baixo.

Entre os símbolos da antiguidade, é provável que o mais amplamente difundido seja a cruz de *quatro* braços, com linhas formando ângulos retos nas extremidades de cada braço, a cruz conhecida como a *svastika*. Ela é encontrada na Escandinávia, na Pérsia, na Índia, no México, no Peru, na Grécia, na Escócia e

---

29. *Isis Unveiled*, H. P. Blavatsky, i. 9. [*Ísis sem Véu*, Editora Pensamento, São Paulo, 1990.]

30. Numa antiga casa em Peebles há uma figura entalhada onde o número 4 é sustentado por um homem e uma mulher. Nela, lê-se a inscrição: "Nós Amamos a Eqüidade."

31. Salmo cxxxix, 7, 8.

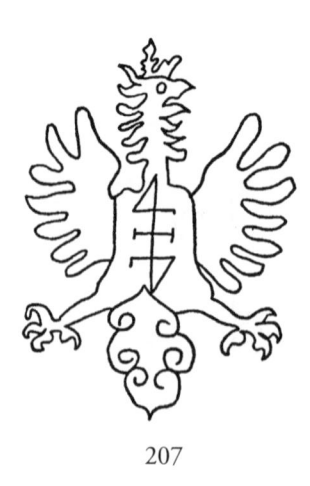

207

nos cemitérios pré-históricos da América do Norte, onde sempre parece estar associada com o culto do sol. O significado mais comumente atribuído a ela é "está bem", e a palavra sânscrita *svastika* traz em si as raízes "estar" e "bem". A Sra. G. F. Watts a descreve como "um signo de beneficência indicando que o labirinto da vida pode desnortear, mas a senda da Luz o permeia: 'Está Bem' é o nome da senda, e a chave para a vida eterna se encontra no estranho labirinto para aqueles a quem Deus guia".[32]

A *svastika* pode ser vista no entrelaçamento central dos desenhos labirínticos ilustrados nas figuras 208 e 209. Esses arabescos, conhecidos na Itália como "Nós de Salomão", aparecem em formas mais ou menos complexas, e são vistos com freqüência nas cruzes celtas. Sem princípio nem fim, eles eram considerados como emblemas da Inescrutabilidade Divina, e não era incomum trançá-los em formas específicas de modo a constituírem símbolos suplementares dentro de símbolos. Via de regra, eles eram traçados numa forma tripla ou quádrupla, mas a Figura 215 — uma exceção peculiarmente engenhosa — é um traçado sem começo nem fim de três tríades de folhas de trevo, o centro é uma estrela de cinco pontas, e o todo tem a forma de uma flor. A Figura 216 também forma a flor e a estrela. A Figura 218 é um trifólio relacionado com a cruz de *Lux* e com as iniciais de Jesus Redemptor.

O meandro quádruplo no centro da Figura 219 pode ser rastreado até a Índia, e às vezes ocasionalmente encontrado, como na Figura 220, na forma de um Calvário. As figuras 221 e 222 mostram variantes da mesma idéia. Há um exem-

---

32. *The Word in the Pattern*, p. 15.

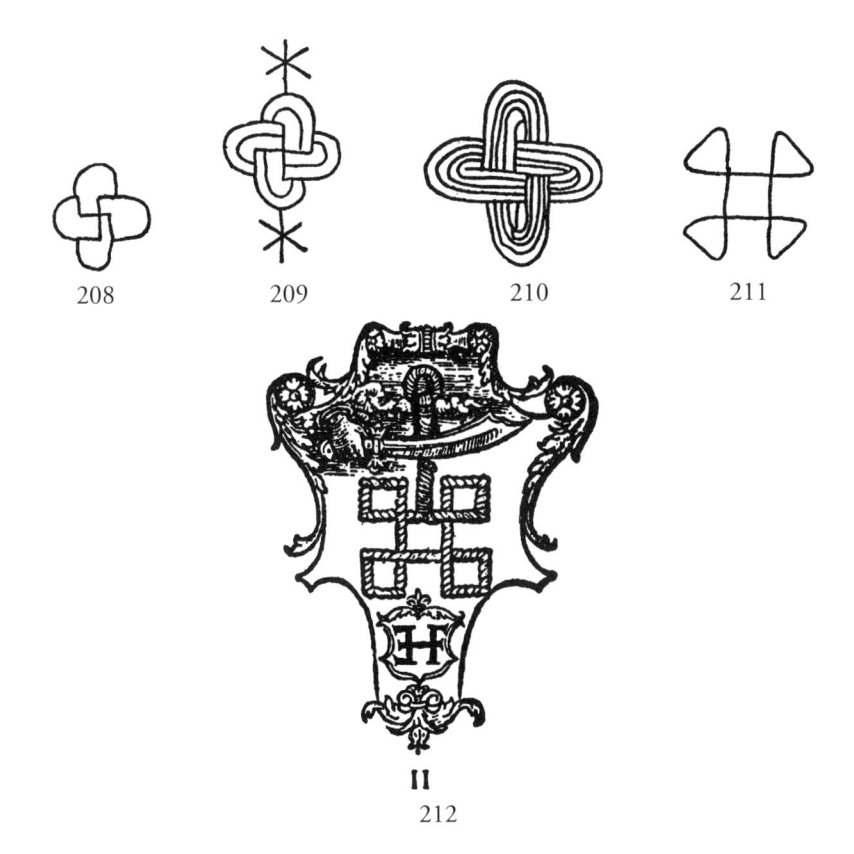

208   209   210   211

212

plo interessante do Nó num entalhe que se encontra na pia batismal da Igreja Paroquial de Dollon, onde o arquiteto entrelaçou uma série de algarismos 8 — sendo que o número oito, como já foi mencionado, é o símbolo da Regeneração.

Em *O Labirinto do Mundo*, Komensky anima os seus companheiros que passaram por reveses com a garantia: "Nós temos o mais vigilante dos guardiões, protetores e defensores — o Próprio Deus Todo-Poderoso: portanto, regozijemo-nos."[33]

A Figura 223 retrata o previdente, alerta e vigilante Olho do Todo-Poderoso, emblema com o qual a Índia está familiarizada e que é conhecido no Egito como o Olho de Hórus ou de Osíris. O Sentinela era simbolizado pela Pantera ou Leopardo,[34] provavelmente por causa das manchas sobre sua pele, semelhantes a olhos.

---

33. p. 234.
34. Parece que os termos Leopardo e Pantera foram usados indistinta e indiscriminadamente. Os "Leopardos" da Heráldica são, às vezes, panteras ou leões, e a pele de pantera de Baco e de Pã tem manchas como a de um Leopardo.

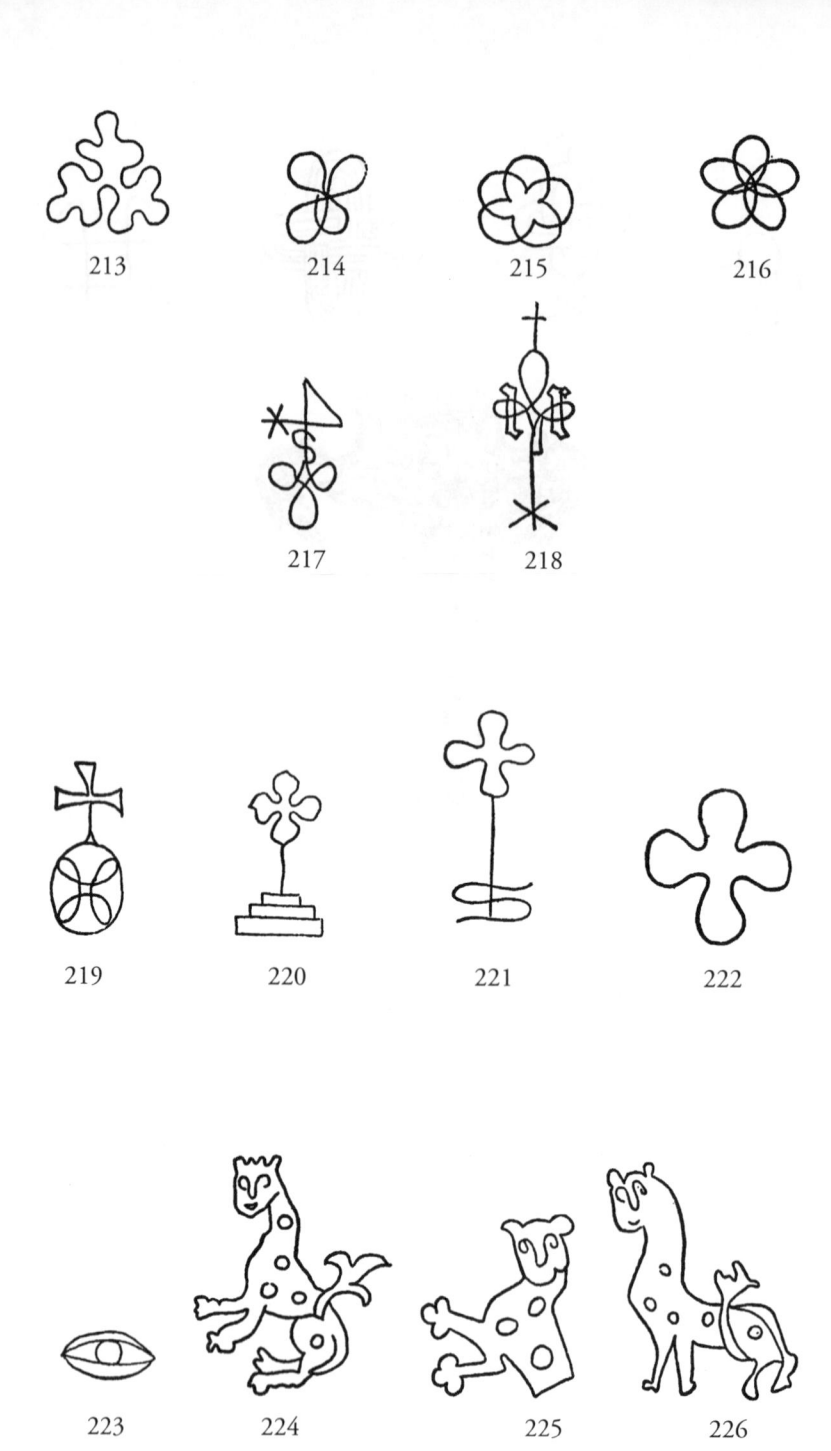

213   214   215   216

217   218

219   220   221   222

223   224   225   226

No Egito, a pele mosqueada de um leopardo era sempre suspensa perto das imagens de Osíris, sendo ele próprio representado como um leopardo na posição agachada e encimado por um olho aberto. Plutarco diz que o nome Osíris era interpretado como Os = muitos e Iri = olho, isto é, o "de muitos olhos".[35]

As figuras 224 a 226 retratam "o Incompreensível Uno provido de inúmeros olhos, por quem, de diferentes maneiras, toda a natureza anseia",[36] e a cauda do leopardo da Figura 224 é claramente desenhada na forma de uma *Fleur-de-Lys*. Era um artifício favorito entre os simbolistas utilizar as caudas das suas criaturas simbólicas, e podemos deparar com numerosos exemplos desse costume.[37] Na personalidade de Jesus Cristo, os místicos saudavam a Divina culminação de todos os tipos e Divindades anteriores, razão pela qual Jesus às vezes era chamado de Pantera do Rabino Ben, e se dizia que Ele era filho de uma Pantera. Alguns místicos supõem que isso talvez seja um jogo com as palavras gregas *pan* e *theos*, significando assim "todos os Deuses".[38]

A velha superstição de que o hálito da pantera era tão suavemente perfumado que enfeitiçava os homens, as feras e o gado que o inalassem deveu-se, com toda a probabilidade, a uma fábula esquecida. Alento significa espírito, e no hálito da Pantera estava provavelmente representada a doçura do Sopro da Vida ou Espírito Santo (*Holy Spirit*). O ar, o alento e o vento eram sinônimos de *espírito* utilizados em todo o mundo, e em muitas línguas as palavras para alma, espírito, ar e alento são idênticas.[39] Parece que o Espírito Supremo, em muitos sentidos, foi originalmente concebido como Brisa Suave e Vento Poderoso. Os índios da América do Sul cultuavam Hurakan, "o vento poderoso", de onde proveio a palavra inglesa "*hurricane*" (furacão). Júpiter era a Divindade do vento, da chuva e do trovão, e os nativos da Nova Zelândia consideravam o vento como um indício da presença de Deus.[40]

Um hino chamado "alento" ou "*haha*", uma invocação ao vento místico, é entoado pelos sacerdotes maoris na iniciação dos jovens nos mistérios tribais.[41] Entre os ritos religiosos das antigas nações, nenhum era mais universal do que o uso de um instrumento conhecido em nossos dias, na Inglaterra, como "*swish*",

35. *Ísis e Osíris.*
36. Cf. *The Gnostics*, King, p. 92.
37. Um famoso símbolo mitríaco era um touro com um tufo de pêlo na ponta da cauda enroscado em três espigas de milho com praganas.
38. *Clothed with the Sun*, Anna Kingsford, p. 134.
39. Cf. *Religion: its Origin and Forms*, J. O. MacCulloch, p. 71.
40. *Custom and Myth*, A. Lang, p. 36.
41. *Ibid.*

"*buzzer*", "*whizzer*", "*boomer*" ou "*bullroarer*" (zunidor)*. Esse brinquedo dos dias atuais foi descrito pelo professor Haddon como sendo talvez o mais antigo e mais difundido e sagrado símbolo religioso no mundo.[42] Ele consiste numa pequena tábua ou pedaço de madeira que, quando amarrado num pedaço de corda ou barbante e girado rapidamente, emite um ruído sibilante, inquietante e fantasmagórico. Os aborígenes australianos, entre os quais o *turndum* ou Zunidor ainda é utilizado, afirmam que ele ajuda os seus xamãs a alçarem vôo para o Céu.[43] Certa mulher acreditava que no som de um zunidor ela ouviu o Grande Espírito australiano "baixar num forte e impetuoso ruído".[44] O zunidor, sempre utilizado como um instrumento sagrado, ainda é usado no Novo México, na Península Malaia, no Ceilão, na Nova Zelândia, na África e na Austrália, e, com o nome de *Rhombus*, figurou de modo proeminente nos Mistérios da Grécia Antiga. O Sr. Andrew Lang, descrevendo uma exibição no Royal Institution, diz que, quando o zunidor foi rodopiado pela primeira vez, nada ocorreu em particular, mas depois que aqueceu para o seu trabalho, o zunidor produziu "o que talvez possa ser mais bem descrito como um forte e impetuoso ruído, como se as asas de algum ser sobrenatural estivessem 'se agitando e zumbindo com um urro assustador'".[45]

Raças primitivas imaginam que, ao imitar qualquer efeito que desejem produzir, eles realmente o produzem; que o ato de fazer fogo causa a luz solar, que a aspersão de água traz a chuva, e assim por diante.[46] Nesse sentido, é muito provável que o zunidor misterioso e até hoje desconcertante tenha sido utilizado para chamar ou evocar o Espírito Supremo. Ezequiel descreve a voz do Espírito como "de grande estrondo"[47] e existe uma referência semelhante nos Atos dos Apóstolos, onde se diz que "veio do céu um som, como de vento impetuoso".[48]

Suponho que os objetos reproduzidos nas figuras 227 e 228 tivessem a intenção de representar Zunidores. Há exemplos no Museu Britânico que variam desde

---

* No Brasil, o zunidor também é chamado de berra-boi, rói-rói, urra-boi e reco-reco. (N.T.)
42. *The Study of Man*, p. 327.
43. *Custom and Myth*, p. 35.
44. *Ibid.*, p. 35.
45. *Ibid.*, p. 31.
46. J. G. Frazer, *The Golden Bough*, iii. p. 121.
47. Ezequiel iii. 12.
48. Atos dos Apóstolos ii. 2. Dioniso, que era dotado de várias características subseqüentemente atribuídas a Jesus Cristo, e em cujos ritos o Zunidor era utilizado, tinha por cognome Bromius, isto é, o que ruge, e às vezes se referia a ele como o Pai que Ruge: cf. *The Gnostics*, King, p. 126. A Pantera era consagrada a Dioniso.

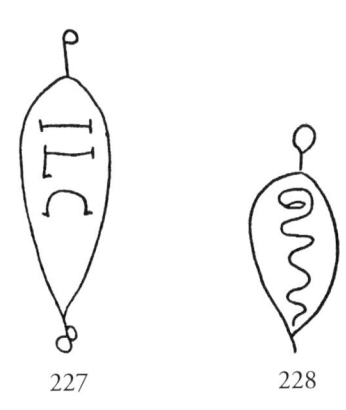

227   228

essa forma de folha de louro até a forma em losango do diamante. O palavra grega *Rhombus* implica o fato de que os antigos zunidores tinham a forma romboédrica.

Em *The Hibbert Journal*,[49] um escritor assinala que na Austrália, assim como também acontece na Escócia atual, o zunidor é considerado uma "fórmula mágica do trovão". O seu ronco representa o murmúrio do trovão, e nas palavras do aborígene australiano "o Trovão é a voz Dele (apontando para o alto) pedindo à chuva para cair e fazer com que todas as coisas cresçam renovadas". É difícil determinar se essa idéia de "crescer renovadas" se referia simplesmente à natureza física ou se era entendida num sentido poético e místico; porém, o *leitmotiv* do "morrer para viver" perpassa as cerimônias de iniciação da Austrália.[50] Entre os místicos europeus da Idade Média, o zunidor aparentemente era considerado um emblema do poder regenerador do Espírito Santo. O 8, número da regeneração, aparece na Figura 227, e na Figura 228 aparece o tosco desenho de uma serpente, símbolo da regeneração. Nenhum animal selvagem dos campos teve tantas lições exemplificadas pelos seus atributos quanto a serpente. A capacidade de descartar a sua pele gasta, repondo-a por uma nova a levou a ser adotada como um símbolo do renascimento espiritual, mas também se viu que havia uma estreita analogia entre o rastejar da serpente no pó e a atitude do materialismo de rastejar pelo chão. Desse modo, o mesmo objeto serviu às vezes como símbolo de duas idéias diametralmente opostas, e, na alegoria, deparamos muito freqüentemente com a Serpente do Bem. Foi a serpente do materialismo — mais sutil do que qualquer outro animal selvagem dos campos — que seduziu Eva no Éden. Durante a perambulação dos israelitas, o simbolismo dual da Serpente é justaposto a si mesmo na história segundo a qual

---

49. Vol. viii, nº 2, pp. 406-410.
50. *Mélanges d'Histoire des Religions*, H. Hubert e M. Mauss, Paris, 1909, p. 131.

os filhos de Israel foram mortalmente picados por serpentes, e que apenas aqueles que olharam para a Serpente levantada por Moisés foram curados. Segundo uma lenda maori, o Céu e a Terra outrora estavam unidos, mas foram subseqüentemente separados por uma serpente.[51] A missão dos místicos e dos poetas tem sido a de atacar o Materialismo e casar novamente a Terra e o Céu separados. A idéia de que a Serpente simbolizava o Materialismo elucida muitas inimizades tradicionais, mas fictícias, tais como a que se dizia existir entre o Cervo e as serpentes, e entre o pássaro Roc e as serpentes.

O misticismo sempre sustentou que a confluência de átomos rodopiantes denominada "matéria", mas que a ciência foi totalmente incapaz de reduzir até sua fração última ou de definir, é insubstancial e irreal, e que a única *substância* neste universo é a Força invisível chamada Espírito, uma força que, sozinha, molda e controla a matéria, à sua vontade, como a argila nas mãos do oleiro. Os místicos pregavam, em qualquer época, o dogma de que o espírito era permanente e a matéria mera aparência. Entre outros místicos que sobreviveram aos naufrágios ocorridos no passado, a Franco-maçonaria herdou e conservou a tradição de uma "ligação mística", descrita como "esse laço sagrado e inviolável que une homens de opiniões as mais discordantes num só vínculo entre irmãos, o qual fornece uma única língua aos homens de todas as nações e um único altar aos homens de todas as religiões".[52]

Esse misterioso laço de união não pode ser outra coisa senão o Espírito, a Influência que liga mentes dotadas de gostos semelhantes em laços de afinidade, e religa a Terra ao Céu. Entre os emblemas do Monsenhor Briquet, encontram-se alguns objetos que ele descreve como sendo *"colchetes"*, mas que na realidade são *elos* (veja as figuras 229 a 231). Na Figura 232, o elo está preso ao emblema quádruplo da Divindade, emblema que também estava associado ao compasso da Figura 183; e na Figura 233, o entrelaçamento de dois elos forma um laço místico que sugere o *oito* Regenerador. Alguns desses laços ou nós são uma combinação do "S" de *Spiritus* com o algarismo oito. As extremidades do S octogonal na Figura 234 são dois *esses*, representando *Sanctus Spiritus*. Do S da Figura 221 (na página 84), emerge o quadrifólio, e os "remates" da Figura 239 são quatro trifólios. Na Figura 244, foram introduzidos os três círculos da perfeição, e na Figura 240 a inferência do quatro para cima e para baixo foi suprida pela cruz.

---

51. *Custom and Myth*, p. 46.
52. *A Lexicon of Freemasonry*, Mackey, p. 227.

229   230   231   232   233

Nas figuras 241 e 243, o S, que nelas é proeminente, é consagrado por uma cruz, e na Figura 242 ele é envolvido pelo círculo da perfeição eterna. Os místicos eram elos numa longa cadeia de tradição espiritual; eram as unidades de uma procissão que se acreditava tivesse iniciado sua jornada na Idade de Ouro, vinda da terra do Céu. As vozes do misticismo foram em geral as dos poetas que afirmavam que:

> From the Word, the Word is kindled,
> From a spark the world is lit:
> So by golden links extended,
> Verse by verse the Song is knit.[53]

> (A partir da Palavra a Palavra se inflama,
> A partir de uma centelha o mundo se ilumina:
> Assim, por elos de ouro estendidos,
> Verso por verso, a Canção se entrelaça.)

Em *The Advancement of Learning* (O Avanço da Aprendizagem), Bacon se refere a "essa excelente e Divina fábula da Corrente de Ouro, a saber, que os Homens não eram capazes de trazer Júpiter para a terra; mas, pelo contrário, Júpiter é que era capaz de os levar para o Céu". Nos *Essays* (Ensaios), ele escreve: "Um pequeno ou superficial teste de Filosofia talvez possa inclinar a Mente do Homem ao Ateísmo, mas uma dose plena dela restitui de novo a mente à Religião. Pois, ao se obter acesso à Filosofia, quando as causas segundas, que estão próximas aos sentidos, se oferecem à mente do Homem, e esta adere a elas e lá passa a habitar, é possível que o esquecimento da Causa Superior se insinue furtivamente; mas quando um homem segue em frente e contempla a dependência, a continuidade e a aliança das causas, e as obras da providência, então, de acordo com a alegoria dos poetas, ele facilmente acreditará que o elo mais elevado das correntes da Natureza talvez tenha de ser atado ao pé do trono de Júpiter."

---

53. Cf. *The Popular Poetry of the Finns*, C. J. Billson, p. 7.

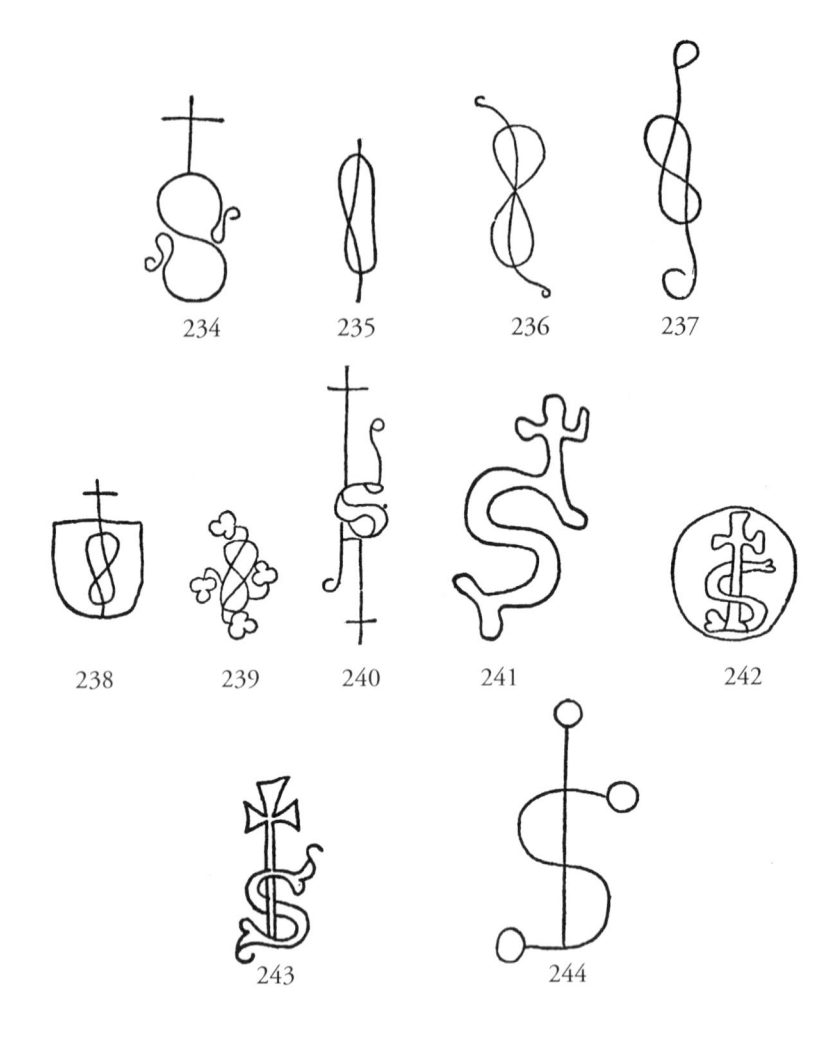

Tennyson expressa esta idéia no dístico:

The whole round earth is every way
Bound by gold chains about the feet of God.[54]

(Toda a redonda terra está por toda a parte
Atada por correntes de ouro aos pés de Deus.)

e é a essa mesma corrente que William Blake se refere nos famosos versos:

54. *Passing of Arthur.*

I give you the end of a golden string,
Only wind it into a ball;
It will lead you in at Heaven's gate,
Built in Jerusalem's wall.

(Eu te dou a ponta de um fio de ouro,
Enrola-o apenas, e com ele faz uma bola;
Ele há de levar-te ao Portão do Céu,
Erguido no muro de Jerusalém.)

Às vezes, a corrente de ouro era representada por nós em forma de 8, como nas figuras 246 e 247, mas a forma mais comum era uma seqüência de *esses* simples, como na Figura 248, onde a corrente circunda a Águia da Onipotência.

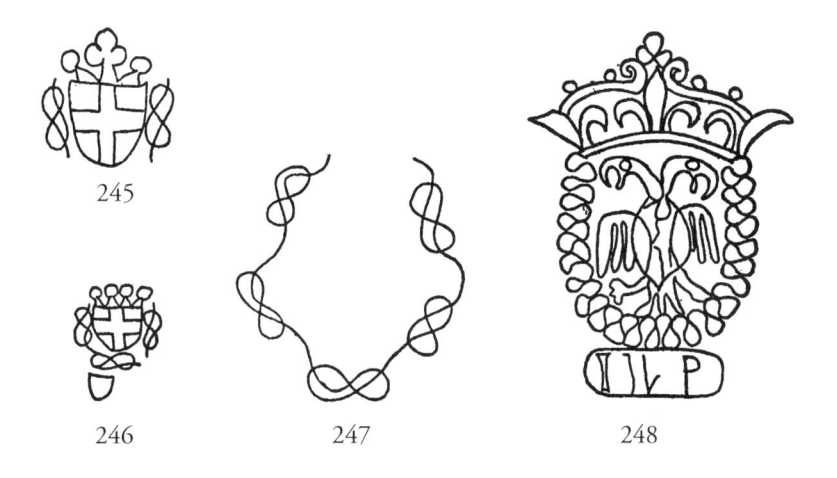

245

246   247   248

Na corrente interna do Brasão de Jerusalém foram trançados o S de *Spiritus*, o R de *Regeneratio* e o laço místico em forma de oito. Entre os ornatos da corrente que emolduram o *ex-libris* do Século XVII ilustrado na Figura 250, nota-se a presença das iniciais S e SS.

Shakespeare, ao descrever os símbolos da nobreza presentes no batismo da Rainha Elizabeth, detalha: "colares de SS". Estes, como outros acessórios da Heráldica, outrora foram simbólicos, e o colar de SS representava a corrente de ouro de *Sanctus Spiritus*. Um S isolado, quase invariavelmente, pode ser lido como *Spiritus*, um SS duplo como *Sanctus Spiritus*, e o SSS triplo como as três aclamações *Sanctus! Sanctus! Sanctus!* Três *esses* semelhantes a um oito, compondo o número 888, transmitem a significação adicional de "Jesus", sendo que o valor numérico das

COAT OF ARMS OF JERUSALEM

249

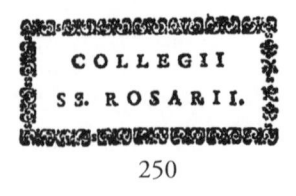

COLLEGII
SS. ROSARII.

250

letras J, E, S, U, S equivale exatamente a 888. Por via de algum semelhante méto-do de cálculo, o número 666 era reconhecido como "a marca da besta".

Em *Fragments of a Faith Forgotten* (Fragmentos de uma Fé Esquecida), o Sr. Mead diz que o Poder Gerador era chamado não apenas de vento, mas também de serpente, sendo que "o último nome se deve ao som sibilante que ela produz".[55]

251

252

O significado dos emblemas de gansos aqui reproduzidos me confundiu por longo tempo, até que me ocorreu a idéia de que a chama que emerge das suas bocas pretende representar o silvo do ganso.

Há pouca dúvida de que esse foi um palpite feliz; que se presumisse que o ganso estivesse repleto de Espírito Santo e que se entendesse a sua voz sibilante como a emissão do Espírito. Evidentemente, a palavra *goose* (ganso) está associada a *goost*, antiga forma de *ghost*; isto é, espírito. A palavra anglo-saxônica para ganso era *gōs*, o que de novo nos leva de volta a *ghost* ou *ghoost*, como às vezes se costuma

---

55. p. 15.

pronunciá-la.[56] Plutarco diz que "os egípcios dão o nome de Júpiter ao *sopro*":[57] provavelmente, foi por essa razão que o ganso ou ave-sopro era consagrado a Juno, a mulher de Júpiter. Talvez seja pela mesma razão que os hinduístas representam Brahma, o Sopro da Vida, montado num ganso, e que os egípcios simbolizavam Seb, o Pai de Osíris, como um ganso que eles chamavam de "O Grande Cacarejador (ou Tagarela)".[58]

De acordo com a teoria hinduísta da criação, o Espírito Supremo pôs um ovo dourado resplandecente como o Sol, e desse ovo dourado nasceu Brahma, o progenitor do Universo. Os egípcios tinham uma história semelhante, e descreviam o sol como um ovo posto pelo "ganso primordial", posteriormente considerado como sendo Deus.[59] É provável que o nosso conto de fadas do ganso que punha ovos de ouro seja uma relíquia dessa mitologia muito antiga. Na Figura 254, vê-se o ganso sentado no seu ninho, e na Figura 255 ele está associado com o seu ovo tradicional.

253   254   255

Parece que a sugestão que está por trás do conto do ganso dos ovos de ouro, que foi assassinado, é a de que o Espírito ou Inspiração é o provedor mágico de tesouros diários e perpétuos; e de que o tolo que mata o seu ganso é o Materialista inflexível que mata a imaginação. "A letra mata, o Espírito dá a Vida."

Na Figura 252, a "ave abençoada" posta-se no topo de uma montanha; na Figura 256, ela simboliza um Caminho para a regeneração; acima da Figura 258 brilha a Estrela da Manhã, e acima da Figura 257, a *Fleur-de-Lys* da Luz.

Os místicos consideravam a si próprios como gansos atentos e vigilantes, e os emblemas de gansos aqui reproduzidos provavelmente ilustram a profecia de Isaías: "Ele arvorará o estandarte para as nações distantes e lhes assobiará para que ve-

---

56. Skeat, *Etymological Dictionary.*

57. *Ísis e Osíris.*

58. Renouf, *Hibbert Lectures*, p. 111. O nome egípcio para um certa espécie de ganso era *Seb*.

59. *Religion of Ancient Egypt*, W. M. Flinders Petrie, p. 68. De acordo com o Sr. Baring-Gould, o Roc das *Mil e Uma Noites* "choca o seu grande ovo luminoso, o sol"; cf. *Curious Myths of the Middle Ages*, p. 411.

nham das extremidades da terra; e vêm apressadamente. Não há entre elas cansado, nem quem tropece; ninguém tosqueneja, nem dorme."[60] Com esta profecia, também se pode comparar a de Zacarias: "Anda o povo como ovelhas, aflito, porque não há pastor. *Eu lhes assobiarei e os ajuntarei*, porque os tenho remido; multiplicar-se-ão como antes se haviam multiplicado. Ainda que os espalhei por entre os povos, eles se lembram de mim em lugares remotos; viverão com seus filhos e voltarão."[61] Encimando a Figura 253 está o R de regenerado ou redimido. A santidade original do ganso pode ser a responsável pela nossa expressão, "ganso tolo"*, sendo que a palavra tolo tinha derivação devota, significando originariamente abençoado, feliz, inocente e gentil. Na época da invasão de César, o ganso era *tabu* para os bretões.[62] Não há razão para a idéia popular de que o ganso é, sob qualquer aspecto, uma ave estúpida, mas, pelo contrário, ele é descrito por aqueles que estudaram os seus hábitos como "o pássaro mais esperto da Europa".[63]

256   257   258

Um parente simbólico do ganso "tolo" é o cordeiro "tolo", o qual, nas figuras 259, 260 e 261, é visto no aspecto tradicional do Agnus Dei erguendo o Estandarte de Cristo. O Cordeiro com seu tosão de neve era o símbolo da brandura, da inocência e da pureza. Grande parte da poesia pastoral representa algo mais do que o galanteio amoroso na Arcádia, e não é raro que os Pastores e Pastoras dos poetas sejam alegóricos. Com intuição mística, uma poeta moderna expressou-se bem:

60. Isaías v. 26-27.
61. Zacarias x. 2, 8-9.
* Em português, há o equivalente "pato", designando pessoa tola, parva, que se deixa lograr com facilidade. (N.T.)
62. Rhys (Sr. J.), *Hibbert Lectures*, p. 175.
63. Cf. *Animals, Artisans, and Other Studies of Birds and Beasts*, C. J. Cornish.

259

260

261

She walks, the lady of my delight,
    A shepherdess of sheep;
Her flocks are thoughts. She keeps them white,
    She guards them from the steep;
She feeds them on the fragrant height
    And folds them in for sleep.[64]

(Ela caminha, a dama do meu deleite,
    Pastora das ovelhas;
Seus rebanhos são pensamentos. Ela os conserva brancos,
    Guarda-os dos despenhadeiros;
Alimenta-os nas fragrantes alturas,
    Coloca-os no curral para o sono.)

Na alegoria, há comumente três significados atribuídos a todo símbolo; desse modo — tomando o carneiro como exemplo — há três graus: (1) os pensamentos puros (brancos) e inocentes; (2) o próprio homem que se tornou semelhante ao cordeiro; (3) o "Cordeiro de Deus"; de modo semelhante, há: (1) aquele que governa e pastoreia os seus próprios pensamentos; (2) aquele que pastoreia as suas criaturas companheiras; e (3) o supremo Bom Pastor. Diz-se que foi para pastores que guardavam os seus rebanhos à noite que o anjo do Senhor anunciou a vinda do Cristo. Assim como, de acordo com Isaías, os *gansos* atentos e vigilantes eram recolhidos e reunidos, assim também Ezequiel reúne as *ovelhas*: "Porque assim diz o Senhor Deus: Eis que eu mesmo procurarei as minhas ovelhas e as buscarei. Como o pastor busca o seu rebanho no dia em que encontra ovelhas dispersas, assim buscarei as minhas ovelhas; livrá-las-ei de todos os lugares para onde foram espalhadas no dia de nuvem e de escuridão. Tirá-las-ei dos povos, e as congregarei

---

64. Sra. Alice Meynell.

dos diversos países, e as introduzirei na sua terra; apascentá-las-ei nos montes de Israel, junto às correntes e em todos os lugares habitados da terra. Apascentá-las-ei de bons pastos, e nos altos montes de Israel será a sua pastagem; deitar-se-ão ali em boa pastagem e terão pastos bons nos montes de Israel. Eu mesmo apascentarei as minhas ovelhas e as farei repousar, diz o Senhor Deus. A perdida buscarei, a desgarrada tornarei a trazer, a quebrada ligarei e a enferma fortalecerei." E Ezequiel conclui: "Saberão, porém, que eu, o Senhor, seu Deus, estou com elas e que elas são o meu povo, a casa de Israel, diz o Senhor Deus. Vós, pois, ó ovelhas minhas, ovelhas do meu pasto; homens sois, mas eu sou o vosso deus, diz o Senhor Deus."[65]

Pedro, exortando os anciãos entre os seus ouvintes para que alimentassem o rebanho de Deus até que o Supremo Pastor surgisse,[66] observa: "Porque estáveis desgarrados como ovelhas; agora, porém, vos convertestes ao Pastor e Bispo da vossa alma."[67]

Os cajados pastorais reproduzidos a seguir são símbolos do Bom Pastor e do Bispo de Todas as Almas. A Cruz de *Lux* coroa a Figura 263, e as figuras 262 e 264 se distinguem pelo Trifólio da Divindade.

262   263   264

A idéia de um Pastor ou Alimentador celestial, o doador do Néctar Divino, é comum a quase todas as crenças primitivas. De fato, depois do século VIII, o Cristianismo interrompeu, em grande medida, o uso do emblema do Bom Pastor por ter sido ele amplamente utilizado entre judeus e pagãos.[68] Na literatura hermética do Egito (300 a.C.?) Deus é chamado de Pastor e Rei que governa com lei

65. Ezequiel xxxiv. 11-16, 30-31.
66. 1 Pedro v. 1-4.
67. 1 Pedro ii, 25.
68. *The Romance of Symbolism*, S. Heath, p. 122.

e justiça, e que incumbe o seu Logos ("o Verbo feito carne"), seu Filho primogênito, de tomar conta do Rebanho Sagrado.[69]

Esse santo rebanho não contava apenas com ovelhas, mas também, sem dúvida, com gansos e vacas, e há certas inscrições do Cristianismo primitivo em que os neófitos eram chamados "bezerros que mamam".[70] Conta-se que Apolo tinha um rebanho de gado sagrado, e que, como castigo por tê-lo profanado, a destruição se abateu sobre certos seguidores indisciplinados de Ulisses. O rebanho sagrado de "gado de Cornos retorcidos, dispensador de leite para o lar", reaparece nas lendas tradicionais da Finlândia, que são proeminentemente interessantes porque preservam uma excepcional porcentagem de conhecimentos e tradições da Caldéia. Supõe-se que os finlandeses, que ainda conservam uma misteriosa reputação devido à magia, tenham originariamente emigrado da Ásia, e nas suas características raciais se distinguem de todos os seus povos vizinhos.

O autor do *Ezequiel* era um "sacerdote, filho de Buzi, na terra dos caldeus, junto ao rio Quebar",[71] e é interessante comparar a reunião das ovelhas descrita por Ezequiel com o ajuntamento do gado descrito no *Kalevala*:

> Come ye home, ye curve-horned cattle,
> Milk dispensers to the household.
> . . . .
>
>   Let the cattle rest in quiet,
> Leave in peace the hoofed cattle,
> Let the herd securely wander,
> Let them march in perfect order,
> Through the swamps and through the open,
> Through the tangle of the forest;
> Never do thou dare to touch them,
> Nor to wickedly molest them.[72]
>
> (Voltai para casa, vós, gado de Cornos retorcidos,
> Dispensadores de leite para o lar.
> . . . .

---

69. Cf. *The Hymns of Hermes*, G. R. S. Mead. Veja também *Personal Religion in Egypt before Christianity*, W. M. Flinders Petrie, *passim*.
70. Cf. *The Quest*, vol. i., p. 631.
71. Ezequiel i.3.
72. Runo, xxxii., 371-378.

Deixai que o gado repouse quieto,

Deixai em paz o gado provido de cascos,

Deixai que vagueie o rebanho em segurança,

Deixai que marche em perfeita ordem,

Pelos pântanos e em campo aberto,

Pelo emaranhado da floresta;

Não ouseis jamais tocá-lo,

Nem perversamente molestá-lo.

A injunção contra molestar o gado do Sol encontra um paralelo no *Kalevala* pela advertência:

Never venture to approach thou

Where the golden herd is living.[73]

(Nunca te arrisques a te aproximardes

Do lugar em que vive o rebanho de ouro.)

Conta-se que Canaã, o Eldorado dos hebreus, era uma terra onde fluía leite e mel, provavelmente o mesmo mel que, de acordo com o *Kalevala*,

Is fermenting and is working

On the hills of golden colour;

And upon the plains of silver,

There is food for those who hunger;

There is drink for all the thirsty,

There is food to eat that fills not,

There is drink that never lessens.[74]

(Fermenta e ferve

Nas colinas cor de ouro,

E nas planícies de prata,

Há comida para os que têm fome,

Bebida para os que têm sede,

Comida que não esgota,

Bebida que nunca falta.)

---

73. *Ibid.*, 428-429.
74. *Kalevala* xxxii., 407-418.

| 265 | 266 | 267 |

A figura de Cristo, o Bom Pastor, muitas vezes é representada com um vaso que pende do seu braço ou que está *suspenso numa árvore.* "Este", diz o Sr. Sidney Heath, "é o *mulctra* ou balde para a ordenha, considerado um símbolo do alimento espiritual que manava de Cristo".[75] As figuras 265 a 267 provavelmente representam *mulctras* suspensos num galho.

Entre os antigos, o leite era considerado um alimento Celestial e um agente purificador do espírito para a regeneração, e ainda hoje é administrado pelos hinduístas aos moribundos. Os descendentes modernos do Zoroastrismo dele se servem sacramentalmente, e tamanha é a crença na eficácia de purificação por ele proporcionada que parses escrupulosos ainda carregam no bolso uma pequena garrafa com cujo conteúdo se purificam de qualquer contato não-sagrado.

Os cristãos primitivos identificavam Cristo, o Bom Pastor, com Orfeu, e um antigo emblema nas Catacumbas O representa sentado à maneira de Orfeu, entre aves e feras, a encantá-las com as harmonias áuricas da Sua música. Diz a lenda que Orfeu é o filho de Apolo, o protetor dos rebanhos e do gado, e diz-se ter sido ele o inventor das letras e de tudo o que contribuiu para a civilização,[76] e posteriormente surgiu uma ordem mística que manteve entusiástica veneração pela sua memória e por suas doutrinas. Ele foi considerado como o primeiro poeta da Idade Heróica, anterior tanto a Homero como a Hesíodo, e as suas características reaparecem no *Kalevala* na figura de Wainamoinen. Registra-se que esse herói da cultura era o filho de Ukko, "o senhor da abóboda do ar", e que tinha sido enviado por seu Justíssimo Pai para ensinar aos homens a música e as artes da agricultura. O *Kalevala* narra como Wainamoinen sentou-se "numa colina toda brilhante e prateada" [*as montanhas de prata* de Sir Walter Raleigh (?)], e como atraiu os lobos para fora de suas tocas, o peixe para fora dos rios e os pássaros para fora dos ramos. Por fim:

---

75. *Romance of Symbolism*, p. 123.
76. Bacon apresenta Orfeu como "Filosofia", interpretação que provavelmente está correta.

The whole of Tapios people,
All the boys and all the maidens,
Climbed upon a mountain summit,
That they might enjoy the music.[77]

(Todo o povo dos tápios,
Todos os rapazes e todas as donzelas,
Subiram ao topo da montanha
Para que pudessem apreciar a música.)

No Egito, o herói da cultura e o conciliador do mundo era Osíris, o regenerador. Diz-se que Osíris inventou os instrumentos agrícolas, ensinou aos homens como aproveitar os bois para se lavrar a terra e o modo de cultuar corretamente os Deuses. Depois de ter concedido essas bênçãos aos seus compatriotas, reuniu um exército com que partiu para conquistar o mundo, não pelas armas, mas pela música e pela eloqüência. No entanto, a carreira beneficente de Osíris foi subitamente abreviada por causa das maquinações assassinas de Tífon, seu irmão invejoso e malicioso. Subseqüentemente, supôs-se que a alma de Osíris habitou o corpo de Ápis, o touro sagrado, transferindo-se, com a morte deste, para um sucessor. O animal em particular que era reconhecido como sendo Ápis era escolhido por apresentar certos sinais, uma marca em forma de *quadrado* branco na testa, outra com a forma de uma *águia* no seu dorso, e uma protuberância na forma de um *escaravelho* debaixo da língua.[78] Quando era encontrado, passava-se a alimentar esse animal sagrado com *leite* durante *quatro* meses, e ele era colocado numa construção voltada para o Oriente. Para os egípcios, Ápis, o touro sagrado, era admitidamente uma pálida sombra do Criador, e os Touros babilônicos tiveram outrora, sem dúvida, significação semelhante. Os desenhos aqui reproduzidos são obviamente símbolos do Touro sagrado.

No simbolismo, cada detalhe tem, invariavelmente, algum significado. O coração do Amor é traçado na testa da Figura 278, as feições da Figura 279 são os SS octogonais de *Sanctus Spiritus*, o S de *Spiritus* está associado com as figuras 272 e 273, e embaixo da Figura 280 está o Laço Místico. Os três círculos da perfeição aparecem nas narinas da Figura 281, e as caudas das figuras 268 a 271 são, obviamente, a *trindade na unidade*. O círculo sob a Figura 276 identifica O Uno Perfeito,

---

77. Runo, xli, 60, 63.
78. *Age of Fable*, Peacock, p. 314.

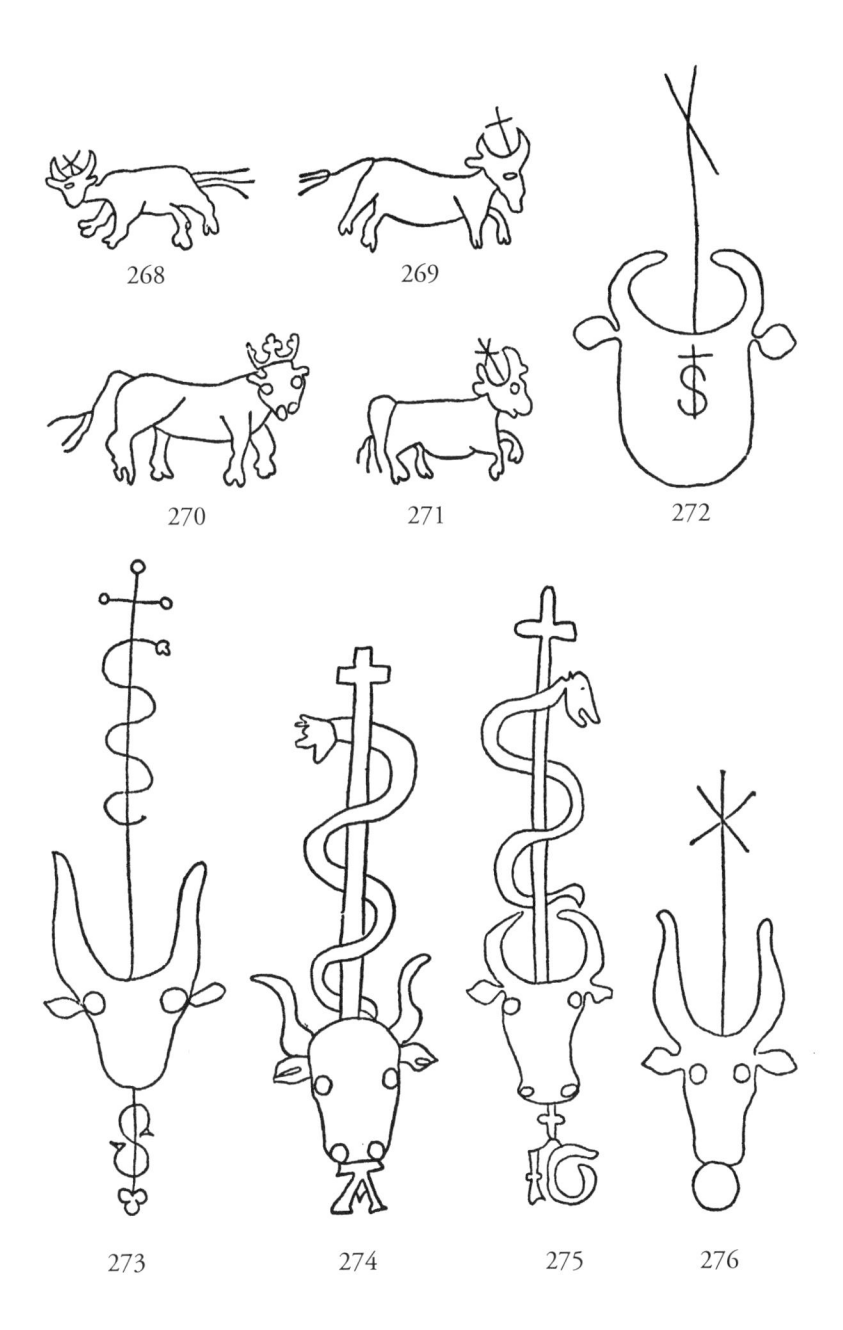

268 269

270 271 272

273 274 275 276

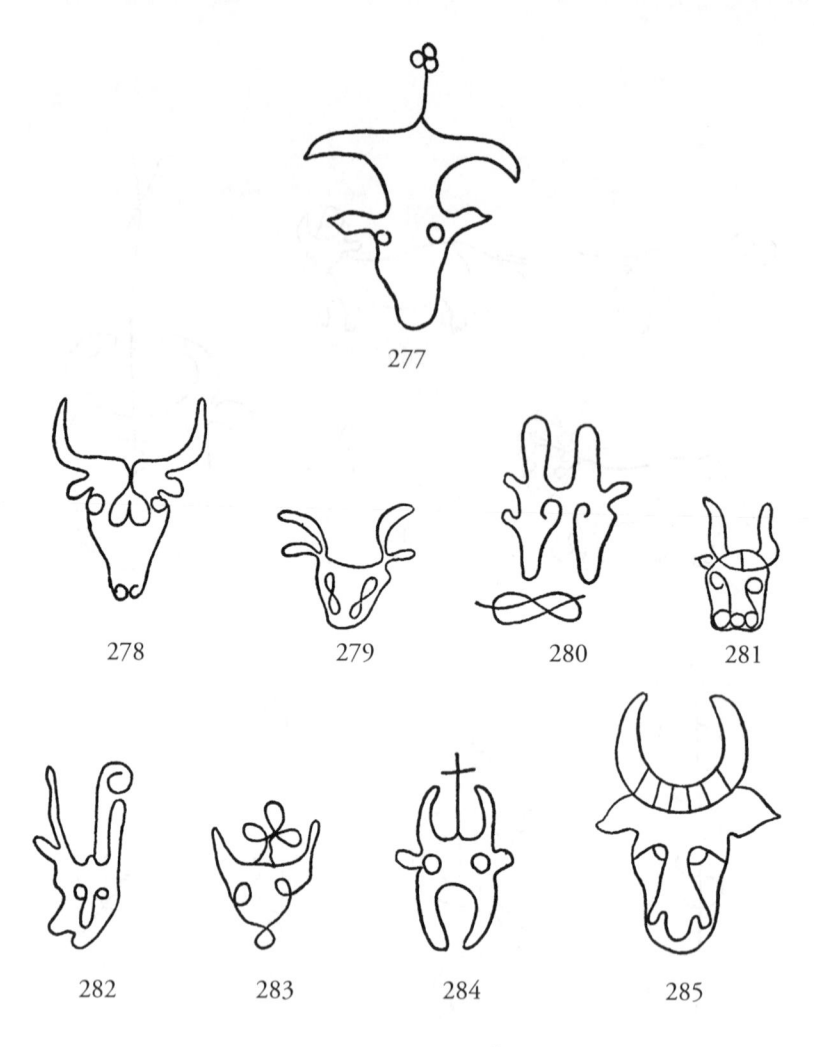

277

278   279   280   281

282   283   284   285

e o Aleph-Tau sob a Figura 274, o Primeiro e o Último. O bordão pastoral representado em desenho rude encimando a Figura 282 está estreitamente relacionado com o Bom Pastor, acima da Figura 283 se encontra o Trifólio da Trindade, e o I C embaixo da Figura 275 são as familiares iniciais de Jesus Cristo.

A Figura 284 é uma combinação da lua crescente e da cabeça do Touro, e os Cornos da Figura 285 compõem novamente a lua crescente, que aqui se encontra associada com o símbolo do Criador, pois a Lua era considerada um signo da hoste Celestial reunida por Osíris. O autor do Eclesiástico refere-se a ela como "um instrumento dos exércitos do alto, reluzindo no firmamento do Céu, a beleza do Céu, a glória das estrelas, um ornamento que traz luz aos mais elevados recantos do Senhor", e havia uma lenda rabínica segundo a qual as Estrelas acompanhavam a Lua, seguindo-a de perto em recompensa por ela oferecer luz durante a escuridão da longa noite. "Ao comando do Santo Uno", diz o autor do Eclesiástico, "eles se manterão na ordem que lhes cabe e jamais esmorecerão em suas vigílias."[79] Os emblemas aqui reproduzidos retratam a lenda da lua assistida pelas Hostes estreladas do Céu. A Figura 286 sobreviveu como o brasão da Turquia, e a Figura 287, como o do Egito.

286   287

Deve-se diferenciar os simbolismos do Touro, do Boi e da Vaca. O Touro representava a Divindade em Seu aspecto masculino de Criador, e a Vaca as qualidades produtivas, manifestas pela produção de leite, da Magna Mater. Por essa razão, a Vaca era consagrada a Ísis, era venerada entre os hinduístas, e ainda é reverenciada como um símbolo sagrado da Divindade pelos habitantes da Costa do Ouro. O Boi forte, laborioso e paciente, arrastando o arado sobre o solo duro e ressequido, e compelindo a terra a aumentar a sua produção, era o símbolo do labor infatigável e do auto-sacrifício. Registra-se que, não sem razão, Cristo nasceu entre os bois.

Os bois que labutam e perseveram, os gansos que não tiram sonecas nem dormem, e as estrelas que, ao comando do Santo Uno, se postam incansáveis em sua vigília, representam simbolicamente as unidades da Hoste Celestial, guiada pelo Deus da Luz.

---

79. Cf. Eclesiástico xliii.

CAPÍTULO VI

AS HOSTES DO SENHOR

The healing of the world
Is in its nameless saints. Each separate star
Seems nothing, but a myriad scattered stars
Break up the night and make it beautiful.

(A cura do mundo
Está nos seus santos anônimos. Cada estrela separada
Parece nada, mas uma miríade de estrelas dispersas
Fragmenta a noite e a torna bela.)

A Lua era considerada aquela que desperta e congrega as Estrelas; estas eram concebidas como as almas glorificadas de santos e heróis, e o céu Noturno, cintilando com as luzes do Firmamento, era considerado um símbolo das hostes do Senhor. Tanto nas mitologias do Oriente como nas do Ocidente, a Noite, a Mãe Protetora das Estrelas Douradas, é abordada como um Ser nobre e benéfico, e que inspira espanto, medo e reverência. De modo semelhante, para os místicos cristãos, o que os atraía na Noite era o fato de ela ser o período do progresso de Cristo, e como a ocasião do

His knocking time; the soul's dumb watch,
When spirits their fair kindred catch.[1]

Seu bater à porta; a muda vigília da alma, quando
Espíritos estão seus belos semelhantes cativando.)

---

1. H. Vaughan.

Há mais de quatro mil anos, um dos poetas védicos escreveu: "A Noite se aproxima iluminada por estrelas e planetas, e, observando por todos os lados com olhos sem conta, sobrepuja as luzes inferiores. A deusa imortal permeia o firmamento, cobrindo os vales baixos e os arbustos, e as altas montanhas e árvores; logo, porém, ela perturba os recantos sombrios com esplendor celestial. Avançando com o brilho, por fim chama de volta a aurora, sua irmã; e a sombra noturna pouco a pouco se desvanece. Possa ela ser propícia nestes tempos! Ela, em cuja antiga vigília podemos placidamente descansar em nossas mansões, como os pássaros repousam nas árvores. Agora, a humanidade dorme em suas cidades; agora, manadas e rebanhos cochilam tranqüilamente, e criaturas aladas, e até velozes falcões e abutres. Ó noite! De nós afasta a loba e o lobo; e oh! Permite-nos ultrapassar-te no brando repouso! Oh, a manhã! Retira no tempo certo essa escuridão esmagadora, negra mas visível, que ora me envolve. Filha do céu, de ti me aproximo com louvores, assim como a vaca se aproxima daquele que a ordenha; aceita, Ó noite! Não apenas o hino, mas a oblação do teu suplicante que a ti implora para que os seus inimigos possam ser dominados."

A Lua era personificada como masculina pelos egípcios e era identificada com o deus Thoth, aquele que abre caminhos e que desperta as mentes adormecidas. Provavelmente, é o rosto de Thoth — o homem na lua — que vemos na Figura 288. O uso que os cristãos primitivos faziam da lua como um símbolo do Céu deve estar relacionado com a antiga crença indiana de que o caminho daqueles que realizaram "obras piedosas na aldeia" levava-os finalmente à lua, onde, na companhia dos deuses, as suas almas desfrutavam de uma plena recompensa pela sua labuta.[2]

No tratado de Plutarco, *A Respeito da Face na Lua*, ele diz que os Bons permanecem na Lua, no desfrute da perfeita tranqüilidade, ocupando-se com a ordem dos negócios na terra, fornecendo oráculos e proporcionando vários serviços úteis à humanidade. Porém, se uma pessoa cuja purificação estivesse incompleta tentasse abrir caminho à força em direção àquele lugar, ela seria afugentada pela aparição de um Rosto terrível e apavorante.[3] Aparentemente, esta era uma fábula imaginada com sagacidade para barrar a entrada prematura e não solicitada no próximo mundo por via do método ilegal do suicídio. Observe como são ameaçadoras e repreensivas as expressões retratadas nas Faces das figuras que vão de 290 a 292.

2. *Brahmin Knowledge*, L. D. Barnett, p. 53.
3. *The Gnostics*, p. 347.

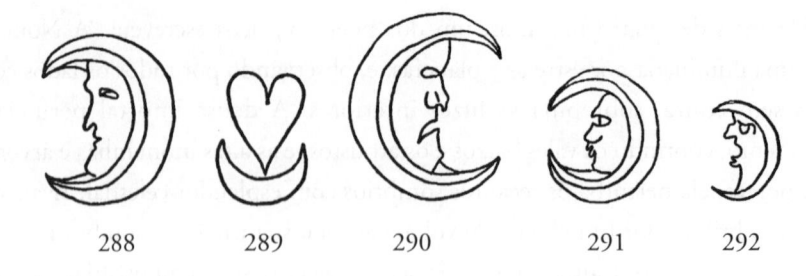

| 288 | 289 | 290 | 291 | 292 |

Num dos hinos védicos, o Espírito supremo é introduzido pronunciando alguns dos seus atributos. "Eu passo como a brisa", é feito com que ele diga, e também: "Eu sustento a Lua, destruidora de inimigos."[4] Na prece mencionada anteriormente, a noite era aclamada como aquela que perturbava a escuridão, que ela dissipava devido ao seu Divino esplendor, e o traço ziguezagueante de cinco pontas, encimando as figuras 293 a 296, era o símbolo desse esplendor.

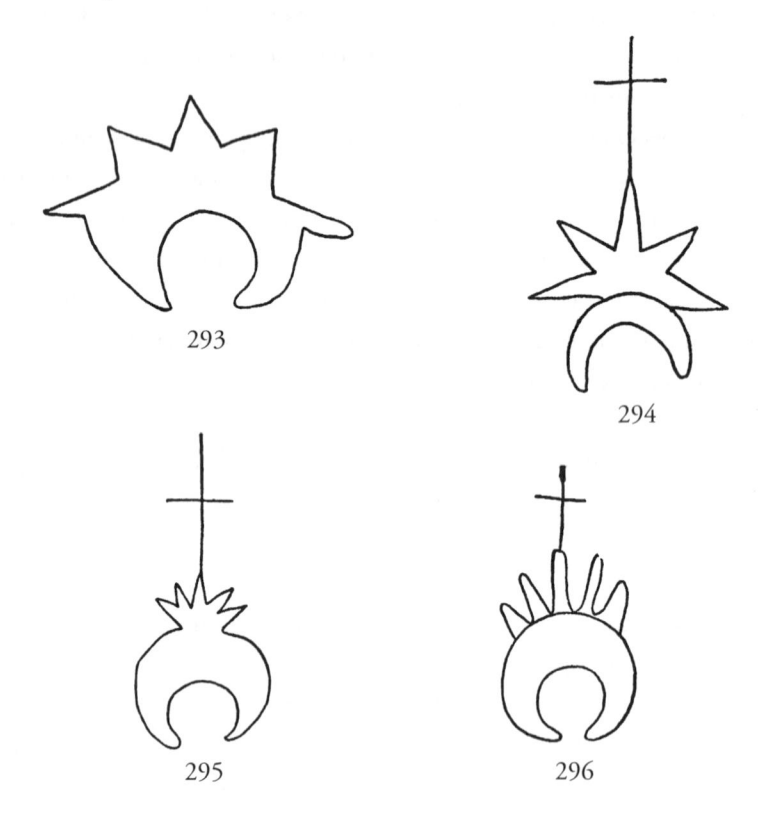

293

294

295

296

---

4. *The Hindoos*, anônimo, p. 148.

Ah! but I rejoice in Thee, O Thou my God;
Thou zigzagged effulgence of the burning stars.
Thou wilderment of indigo lights;
Thou grey horn of immaculate fire.[5]

(Ah! Mas eu me regozijo em Ti, Ó Tu meu Deus;
Tu, esplendor ziguezagueante das estrelas inflamadas.
Tu, perturbação de luzes cor de anil.
Tu, chifre cinzento de fogo imaculado.)

Os antigos consideravam o número cinco como sagrado para o Deus da Luz, e sustentava-se que os atributos da Divindade consistiam em *cinco*, a saber: o Ser, a Igualdade, a Diversidade, o Movimento e o Repouso.[6] Os chifres do touro da Figura 285 (na página 102) são, sem dúvida por esse motivo, marcados com *cinco* divisões.

O místico nutria a ambição de se tornar o centro perfeito de uma Estrela de cinco pontas. "Portanto, Ó meu Deus, modela-me numa estrela de cinco pontas de Rubi, a arder sob os fundamentos de Tua Unidade, para que eu possa subir o Pilar de Tua Glória e perder-me na admiração da tríplice unidade da Tua Divindade."[7]

Essa passagem é expressão da idéia subjacente às Estrelas ilustradas nas figuras 297 a 303.

Ao rever os exércitos místicos do céu, descobrimos que eles devem ter sido compostos de unidades simbolizadas, quando de sua estada na terra, por bois (os que trabalham e suportam), por carneiros (os inocentes e puros) e por gansos (os que estão cheios do Espírito Santo). Acreditava-se que as Hostes Esteladas — recrutadas da terra — lutassem interminavelmente contra a escuridão, em seu percurso pelo firmamento, e estivessem perpetuamente dispersando e frustrando os planos dos espíritos do Mal. Lendas de pelejas ciclópicas podem ser encontradas nos anais de todas as nações. Na Babilônia, o líder das Hostes de Luz era Merodach, nome que significa "o bezerro do dia". Outro dos títulos desse Deus era "36.000 touros selvagens", e ele também era conhecido como "o aniquilador

---

5. *Treasure House of Images.*
6. *A Respeito do E em Delfos*, Plutarco.
7. Compare também com: "A Minha Unidade é o Meu plano e eu o planejei para ti; veste, pois, tua alma com ela a fim de que possas ser a Estrela da Aurora da Minha Unidade para sempre." — Extraído de *A Pena Suprema*, obra em árabe de Baha Ullah.

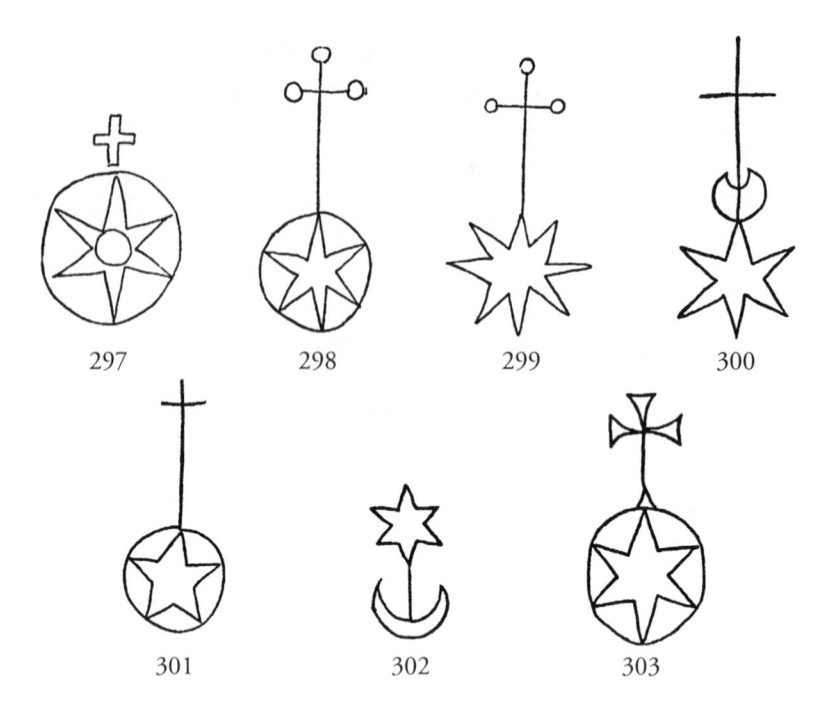

297   298   299   300

301   302   303

do inimigo", "o erradicador de todo mal" e "o que perturba os maus". Como "Rei dos Céus", Merodach era identificado com Júpiter, bem como com outros corpos celestes. O Dr. Prinches observa que, "percorrendo o céu *em grandes ziguezagues*, Júpiter parecia aos babilônios governar os astros e, desse modo, era considerado emblemático do fato de Merodach os pastorear — 'pastoreando os deuses como rebanho', do modo como é expresso numa tábula".[8] Afirma-se que Merodach, além disso, arranjou os astros na sua ordem e designou a eles suas respectivas obrigações. Ele fez a lua nova brilhar e a designou como "governante da noite". Na condição de "Iluminador da Noite", Merodach era identificado com Sin, o Deus Lua e "o produtor da Luz". Sin, de quem o Monte Sinai derivou o seu nome, foi descrito como "o Bezerro poderoso cujos Cornos são fortes e cujos membros são perfeitos": também se dizia que Ele estava cheio de esplendor e beleza, e que era o "senhor da multidão brilhante".[9]

Na Índia, o "Condutor das vacas leiteiras até o curral", e o eterno batalhador em combate contra os demônios da seca e das trevas, era Indra. Este que, supostamente, personificava os céus visíveis, é descrito como "o deus de 10.000 olhos";

---

8. *The Religion of Babylonia and Assyria*, Theophilus G. Pinches, pp. 58-61, 40.
9. *Ibid.*, pp. 82-83.

em outras palavras, era ele o Observador e o Senhor das Estrelas. Nos Vedas, Indra é descrito como "semelhante a um touro, impetuoso e forte".[10]

Light was prisoned in the gloom,
Indra freed her from its womb.
Rain was prisoned in the cloud,
Indra smote the demon proud;
Ope'd the caverns of the night,
Gave us rain and generous light!

Hosts advancing to the fray
Cry to Him on battle's day:
And the strong man shouts his fame,
And the lowly lips his name.[11]

(A luz era prisioneira da escuridão,
Indra libertou-a do seu ventre.
A chuva era prisioneira da nuvem,
Indra castigou o demônio orgulhoso;
Abriu as cavernas da noite,
Deu-nos chuva e generosa luz!

Hostes avançando para a contenda
Gritam por Ele no dia da batalha:
E o homem forte brada a fama que tem,
E os lábios humildes o seu nome.)

Os persas imaginavam Ormuz, o Espírito Supremo, em guerra incessante contra os espíritos das trevas e, nesse embate perpétuo, o homem, como um livre agente, desempenhava um papel em que a sua alma atuava como o prêmio de uma aposta.[12]

É desnecessário considerar detalhadamente essa crença, mundialmente difundida, na existência de uma Guerra Santa. Entre os gregos e romanos, foi ela caracterizada pela guerra travada por Júpiter contra os Titãs; na Escandinávia, pelos embates de Thor contra os gigantes; e um matador de dragões ou de gigantes parece fazer parte das tradições de todas as raças européias e orientais, civilizadas ou selvagens. Na epopéia babilônica da Criação, o Espírito do Mal é representado

---

10. Dutt, p. 4.
11. *Ibid.*, pp. 6, 9.
12. *The Teaching of Zoroaster*, S. A. Kapadia, p. 26.

304 305

trazendo à existência serpentes gigantescas, de presas afiadas e fortes, com a peço-nha enchendo-lhes o corpo como sangue; terríveis dragões de brilhos sedutores, cães furiosos, homens-peixe e outras formas monstruosas. Merodach, o conquis-tador desses horrores, é representado transpondo num passo o corpo prostrado de uma serpente que volta a cabeça para atacá-lo, enquanto o Deus a ameaça com uma arma pontiaguda. Os gregos representavam Apolo, o Deus do Dia, lutando com uma Píton e a estrangulando. Os egípcios retratavam Hórus pisando em crocodilos e agarrando animais nocivos. Cristo prometeu aos seus discípulos po-der para calcar com os pés serpentes e escorpiões, e em Isaías é profetizado que: "Naquele dia, o Senhor castigará com a sua dura espada, grande e forte, o dragão, serpente veloz, e o dragão, serpente sinuosa, e matará o monstro que está no mar."[13] Nas ilustrações acima, o Ser radiante é visto calcando aos pés cobras e dragões, e na Figura 305 Ele carrega a insígnia de cinco pérolas da Aurora prometida.

Na versão finlandesa desse mito universal, a tarefa de controlar os lobos e destruir o dragão é atribuída a Ilmarinen, "o grande artífice primordial"; porém, sendo a Finlândia uma terra de lagos e pântanos, a cor local precisava de um monstro de água doce; desse modo, o dragão devastador aparece como um lúcio cruel e devorador. Esse peixe, armado de terríveis presas, era do tamanho de sete barcos em seu dorso, e a sua goela dilatada tinha a largura de três grandes rios. Ilmarinen, o seu conquistador, é instruído deste modo:

> Do not thou be so despondent,
> Forge thee now a fiery eagle;
> Forge a bird of fire all flaming –
> This the mighty pike shall capture.

---

13. Isaías xxvii. I.

(Não sejas tão desesperançado,
Forja agora uma águia de fogo,
Forja um pássaro de fogo todo em chamas –
Este haverá de capturar o poderoso lúcio.)

Prossegue a lenda:

Then the smith, e'en Ilmarinen,
Deathless artist of the smithy,
Forged himself a fiery eagle;
Forged a bird of fire all flaming.
. . . .

Then the bird, that noble eagle,
Took his flight, and upward soaring,
Forth he flew, the pike to capture.[14]

(Então o ferreiro, o próprio Ilmarinen,
Artista imortal da forja,
Forjou uma águia flamejante,
Forjou um pássaro de fogo todo em chamas.
. . . .

Então o pássaro, essa nobre águia,
Alçou vôo, e subindo às alturas,
Voou adiante, para capturar o lúcio.)

Depois de um terrível combate, o peixe demoníaco é dominado e, por fim, levado até os ramos de um carvalho.

A águia já foi considerada como um símbolo do Espírito Onipotente. Nos desenhos reproduzidos a seguir, a cabeça de uma águia é combinada com impetuosas chamas de cinco raios e, a fim de que não houvesse nenhum equívoco, os desenhistas que conceberam as figuras 306 e 307 salientaram o seu significado por meio do S de *Spiritus* e da Estrela-cruz da Luz. A águia pode ser considerada, no caso desses emblemas, como aquele "Falcão de ouro" que era o símbolo de Hórus, e no qual se dizia que o céu, misticamente, se espelha:

The stars seem comets, rushing down
To gem Thy robes, bedew Thy crown,
Like the moon-plumes of a strange bird,
By a great wind sublimely stirred;

---

14. *Kalevala*, xix., Runo.

Thou drawest the light of all the skies
Into Thy wake.[15]

(As estrelas parecem cometas, a precipitar-se para
baixo
Para cravejar de jóias os Teus mantos, para orvalhar
a Tua coroa,
Como as plumas lunares de um estranho pássaro,
Por um grande vento agitadas, em sublime excitação;
Atraíste a luz de todos os céus
Para dentro da Tua vigília.)

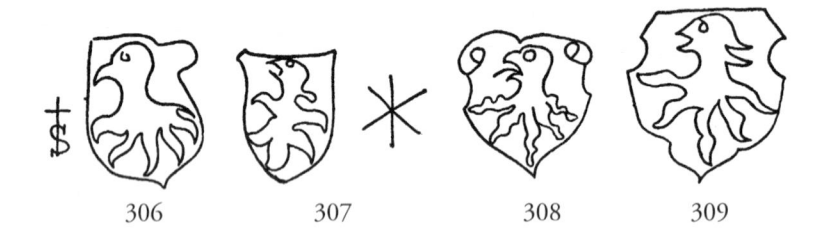

| 306 | 307 | 308 | 309 |

O desenho da Figura 311 é marcado com as letras OLMVZ, talvez uma entre as muitas variantes do grande nome Ormuz. Nessa figura, as letras SS não apenas servem de suporte à coroa, mas todo o desenho é traçado em linhas trêmulas, representando a chama tremeluzente do espírito.[16] O corpo do pássaro, na forma de um coração, significa o Deus do Amor.

A Lua era, como se viu, quem despertava e congregava as estrelas. O Senhor e Líder das Hostes era o Espírito Sétuplo, simbolizado pela Águia, mas esse poder sétuplo às vezes era representado pela constelação conhecida como Ursa Maior, e na Figura 312 essa Ursa é representada no peito da Águia.

Os gregos narram, nas histórias sobre estrelas, que é a "Ursa Maior" que "se *mantém em vigília*".[17] Os índios peles-vermelhas têm um mito que diz que o Urso é imortal, e que, embora ele aparentemente morra, renasce num outro corpo.[18] Parece que, em alguma época, essa foi uma crença bastante difundida, e entre os ainos (povo primitivo que habita as ilhas japonesas de Yesso e Saghalien), o urso

---

15. *Aha!*, A. Crowley; *The Equinox*, p. 46, vol. I, nº 3.
16. Observe o pescoço em forma de labaredas em muitos outros emblemas com águias.
17. *Custom and Myth*, A. Lang, p. 128.
18. *Ibid.*, p. 176.

| 310 | 311 | 312 |

ainda recebe uma veneração idolátrica. Embora, como destaca o professor Frazer, o animal não possa ser descrito como sagrado, nem certamente como um *tótem*,[19] quando os ainos matam um urso, eles realizam uma cerimônia apologética e propiciatória, dizendo: "Nós te matamos, Ó Urso; retorna logo em um Aino."[20]

Acredita-se que a constelação da Ursa Maior nunca se põe,[21] mas se mantém em perpétua vigília, guardando o universo. As sete grandes estrelas que constituem a Ursa Maior não têm sequer a mais leve semelhança com a forma de um urso, e no entanto parece que a constelação é conhecida quase universalmente por esse nome, até mesmo entre selvagens em cujo território não existem grandes ursos.[22] A origem do nome Ursa Maior é totalmente desconhecida, embora Max Müller se empenhasse em provar *more suo* que ele adveio da corrupção de uma palavra que significava algo originalmente diferente. Essa constelação outrora foi conhecida como o "Aprisco";[23] e pode parecer, com base nos emblemas aqui reproduzidos, que a Grande Ursa era considerada como um símbolo do Grande Espírito, a Tripla Perfeição (observe os três círculos na coleira da Figura 314), a Luz do Mundo, o Alfa e Ômega, ou Jesus Cristo.

A única razão que posso supor para esse simbolismo é o dado concreto de que os Ursos hibernam durante o inverno e subsistem por longos períodos à custa da sua própria gordura, e que, dessa maneira, pelo simples método de analogia que

---

19. *The Golden Bough*, xi. 375-376.
20. *Ibid.*, p. 379.
21. *Age of Fable*, Peacock, p. 35.
22. *Custom and Myth*, A. Lang, pp. 121-142.
23. *The Perfect Way*, p. 331.

| 313 | 314 | 315 | 316 |

está por trás de todo simbolismo, o Urso elevou-se ao *status* de emblema do Ser Que Existe Por Si Mesmo, o Eterno, o EU SOU. A folhagem em meio à qual a Grande Ursa está sentada no ornamento reproduzido a seguir é o Amaranto místico, um fato que confirma essa teoria, pois o Amaranto dos poetas era um símbolo familiar e bem reconhecido do eterno e do incorruptível.[24]

A constelação da Ursa Maior é formada por Sete Grandes Estrelas, duas das quais apontam para a Estrela Polar, o ponto fixo ou pivô em torno do qual gira o Universo. A razão que levou os antigos a batizarem a constelação da Ursa Maior com esse nome aparentemente impróprio foi, com toda a probabilidade, o fato de ela ser constituída de *Sete* Grandes Estrelas. A associação entre o número *Sete* e o Espírito de Deus persiste até hoje, e os cristãos ainda falam das dádivas *sétuplas* do Espírito *setiforme*. Dizia-se que Ormuz, o supremo Deus da Luz, estava sentado no topo de uma Hierarquia de *Sete* Santos Imortais.[25] Os Vedas afirmam a respeito de Indra:

> *Seven* bright rays bedeck his brow,
> *Seven* great rivers from him flow.[26]

> (*Sete* raios brilhantes adornam-lhe a fronte,
> *Sete* grandes rios dele fluem.)

---

24. *Amarantos* = a eternidade. A sua flor vermelho-sangue nunca fenece, mas continua vermelha até o fim. *Cf.* Milton:
> Immortal Amaranth, a flower which once
> In Paradise, fast by the Tree of Life,
> Begun to bloom; but soon for man's offence,
> To Heaven removed where first it grew.
> *Paradise Lost.*
> (O Amaranto Imortal, flor que, certa vez,
> No Paraíso, bem junto da Árvore da Vida,
> Começou a florir; mas, logo, por delito do homem,
> Para o Céu, onde crescera pela primeira vez, foi
> transferida.)
> *Paraíso Perdido.*
25. *The Rigveda*, E. V. Arnold, p. 19.
26. Dutt, p. 10.

317

Os hinduístas descrevem OM, o fogo solar, sendo conduzido num carro puxado por *sete* cavalos verdes precedidos pela Aurora, e seguidos por milhares de Gênios que o veneram e a ele entoam suas preces.[27] Os egípcios exprimiam o nome do Ser Supremo por meio de uma palavra com sete vogais,[28] e a associação entre o sete e o Grande Espírito era aparentemente universal.[29]

É evidente que, em todas as eras, o místico concebia a si próprio como um facsímile em miniatura dos Poderes Espirituais acima dele, e há pouca dúvida de que as pessoas que imaginaram esses emblemas do Urso, aplicando a si próprios as palavras de Isaías,[30] consideravam-se pequenos ursos: "Esperamos pela luz, e eis que só há trevas; pelo resplendor, mas andamos na escuridão. Todos nós bramamos como ursos e gememos como pombas." Por isso, prossegue Isaías, o Todo-Poderoso admirou-se com o fato de não haver intercessão, e, envolvendo-se de zelo, levantou um estandarte contra os Seus inimigos. O chamado do Espírito era simbolizado pelo Corno associado com os desenhos reproduzidos a seguir:

Observe como, ao som desse Berrante, o Grande Urso desperta da postura indiferente dos desenhos anteriores e assume uma atitude de fúria. "Segundo as obras deles", diz Isaías, "assim retribuirá, com *furor aos Seus adversários*."[31]

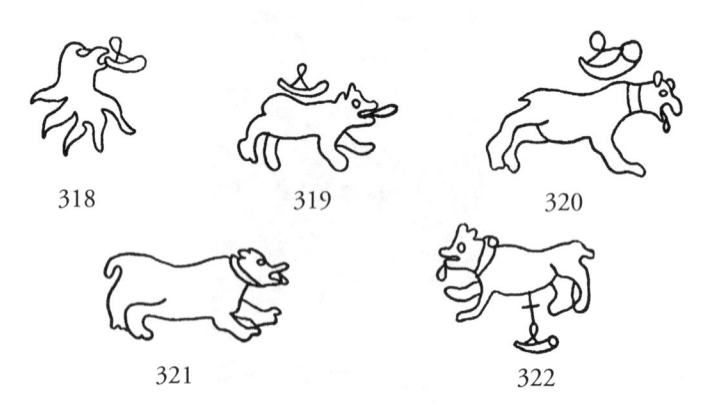

27. *The Hindoos*, p. 155.
28. *The Gnostics*, King, p. 319.
29. Plutarco, discorrendo sobre o simbolismo dos números, diz: "E que necessidade há de se ocupar dos outros quando o Sete, consagrado a Apolo, por si só exigiria um dia inteiro para alguém tentar enumerar-lhe todas as propriedades? Em segundo lugar, provaremos que os Homens Sábios se opuseram violentamente ao costume comum, bem como à longa tradição, quando eles derrubaram o Sete do seu lugar de honra e dedicaram o Cinco ao deus como um número que pertencia com mais propriedade a ele." — *A Respeito do E em Delfos.*
30. Isaías lix. 9, 11.
31. Isaías lix. 18.

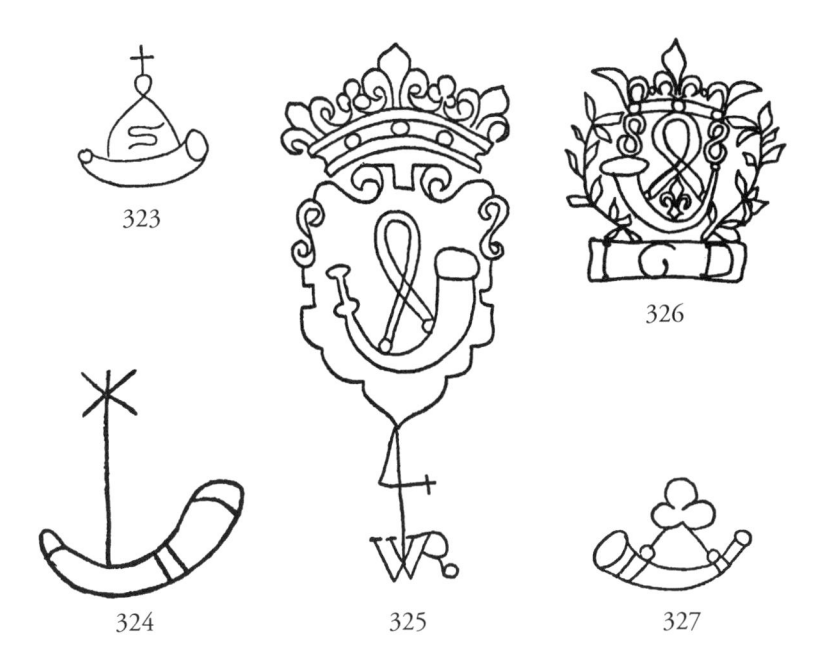

O fato de o Corno simbolizar o Chamado do Espírito evidencia-se pelo S de *Spiritus* na Figura 323, e pelos SS de *Sanctus Spiritus* introduzidos nas figuras 325 e 326. Observe também a Cruz de *Lux* encimando a Figura 324.

Há, no Museu Britânico, um manuscrito do século XI em que Davi é representado recebendo inspiração do Espírito Santo na forma de uma Pomba. Na parte de cima da figura, a Mão divina se projeta de uma nuvem e estende um Berrante, ou Corno, de onde provêm *cinco* chamas ou raios de luz.[32]

Os Três Raios que caem sobre o Corno da Figura 328 são os Três Raios de Luz que aparecem freqüentemente nos hieróglifos egípcios;[33] o descendente mais moderno desses três raios é a *Fleur-de-Lys* de três lóbulos — daí as três penas de pássaro heráldicas do Príncipe de Gales.

Na mitologia escandinava, imaginava-se que o Corno fosse conservado debaixo de Yggdrasill, a sagrada árvore do mundo. De acordo com os finlandeses, ele estava no "meio do Céu", e o *Kalevala* atribui-lhe as mesmas propriedades mágicas de fazer o deserto florescer como a rosa que eram igualmente atribuídas ao Santo Graal:

---

32. Cf. *Christian Symbolism*, Sra. Henry Jenner, p. 40.
33. *Signs and Symbols of Primordial Man*, A. W. Churchward, *passim*.

Fetch the cow-horn from a distance,
Fetch it from the midst of heaven;
Bring the mead-horn down from heaven,
Let the honey-horn be sounded.

Blow into the horn then strongly,
And repeat the tunes resounding;
Blow then flowers upon the hummocks,
Blow then fair the heathland's borders:
Make the meadow's borders lovely,
And the forest borders charming,
Borders of the marshes fertile.[34]

(Ide buscar o corno da vaca que está longe,
Ide buscá-lo no meio do céu;
Trazei do céu o corno do prado,
Deixai que soe o corno do mel.

Sopra, pois, o corno fortemente,
E repete as harmonias ressonantes,
E então, sopra flores sobre os cômoros,
E sopra, com suavidade, as margens da charneca,
Traça com graça os limites do prado,
E com encanto os limites da floresta,
Os limites dos pântanos férteis.)

A música inefável desse Corno místico é introduzida por Tennyson como um prelúdio à visão do Santo Graal:

At dead of night I heard a sound
As of a silver horn from o'er the hills
Blown, and I thought, "It is not Arthur's use
To hunt by moonlight"; and the slender sound,
As from a distance beyond distance grew,
Coming upon me — O never harp nor horn,
Nor aught we blow with breath, or touch with hand,
Was like that music as it came.[35]

---

34. Runo, xxxii.
35. *The Holy Grail.*

(Altas horas da noite e eu ouvi um som
Como de um Corno de prata a soar das colinas
E pensei: "Não é costume de Arthur
Caçar à luz da lua"; e o leve som,
Como vindo de muito longe, crescia
E chegava até mim — oh, nunca harpa ou corno
Nem coisa alguma que façamos soar com sopro, ou que
toquemos com a mão,
Foi como aquela música, conforme ia chegando.)

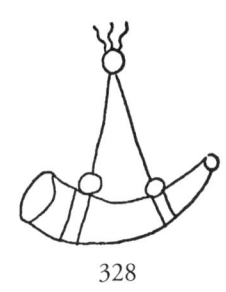

328

Às vezes, o Corno era suave no seu chamado; outras vezes, era a trombeta trovejante convocando os deuses. O Corno figura com destaque no nosso conto de fadas Jack, o Matador de Gigantes. Jack, depois de vencer certos gigantes notórios, chega ao castelo encantado do perverso Galligantua. Ajudado por um cruel feiticeiro, Galligantua atraíra muitos cavaleiros e damas ao seu castelo, e, por meio de magia negra, metamorfoseou-os em formas infames. Ao avançar para o ataque contra esse castelo de iniquidade, o herói Jack encontra, pendurado do lado de fora da porta, um Corno de ouro amarrado numa corrente de prata, e sob o Corno estavam inscritos os versos:

Whoever shall this trumpet blow
Shall soon the giant overthrow,
And break the black enchantment straight;
So all shall be in happy state.[36]

(Qualquer um que fizer esta trombeta tocar
Deverá muito em breve o gigante dominar,
E o negro feitiço quebrará sem demora;
E todos ficarão felizes nessa hora.)

36. *English Fairy Tales*, J. Jacobs, p. 111.

Jack faz soar o corno e, em consequência disso, o castelo treme até suas enormes fundações; o gigante e o feiticeiro, lançados numa horrenda confusão, arrancam os cabelos e mordem os polegares ao saber que o seu reino infame havia chegado ao fim. No devido tempo, Jack mata o gigante, os nobres e as damas metamorfoseados são postos em liberdade, retornando à forma original, e o castelo encantado se desintegra no ar como feixes de fumaça.[37] É provável que esse conto de fadas seja uma alegoria velada, e que os nobres e as damas escravizados e transformados personifiquem as qualidades e os princípios nobres da mente ou Cidade da Alma, e que o gigante perverso seja a personificação do Vício, do Egoísmo ou de Mammon, assim como os gigantes da mitologia, que os gregos retratavam com caudas semelhantes às do dragão, simbolizavam as concupiscências e paixões da alma. Os contadores de histórias acrescentavam a bela invenção de que os gigantes devoravam ovelhas e bois, isto é, os princípios inocentes e industriosos do pequeno mundo do Homem.

Na mitologia nórdica, o Corno aparece como propriedade de Heimdal, o sentinela dos deuses,[38] que ficava postado junto à Ponte do Arco-Íris que levava ao Valhalla, onde ele mantinha incessante vigília contra os ataques e maquinações dos gigantes. "Sou obrigado a concluir", diz o professor Rydberg, "que Heimdal... pertence à antiga Época Ariana, e que conservou, inclusive até a queda do paganismo teutônico, o seu caráter antigo como o representante pessoal do fogo sagrado."[39] Ao chamado agudo e estridente do Corno de Heimdal, os deuses e heróis se reuniam para a peleja, e se dizia que havia quinhentos e oitenta portas no Valhalla, e que oitocentos[40] guerreiros afluíam de cada porta ao ouvir o chamado que os convocava "para combater o lobo".[41] De acordo com Milton, "As torres do céu estão repletas de vigília armada", e ao ataque de Satã:

> Michael did sound
> The Archangel trumpet: through the vast of Heaven
> It sounded, and the faithful armies rang
> Hosanna to the Highest.[42]

---

37. A história dos muros de Jericó desmoronando ao som das trombetas de prata é, provavelmente, uma variante dessa fábula.
38. "Heimdal era originariamente idêntico a Tyr, que se supõe seja a fonte da nossa palavra *Tuesday* (terça-feira)." — *Northern Mythology*, F. Kaufmann, p. 69.
39. *Teutonic Myth*, p. 405.
40. 800 = o cem vezes regenerado (?).
41. *The Edda*, p. 33.
42. *Paradise Lost*, vi.

(Miguel fez soar
A trombeta do Arcanjo: pela vastidão do Céu
O seu som ecoou, e os exércitos fiéis proclamaram
Hosana para o Altíssimo.)

No Romance medieval francês, o famoso Corno figura como propriedade de Rolando, herói lendário, e diz-se que o Corno de Rolando era amplamente entendido como símbolo de pregação herética.[43] De acordo com a lenda francesa, ele tinha o terrível poder de estilhaçar rochas de granito, e de se fazer ouvir plenamente a quinze léguas* de distância. Tão terrível era o empenho com que Rolando fazia soar o seu corno místico que as suas fontes racharam com o esforço, e o sangue lhe escorreu pela boca. No entanto, conta a história, suas dores não foram infrutíferas, pois "agora os franceses ouvem". A Figura 329 pode representar igualmente bem Rolando galopando sobre o dorso do seu cavalo e reanimando os franceses com o seu chamado estimulante, ou Heimdal, o tocador de Corno escandinavo, montado em seu famoso corcel Goldtop,[44] e reunindo os Heróis para a batalha final.

Era um costume antigo nas regiões montanhosas da Escócia convocar os clãs para a guerra por meio de uma cruz em chamas, transportada velozmente por rápidos mensageiros de um lugar para outro. Essa misteriosa mas infalível convocação às armas consistia numa pequena cruz de madeira leve mergulhada no sangue de um bode e inflamada em suas extremidades. A Figura 330 parece ilustrar esse chamado místico. A cruz é equilibrada entre os cornos da Lua despertadora e congregadora; o seu ponto mais alto está sendo ungido com aquilo que um místico chamaria de "o fogo inundante do Vazio", e os objetos que pendem dos braços estendidos dessa cruz provavelmente representam gotas de sangue ou sugerem chamas. As figuras 331 e 332 exemplificam o chamado inspirador do Profeta Joel: "Tocai a trombeta em Sião e dai voz de rebate no meu santo monte", e novamente, "tocai a trombeta em Sião, promulgai um santo jejum, proclamai uma assembléia solene. Congregai o povo e santificai as congregações." Esse ato de fazer soar a trombeta foi um prelúdio ao Milênio, quando "o Senhor levanta a voz diante do seu exército; porque muitíssimo grande é o seu arraial".[45]

---

43. *Dante*, Eugène Aroux.
* A légua não tinha um valor fixo, mas ficava em torno de 5 km. Uma distância de 15 léguas equivaleria, assim, a aproximadamente 75 km. (N.T.)
44. *Northern Mythology*, F. Kaufmann, p. 83.
45. Joel ii. 1, 15-16, 11.

Mine eyes have seen the glory of the coming of the Lord
He has sounded forth the trumpet that shall never call retreat.

(Meus olhos viram a glória da vinda do Senhor;
Ele fez soar a trombeta que jamais dará o toque de recolher.)

Acima do Corno mostrado na Figura 333, há uma cabeça de martelo expressando o verso: "Não é a minha palavra fogo, diz o Senhor; e *o martelo* que esmiúça a penha?"[46] Em combinação com o Corno da Figura 334, há uma chama com a forma de uma espada.

Às vezes, o Corno simbólico estava associado a um Sino que, de acordo com Durandus, simbolizava a pregação "aguçada" e insistente. O Sino constituía um elemento essencial no uso religioso oriental, e no Cristianismo celta ele era considerado pelos novos convertidos como o autêntico símbolo da Divindade.[47] Dentre os 258 emblemas de Sinos reproduzidos por Monsenhor Briquet, 239 estão

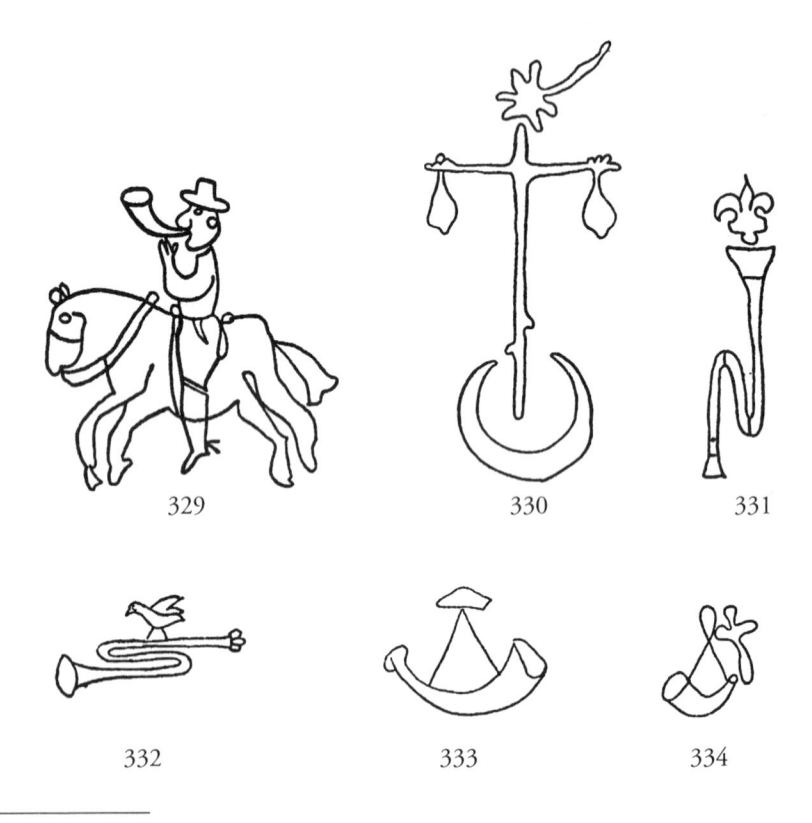

329 330 331

332 333 334

---

46. Jeremias xxiii. 29
47. *The Gnostics*, King, C. W., p. 72 (1ª edição).

ornamentados, no topo, com objetos *trí*plos, o trifólio, a *Fleur-de-Lys* ou os três círculos da Perfeição — e todos os desenhos reproduzidos a seguir estão relacionados com emblemas similares da Divindade. A Figura 336 se distingue pelas iniciais de Jesus Redemptor, e há poucas dúvidas de que os simbolistas consideravam o Sino não apenas como o chamado de Cristo, mas também como um signo do próprio Cristo. Relata-se que, toda vez que a fé ou a justiça estavam ameaçadas, um Sino soava no Templo do Sangreal, e que, ao som desse Sino, um Cavaleiro saía, de espada em punho, em sua defesa.

Contam fábulas que os Sinos tinham o poder de dispersar pragas, tempestades e espíritos impuros, e se dizia que Santo Antônio, cuja experiência com espíritos maus foi proverbialmente ampla, percorria os templos em ruínas do paganismo para enxotar, por meio do seu sino, os demônios que os infestavam. Na consagração moderna de um sino, o bispo diz a respeito dele preces cheias de alusões místicas, entre as quais ele faz referência à trombeta que derrubou os muros de Jericó e ao trovão que afastou os filisteus no sacrifício de Samuel.[48] A *Golden Legend* (Lenda Dourada) se abre com Satã e os espíritos do ar revoando agitados em torno de sinos que não param de soar, e se esforçando em vão para golpeá-los e destruí-los.

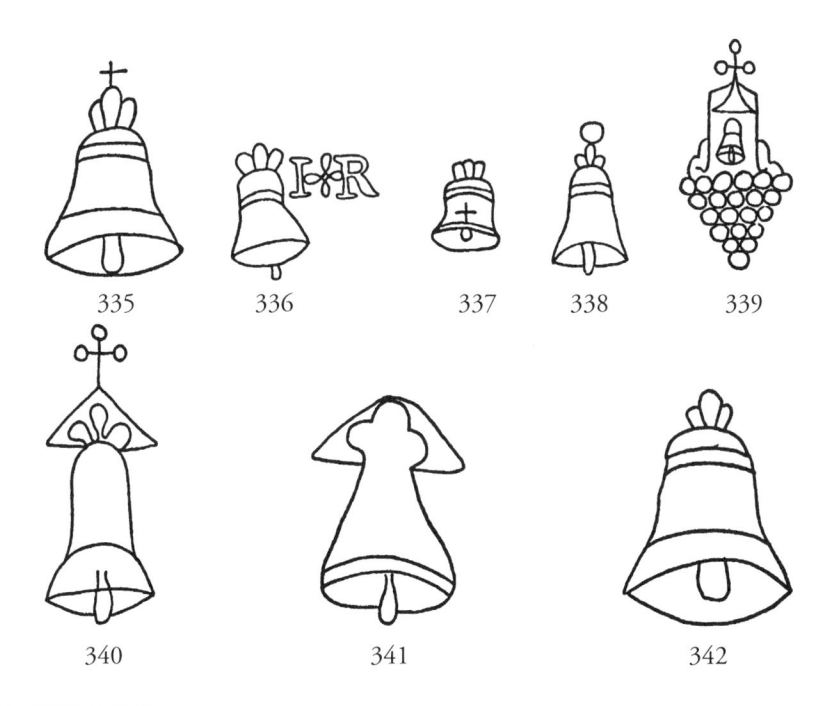

335   336   337   338   339

340   341   342

---

48. *Curious Myths of the Middle Ages*, S. Baring-Gould, p. 609.

Os Sinos do Espírito — essa oitava da Renascença que os místicos mantiveram repicando durante toda a longa vigília da Idade das Trevas, estão relacionados com

> The cheerful cock, the sad night's comforter,
> Waiting upon the rising of the sun.[49]

> (O galo alegre, confortador da noite desolada,
> À espera do nascer do sol.)

As figuras 343 a 348 representam esse "sineiro nativo da noite" que

> Rings his silver bell to each sleepy wight
> That should their minds up to devotion call.[50]

> (Soa o seu sino de prata a cada ser adormecido
> Que deveria se pôr em alerta ao chamado da devoção.)

Embora o galo fosse considerado com desagrado pela igreja ortodoxa como tendo alguma coisa de mensageiro do demônio devido ao fato de ter cantado depois da terceira negação de Pedro, entre os poetas ele foi universalmente saudado como o Corneteiro do Dia. "Pareceu-me ver", escreve um dos elisabetanos,

343   344

345   346   347

---

49. *Cornelia*, T. Kyd, 1595.
50. *Faerie Queene*, Spenser, Livro 5, canto vi.

A royal glimmering light streaming aloft,
As Titan mounted on the lion's back
Had clothed himself in fiery pointed beams,
To chase the night and entertain the morn,
Yet scarce had Chanticler rung the midnight peal.[51]

(Uma luz real e bruxuleante irradiava no alto,
Enquanto o Titã montado no dorso do leão
Se vestira de flamejantes, pontiagudos raios,
Para dar caça à noite e distrair a manhã;
No entanto, o Galo mal havia soado o repique da meia-noite.)

O galo aparece na mitologia escandinava com o nome de Gullinkambi (isto é, crista dourada), e a sua missão, como a de Heimdal, era despertar e estimular os Heróis.[52]

Talvez tenha sido dupla a origem do simbolismo do Galo. Ele saudava o sol nascente e tinha uma crista carmesim, a qual, pode-se supor, era utilizada para representar o esplendor ziguezagueante do dia e os "flamejantes, pontiagudos raios" da manhã. Desse modo, o Galo era consagrado ao Sol e era também considerado como o Arauto que anunciava a Vinda de Apolo.

Father of Lights! What sunny seed,
What glance of day hast Thou confin'd
Into this bird? To all the breed
This busy ray Thou hast assign'd;
Their magnetism works all night,
And dreams of Paradise and light.[53]

(Pai das Luzes! Que semente luminosa,
Que clarão do dia confinaste
Nesse pássaro? A toda a raça
Esse diligente raio endereçaste;
Seu magnetismo por toda a noite atua,
E sonha o Paraíso e a luz.)

---

51. *The Order of the Garter*, Geo. Peele, 1593.
52. *Northern Mythology*, Kaufmann, p. 96.
53. H. Vaughan.

É um ponto característico da fé dos chineses que o seu sol e Salvador, Zas, penetre no mundo à meia-noite do vigésimo quarto dia do décimo segundo mês. Nessa ocasião, um galo dourado, sobre o qual se diz estar empoleirado no mais alto ramo da Árvore da Vida, não espera pela aurora, mas, em honra do advento do sol espiritual, canta durante toda a noite. O caráter desse galo alegórico é assinalado pela afirmação segundo a qual, quando ele começa a cantar, "todos os galos do mundo são desse modo despertados e começam a cantar". Os chineses acreditam que a função do galo é despertar o sol glorioso que, ao dispersar a escuridão, dissipa também os espíritos malignos da noite. Esses espíritos, assim pensam os chineses, odeiam a verdade da luz do Sol e se recolhem à escuridão do Inferno.[54] Que o galo era o inimigo especial dos demônios e do poder da escuridão foi, de modo semelhante, a crença de outras nações, e, no *Avesta*, se faz o próprio Ormuz traduzir o canto da manhã do galo nestas palavras: "Levantai-vos, ó homens, e louvai a justiça que é a mais perfeita. Vede! Os demônios são postos em fuga!"[55] Na escrita simbólica dos chineses, o Sol ainda é representado por um galo num círculo,[56] e um parse consciencioso preferiria a morte a ser culpado do crime de matar um galo. Na Figura 348, o Pássaro da Aurora está batendo as asas douradas à medida que o Sol se ergue atrás dele.

Só recentemente o Chantecler, nome poético do galo, apareceu com proeminência diante do público devido ao gênio do Sr. Rostand, o poeta provençal. O

348

---

54. Provavelmente, é esta a origem da idéia popular de que os fantasmas necessariamente deixam a casa ao canto do galo. O Sr. J. W. Johnston tem diversas lâmpadas antigas feitas em forma de *galo*.
55. *Teutonic Mythology*, Rydberg, p. 305.
56. *Symbolic Language of Art and Mythology*, R. Payne-Knight, p. 70.

simbolismo do drama do Sr. Rostand é descrito pelo Sr. Jean Delaire[57] com as seguintes palavras:

"O Chantecler não é apenas o tipo da humanidade *em evolução*, mas da humanidade *evoluída*. Ele é o homem que ele pode vir a ser, o homem que ele será quando tiver compreendido plenamente a divindade latente dentro de si. Ele simboliza a humanidade do futuro, bem como a do passado e a do presente.

"No início, vemos o Chantecler apenas como homem; no final do poema sublime, nós o vemos como o Deus-no-homem. Louvamos nele uma humanidade que aprendeu a sua lição suprema, que alcançou um ponto na sua evolução em que ela não apenas percebe o Ideal, mas está disposta a morrer por ele; em que não apenas está pronta para morrer por ele, mas — e essa tarefa é infinitamente mais difícil — a compreendê-lo na sua vida diária. O seu ideal tornou-se o ideal do *serviço pelo bem do amor*, 'o máximo para o Mais Alto'.

"Dissipadas as suas ilusões, desfeito o seu sonho, afastado o seu amor, ridicularizada a sua mensagem, o Chantecler ainda assim se eleva acima do desespero; mais que isso, em suas horas de desespero, ele é mais forte do que nunca, mais absolutamente convencido da sua missão, mais completamente fiel à sua confiança. Ele *haverá* de acreditar na sua tarefa designada pelo céu, mesmo que o próprio céu pareça estar contra ele, mesmo que o sol tenha se erguido enquanto ele, o Chantecler, ouvia, arrebatado, o canto do Rouxinol. Ele *haverá* de se acreditar necessário ao plano da Natureza: Afinal, não é o próprio homem uma das forças cósmicas que moldam o mundo?

"Quem sabe, pergunta ele, com a sublime audácia do gênio, quem sabe se eu cantar diariamente o meu canto da aurora, e, depois de mim, em outras fazendas, mais pássaros tomarem para si o refrão do meu canto, todas as manhãs, por um longo, longo tempo, quem sabe se algum dia — algum dia — não haverá mais noite?

> '... Si je chante, exact, sonore, et si, sonore,
> Exact, bien après moi, pendant longtemps encore,
> Chaque ferme a son Coq qui chante dans sa cour,
> Je crois qu'il n'y aura plus de nuit!
> — Quand?
> — Un jour!'

---

57. Em *The Occult Review.*

(Se eu canto, exato, sonoro, e se, sonoro,
Exato, bem depois de mim, durante muito tempo ainda,
Cada fazenda tiver o seu Galo que canta em seu pátio,
Eu acredito que não haverá mais noite!
— Quando?
— Um dia!)

"Algum sistema de filosofia idealista teria sido mais preciso em sua mensagem e em sua promessa? *Pense* o ideal, *viva* o ideal, e ele se torna o real, ele se entrelaça com a nossa vida diária e se torna parte de nós, torna-se o nosso eu mais verdadeiro, mais íntimo. Que toda a humanidade acalente altos ideais, ame a luz, aspire a ela, convoque-a em suas aspirações diárias e — veja! — a luz está lá, a iluminar o mundo — o mundo interior — para sempre.

"O Chantecler não sabe *quando* será a aurora desse dia, mas — ela virá — 'algum dia' — e enquanto isso — 'ao trabalho!'"

Capítulo VII

O REI SALOMÃO

Man is not dust, man is not dust, I say!
A lightning substance through his being runs;
A flame he knows not of illumes his clay —
The cosmic fire that feeds the swarming suns.
As giant worlds, sent spinning into space,
Hold in their centre still the parent flame;
So man, within that undiscovered place —
His centre — stores the light from which he came.

Man is not flesh, man is not flesh, but fire!
His senses cheat him and his vision lies.
Swifter and keener than his soul's desire,
The flame that mothers him eludes his eyes.
Pulsing beneath all bodies, ere begun;
Flashing and thrilling close behind the screen,
A sacred substance, blinding as the sun,
Yearns for man's recognition in the seen.

Angela Morgan.

(Digo que o homem não é pó, não é pó!
Substância luminosa percorre-lhe o ser;
Uma chama dele ignorada ilumina o seu barro —
O fogo cósmico que nutre os sóis enxameantes.
Como gigantescos mundos, lançados a girar no espaço,
Guardam imóvel no seu centro a chama que lhes deu vida;
O mesmo dá-se com o homem: nesse lugar desconhecido —
O seu centro — guarda a luz da qual adveio.

O homem não é carne, não é carne, mas fogo!

Os seus sentidos o enganam e a sua visão mente.

Mais veloz e aguda do que o desejo de sua alma,

A chama que o gera se esquiva aos seus olhos.

Pulsando sob todos os corpos, antes de ter início;

Coruscando e tremeluzindo logo atrás da tela,

Sagrada substância, ofuscante como o sol,

Anseia pelo reconhecimento do homem nas coisas vistas.)

Os antigos supunham que a alma consistisse em quatro elementos, o fogo, o ar, a terra e a água; e que esses elementos, quando unidos, tomavam a forma do fogo e se convertiam em *chama*. Essa composição celestial era espalhada como semente entre os homens e os animais, nos quais, em várias proporções, se misturava com a terra, e a sua pureza se tornava mais ou menos adulterada e deteriorada. Acreditava-se que, depois da morte, as impurezas da matéria fossem purgadas por meio da imersão da alma na água, da sua submissão ao ar nas correntes de vento, ou da sua purificação pelo fogo. O Espírito Supremo era idealizado como sendo um fogo imaculado, e era simbolizado como uma pura chama elemental queimando na infinitude.

Entre os chineses, essa Unidade infinita era considerada como um ponto fixo de ofuscante luminosidade, em torno do qual giravam, no mais supremo esplendor de movimento, as almas daqueles que, com êxito, passaram pelas provações da terra e purificaram adequadamente a sua espessa matéria corporal.[1]

No capítulo anterior, reproduzimos uma ilustração da cabeça de uma Águia associada com a Chama cósmica. Esse Fogo Espiritual do Universo é mostrado nas figuras acima como o objetivo da ascensão, e nas figuras 350 a 353 ela figura como um dos Caminhos. As letras I H S, que formam o centro da Figura 255, comprovam que Jesus Cristo era identificado com o Fogo da Vida, e o sinal de contração encimando o monograma I H S mostra que essas letras foram corretamente entendidas e usadas no seu significado original I H S O U S, e não no seu sentido moderno, interpretado de modo errôneo, (*J*)*esus* (*S*)*alvator H*(*ominum*).

Entre a Chama, considerada como símbolo do Espírito, e o Sol, o Centro e o Sustentador do Universo material, a Fonte Primordial e Origem em cuja luz e calor a criação vive, se move e tem o seu ser, há menos que um passo. Nos emble-

---

1. H. A. Giles, *Religions of Ancient China*, p. 48.

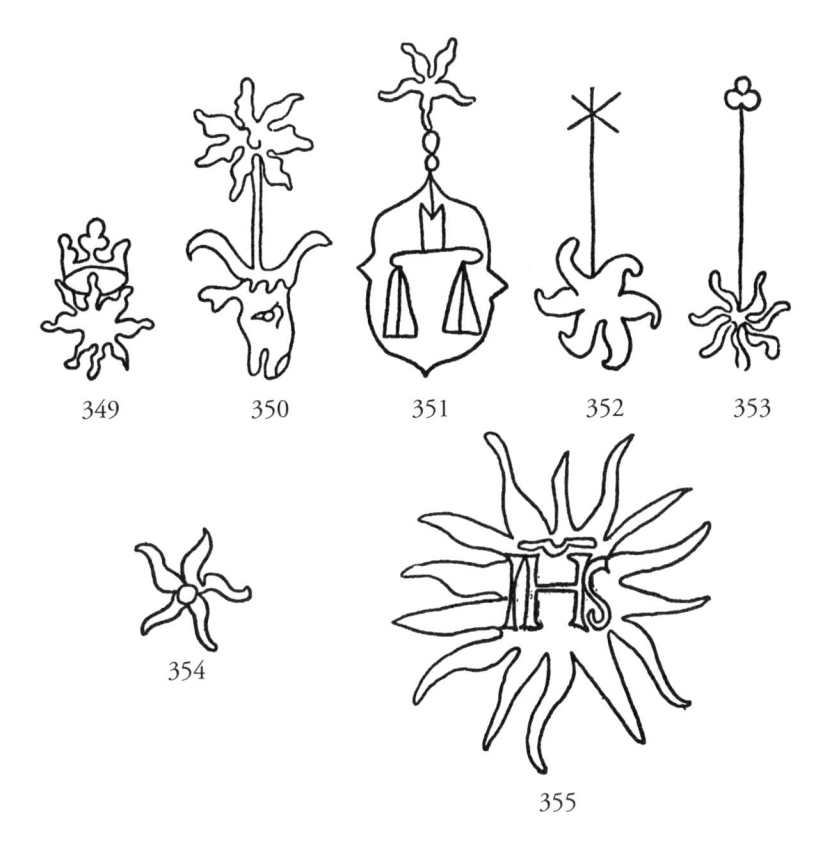

349   350   351   352   353

354

355

mas do sol aqui reproduzidos, as feições solares não são executadas com traços grosseiros, mas demonstram formar, num exame minucioso, símbolos suplementares.

Três pequenos círculos da perfeição compõem o Rosto da Figura 359. O Coração da Figura 360 é o símbolo do Amor, e se a Figura 361 for virada de cabeça para baixo, nela se revelará o sinal da cruz.

356   357   358

359   360   361

O S de *Spiritus* está anexado à Figura 361, e esse S também aparece nos centros das figuras 362, 364 e 365. No rosto da Figura 362, seu idealizador introduziu engenhosamente a lua crescente, e é provável que os raios alternadamente pontiagudos e sinuosos da Figura 366 denotem respectivamente os penetrantes raios da Luz e os flamejantes fogos do Amor.

O centro da Figura 367 não é o I H S convencional, mas lê-se Y H S, sendo o Y a inicial de Yesha, um equivalente de Jesous. Às vezes, essa letra Y é encontrada na forma de um símbolo à parte e é um símbolo muito antigo. Ele é reverenciado na China, onde é conhecido como a Grande Unidade ou a Grande Palavra, e diz-se que os seus três traços denotam o Três-em-Um e o Um-em-Três.[2] A Figura 368 é composta de três cruzes iguais, a Figura 369 está associada com o Círculo da Perfeição, as figuras 370 e 371 são consagradas pela cruz e a "cauda" da Figura 373 é traçada na forma do S de *Spiritus*.

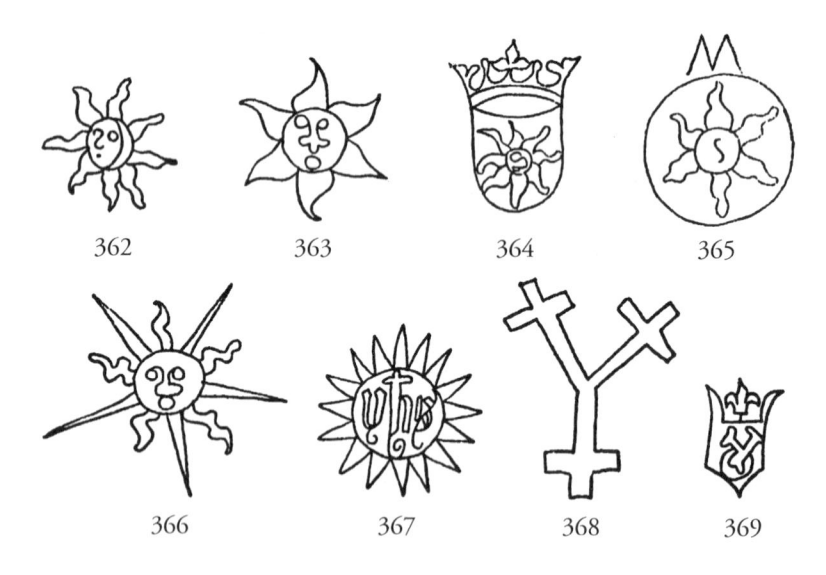

362   363   364   365

366   367   368   369

2. H. A. Giles, *Religions of Ancient China*.

O Sol — símbolo universal da Divindade — era com freqüência representado como uma roda, e as figuras 374 a 378 mostram esse emblema da roda no curso da sua evolução. Os raios solares constituíam os raios da roda, e o Uno Perfeito era considerado como o centro e também como a circunferência.[3]

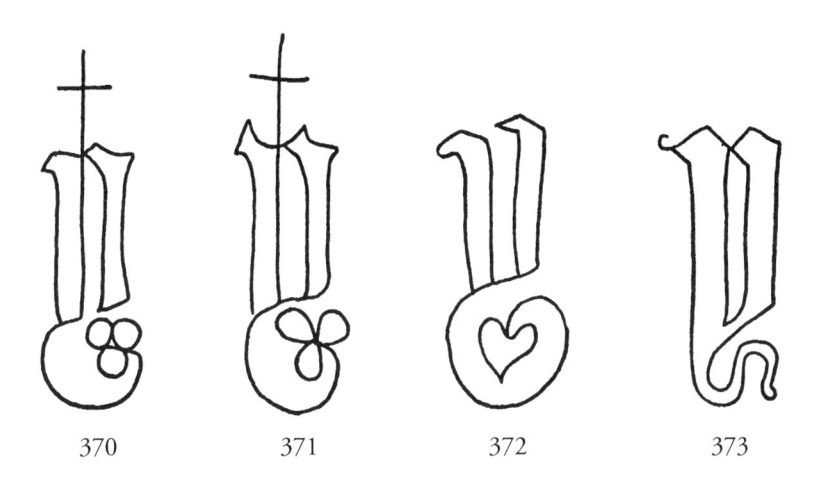

| 370 | 371 | 372 | 373 |

A forma mais simples da Roda Solar ou Roda Excelente da Boa Lei é um círculo dividido em quatro partes iguais. Nas figuras 375 e 376, essa idéia inicial aparece um pouco mais elaborada e; mais tarde nos encontraremos com outras formas, algumas infinitamente mais complexas.

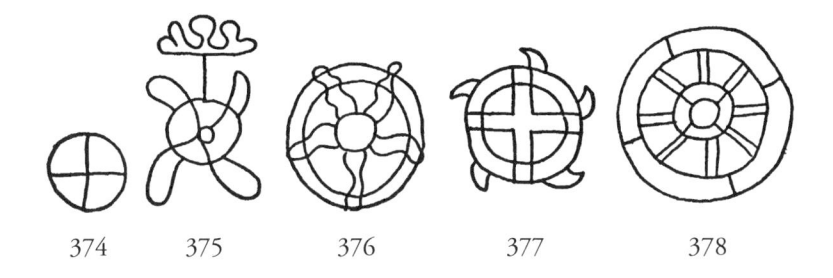

| 374 | 375 | 376 | 377 | 378 |

Debaixo da Figura 379 há um B maiúsculo, e às vezes essa inicial sagrada era, tal como o Y, usada como um símbolo separado. A letra B representa Brahma, e o Sopro de tudo o que se move e de tudo o que é fixo, a "Jóia do Céu", o "Salvador" e o "Senhor das Estrelas".

---

3. *Sacred Mysteries among the Mayas*, Le Plongeon, p. 55.

De acordo com os Vedas, "o que o sol e a luz são para este mundo visível, o supremo bem e a verdade são para o universo intelectual e invisível; e assim como os nossos olhos corporais têm uma percepção distinta dos objetos iluminados pelo sol, a nossa alma adquire certo conhecimento meditando a respeito da luz da verdade que emana do Ser dos Seres: esta é a luz pela qual, sozinha, a nossa mente pode ser dirigida ao longo da senda que leva à bem-aventurança".[4]

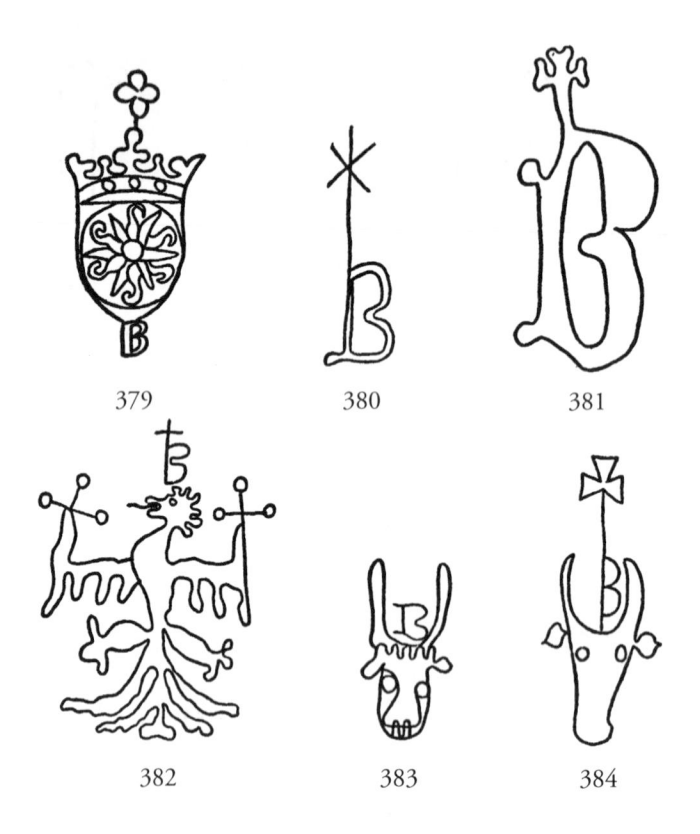

Brahma era o "Ser dos Seres", o "mais excelente Raio" e o doador da resplandecência. A letra B forma o centro da Roda Solar da Figura 385, e forma um hieróglifo expressivo da crença segundo a qual o universo "é criado por Brahma e a partir dele, *assim como a teia é criada a partir da aranha* e como as centelhas a partir do fogo".[5]

4. *The Hindoos*, p. 153.
5. *Brahma Knowledge*, L. D. Barnett, p. 21.

Não apenas era Brahma representado como o Fiandeiro da Criação, mas, como diz o Dr. Barnett: "Ele algumas vezes é simbolizado macrocosmicamente pelo *purusha* no Sol." A palavra *purusha* significa, literalmente, "homem", e nas figuras 386 e 387 esse homem dentro de uma roda solar, ou a Figura no Sol, é inconfundivelmente retratado. Numa das mãos Ele carrega uma palma ou ramo de oliveira, e na outra a espada do Espírito; em ambos os casos, Ele é retratado com uma coroa, e na Figura 386 aparentemente está sentado num trono. Nas palavras de um *Te Deum* védico endereçado a esse Senhor Espiritual da Luz: "Eu conheço esse Grande Espírito, matizado como o sol, que se encontra além da escuridão. Conhecendo a Ele, o homem escapa da Morte; não há outro caminho a ser seguido. Um Grande Senhor é o Espírito, que move o entendimento, que governa esse puro meio de acesso, Luz imarcescível. O Espírito sempre habita como alma interior, com uma polegada de estatura, dentro do coração dos homens, concebido pelo coração, pela imaginação, pelo pensamento; aqueles que sabem disso tornam-se imortais. Ele conhece o que é passível de ser conhecido, porém ninguém há que O conheça. Os homens O chamam de o Primordial, o Grande Espírito. Mais sutil do que o sutil é Ele, maior do que o grande, a alma abrigada e escondida nas coisas vivas. Eu O conheço, o sem-idade, o antigo, o Todo-alma. Esse mesmo é o Fogo, esse é o Sol, esse o Vento, esse a Lua; esse mesmo é o Brilho, esse Brahma, esse as Águas, esse o Criador; esse é o Imarcescível, esse é a amorosa (Luz) de Savita; dali manou a antiga inteligência."[6]

Os egípcios definiam "Espírito" como um Fogo sutil,[7] e semelhante opinião existia entre os hinduístas, em cuja concepção esse elemento místico se espalhou até permear os regatos, agitar-se nas árvores e, na verdade, impregnar o universo.

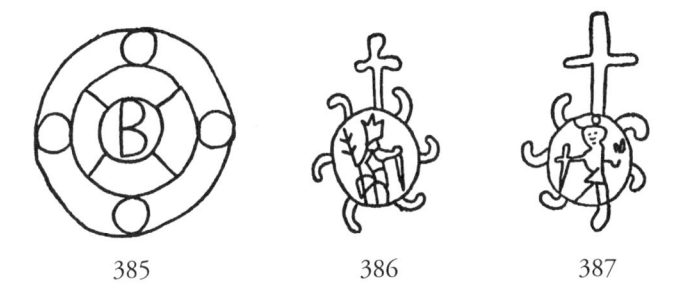

385 386 387

6. Resumo das pp. 98-101, *Brahma Knowledge*.
7. *The Hindoos*, p. 144.

Essa teoria oriental da Superalma (*Oversoul*) tornou-se conhecida dos leitores ingleses por intermédio de Emerson, e ela também foi resumida com êxito por Alexander Pope nos seguintes versos que todos conhecem:

> All are but parts of one stupendous whole,
> Whose body nature is, and God the soul.[8]

> (Todas as coisas são apenas partes de um todo estupendo,
> Cujo corpo é a natureza, e cuja alma é Deus.)

A concepção impessoal e abstrata do Fogo Vital era conhecida como Brahm, e Brahm, o impessoal e invisível, não deve ser confundido com Brahma, a Primeira Pessoa da Trindade hinduísta.

Acreditava-se que o homem fosse uma centelha de Brahm, a superalma e a origem do Fogo, e daí surgiu o aparente paradoxo: "Este meu eu dentro do meu coração é ainda menor que um grão de arroz, ou que um grão de cevada, ou que um grão de mostarda, ou que um grão de alpiste, ou que a polpa de um grão de alpiste. Este meu eu dentro do meu coração é maior que o céu, maior que o firmamento, maior que estas palavras... Este meu eu dentro do meu coração, é Brahma, e a Ele chegarei partindo daqui."[9]

Essa meta da Ascensão é representada na Figura 389 como um Sol flamejante; na Figura 388, como uma roda solar; nas figuras 383 e 384, como a letra B, e nas figuras 390, 391 e 392, como um fogo sétuplo ou uma rosa flamejante. Estou inclinado a pensar que essa chama, fogo, rosa, nuvem circular ou o que quer que possa ser (ver o centro da Figura 393) foi deliberadamente representado de modo incompleto e incompreensível.

Na figura 394, a relação de Brahm, o Poderoso Sopro, com a Hierarquia mística é diagramaticamente expressa, Brahm, a Superalma ou "Nuvem do Desconhecimento" encimando a Trimúrti, ou tríplice manifestação do Si Mesmo.

Associadas ao B deitado da Figura 395, estão as letras suplementares S e B, entre as quais aparece um dedo indicador. Como o S quase sempre se lê *Spiritus*, e o dedo que aponta provavelmente indica *nota bene*, este emblema pode ser decifrado como Espírito = Brahma. O S figura novamente no emblema Milenarista da Figura 396, e o B da Figura 397 é desenhado de modo tão engenhoso que as suas

---

8. *Essay on Man*, veja Livro i. 244-257.
9. *Hinduism*, L. D. Barnett, p. 15.

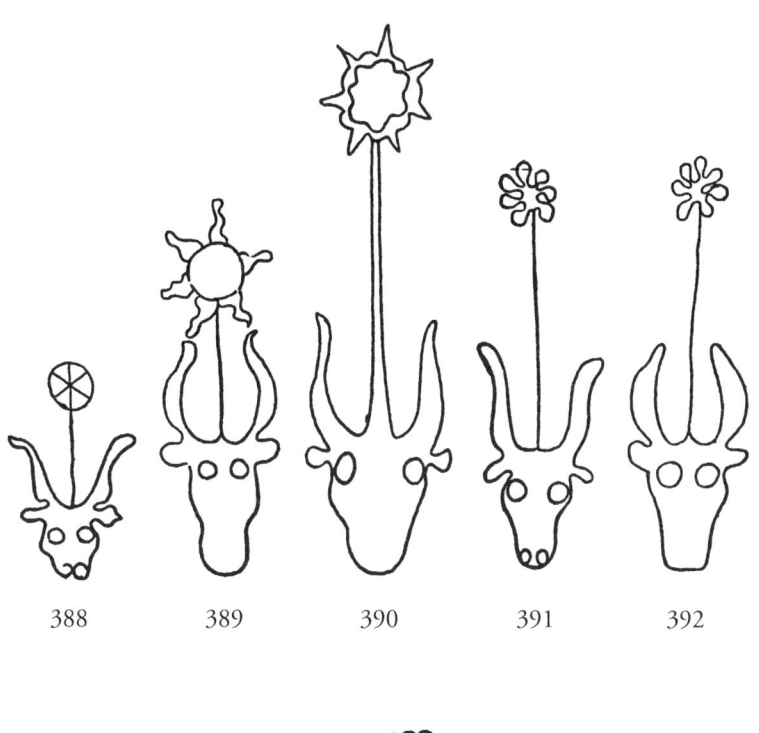

388 389 390 391 392

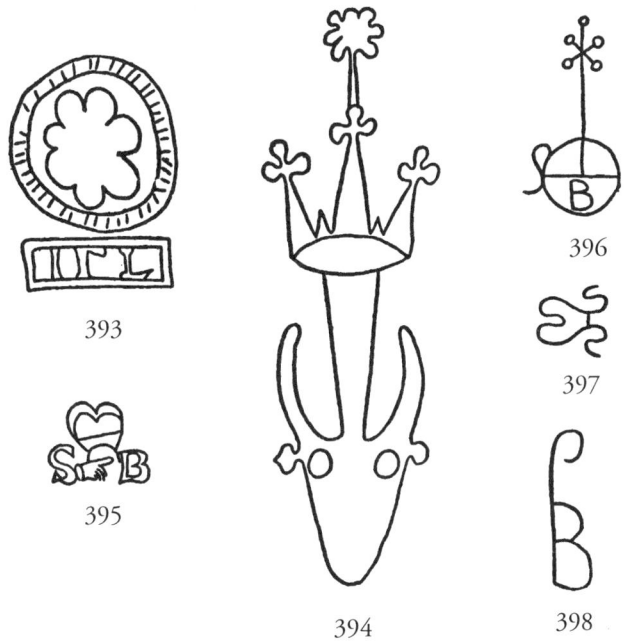

393

395

394

396

397

398

extremidades indicam S S. Na Figura 398, a parte superior que se projeta do B consiste no bordão do Bom Pastor.

Associados com os Sóis nas figuras a seguir, estão os algarismos 33, e nas figuras 401 e 402 esses algarismos formam o tema de emblemas separados. O número 33 era venerado no antigo Egito, e há ilustrações dele em *Signs and Symbols of Primordial Man*. Estimou-se que havia 33 Mistérios, "cujos segredos", diz o Dr. Churchward, "não foram descobertos até os dias de hoje".[10] Os mexicanos retratavam 26 Luzes, mais as sete estrelas da Ursa Maior, isto é, um total de 33.[11] Somos informados de que, séculos atrás, no mundo da religião védica "havia enxames de deuses". "No entanto", diz o Dr. Barnett, "o seu número é usualmente computado como sendo *trinta e três*"[12]. Os gnósticos cristãos ensinavam que todas as emanações da Divindade "se somavam em uma Unidade absoluta, 33 ao todo",[13] e que a idade de Cristo na época da Sua Ressurreição foi calculada como sendo 33 anos.[14] Os autores de *O Caminho Perfeito* afirmam: "A idade da perfeição total e final para que o homem se regenere é a idade de 33 anos, misticamente computada, implicando assim a sua realização dos 33 passos da iniciação, dos quais o último, e o mais elevado, é a sua "ascensão" por meio de transmutação numa união divina final.[15] Na Figura 401, nota-se uma combinação do algarismo 4 (= o Divino Equi-

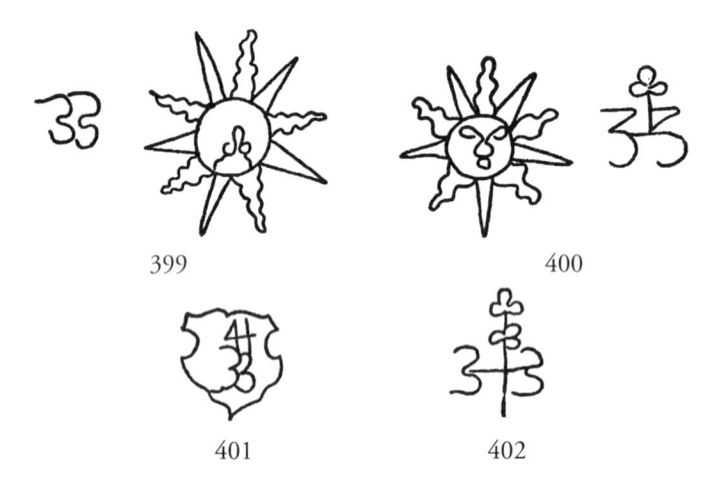

399

400

401

402

10. pp. 117, 177.
11. p. 272.
12. *Hinduism*, p. 10
13. *The Wedding Song of Wisdom*, G. R. S. Mead, p. 36.
14. *Our Lady in Art*, Sra. H. Jenner, xxvii.
15. p. 235.

líbrio) e da letra H (= Hierarca?). A explicação desses símbolos parece encontrar-se na seguinte passagem, extraída de *O Caminho Perfeito*: "A fim de obter 'o Poder e a Ressurreição', um homem precisa, antes de mais nada, ser um *Hierarca*, isto é, ele precisa alcançar a idade mágica de 33 anos... Aquele que chegar a essa perfeição deve ser alguém que não tenha medo nem desejo, salvo com relação a Deus... Ele só é 'livre' quando alcançar esse equilíbrio. Enquanto isso, ele faz da Abstinência, da Oração, da Meditação, da Vigilância e do Autocontrole as dezenas do seu rosário. E sabendo que nada se adquire sem esforço, nem se conquista sem sofrimento, ele age sempre com base no princípio de que laborar é orar, pedir é receber, bater à porta é ter a porta aberta, e, desse modo, ele se empenha em conformidade com isso."[16]

Um franco-maçom contou-me que há 33 luzes numa Loja Maçônica, 33 degraus na entrada da Loja, e que os graus na Franco-Maçonaria sobem de um em um até dez ou doze, e então ocorre um súbito salto para o trigésimo terceiro grau, o mais elevado.

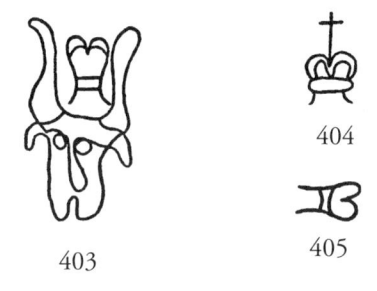

403

404

405

Entre os numerosos tipos de letra B coletados e classificados por Monsenhor Briquet,[17] há alguns que se assemelham tanto ao M como ao B, e uma dessas combinações de M e B está na parte de cima da Figura 403. A letra M, quando encontrada em associação com o emblema de um Touro ou de um Sol, provavelmente representa Mitra, o Deus da Luz Solar. No Mitraísmo — a religião que a tradição diz ter sido fundada por Zoroastro — Mitra, a Luz Solar, mantém com Ormuz, o Sol Supremo, a mesma relação que, no Cristianismo Cristo, o Sol da Retidão, mantém com o Deus Pai. No Círculo da Perfeição da Figura 406, aparecem as letras M A encimadas por um sinal de contração, e essas mesmas letras

---

16. pp. 222-223.
17. *Les Filigranes.*

reaparecem na Figura 407, onde elas, com toda a probabilidade, são uma forma contraída da palavra Mitra.

O Mitra persa corresponde, em muitos aspectos, ao Indra hinduísta, e, assim como Indra, Mitra foi o invencível comandante das hostes celestiais, e o inimigo incansável do sofrimento, da esterilidade, do vício e da impureza. Com os seus "mil ouvidos e seus dez mil olhos", Mitra estava sempre alerta, em eterna vigília, para proteger o mundo contra as malignas hostes das Trevas. Na condição de guerreiro, Mitra não era apenas o Deus dos guerreiros e o Protetor de todas as bravas façanhas e nobres aventuras, mas também, tal como Osíris e outros Deuses do Cultivo, ele era o fecundador de toda a natureza, o senhor das amplas pastagens e o doador dos rebanhos. Era Mitra quem derramava as águas e fazia com que as plantas crescessem. Ele era não apenas o doador de benefícios materiais, mas também, do mesmo modo, o doador da paz do coração e o promotor da concórdia entre aqueles que o cultuavam. O Sr. Mead afirma: "O segredo da regeneração, do nascer de novo, ou espiritualmente, ou a partir do alto — em resumo, a deificação do homem — era a última palavra dos ritos de Mitra; tudo o mais é introdutório ou subordinado."[18]

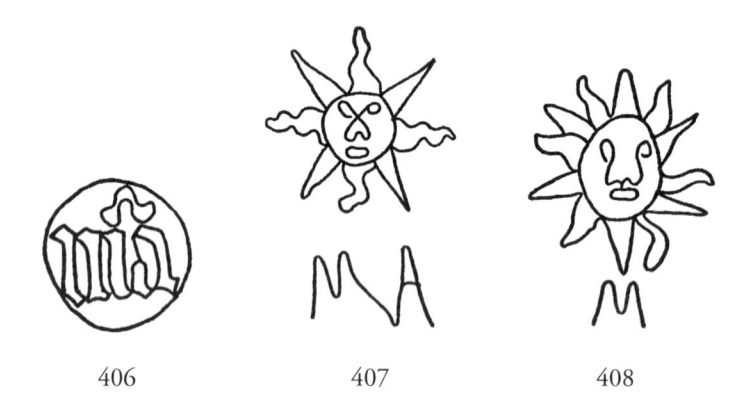

406   407   408

O culto de Mitra foi, numa certa época, bastante difundido, e é dito que ele foi mantido numa tradição ininterrupta através das sociedades secretas da Idade Média, até chegar às mãos dos Rosa-cruzes, e deles, por via de um pálido reflexo, até a Franco-Maçonaria dos dias de hoje.[19]

---

18. *The Mysteries of Mithra*, p. 47.
19. *The Gnostics*, King, p. 117.

Mitra, como mediador entre a Luz e as Trevas,[20] apresentava tantos pontos em comum com Jesus Cristo que, perplexos, os Padres da Igreja foram obrigados a concluir que o paganismo estava macaqueando os seus ritos sagrados. Tertuliano lamentou que o demônio, por astúcia, deturpara a verdade e "com emulação imita até mesmo os pormenores precisos dos sacramentos divinos pelos mistérios dos ídolos. Ele também batiza alguns — é claro, seus próprios adeptos e fiéis; ele promete a remissão dos pecados por meio de um banho. Se eu ainda me lembro corretamente, Mitra marca com um sinal a testa dos seus soldados, também celebra a oferenda do pão, introduz uma imagem da ressurreição e compra para si mesmo uma coroa a ferro e fogo".[21]

É bem conhecido o fato de que, na transição do paganismo para o Cristianismo, o clero cristão, julgando impossível afastar a população dos seus velhos costumes, ou erradicar crenças primitivas, enfrentou discretamente a situação desviando a intenção das festas pagãs para a honra de Cristo. Em geral, é pouco conhecido que o dia 25 de dezembro, o dia de Natal da Cristandade, foi por força assim fixado em razão de ter sido essa data o dia do nascimento de Mitra, e de os gentios obstinados se recusarem categoricamente a desistir de suas estimadas festas. Foi apenas em 400 d.C. que os Padres da Igreja aceitaram o inevitável, e diplomaticamente adotaram o dia do Nascimento de Mitra como o Aniversário oficial do Cristianismo. No início do século V, São João Crisóstomo, referindo-se ao festejo do deus-sol dos pagãos, escreveu: "Nesse dia, também o aniversário de Cristo *foi há pouco tempo fixado* em Roma a fim de que, enquanto estivessem os gentios ocupados com as suas cerimônias profanas, os cristãos pudessem realizar os seus ritos sagrados sem serem perturbados. Eles chamam este dia (25 de dezembro) de aniversário do Invencível (Mitra); mas quem é tão invencível quanto o Senhor? Chamam-no o Dia do Nascimento do Disco Solar; Cristo, porém, é o Sol da Retidão."[22]

O vigésimo quinto dia do décimo segundo mês do ano era o aniversário de Zas, o Sol Salvador da China antiga, e também era o dia do nascimento dos deuses egípcios Osíris e Hórus, do Dioniso grego, do Vishnu hinduísta e do Tammuz sírio.[23] O galo que anunciava a vinda de Zas também era consagrado a Mitra, a Febo e, na verdade, às divindades do Sol pertencentes a praticamente todas as

20. *Fragments of a Faith Forgotten*, Mead, p. 56.
21. *The Mysteries of Mithra*, Mead, pp. 56, 57.
22. *Romance of Symbolism*, S. Heath, p. 37.
23. *Aryan Sun Miths*, anônimo, pp. 62, 65, 71, 84.

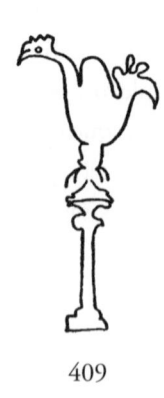

409

nações. Quando empoleirado no alto de uma coluna, como na Figura 409, o emblema era, segundo me disseram, conhecido como o "Galo de Abraxas". O nome Abraxas, que está na raiz da famosa palavra mágica Abracadabra, era uma das numerosas palavras misteriosas cunhadas para exprimir matematicamente o indizível nome do Espírito Supremo. A palavra "Abraxas" era aceita como um equivalente místico de "Mithras", pois os valores numéricos de ambos os nomes resultam igualmente no número 365. Afirmava-se que havia um número de céus igual ao número de dias do ano, e que o número 365 era uma expressão adequada para o Senhor dessas 365 esferas.[24] Entre os assírios, Merodach, o deus-Sol, era conhecido por um nome diferente durante cada mês do ano,[25] e aparentemente os doze signos do Zodíaco foram outrora os doze aspectos do Grande Espírito Uno.

Merodach era considerado uma divindade solar, como o mediador entre deuses e homens e como o Deus que trazia os mortos à vida.[26] Ele corresponde, em

410

24. *The Gnostics*, King, pp. 254-259.
25. *Babylonian and Assyrian Religion*, T. G. Pinches, p. 102.
26. *Chamber's Encyclopædia*, i. 518.

seus atributos e símbolos, ao Mitra persa, e Mitra era identificado com o Dioniso grego.[27] Dioniso, como o Osíris egípcio, era o deus da regeneração "duas vezes nascido". Nós podemos encontrá-lo retratado na forma do deus-sol sentado sobre um globo constelado por estrelas reluzentes.[28] A beleza de Dioniso é comparada com a de Apolo, e, como este, ele é representado como possuidor da juventude eterna. Conta-se uma história segundo a qual ele teria marchado à frente de um exército de homens e de mulheres inspirados pela fúria divina, e triunfado em suas conquistas obtidas sem derramamento de sangue, ensinando à humanidade o uso da vinha, o cultivo da terra e a produção do mel.

O Boi ou Touro, que era o símbolo de Osíris, de Merodach e de Mitra, também era considerado uma encarnação do poder generador de Dioniso, e alimentar-se da carne do Boi fazia parte do culto de Dioniso.

Na Figura 411,[29] esse herói solar é representado com o seu animal simbólico, a pantera.

A letra D, encimando a Cabeça de Touro na Figura 412, é a inicial de Dioniso, e essa letra também servia como um símbolo separado. Nas figuras 414 a 416, ela é consagrada por uma cruz, e na Figura 413 está associada com a Estrela de Luz, ou cruz de *Lux*. A nossa palavra inglesa *day* (dia) (do latim *dies*) está filiada à

411

27. *The Gnostics*, King, p. 116.
28. Lemprière, artigo "Bacchus".
29. Reproduzido de *Classical Dictionary*, de Smith, com permissão do Sr. J. Murray.

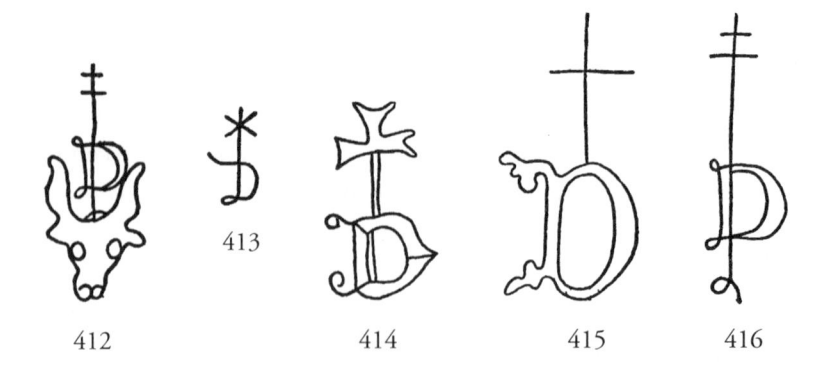

413

412   414   415   416

palavra sânscrita *dyaus*, que é também a raiz de Dioniso, Diana, Dione ou Juno, Júpiter, Zeus e (provavelmente) Zas. A Figura 412 é, desse modo, passível de dupla leitura: ou como representação de Dioniso, o deus do dia ou como o caminho da paciência e da tolerância, que é como uma luz radiante que brilha cada vez mais, até o Dia pleno.

O nome Dioniso sobreviveu na forma Dennis até os dias de hoje, e a doutrina consagrada pelo tempo, segundo a qual o Homem é uma centelha da Luz primordial, pode ser reconhecida em muitos outros nomes próprios, tais como Llew, Luke, Lucius, Lucy, e em variantes semelhantes de *Lux*; em Clarence, Clara, etc., significando "eu brilho", em Febe (*brilhante*), Jermyn (*brilhante* ou *resplandecente*), Annora (*luminoso*), Tryphosa (*muito brilhante*) e Blenda (*ofuscante*).[30]

A etimologia fornece evidências, em todas as direções, não apenas de um culto solar primordial, mas também do fato bem conhecido de que era costume, tanto para os reis como para os homens do povo, intitular-se a si próprios de "luz do Sol" ou mesmo de o próprio Sol. O nome moderno Sampson ou Samson é definido com o significado de "sol esplêndido",[31] e, em tempos históricos, os imperadores do Peru eram intitulados "Filhos do Sol". A Cidade Egípcia do Sol, conhecida pelos gregos como Heliópolis, era originalmente chamada de On, e On é, obviamente, um dos mais antigos títulos do Sol. Nós o encontramos, em sua radical simplicidade, no nome do rei sueco On ou Aun, e novamente nas formas mais tardias Hacon, Hakon ou Haakon. Eu já justifiquei, nas páginas de 22 a 24 deste livro, as razões para a minha crença de que Ac significava grande, e é razoável

---

30. Essas definições foram extraídas de *Christian Names*, da Sra. Helena Swan, de onde também extraio o que se segue: Esdras = ascensão da luz; Malaleel = esplendor de Deus; Abner = pai da luz; Sindbert = fulgor cintilante; Seabert = brilho triunfante; Norbert = brilho; Ethelbert = brilho nobre.

31. *Ibid.*

supor que o sentido básico de Hacon era "grande Sol". Havia, na Macedônia, uma cidade chamada Acontisma. A mais antiga capital conhecida pela história é Hieraconpolis, e o nome dessa cidade que adorava o sol pode aparentemente ser dividido em *Hier*, sagrado, *ac*, grande, *on*, sol, e *polis*, cidade. O nome do pico mais alto dos Andes, Aconcágua, sugere que essa montanha, assim como muitas outras, era dedicada ao grande Sol, dele recebendo o nome. De novo deparamos com *Akon* em Odakon,[32] o deus-Sol dos filisteus, e provavelmente mais uma vez no nome alternativo Dagon, embora o *Dag* dessa palavra talvez seja o *Dag* de Dia, aparentado com o nome próprio Dagobert, do qual se diz hoje que significa "Fulgor do Dia".[33]

A Sra. Swan interpreta os dois nomes Ezra e Zerah como "Ascensão da Luz", sendo que o Rá nesses dois exemplos é sem dúvida cognato do Rá egípcio, que não apenas era o nome do deus do Sol, mas também a palavra egípcia comum para designar o Sol.[34] A palavra sânscrita para príncipe é *Rajah*, e para Rei é *Rajan*. Lemprière menciona sete cidades antigas de nome Acra, e a atual capital de Ashantee leva esse nome: sugiro que ele originalmente significava o "Grande Rá".

O nome córnico Cymbeline, outrora característico da realeza, porém comum nos dias de hoje, é a palavra celta para "Senhor do Sol",[35] e o *Bel* de Cymbeline é idêntico ao *Bel* de Belenus, o Apolo celta; ao *Bal* de Balder, o deus-Sol dos escandinavos; e a Baal, o grande deus-Sol dos fenícios. Dessa maneira, pareceria provável que Balak, o Rei de Moab, chamou a si próprio, ou foi assim chamado, em homenagem ao Grande Baal, e que os lugares chamados Bellac, na França, e Belleek, na Irlanda, foram originariamente — assim como a famosa Baalbec — santuários dedicados ao Grande Baal, isto é, ao Sol.

Um exemplo interessante da nomenclatura solar é encontrado na palavra Solomon (Salomão), da qual cada sílaba, separadamente, significa Sol.[36] Plutarco menciona um povo a quem chama de "os solymi",[37] e Hiero Solyma é um sinônimo comum para a Nova Jerusalém, a Cidade Santa, a Cidade do Sol espiritual.

Há uma vasta mitologia relacionada com o rei Salomão, e o esplendor do Homem Sábio é proverbial na Europa, na Palestina, na Abissínia, na Índia, no Afeganistão, na Pérsia e na Arábia. É provável que ele tenha realmente vivido,

---

32. Compare o Odak de Odakon com o odach de Merodach.
33. Sra. Swan.
34. Renouf, *Hibbert Lectures*, p. 109.
35. Sra. Swan.
36. *Sol* é a palavra anglo-saxã, islandesa e latina para Sol.
37. *On the Cessation of Oracles*.

numa certa época, há cerca de três mil anos, uma grande personalidade cuja carreira beneficente e próspera imprimiu-se de modo permanente na memória do mundo; é certo, porém, que desde essa época a lenda se ocupou da sua reputação, e que o Salomão da literatura e da lenda é, em grande medida, um herói mítico e ideal. A tradição nos conta que, quando o grande rei foi chamado a deixar a sua carreira terrestre, ele foi restabelecido no Sol, de onde passou a controlar um vasto império de Fadas, Peris, Djins e hóspedes de aparência radiante, que eram seus vassalos obedientes e acatavam de maneira irrestrita qualquer ordem sua. O misticismo reconhece como verdadeiro que o Noivo do Cântico dos Cânticos é o Sol espiritual da Retidão, que, à semelhança de Cristo, ascende levando a cura em Suas asas, e há poucas dúvidas de que o Cântico dos Cânticos é na verdade um dueto de amor mítico e dramático entre o Sol e a Lua místicos.

Pelo que parece, a crença segundo a qual Salomão foi um sensualista inveterado teve origem na literalização e na concepção errônea da fantasia poética, que ganhou respeito devido ao longo e antigo uso de que o Sol é o grande fecundador e o Todo-Amoroso (*All-Lover*) cujo olho brilha imparcialmente sobre o justo e o injusto. Os poetas, com freqüência, descrevem o Sol como um "amorista", isto é, um devoto do amor sexual, um "amorista de olho ardente", um ser "livre e geral", que brilha com "olho ardente" até mesmo sobre a mais vil das ervas daninhas, e assim por diante; e as expressões aparentemente contraditórias atribuídas pela Esposa a Salomão são totalmente incompreensíveis, exceto se forem entendidas como palavras dirigidas ao divino Sol da Alma. O Noivo é descrito saindo do deserto como colunas de fumaça,[38] uma expressão que sugere a coluna de fumaça que conduziu os israelitas durante o *dia* através do deserto. Ele é aclamado como "um precioso ungüento", "aprazível como Jerusalém", e no entanto "terrível como um exército com bandeiras".[39] Ele também é comparado com "um grupo de cavalos", e na pergunta: "Dize-me, ó amado de minha alma: onde apascentas o teu rebanho, onde o fazes repousar pelo meio-dia?",[40] há provavelmente uma alusão aos rebanhos sagrados do Sol. O Noivo "de olhos de pomba" é descrito andando "pelas fendas dos penhascos, no esconderijo das rochas escarpadas",[41] uma idéia absurda, exceto se for entendida como referência a uma das características da Superalma, a de permear tudo. "Leva-me", diz a Noiva, "à sala do banquete, e o seu estandarte sobre mim é amor", uma frase que sugere que "o Rei do Amor é o meu Pastor".

---

38. Cântico dos Cânticos iii. 6.
39. vi. 4.
40. i. 7.
41. ii. 14.

O Noivo, falando do seu vinho e do seu leite, estende, como Cristo, o convite: "Comei e bebei, amigos; bebei fartamente, ó amados",[42] e novamente, batendo como Cristo na porta, ele exclama: "Abre-me, minha irmã, querida minha, pomba minha, imaculada minha, porque a minha cabeça está cheia de orvalho, e os meus cabelos, das gotas da noite."[43] Esta passagem é, obviamente, a inspiração dos seguintes versos:

> God's silent, searching flight;
> When my Lord's head is filled with dew, and all
> His locks are wet with clear drops of night;
> His soft, soft call,
> His knocking time; the soul's dumb watch
> When spirits their fair kindred catch. [44]

> (Silente vôo de Deus, vôo que procura;
> Quando a cabeça do meu Senhor está cheia de rocio,
> E todos os seus cachos estão úmidos, e brilham com a candura
> Das gotas da noite; seu chamado, doce e macio,
> Seu bater à porta; a muda vigília da alma, quando
> Espíritos estão seus belos semelhantes cativando.)

Mas os cachos de Apolo, encharcados de orvalho, são um lugar comum poético, e em *The Faerie Queene* (A Rainha das Fadas), por exemplo, Spenser escreve:

> At last the golden Oriental gate
> Of greater Heaven 'gan to open fair,
> And Phœbus fresh as bridgeroom to his mate
> Came dancing forth, *shaking his dewy hair,*
> And hurl'd his glistening beams through gloomy air.[45]

> (Por fim, o portal dourado que o olho sutil vê no Oriente
> do grande Céu começou a abrir e a sua beleza mostrar,
> E Febo, com o mesmo frescor com que o Noivo surge à frente
> da Noiva, *sacode o orvalho dos seus cabelos* ao dançar
> E, dardejando raios brilhantes, expulsa as trevas do ar.)

---

42. v. 1.
43. v. 2.
44. H. Vaughan.
45. Livro i., canto v., estrofe 2.

O porteiro dos Portões do Dia era Janus=Dianus=Dioniso, e na Figura 417 o D de Dioniso é associado com o símbolo das montanhas, de onde, como diz um salmista: "Vem o alívio meu." A exultação da Noiva com a rápida vinda do seu Senhor e paladino semelhante ao Sol é expressa na arrebatada passagem: "Ouço a voz do meu amado! Ei-lo aí galgando os montes, pulando sobre os outeiros. O meu amado é semelhante ao gamo ou ao filho da gazela; eis que está detrás da nossa parede, olhando pelas janelas, espreitando pelas grades.[46] O meu amado fala e me diz: Levanta-te, querida minha, formosa minha e vem. Porque eis que passou o inverno, cessou a chuva e se foi; aparecem as flores na terra, chegou o tempo de cantarem as aves, e a voz da rola[47] ouve-se em nossa terra."[48]

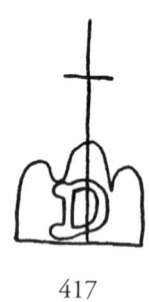

417

O Rei Salomão foi às vezes representado na atitude de São Jorge matando o dragão, e os árabes atribuem a ele a ação de estar empenhado numa guerra perpétua contra gênios e gigantes perversos.[49] Esta característica leva Salomão a se alinhar ainda mais estreitamente com Ormuz, Mithra, Merodach, Osíris, Indra e outros Salvadores Solares.

O Sol geralmente era representado como um cocheiro dirigindo uma quadriga de cavalos. Esse imortal carro do Sol é, com toda a probabilidade, o tema desta passagem: "O rei Salomão fez para si um palanquim de madeira do Líbano. Fez-lhe as colunas de prata, o espaldar de ouro, o assento de púrpura, e tudo interior-

---

46. Comparar com o verso "Revelando o dia através de cada fenda espreitada", de *Rape of Lucrece*, de Shakespeare.

47. A rola = o Espírito Santo [no original *turtle dove*. As *turtledoves* são pequenas pombas silvestres de piado lamurioso, especialmente do gênero *Streptopelia*. No Brasil, há por exemplo a rola-de-coleira. (N.T.)]

48. Cântico dos Cânticos ii. 8-12.

49. *Century Cyclopædia of Names*, B. G. Smith, artigo "Solomon".

mente ornado com amor pelas filhas de Jerusalém."[50] Estes versos, assim como o restante do poema, é um tecido de simbolismo. A madeira do Líbano era um símile para a incorruptibilidade,[51] a prata simbolizava o conhecimento, o ouro era o símbolo da sabedoria, e a púrpura — uma combinação de vermelho e azul — presumivelmente denotava uma conjunção do vermelho do Amor com o azul da Verdade. A afirmação de que Salomão *fez para si* um palanquim, ou carro, expressa a essência vital do misticismo, isto é, que o homem é o seu próprio fado e que ele constrói e controla o seu próprio destino. Era uma doutrina fundamental a de que a pessoa mais humilde poderia, com o tempo, desenvolver sua centelha de Personalidade num Sol espiritual e, por meio dos seus próprios esforços, à semelhança do cocheiro, conduzir sua alma até os mais internos Salões do Céu. "Os justos", diz o escritor de Mateus, "resplandecerão como o *sol* no reino de seu Pai".[52] Registrou-se que Eliseu teve uma visão do monte do Senhor cheio de carros e cavalos de fogo. O escritor do Salmo 1viii se refere ao número dos carros de Deus como "vinte mil, e até centenas de anjos", e os criadores dos mitos indianos conceberam Indra e os Imortais conduzindo seus carros de luz e esplendor, que "adornam de jóias o céu, como estrelas à noite".[53]

Em *A Vida de São Francisco*, de Bonaventura, há o relato de um incidente que aconteceu, dizem, em Assis. De acordo com essa narrativa, certa noite São Francisco estava dormindo numa cabana, e estava "ausente do corpo, segundo seus filhos". De repente, por volta da meia-noite, quando alguns dos irmãos estavam repousando e outros faziam vigília, "um carro de fogo que irradiava um brilho maravilhoso, entrando pela porta da casa, girou três vezes por toda a habitação e sobre a carruagem repousava uma bola de fogo, de aparência semelhante ao Sol, o

418

---

50. Cântico dos Cânticos iii.
51. *Flowers in Language: Association and Tales,* Pratt and Miller, p. 18.
52. Mateus xiii. 43.
53. *Indian Poetry*, Dutt, p. 161.

que tornou a noite radiante".[54] Esse fenômeno — uma experiência que outros místicos testemunharam e que é ilustrada na Figura 418 — era conhecido como a "Visão de Adonai".

Deve-se concluir que o poeta que foi responsável pelo Cântico dos Cânticos experimentou pessoalmente essa ansiada "Visão de Adonai", e que ele se refere a ela nesta passagem: "Desci ao jardim das nogueiras, para mirar os renovos do vale, para ver se brotavam as vides, se floresciam as romeiras. *Não sei como, imaginei-me no carro do meu nobre povo!*"[55] O Cântico continua: "Volta, volta, ó sulamita, volta, volta, para que nós te contemplemos. Por que quereis contemplar a sulamita?" A resposta: "Como a uma dança diante de dois exércitos", sugere com extrema propriedade o cocheiro Hospedeiro visto e registrado por Eliseu[56]: "Indo eles andando e falando, eis que um carro de fogo, com cavalos de fogo, os separou um do outro; e Elias subiu ao céu num redemoinho. O que vendo Eliseu, clamou: 'Meu pai, meu pai, os carros de Israel e os seus cavaleiros!' E nunca mais o viu."[57]

Na marca do impressor acima ilustrada, a quadriga é representada tropeçando ofuscada pelo brilho deslumbrante do seu condutor. O cavalo, como será exemplificado em capítulos subseqüentes, era o emblema do Intelecto, e a razão pela qual são representados *quatro* cavalos é porque *quatro* é o número da eqüidade, e quatro cavalos simbolizam as faculdades discordantes da Mente postas sob controle e treinadas para o equilíbrio da Perfeição.

Os indianos representam o carro de OM, o Sol, puxado por sete cavalos verdes, precedidos por Aruna, a Aurora, e seguidos por uma incontável multidão de gênios bons.

Entre os títulos do Sol estão *Dyumani*, "a Jóia do Céu", *Tarani*, "o Salvador", *Grahapati*, "o Senhor das Estrelas", e *Mitra*, "o Amigo", geralmente entendido como *amigo do nenúfar*, que abre as suas pétalas ao nascer do sol e as fecha quando ele se põe.[58] No Cântico dos Cânticos, a noiva é, significativamente, chamada de "lírio do vale", e a descrição do seu noivo "totalmente desejável" conclui com a expressão "este é o meu amado e este é o *meu amigo*".[59]

---

54. Cap. iv.

55. Cântico dos Cânticos iv. 12. Comentaristas imaginaram que isso significa que a heroína foi seqüestrada subitamente, e à força, por um admirador.

56. 2 Reis vi. 17.

57. 2 Reis ii. 11-12.

58. *The Hindoos*, pp. 155-157.

59. Cântico dos Cânticos v. 16.

419

Na Figura 419, Dioniso, de olhar gentil, é retratado dentro de um Templo, e esse pavilhão do Dia é decorado com cortinas, representando provavelmente "as cortinas de Salomão".[60] As virgens assistentes podem ser amparadas àquelas que no Cântico aplaudem o precioso nome de Salomão. "Por isso, as donzelas te amam. Leva-me após ti, apressemo-nos .... Em ti nos regozijaremos e nos alegraremos; do teu amor nos lembraremos, mais do que do vinho; não é sem razão que te amam."[61] "Como és formoso", canta a Noiva, "amado meu, como és amável! O nosso leito é verde, as traves da nossa casa são de cedro, e os seus caibros, de cipreste."[62]

Esse misterioso leito "verde" assomou diante dos comentaristas como um obstáculo tão grande que eles acharam necessário postular a existência de um amante pastor, a tal ponto afligido pela pobreza que tudo o que ele podia proporcionar à noiva era um indigente leito de grama. Mas a cor *Verde*, em outros tempos, geralmente era entendida como um emblema das plantas e de coisas sempre-verdes ou eternas, e essa explicação também racionaliza os cavalos *verdes* do deus Sol hinduísta. Os egípcios colocavam amuletos feitos de pedras *verdes* em suas tumbas, como representações da juventude eterna e como um símbolo daquilo que é eterno, sempre verde, viçoso, verdejante, jovem e imortal. Nos dias de hoje, tanto os cris-

---

60. i. 5.
61. i. 4.
62. i. 15-17.

tãos como os maometanos da Palestina fazem votos para São Jorge[63] em casos de perigo e de aflição, e se dirigem a ele como "o verde sempre verde". O "leito verde" de Salomão pareceria, desse modo, uma alusão poética às núpcias eternas do Sol, e segue-se que as "traves de nossa casa", que são de "cedro, e os seus caibros, de cipreste", fazem referência à Cidade ou Templo do Sol. O imponente cipreste era o símbolo da elevação[64], e a Casa de Cedro, forte e incorruptível, pode ser comparada com o Templo de Salomão, a simbólica Nova Sólima, a Nova Jerusalém, a Cidade do Sol, a cidade espiritual, que é *quadra*ngular e cujo comprimento é igual à sua largura.[65]

A tradição segundo a qual o Templo de Salomão é o Reino do Céu foi restringida — junto com muitos outros detritos da mitologia e da fábula — pelos franco-maçons, cuja vocação confessa é a de serem os reconstrutores do Templo ou Cidade da Alma.

A consideração fundamental dos místicos era transformar a caverna escura ou o estábulo de sua mente individual numa miniatura do Templo do Espírito Santo;[66] sua consideração seguinte era a de se tornarem um prego, uma pedra ou um pilar do grande Templo cósmico do Rei Salomão. A promessa divina: "Ao vencedor, fá-lo-ei coluna no santuário do meu Deus"[67] se reflete e se expressa nos desenhos do Pilar ilustrados a seguir.

Durante o século XV, parece que existiu na Europa um grau maçônico conhecido como a Coluna Dourada. Nesse período, foi publicada uma obra intitulada

420   421   422   423

---

63. *St. George for England*, compilado por H. O. F., p. 13.
64. *Flowers in Language, etc.*, p. 21.
65. "Seu comprimento, largura e altura são iguais", Apocalipse xxi. 16.
66. "Não sabeis que sois santuário de Deus e que o Espírito de Deus habita em vós?" — I Coríntios iii. 16.
67. Apocalipse iii. 12.

Le Songe de Poliphile (O Sonho de Polifilo), que continha, em forma de acróstico, a informação oculta de que o autor foi um certo Irmão Francesco, uma "Coluna Dourada da Ordem Templária".[68]

424   425   426

Na descrição da construção do Templo dada no Livro dos Reis[69], afirma-se que Salomão construiu duas colunas no pórtico, e chamou de Jaquim a coluna da direita, e de Boaz a da esquerda, e "no alto das colunas estava a obra de lírios. E, assim, se acabou a obra das colunas". A presença dessa *Fleur-de-Lys*, ou obra de lírios, é evidente nos emblemas apresentados acima, e a *Fleur-de-Lys*, como vimos, era um símbolo da luz. A Estrela (ou cruz) de Luz que coroa a Figura 426 é, pois, equivalente à "obra de Lírios". De acordo com *Signs and Symbols of Primordial Man* (Os Signos e Símbolos do Homem Primordial), do Dr. Churchward, esse símbolo da Estrela-Cruz era o signo hieroglífico do Hórus egípcio. Hórus, que era o antigo nome de Osíris em uma ou outra de suas várias formas, era descrito nos escritos sagrados como o "Senhor dos Pilares", "a Luz do Mundo", o "Senhor da Vida e da Luz", o "Esmagador da Serpente", o "Conquistador do Dragão", o "Conquistador dos Poderes das Trevas e da Seca". Hórus, "Aquele que Tudo Vê", era o "Senhor da Aurora Boreal" e o "Deus da Estrela Polar", o "Difusor da Luz", o "Doador de Raios", o "Mestre do Caminho", e era considerado o símbolo do Poder que conduz a alma para fora da morte, das trevas e da ignorância, e a leva até as mansões dos Bem-aventurados. Ele foi o Divino Agente de Cura e o Bom Médico, o Príncipe da Paz e da Boa Vontade, o Manifestador do Pai Sempre Oculto e o Construtor do Templo da Paz. Hórus "ergueu-se dentre os mortos e se estabeleceu para sempre". Ele foi o representante da juventude eterna, dos brotos

---

68. *Mystical Traditions,* Cooper Oakley, i. p. 114.
69. I Reis vii. 21, 22.

verdes das árvores e de tudo o que é bom. Entre os seus títulos, estava o de "Príncipe da Pedra de Esmeralda", e o seu emblema era uma águia falcão. Dizia-se que esse Deus Solar sempre verde rasgou o véu do Tabernáculo (da carne), e entre os druidas ele era conhecido sob o nome de Hesus.[70] Pode parecer que o Hórus egípcio e o Jesus cristão personificaram, em grande medida, o mesmo ideal, e que houve excelentes razões para que o profeta hebreu afirmasse: "Do Egito chamei o meu Filho."[71] É possível que o H sagrado que as figuras a seguir ilustram signifiquem Hórus, e que a letra O signifique sua designação posterior, Osíris. Mas a letra ou palavra O é também um hieróglifo para o sol redondo,[72] e a precisão da minha suposição de que o On de Salomon e de Hacon significava sol é, até certo ponto, confirmada pelo fato de que nós encontramos variantes desses nomes nas formas Salomo e Haco. Outras variações de Solomon são Suleiman e Soolemaun, que se tornam significativas em vista do fato de que a cidade de On é escrita no Velho Testamento de duas maneiras, Aun e An, sendo que ambas são traduzidas para o inglês pela palavra On.[73] Desse modo, é mais que uma coincidência o fato de ser o Rei da Suécia chamado de Om ou Aum, e deve haver uma relação radical entre esses termos e o Om ou Aum dos hinduístas.

No Egito, a letra O representava originalmente "a boca de um peixe de onde manava a água que é a vida do mundo". Representava, desse modo, a água da vida,

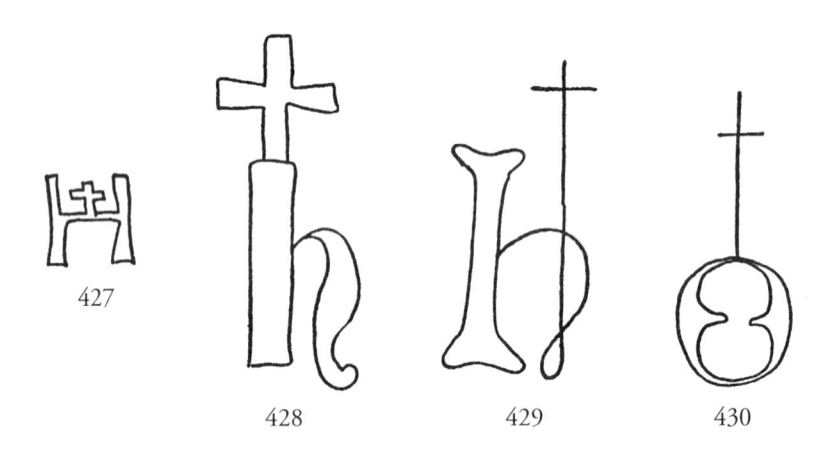

427

428   429   430

70. *Signs and Symbols of Primordial Man*, pp. 51, 52, 63, 88, 93, 108, 111, 186, 234, 246, 271, 275, 278, 280, 281.

71. Oséias xi. 1; *Mateus* ii. 15.

72. *Anacalypsis*, Higgins, i. 109.

73. *Origin and Language of Myths*, Kavanagh (Morgan), i. 32.

e era considerado como um símbolo e um signo daquele que sustenta uma nova vida e um novo nascimento.[74] No interior da Figura 430, o desenhista, significativamente, introduziu o número regenerador, 8.

Os três triângulos ou raios sobre o topo da Figura 431 constituem uma forma muito antiga da tríplice Luz do Mundo. Eles representam "o nome do Grande Doador da Luz", e foram utilizados com esse significado entre raças primordiais, como os egípcios e os mexicanos, e também entre raças ramificadas.[75] Esses povos antigos também fizeram um amplo uso desse símbolo do Pilar Duplo, e pode-se rastrear até eles a expressão "Grande Arquiteto do Universo".[76] Os dois pilares simbolizavam o portal da eternidade, e foram usados como um símbolo de estabilidade eterna. O significado preciso de cada um dos pilares variava ligeiramente entre diferentes raças e em diferentes épocas, mas as idéias subjacentes a eles são fundamentalmente uniformes. *Jachin* e *Boaz*, os pilares gêmeos no pórtico do Templo do Rei Salomão, significam Força e Beleza, e quando *três* pilares são representados, como nas figuras 442 e 443, eles denotam Sabedoria, Força e Beleza.[77]

431   432   433   434

Este símbolo de *três* pilares aparece entre os indianos, e também foi usado pelos maias do México e pelos incas do Peru. Entre esses povos, ele representava o seu Deus Triuno, ou Trindade. Os egípcios também representam a sua Trindade sob a forma de três pilares, conhecidos respectivamente como "Sabedoria", "Poder" e "Bondade".[78] A julgar pelas evidências que os emblemas oferecem, pode-se supor, com segurança, que os três círculos que, subseqüentemente, simbolizaram a Trindade Cristã e que aparecem no topo da Figura 423, significaram originalmente

74. *Signs and Symbols of Primordial Man*, Dr. Churchward, p. 346.
75. *Ibid.*, pp. 35-188.
76. *Ibid.*, p. 159.
77. *Ibid.*, p. 38.
78. *Ibid.*, p. 44.

435 436 437 438 439 440 441 442 443

"Sabedoria Perfeita", "Poder Perfeito" e "Bondade Perfeita". Acima na Figura 443, nota-se a tríplice chama do Fogo Perpétuo.

As Figuras 444 a 446 são descritas por Monsenhor Briquet como "pregos", e na mente dos desenhistas é provável que esses pregos simbolizassem a promessa de Isaías: "Fincá-lo-ei como prego em lugar firme, e ele será como um trono de honra para a casa de seu pai."[79] É também provável que este símbolo do prego tenha

---

79. Isaías xxii. 23, 24.

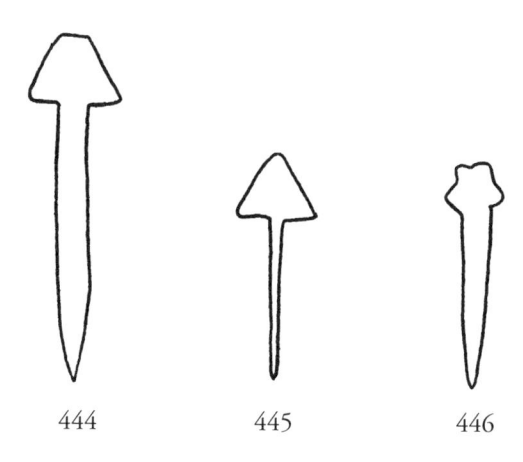

444   445   446

alguma relação com a passagem de Esdras: "Agora, por breve momento, se nos manifestou a graça da parte do Senhor, nosso Deus, para nos deixar alguns que escapem e para dar-nos um prego no seu santo lugar; para nos alumiar os olhos, ó Deus nosso, e para nos dar um pouco de vida na nossa servidão."[80]

Há mais referências a um prego em Zacarias: "O Senhor dos Exércitos tomará a seu cuidado o rebanho, a casa de Judá, e fará desta o seu cavalo de glória na batalha. De Judá sairá o ângulo, dele o prego da tenda."[81] Aqui, a expressão "ângulo" significa, presumivelmente, "pedra angular".

A "pedra angular" ilustrada a seguir é, presumivelmente, Cristo, "no qual todo o edifício, bem ajustado, cresce para santuário dedicado ao Senhor, no qual também vós juntamente estais sendo edificados para habitação de Deus no Espírito".[82]

O Dr. Moncure D. Conway[83] identificou mais de perto a personalidade e os ensinamentos de Jesus Cristo com os de Salomão. O estudo de emblemas prova que os místicos da Idade Média nutriam noções semelhantes a respeito dessa identidade, e que, aos seus olhos, o glorioso Salomão, saltando por sobre as montanhas de Bether, não foi outro senão Jesus Cristo. As figuras aqui incluídas podem repre-

447   448

80. Esdras ix. 8.
81. Zacarias x. 3-4.
82. Efésios ii. 21-22.
83. Cf. *Solomon and Solomonic Literature*.

sentar o Regente de Nova Sólima e o Príncipe da Paz, ou é possível que a Figura 449 pretenda figurar Mithra, que geralmente era representado como um jovem com a cabeça coberta por um turbante, à maneira dos persas;[84] mas a questão não precisa ser discutida, pois, aparentemente, Salomão e Mithra foram simplesmente dois entre muitos outros nomes que designavam a mesma personificação. Os mexicanos representaram Hórus com a boca aberta e um dedo apontando, como se estivesse pregando ou "Proferindo Ensinamentos no Templo".[85] Nota-se (veja figuras 32, 33 e 34, na página 35) que todas as efígies de Jesus Cristo o representam com a boca aberta, e que as figuras do rei Salomão incluídas aqui o apresentam, de maneira semelhante, pronunciando palavras sábias. "O Pregador, além de sábio, ainda ensinou ao povo o conhecimento; e, atentando e esquadrinhando, compôs muitos provérbios. As palavras dos sábios são como aguilhões, e como pregos bem fixados as sentenças coligidas, dadas pelo único Pastor."[86]

449   450   451

---

84. Lemprière.
85. *Signs and Symbols of Primordial Man*, Dr. Churchward, p. 281.
86. Eclesiastes xii. 9, 11.

CAPÍTULO VIII

A BELA SULAMITA

Quem é esta que aparece como a alva do dia,
formosa como a lua, pura como o sol,
e terrível como um exército com bandeiras?

— Cântico dos Cânticos

As qualidades atribuídas à heroína do Cântico dos Cânticos são tão numerosas, contraditórias e conflitantes que a crítica, incapaz de harmonizá-las, supõe que o poema não se refere a uma única personalidade, mas que é uma antologia de canções seculares utilizadas em festas de casamento semitas, revisadas e livremente encadeadas por um editor que não levou em consideração a seqüência temporal.[1]

Mas, se o Noivo é o próprio rei Salomão, como eu tenho apresentado razões para supô-lo, segue-se naturalmente que a bela Sulamita é aquela de quem ele escreveu: "Eu amei-a e busquei-a desde a minha juventude: desejei fazer dela a minha esposa e fui um amante da sua beleza."[2] Essas palavras são dirigidas à personificação da "Sabedoria", uma palavra que nos dias de hoje perdeu o seu verdadeiro significado, e infelizmente não é capaz de transmitir a sua importância original. Entre os antigos, "Sabedoria" encerrava Amor e Conhecimento combinados em proporções perfeitas e iguais. A nossa palavra inglesa *Truth*, "Verdade", personifica o significado que talvez se aproxime mais da concepção original; mas "Sabedoria" significava mais do que Verdade. Era usada para personificar a Influência Celeste que, num período posterior, foi descrita como o "Espírito Santo". "A Sabedoria, que é o artífice de todas as coisas boas", diz Salomão, "ensinou-me: pois nela há um espírito compreensivo, sagrado, único, múltiplo, sutil, vívido, alegre, límpido,

---

1. *Encyclopædia Biblica*, artigo "Canticles", Cheyne.
2. Sabedoria de Salomão viii. 1.

imaculado, simples, que não pode ser lesado, que ama as coisas boas, é ativo, não sujeito à obstrução, pronto para fazer o bem. Amável com os homens, firme, seguro, livre de preocupação, dotado de todo o poder, vigiando todas as coisas e permeando todo o entendimento, puro, e o mais sutil dos espíritos. Pois a sabedoria é mais móvel do que qualquer movimento: ela penetra e atravessa todas as coisas em razão de sua pureza. Porque ela é o alento do poder de Deus e uma pura influência que mana da glória do Todo-Poderoso: por isso, nenhuma coisa impura pode cair dentro dela. Porque ela é o brilho da luz eterna, o espelho imaculado do poder de Deus e a imagem da Sua bondade. E, sendo uma só, ela pode fazer todas as coisas: e, permanecendo em si mesma, ela faz novas todas as coisas: e em todas as eras, entrando nas almas santas, ela faz delas amigos de Deus e profetas. Pois Deus ama somente aquele que reside na sabedoria. Pois ela é mais bela do que o sol, e está acima de todas as ordens das estrelas: comparada com a luz, ela se encontra antes dela. Porque depois dela vem a noite: mas a noite não prevalecerá contra a sabedoria."[3] "Porque o que me acha", diz a Sabedoria a respeito de si mesma, "acha a vida, mas o que peca contra mim violenta a própria alma. Todos os que me aborrecem amam a morte."[4]

No Egito, a Sabedoria era personificada por Ísis,[5] uma deusa múltipla a cujo respeito foi gravada a seguinte afirmação: "Eu sou aquela que é, foi e será, e nenhum homem levantou o meu véu." À semelhança dessas palavras, os hebreus escreveram a respeito da "Sabedoria": "O primeiro homem não a conheceu perfeitamente, e o último não a descobrirá mais do que o primeiro. Pois os seus pensamentos são mais amplos do que o mar, e os seus conselhos, mais profundos do que o Grande Abismo." É notável que o próprio escritor do Cântico dos Cânticos se mostre perplexo diante da complexa personalidade da sua heroína. Como Pilatos, que perguntou: "O que é a Verdade?", ele deixa sem resposta a sua própria pergunta: "Quem é esta que aparece como a alva do dia, formosa como a lua, pura como o sol, terrível como um exército com bandeiras?"[6]

Era habitual nos Templos de Ísis que certos cantos ou Hinos de Invocação fossem cantados por sacerdotes e sacerdotisas. Essas funções eram acompanhadas por efeitos espetaculares e dramáticos — os precursores dos Mistérios clássicos e

---

3. Sabedoria de Salomão vii.
4. Provérbios viii.
5. Ísis foi cultuada sob diferentes nomes em diferentes províncias. Em Tebas, ela era *Mut*, em Bubastes, *Sekhet*, e em Dendera, *Hathor*.
6. Cântico dos Cânticos vi. 10.

dos Dramas Sacros da Idade Média, que são comparativamente modernos. No culto de Ísis, era costume uma sacerdotisa personificar a deusa-Lua e um sacerdote interpretar o papel de Osíris, seu Noivo deus-Sol. A cerimônia adquiria assim a forma de um diálogo dramático — com um coro ocasional — entre Ísis e Osíris. É provável que esse tipo de representação teatral que encenava o casamento místico entre o Sol e a Lua fosse, nesses tempos remotos, um costume bastante difundido; com certeza, eram habituais em Creta, onde, em ocasiões periódicas, o Rei e a Rainha, usando máscaras de touro e de vaca, respectivamente, encenavam o rito solene.[7] Os manuscritos de algumas invocações egípcias sobreviveram ao longo das eras, e quatro deles recentemente foram publicados sob o título de *The Burden of Isis* (O Dever de Ísis). Uma comparação com o Cântico dos Cânticos faz com que pareça provável que este último não seja uma antologia de Canções Nupciais judaicas, mas o libreto, que quase não passou por um trabalho de edição, de um Drama de Mistérios do Sol e da Lua. Para comparação, algumas passagens são citadas lado a lado:

Trechos do Cântico dos Cânticos	Trechos de uma Invocação a Osíris (*The Burden of Isis*)
Suave é o aroma dos teus ungüentos, como ungüento derramado é o teu nome; por isso as donzelas te amam, i. 3.	Salve! Ó tu de doce aroma! Ungüento para os cabelos acompanha a tua vinda. Doces aromas há em teus cabelos, com ungüentos que procedem de ti mesmo, p. 47.
Pois desfaleço de amor, ii. 5. Leva-me após ti, *apressemo*-nos, i. 4.	Estou inflamado de amor por ti! Salve! Aproxima-te! Vê como choro, por ti apenas; vem a mim, que *corro* por causa do desejo de te ver, p. 44.
Eis que és formosa, ó querida minha, eis que és formosa; os teus olhos são como os das pombas, i. 15.	Vê! O belo rosto do Senhor bem-amado voltou-se para nós, p. 31.
	Vem em paz, ó Senhor nosso, a quem nós contemplamos; nosso príncipe, p. 31.

----

7. *The Dying God*, J. G. Frazer, p. 69.

Que belo é o teu amor, ó minha *irmã*,[8] noiva minha, iv. 10.

Vem para aquela que te ama, ó tu que és belo. Vem para a tua *irmã*, vem para a tua esposa, p. 21.

Ouço a voz do meu amado: *vê, ele está vindo*, galgando os montes, pulando sobre os outeiros, ii. 8.

Vê! Ele está vindo! p. 49.

Antes que refresque o dia, e fujam as sombras, ii. 17.

Iluminaste ao romper do dia e descansaste ao anoitecer; eis a tua obra de cada dia. A ti ele traz até as montanhas, p. 41.

Vem a mim, ó tu que unes o Céu com a Terra, que no solo causas a sua sombra diária, mensageiro do Céu na Terra! p. 43.

Busquei-o, e não o encontrei. *Levantar-me-ei, pois, e rodearei a cidade*, iii. 1-2.

Procuro pelo amor; *vê, eu vivo na cidade!* São enormes os seus muros. Eu me aflijo pelo teu amor por mim — tu partiste, p. 36.

Meu amado já se retirara e tinha ido embora; minha alma se derreteu quando, antes, ele me falou; busquei-o e não o encontrei; chamei-o, e não me respondeu, v. 6.

Vê como se aflige por ti o meu coração. Vê como busco por ti; procuro por ti; procuro por ti para te ver; Olha! Estou impedida de te ver, ó An! (An = o deus Sol), p. 21.

A fragrância dos teus vestidos é como a do Líbano, iv. 11.

O aroma dos teus membros é como o aroma de Punt, p. 46.

Levanta-te, vento norte, e vem tu, vento sul; assopra no meu jardim, para que se derramem os seus aromas, iv. 16.

Sopram brisas para ti com perfume, ó marido, ancião, senhor, bem-amado! p. 38.)

Formosa és, *terrível* como um exército com bandeiras, vi. 4.

Salve! Ó tu, Grande e *terrível*! p. 5.

Cessou a chuva e se foi; aparecem as flores na terra, ii. 11-12.

Afasta tuas tempestades de chuva, e para a terra oferece a tua luz solar fecunda, p. 48.

A sua cabeça é como o ouro mais apurado. As suas pernas, colunas de mármore, assentadas em bases de ouro puro. São os teus dentes como o rebanho de ovelhas que sobem do lavadouro, v. 11, 15; vi. 6.

Teus cabelos são como turquesa sobre o teu corpo. Vê! o lápis-lazúli está acima dos teus cabelos: tua pele e tua carne são como o ferro do sul; teus ossos são feitos de prata. Teus dentes são para ti como belos lápis-lazúli, p. 47.

---

8. Um dos epítetos de Ísis era "a esposa e *irmã* real".

Essas semelhanças genéricas de estilo e de tema são impressionantes, mas também há muitos outros notáveis pontos de contato. O nome Osíris deriva, de acordo com Le Plongeon, de um verbo maia que significa *desejar com veemência*, e essa palavra tem sido, às vezes, interpretada como "aquele que foi muito desejado e afetuosamente amado".[9]

Não se sabe em que período as invocações a Osíris foram escritas inicialmente. Como sugere seu editor mais recente, é provável que nos primeiros tempos elas fossem confiadas à memória e transmitidas, de geração em geração, por meio da tradição oral. Santificado pela idade e duplamente santificado por associações sagradas, parece provável que um cântico entoado num templo de Osíris tenha caído nas mãos de algum escriba siríaco, pelo qual ele foi religiosamente editado e batizado como Cântico dos Cânticos, e dessa maneira preservado. Não é impossível que a referência aos "carros do Faraó"[10] seja uma passagem que escapou ao olho editorial do adaptador judeu.

Embora as *dramatis personæ* de o Cântico dos Cânticos consistam simplesmente na Noiva, no Noivo e num coro de sacerdotisas, há, como se pode notar, uma espécie de epílogo relativo a uma misteriosa "irmãzinha".[11] Essa irmãzinha é, talvez, Néphtis, que, de acordo com o Professor Petrie, foi "um duplo obscuro de Ísis, supostamente a sua irmã e que está sempre associada a ela: Néphtis parece não ter outra função".[12] Ou então, não é improvável que a "irmãzinha" seja a própria Ísis, cujo nome foi derivado por Le Plongeon da palavra maia *icin*, que significa "irmãzinha".[13] Nesse caso, Cântico dos Cânticos deve ser elevado a uma geração acima e entendido como um diálogo entre os pais de Ísis e Osíris, isto é, Knepth e Nut. Os egípcios, como todos os místicos antigos, não concebiam suas divindades como solitárias. Em vez disso, cada uma delas tinha seu duplo do sexo oposto, sua afinidade e contrapartida. Na história hinduísta, a Vaca divina exclama para o seu companheiro, o Touro divino: "Pois o que sou eu a não ser um duplo e uma cópia e um eco de um Ser que és Tu?"[14]

Se, como acontece quase invariavelmente na mitologia, a Mãe é apenas a contrapartida do Pai, a Criança, que com eles forma a Tríade, naturalmente deve

9. *Sacred Mythology among the Mayas,* p. 87.
10. i. 9.
11. "Temos uma irmãzinha que ainda não tem seios; que faremos a esta nossa irmã, no dia em que for pedida?" — Cântico dos Cânticos viii. 8.
12. *Religion of Ancient Egypt,* p. 44.
13. *Queen Moo,* p. 154.
14. *The Heifer of the Dawn,* A. W. Bain, p. 72.

ter sido a contrapartida dos seus pais. Osíris, o filho, é portanto essencialmente idêntico a Knepth, e Ísis, a filha ou irmãzinha, é a dualidade da Grande Mãe Nut. O paradoxo aparente "Rá é a alma de Osíris, e Osíris a alma de Rá" pode ser mais bem entendido se o compararmos com a doutrina cristã segundo a qual Cristo não é apenas "o Filho", mas é também a semelhança do Pai, e a Personalidade na qual "habita corporalmente toda a plenitude da Divindade".[15]

É significativo que no Cântico dos Cânticos a Noiva não é apenas a irmã do Noivo, mas é também a sua contrapartida viva, seu duplo, a sua imagem e o seu eco. Ela é uma pastora; ele, um pastor. Ele é terrível como um exército com bandeiras; ela parece terrível como um exército com bandeiras. Ela é negra; os cachos dele são negros como o corvo. Ele se alimenta entre os lírios; ela é um lírio entre espinhos. Ele é formoso; ela é toda formosa, e a mais formosa entre as mulheres. Ambos têm um jardim, ambos são, em alto grau, primorosamente perfumados, e ambos estão associados a um carro.

Essas características da "Sulamita", que aparentemente conflitam uma com a outra, podem ser resumidas como se segue: Ela é espancada, ferida e desprezada, e no entanto ela é filha de um príncipe e lindamente calçada com sandálias. Ela foi incumbida de guardar vinhas, e é ela quem desperta aqueles que dormem; ela é uma nascente, uma fonte, um poço e a doadora da paz. Por trás de seu véu ela espreita com olhos de pomba. Ela descreve a si mesma como "negra", e no entanto é comparada com um lírio, com uma rosa, com a manhã, com a lua, com o sol, com uma fortaleza inexpugnável e com um terrível exército com bandeiras.

Na Sabedoria de Salomão, a Sabedoria é descrita como "única", e no entanto "múltipla", e essa multiplicidade era igualmente uma característica de Ísis, cujos atributos e epítetos eram tão numerosos que na escrita hieroglífica ela é chamada de "a de muitos nomes" ou "a de mil nomes", e nas inscrições gregas, "a de nomes incontáveis".

No apócrifo Atos de Tomás há um poema curto que o Sr. G. R. S. Mead editou sob o título de *The Wedding Song of Wisdom* (O Cântico Nupcial da Sabedoria). Acredita-se que ele tenha sido originalmente composto em siríaco, um dialeto do aramaico, porém é mais provável que, como o assim-chamado Cântico dos Cânticos, ele chegou até a Síria por meio da tradição oral e se referia, em primeiro lugar, a Ísis. Quer isso seja ou não verdadeiro, com base em evidências internas é indubitável que "a donzela" de *O Cântico Nupcial da Sabedoria* é idêntica à noiva do Rei Salomão. Seu Cântico Nupcial segue assim:

---

15. Colossenses, ii. 9.

The Maiden is Light's Daughter;
On her the King's Radiance resteth.

Stately her Look and delightsome,
With radiant beauty forth-shining.

Like unto spring-flowers are her Garments,
From them streameth scent of sweet odour.

On the Crown of her Head the King throneth.
(With Living Food) feeding those 'neath Him.

Truth on her Head doth repose,
She sendeth forth Joy from her Feet.[16]

[A Donzela é Filha da Luz;
Nela repousa o Esplendor do Rei.

Majestosa é a sua Figura e é um deleite
Ver como dela flui radiante beleza.

Como flores de primavera são suas Vestes,
De onde emana doce perfume.

Sobre a Coroa em sua Cabeça o Rei fez um trono.
Nutrindo (com Alimento Vivo) os que estão sob Ele.

A Verdade sobre a Cabeça dela repousa,
E dos seus Pés ela faz jorrar a Alegria.]

A sugestão de que esse poema místico e a Noiva do Rei Salomão se referem à mesma personalidade é fortalecida por estes curiosos versos:

Her fingers are secretly setting
The Gates of the City ajar.

(Seus dedos, em segredo, deixam
Os Portões da Cidade levemente abertos.)

---

16. *The Wedding Song of Wisdom*, G. R. S. Mead.

Compare essa referência à Cidade da Alma com as seguintes linhas do Cântico dos Cânticos: "Meu amado meteu a mão por uma fresta da porta. Levantei-me para abrir para o meu amado. Abri para o meu amado."[17] Note também que "suas damas de honra, que são igualmente em número de *Sete*, conduzem a dança diante dela",[18] e compare com "a Sabedoria edificou a sua casa, lavrou as suas *sete* colunas, deu ordens às suas donzelas".[19]

Entre os gnósticos, a Sabedoria era conhecida como Sofia, a Virgem de Luz. Eles diziam que essa Donzela celeste era co-existente com Deus, e desceu à Terra como Sua Mestre Operária para glorificar a obra da criação. Mas, devido a algum doloroso infortúnio, a donzela Sofia ficou emaranhada na própria matéria que ela ajudara a criar. Vendo-se incapaz de recuperar sua condição celeste, e não encontrando repouso nem acima nem abaixo da terra, ela enviou uma desesperada lamentação à sua Grande Mãe, que, compadecendo-se com a angústia da filha, invocou a ajuda do Criador. Em resposta, Eusoph, a Grande Luz, enviou Cristo, seu filho, que "emanou e desceu até a Sua própria irmã".[20] Voltamos a encontrar aqui a conjunção de um irmão e sua irmã, que é um dos elementos notáveis do mito de Ísis e Osíris, e também do Cântico dos Cânticos.

A concepção de Sofia decaindo da sua condição celestial explica até certo ponto a auto-repreensão da Sulamita: "A vinha, porém, que me pertence, não a guardei",[21] e esse lamento é elucidado ainda mais por uma referência à lenda de uma descida ao mundo subterrâneo por Ishtar — a equivalente assíria de Ísis. Conta-se que Ishtar, a filha de Sin, o Deus da Luz, desceu da sua condição celestial e penetrou na terra da escuridão, onde "eles não vêem a luz, mas o seu pão é o pó e a lama é o seu alimento".[22] Ao chegar diante dos portais dessa terra sinistra, Ishtar falou: "Ei, porteiro! Abre o teu portal! Abre o teu portal para que eu possa entrar!" O porteiro relatou a presença dela a Allatu, a Rainha do mundo subterrâneo, que, embora furiosa de ódio contra sua nada bem-vinda visitante, concede-lhe o ingresso com a condição de que, em cada um dos sete portais do reino infernal, Ishtar renuncie a uma parte das suas vestes e adornos de rainha. Por isso, em cada portal ela era despojada de uma peça do vestuário, e no devido tempo é conduzida

---

17. v. 4, 5, 6.
18. *The Wedding Song of Wisdom.*
19. Provérbios ix. 1, 3.
20. *The Wedding Song of Wisdom.*
21. Cântico dos Cânticos i. 6.
22. *Babylonian Religion,* C. W. King, p. 179.

até a presença de Allatu, nua e sem poder algum. Em seguida, a colérica Allatu golpeou Ishtar com todo tipo de influências malignas e doenças; "porém", continua a lenda, "Ishtar não foi deixada para sempre nos garras de Allatu". As notícias sobre a sua lamentável situação foram transmitidas para os seus pais, Sin e Ea, que criaram um salvador chamado Uddushu-Namir, palavra que significa "sua luz brilha".[23] Ishtar foi revificada depois de receber uma aspersão com as Águas da Vida. Foi então escoltada de volta para o mundo superior, e, em cada um dos sete portais, recuperou uma das peças do vestuário de que fora despojada na descida.

A heroína do Cântico dos Cânticos é mencionada como aquela que abre a porta e que clama pela cidade: a Sabedoria é descrita como aquela cujos "dedos, em segredo, deixam os Portões da Cidade levemente abertos": e se diz que "junto às portas, à entrada da cidade, à entrada das portas está gritando: A vós outros, ó homens, eu clamo; e a minha voz se dirige aos filhos dos homens".[24] Um dos títulos de Ísis era "Aquela que Abre os Caminhos". Ishtar era aquela que bateu à porta e que ameaçou o porteiro do mundo subterrâneo: "Eu golpearei a porta, quebrarei o ferrolho, baterei na soleira e arrancarei as portas, eu farei os mortos se levantarem."[25]

> Ishtar, the Goddess of Morning, am I;
> Ishtar, the Goddess of Evening, am I;
> *(I am) Ishtar*, to open the lock of heaven belongs to my supremacy.[26]

> (Ishtar, a Deusa da Manhã, sou eu;
> Ishtar, a Deusa da Noite, sou eu;
> (Eu sou) Ishtar, abrir o ferrolho do céu cabe à minha supremacia.)

Porém, para apreciar o Cântico dos Cânticos em toda a amplitude do seu simbolismo, deve-se consultar não apenas a mitologia e a filologia, mas também os contos de fadas, que, em muitos casos, são mitologia ainda viva.

Como acontece com a maior parte da literatura antiga, o Cântico dos Cânticos e muitos outros livros agora incluídos na nossa Bíblia circularam originalmente por transmissão oral. O sagrado *Popol Vuh* dos maias, o *Rig-Veda* dos hinduístas, o *Zend-Avesta* dos persas e o popular *Kalevala* dos finlandeses são compilações de

---

23. *The Religion of Babylonia and Assyria,* M. Jastrow, jr., p. 142.
24. Provérbios viii. 3,4.
25. *Babylonian Religion,* C. W. King, p. 180.
26. Extraído de um hino a Ishtar citado em *The Religion of Babylonia and Assyria,* M. Jastrow, jr., p. 311.

lendas e de tradições, a maioria delas transmitida de boca em boca, meio pelo qual elas circularam durante incontáveis séculos antes que fossem formalizadas e confiadas à palavra escrita. É surpreendente constatar que alguns dos mitos clássicos que se costuma associar com a Grécia e com Roma tenham suas contrapartidas — modificadas apenas em função de uma diferença de costumes e ambientes — entre raças primitivas e pouco desenvolvidas, como os maoris e os zulus, povos que, até onde nós sabemos, nunca possuíram nenhum sistema de escrita. Pouca ou nenhuma distinção pode ser traçada entre o mito clássico e o conto de fadas popular: o mito foi, obviamente, conto de fadas algum dia, e o que se supõe com freqüência ser meramente um conto de fadas acaba se comprovando, em muitas situações, ser uma insuspeitada Teologia.

Há uma história indiana conhecida como *A Descensão do Sol,* que, como mostra o seu título, é um mito Solar. Traduzido literalmente, deveria se chamar *A Glória do Sol em sua Descensão,* mas isso, diz o tradutor,[27] é apenas o invólucro físico exotérico de um significado místico interior, que é *O Esplendor Divino da Descensão (Encarnação) Daquele que deu Três Passos,* isto é, Vishnu, ou o Sol, o Krishna posterior, ou Apolo hinduísta. Esses Três Passos do Sol não indicam a sua Ascensão, Zênite e Ocaso, mas um ciclo um tanto reverso, isto é, Sua Descensão, Seu Período de Trevas e Sua Nova Ascensão. Para o homem primitivo, esses três passos místicos resumiam e simbolizavam o mistério do nascimento e da morte, *lux ex tenebris,* uma luz deslumbrante na mais profunda escuridão, um corpo celestial fadado a se revestir de mortalidade e sofrer durante um certo período neste mundo inferior de escuridão, nascimento e morte. O Sr. Bain preludia a sua tradução (?) com uma citação do sânscrito: "E num sonho eu vi um lótus caindo do Céu", e o nome de sua heroína, a Deusa Shri, significa não apenas "Lótus Sagrado" mas também "Esplendor"." A descida de Ishtar é uma versão desse Lótus caído, e o Cântico dos Cânticos é um dueto de amor entre um lírio entre espinhos e Salomão, o Sol. O Herói de *A Descensão do Sol* é chamado de Kamalamitra, que significa o Amante do Lótus, isto é, o Sol; Mitra é Mithra, e significa Luz do Sol. A história conta que certa vez, nas encostas do Himalaia, viveu um jovem Rei dos Espíritos do Ar chamado Kamalamitra, "pois ele era uma parcela do Sol".[28] O Senhor das Criaturas presenteou Kamalamitra com uma esposa de insuperável beleza, tão bela que Kamalamitra ficou excessivamente orgulhoso. Em conseqüência disso, os

---

27. *The Descent of the Sun: A Cycle of Birth translated from the Original MS.,* por F. W. Bain.
28. P. 3.

dois amantes foram separados pelos Deuses e condenados a um período de peregrinação ao longo do aterrorizante mar da mortalidade. Em seguida, a história narra o desdobramento das suas desventuras, concluindo com uma reunião e uma apoteose final.

Há uma lenda babilônica segundo a qual o rei Sargão Primeiro foi deixado à deriva no rio Eufrates numa cesta de junco. Ele foi resgatado por um jardineiro, que o criou como seu próprio filho, e enquanto ainda era um jardineiro a Deusa Ishtar se apaixonou por ele, e acabou fazendo dele o soberano do Reino.[29]

Há uma lenda talmúdica segundo a qual depois que o anel mágico do Rei Salomão foi roubado, ele assumiu o papel humilde de um lavador de pratos na cozinha do rei dos amonitas, e finalmente tornou-se amante da filha do rei.[30] Variantes dessas histórias solares — a última das quais foi extraída da coleção de variantes do mito de Cinderela publicada pela senhorita Miriam Roalfe Cox — constituem o fundamento de quase metade dos contos de fadas de todo o mundo; pode-se dizer que a outra metade consiste em sua contrapartida, isto é, nas aventuras da garotinha que é temporariamente abusada e maltratada, mas que no final se casa com o príncipe. O Cântico dos Cânticos não é apenas uma ponte que liga a teologia com o folclore, mas uma narrativa que contém vários postes sinalizadores que apontam, definitivamente, para a história conhecida nos dias de hoje como Cinderela. Os elementos desse conto de fadas pré-histórico e universal estão presentes na lenda da descida de Ishtar ao mundo subterrâneo. Ishtar, privada de suas belas vestes, desempenha o papel de Cinderela; Allatu é a madasta cruel e Uddushu-Namir interpreta o príncipe. No Egito, Ísis, oprimida, paciente e lamuriante, interpretava Cinderela, e Osíris era "o lindo príncipe de rosto divino".[31] Na história grega de Cupido e Psiquê, a Deusa Vênus, ciumenta e vingativa, interpreta a madastra; Cupido, com seus "cabelos de ouro que emanavam um doce aroma, com seu pescoço mais branco do que o leite, seus cabelos que balançavam graciosamente para a frente e para trás, e cujo brilho escureceria a luz de uma lâmpada",[32] interpreta o príncipe; e Psiquê — de uma tão deslumbrante beleza e tão virginal majestade que nenhuma criatura terrestre teria meio algum de expressar de maneira suficiente — é Cinderela. A tarefa de separar os grãos, imposta à Psiquê, e que as formigas realizam para ela é *idêntica* à tarefa imposta, de acordo com uma ver-

29. *Babylonian Religion,* King, p. 199.
30. *Cinderella,* M. R. Cox, p. 521.
31. *Burden of Isis,* p. 48.
32. Tradução de Apuleio por Adlington.

são, a Cendrillot.[33] As duas irmãs invejosas e vingativas — "bruxas malvadas armadas com mentes perversas" — são as duas irmãs orgulhosas do conto de fadas. Cupido, semelhante ao sol e a Salomão, "desliza através da menor das rachaduras da janela", e desperta Psiquê com o toque leve de uma flecha de ouro".[34]

O principal ponto de contato entre a heroína do Cântico dos Cânticos e a heroína de nossa história para crianças é a pantufa de cristal — "Que lindos são os teus pés nessas sandálias, ó filha de príncipe!"[35] No entanto, essa mesma princesa gloriosa é descrita pelo poeta como espancada, ferida e desprezada. As "filhas de sua mãe" (as irmãs orgulhosas) estavam zangadas com ela, e a obrigavam a realizar tarefas indignas, até que, finalmente, seu príncipe bem-amado a levou para a "casa do banquete" (o baile) e a bandeira do Amor ondulou sobre ela.

Ninguém sabe onde ou quando a história de Cinderela surgiu. É um conto que circula entre as famílias da Europa, da Ásia, da África e da América, e é igualmente familiar às nações não-civilizadas e às civilizadas. Sob o patrocínio da Folk-Lore Society, 345 variantes coletadas em todas as partes do mundo foram publicadas em forma de livro, e o editor observou que esse número poderia aumentar indefinidamente se a Society não tivesse concluído que era necessário fazer uma interrupção arbitrária no trabalho aparentemente interminável de coleta.[36]

A estrutura do conto é a seguinte: Cinderela, filha de um rei ou rainha coroados de estrelas, foge de seu lar principesco a fim de escapar de um casamento indesejável. Ela arruma serviço como pastoreadora de gansos, lavadora de pratos ou alguma outra ocupação igualmente humilde, e causa perplexidade entre os vizinhos aparecendo na igreja, ou num baile famoso, numa sucessão de vestidos de natureza maravilhosa. O caráter extraodinário das roupas protéicas de Cinderela fornece não apenas a pista para a importância alegórica da própria Cinderela como também projeta uma luz inesperada sobre o Cântico dos Cânticos.

Os vários trajes que a esquiva Cinderela usa sucessivamente são descritos em detalhes explícitos. Diz-se que um deles foi "tecido com as estrelas do céu"; outro, com raios de luar; outro, com raios de sol; outro era "um vestido de pérolas sem corte nem costura"; outro era "como o mar com peixes nadando nele"; outro era

---

33. *Cinderella*, p. 455.
34. *Age of Fable*, Bulfinch.
35. vii. 1.
36. Nossa versão inglesa para se narrar às crianças é uma versão importada da França por volta do final do século XVII; a história inglesa menos conhecida, porém mais primitiva, tem por título "Cap o' Rushes".

"feito com todas as flores do mundo"; outro era "coberto com pequenos sinos dourados e correntes de ouro"; outro era preto como o azeviche; e outro era "como a luz". Algumas vezes, essas vestimentas extraordinárias estavam escondidas umas sob as outras, e todas elas debaixo do manto com que Cinderela se cobria, feito de pele de asno, de pele de gato, de pele de rato ou de pele de piolho, e ocasionalmente a pequena lavadora de pratos emergia como "uma linda garota, nua e brilhando como o Sol".

Em várias partes da Europa, a história de Cinderela é conhecida como "O Irmão e a Irmã", e as aventuras da heroína provêm de sua recusa em admitir as propostas de casamento do seu irmão. Ela foge exclamando:

> Open earth! Open wide!
> For to be a brother's bride
> *Is an awful sin.*[37]

> (Abre-te terra! Abre-te chão!
> Pois ser noiva do próprio irmão
> É um tremendo pecado.)

Ísis era irmã de Osíris; a Sulamita era irmã de Salomão; e nos Provérbios se lê: "Dize à Sabedoria: Tu és minha irmã."[38]

Desde tempos imemoriais e por convenção geral, a Verdade tem sido representada como uma garota nua. Na marca do impressor reproduzida a seguir, o Tempo é representado ajudando a Verdade a sair de uma caverna. A divisa diz: "A Verdade traz à luz as coisas escondidas." A versão escandinava de Cinderela, conhecida como "A Princesa na Caverna",[39] conta que, quando irrompeu a guerra, o Rei escondeu sua filha numa caverna. Com ela, foram encerradas *sete* donzelas e provisões suficientes para sete anos. No interior da caverna, a princesa trabalhava tecendo um bordado de ouro, e esperava, em paciente expectativa, a hora em que seria libertada. No fim dos sete anos, ela escavou um buraco no seu esconderijo, raspando o topo da caverna com sua faca, e, depois de trabalhar por três dias, conseguiu finalmente escapar.

Logo em seguida à caverna, o segundo lugar mais convencional para a Verdade é o fundo de um poço, e nas versões portuguesa e siciliana de Cinderela, a

---

37. *Cinderella,* p. 428.
38. vii. 4.
39. *Cinderella,* pp. 173, 377, 407.

452

heroína é colocada nesse local. Um Peixe no fundo do poço a conduz até um palácio de ouro e pedras preciosas, onde ela calça seus sapatos dourados.[40] Como é contado na Sicília, ela percebe que no fundo de um poço há um buraco de onde emana uma luz, e, levantando a pedra angular, ela é admitida num lindo jardim com flores e frutas. Enquanto se escondia em seu poço, um príncipe a percebe, e cai doente de amor por ela. Sua situação se torna tão desesperadora que os médicos não são capazes de curá-lo,[41] e abandonam todas as esperanças de recuperação. Essa condição do amante, incerta e perigosa, é um elemento essencial do ciclo de Cinderela. É paralelo a uma passagem do Cântico dos Cânticos: "Sustentai-me com passas, confortai-me com maças, pois *desfaleço de amor.*"[42]

Na Dinamarca, o conto de Cinderela é intitulado *A Filha do Rei no Monte*, e na Jutlândia [atual Dinamarca], *A Princesa no Monte*.[43] A primeira "Senhora da Montanha", a divina "Dama do Monte",[44] era Nut, a mãe de Ísis, a Vaca ou Mãe do céu, a Doadora da vida líquida.

Na Jutlândia, Cinderela é conhecida como *A Princesa na Ilha*, e durante *sete* anos ela morou numa Ilha distante acompanhada por *sete* donzelas. Essa Ilha é,

---

40. *Cinderella,* p. 341.
41. *Ibid.,* p. 348.
42. xi. 5.
43. *Cinderella,* pp. 267, 288.
44. *Signs and Symbols of Primordial Man,* p. 123.

sem dúvida, aquela Ilha Afortunada, a Ilha da Vida Eterna, que fica bem no meio do oceano e está presente com destaque em todas as minhas teologias. É a mesma ilha mística onde "é a Razão que governa, e não a Fantasia"; a Razão responde à Sabedoria e a Fantasia à sua antítese, *Dame Folly* (Dama Insensatez):

> This Island hath the name of Fortunate,
> And as they tell is governed by a Queen,
> Well-spoken and discreet and therewithal
> So beautiful that with one single beam
> Of her great beauty all the country round
> *Is rendered shining.*[45]

> (O nome dessa ilha é Afortunada,
> E dizem que uma Rainha a conduz
> E fala bem e é discreta e é tão bela
> Que do clarão que a sua beleza produz
> Basta um só raio para que todo
> O país fique cheio de luz.)

Numa versão eslava, Cinderela "brilha como o sol, de modo que perto dela pode-se ver à noite tão bem como se vê de dia";[46] e, numa variante escandinava, Cinderela é descrita como "uma coisa semelhante ao longo rastro de uma estrela cadente atravessando densa neblina".[47]

A heroína, enquanto personificação da Verdade, fica ainda mais evidente na contrapartida masculina das histórias de Cinderela, isto é, no ciclo de contos em que os papéis são invertidos e a princesa, toda gloriosa, é cortejada e conquistada por um garoto ajudante de cozinha ou por um garoto pastor. Diversas dessas variantes masculinas de Cinderela estão incluídas na coleção da senhorita Cox. De acordo com uma delas, o Rei coloca sua preciosa princesa em segurança no topo de uma montanha de cristal e proclama que aquele que tiver êxito em escalar os seus flancos escorregadios a terá em casamento. O Herói, "tão negro quanto um limpador de chaminés e sempre perto do fogão",[48] conquista a princesa subindo pelos seus íngremes declives montado num pequeno boi.[49] Esse boi mágico apare-

---

45. Cf. *A New Light on the Renaissance*, Bayley, p. 161.
46. *Cinderella*, p. 333.
47. *Ibid.*, p. 228.
48. *Ibid.*, p. 452.
49. *Ibid.*, p. 447.

ce com muita freqüência nos contos de fadas e, aparentemente, muitas vezes simboliza trabalho pesado e labuta: "Pela força do boi há abundância de colheitas."[50]

Há um conto que circula entre os pastores e camponeses eslavos e que narra a história de *Uma Donzela com Cabelos de Ouro*. Essa Princesa é filha de um Rei que tem um palácio de cristal construído numa ilha. Ela se senta, acompanhada por doze donzelas, diante de uma mesa redonda — mesa que pode ser identificada com a Távola Redonda do Rei Artur e seus doze Cavaleiros. A luz dourada que emana dos cabelos da princesa se reflete no mar e no céu todas as manhãs, quando ela se penteia. O nome do herói é George, e ele tem, evidentemente, uma relação com o São Jorge do Cristianismo. Depois de realizar as tarefas que lhe foram impostas — uma das quais é a coleta das pérolas do colar rompido da princesa, e que se espalharam e foram perdidas, e outra é a recuperação do seu anel, que se perdeu no fundo do mar — George fica face a face com a donzela. Como uma conseqüência imediata, ela se levanta do seu assento e solta o seu toucado, expondo, numa visão total, o esplendor dos seus cabelos maravilhosos, que tinham a aparência de uma cascata de raios dourados e a cobriam da cabeça aos pés. A luz gloriosa que deles emanava deslumbrou os olhos do herói e ele imediatamente se apaixonou por ela. O caráter alegórico dessa história fica evidente na sua conclusão. George, infelizmente, é assassinado, mas a princesa o ressuscita, derramando sobre ele a Água da Vida. "Oh, meu Deus", exclamou George esfregando os olhos, "como eu dormi bem!" "Sim", respondeu a princesa, sorrindo, "ninguém poderia ter dormido melhor; mas, se não fosse por mim, você ainda estaria dormindo, e por toda a eternidade."[51]

453

50. Provérbios xiv. 4.
51. *Fairy Tales of the Slav Peasants and Herdsmen*, Emily J. Harding, p. 87.

No Templo de Luxor, o Criador é representado modelando duas figuras — um corpo e uma alma: Ísis está animando-as com a vida.[52] "Eu", diz Ísis, "inflamo os corações de centenas de milhares."[53] No Cântico dos Cânticos, a heroína faz "com que falem os lábios daqueles que estão *adormecidos*".[54] De maneira semelhante, Cinderela *desperta* o lar com o seu canto. Os criados reclamam, porque este os mantém acordados, mas o jovem patrão joga fora o "seu *habitual trago, que ele tomava antes de dormir*, se precipita em direção a Cinderela e exclama: "Eu te ouço, eu te ouço!"[55] Pode-se também comparar o convite da Sabedoria: "Vinde, comei do meu pão e bebei do vinho que misturei. Deixai os insensatos e vivei."[56]

"Durante toda a noite", aconselha Zoroastro, "dirija sua atenção para a Sabedoria celeste: durante toda a noite, peça a presença da Sabedoria que te manterá desperto."[57]

Há um conto de fadas eslavo intitulado *O Espírito das Estepes*[58] que conta a história de uma princesa cuja fronte era calma e pura como a Lua, cujos lábios eram vermelhos como um botão de rosa e cuja voz era tão eloqüente que soava como uma chuva de pérolas. Porém, maravilhosa além de qualquer comparação era a expressiva beleza dos seus olhos. Se ela olhasse para você bondosamente, você tinha a impressão de estar flutuando num mar de alegria; se o olhasse zangada, você ficaria paralisado de medo e se transformaria instantaneamente num bloco de gelo. Essa princesa, cujo nome era Sudolisa, era servida por *doze* companheiras, quase tão encantadoras quanto a sua ama. Muitos príncipes vieram de longe e entraram na lista dos pretendentes, mas nenhum obteve sucesso em conquistar o seu amor. Mas aconteceu que o olho de Kostey, um infame ogro que vivia no mundo subterrâneo, se voltou com cobiça para a bela Ilha de Sudolisa, onde, brilhando como muitas estrelas, estavam as doze donzelas, e bem no meio delas, deitada sobre um leito de penas de cisne, dormia a própria Sudolisa, encantadora como o nascer do Dia. Kostey lançou olhares ardentes em direção à princesa, que de imediato convocou o seu exército e se pôs à sua frente, conduzindo os seus soldados contra o ogro. Mas Kostey soprou sobre eles, que caíram ao chão domi-

---

52. *A Guide to the Antiquities of Upper Egypt*, A. E. P. Weigall, p. 75.
53. *Burden of Isis*, p. 37.
54. viii. 9.
55. *Cinderella*, p. 358.
56. Provérbios, ix. 5, 6.
57. *Solomon and Solomonic Literature*, Moncure Conway, p. 65.
58. *Slav Tales*, pp. 187-206.

nados por um sono irresistível. Em seguida, ele estendeu sua mão ossuda para agarrar a princesa, mas ela o congelou com um olhar, reduzindo-o à impotência. Em seguida, ela se retirou para o seu palácio e nele se fechou. Quando a princesa se afastou, Kostey voltou novamente à vida e, de imediato, recomeçou sua perseguição. Ao chegar à cidade onde ela morava, ele fez descer sobre todos os seus habitantes um sono encantado, e jogou o mesmo feitiço sobre as suas doze damas de honor. Porém, temendo o poder dos olhos de Sudolisa, ele não se atreveu a atacá-la diretamente, mas circundou o seu palácio com um muro de ferro, e confiou sua guarda a um monstruoso dragão de doze cabeças. Então ele aguardou, na esperança de que a princesa cedesse. Passaram-se dias, as semanas se transformaram em meses, e o reino de Sudolisa continuava se parecendo com um imenso dormitório. As pessoas roncavam nas ruas; o bravo exército deitado nos campos dormia ruidosamente, escondido sob o alto relvado à sombra das urtigas, das losnas e dos cardos, e com a ferrugem e a poeira embotando o brilho das suas armas. Em meio a esse silencioso reino dominado pelo sono, a princesa, triste mas esperançosa, mantinha sozinha a vigília. Fixando os olhos naquela região do céu onde o Sol aparece pela primeira vez a cada novo dia, expulsando a escuridão como uma revoada de pássaros, ela disse:

> Soul of the world, thou deep fountain of life,
> Eye of all-powerful God,
> Visit my prision, dark scene of sad strife,
> Raise up my soul from the sod;
> With hope that my friend whom I pine for and love,
> May come to my rescue: say, where does he rove?

> (Alma do mundo, ó fonte profunda de onde a vida emana,
> Olho do Deus todo-poderoso, que de tudo tem visão,
> Visita a minha tumba, negro cenário dessa luta insana,
> E levanta a minha alma da turfa que cobre o chão;
> Faze com que o amigo a quem amo e por quem tanto anseio
> Possa vir me salvar: dize, por que ele ainda não veio?)

Em resposta, o sol brilhou numa terra distante, onde o Príncipe Junak, montado num poderoso cavalo de batalha e trajando uma armadura de ouro, reuniu suas forças contra o gigante Kostey. Três vezes ele sonhou com a encantadora princesa aprisionada no interior do seu palácio adormecido, e ficou apaixonado por ela sem nunca tê-la visto. A conclusão do conto pode ser tirada de uma outra história eslava. Essa história registra que o Príncipe Redentor, ao chegar ao palácio, foi tomado de perplexidade, pois, em vez de uma única princesa, ele percebeu que havia doze, todas elas igualmente belas, mas constatou, ao olhá-las mais de perto, que onze delas eram meramente reflexos de espelho de uma só princesa. "Eu vim", disse o Príncipe, "pelo meu próprio livre-arbítrio para salvá-la e restituí-la aos seus pais. Se eu não tiver sucesso em salvá-la, doce princesa, a vida não será mais valiosa para mim, mas estou cheio de esperanças e lhe imploro, antes de mais nada, para que me dê um gole da Água Que Dá Força e que é extraída do Poço Heróico." Os acontecimentos tiveram um final feliz, mas antes de conceder a mão ao seu amado, a Princesa pediu a ele para que decifrasse seis charadas, da qual a quinta era a seguinte: "Eu existi antes da criação de Adão. Estou sempre mudando, sucessivamente, as duas cores da minha roupa. Milhares de anos se passaram, mas eu permaneço sem alteração, tanto na cor quanto na forma." Compare esta afirmação com aquela que a "Sabedoria" propõe no Livro dos Provérbios: "Desde a eternidade fui estabelecida, desde o princípio, antes do começo da terra. Antes de haver abismos, eu nasci, e antes ainda de haver fontes carregadas de águas. Antes que os montes fossem firmados, antes de haver outeiros, eu nasci."[59]

Há uma comparação proverbial que afirma que o Espírito do homem é uma candeia do Senhor.[60] Além disso, também se afirma que a luz que provém da Sabedoria nunca se apagará. Em algumas versões de Cinderela, a heroína é escondida, para permanecer em segurança, dentro de um grande castiçal de prata. Esse castiçal é comprado por um príncipe, que fica maravilhado ao descobrir que ele se abre e contém uma adorável garota.[61] No desenho reproduzido a seguir, a figura dessa Virgem de Luz forma o corpo do castiçal.

Outra versão de Cinderela a representa sendo escondida, para a sua segurança, dentro de uma arca dourada. Os criados, espiando pelo buraco da fechadura, descobriram em seu interior a donzela incomparável. Decidindo vendê-la, eles passaram a exibir o baú e o seu conteúdo por todo o mundo. Muitos estavam dispostos a comprar a atraente caixa, mas nenhum estava disposto a fazer uma oferta pela garota, e, por isso, os criados a jogaram dentro de uma moita de urzes brancas.[62]

"A Sabedoria", diz Salomão, "é gloriosa e nunca definha. Com certeza, ela é facilmente visível pelos que a amam e encontrada pelos que a procuram. Ela impe-

---

59. Provérbios viii. 23-25.
60. Provérbios xx.
61. *Cinderella,* pp. 198, 210.
62. *Cinderella,* p. 314.

454

de os que a desejam de conhecê-la de imediato. Aqueles que a procuram logo não terão grande trabalho para encontrá-la, pois a encontrarão sentada às suas portas."[63] Uma versão córsica de Cinderela representa a heroína com um tamanho *não superior ao de um dedinho*, e minúscula a ponto de ser quase imperceptível. Um príncipe que passava por perto, ao ouvir o som do seu primoroso canto, jurou que se casaria com a cantora desconhecida. Mas, de onde vinha a voz? A resposta foi : "Ela não está distante, a linda donzela; ela está aqui aos teus pés."[64] Compare esta Cinderela em miniatura com a passagem de um *Te Deum* védico citado na página 135: "O Espírito sempre habita como alma interior, *com a estatura de uma polegada*, dentro do coração dos homens."

Os contos de fadas até agora citados não são alegorias declaradas, nem são produções de artifício literário; são, porém, histórias de beira de estrada conhecidas das pessoas sem instrução. Considera-se que a teoria alegórica da mitologia e dos contos de fada foi, finalmente, demolida graças à descoberta feita pelos Irmãos Grimm de que os contos de fadas não desceram das classes instruídas para as não-instruídas, mas que, *vice-versa*, elas emanaram, por assim dizer, da terra, ascendendo da cabana para o castelo, sendo finalmente coletadas das tradições orais e cristalizadas por

63. Sabedoria de Salomão vi.
64. *Cinderella*, p. 338. Compare com Wordsworth:
    Wisdom is ofttimes nearer when we stoop
    Than when we soar.
    (A Sabedoria está, com freqüência, mais perto de nós
    quando nos abaixamos do que quando voamos alto.)

littérateurs em forma de livro. O Sr. Andrew Lang era da opinião de que os contos de fadas são, em grande medida, relíquias de selvageria e barbarismo, e que eles exibem traços auto-evidentes de suas origens bestiais. A existência de elementos bárbaros não precisa ser contestada, mas, lado a lado com esses elementos, há traços inquestionáveis de uma mitologia pura e primitiva que, sem dúvida, chegou até nós por transmissão oral, não editada, não adulterada e isenta de suspeitas.

Em muitos casos, os nomes das *dramatis personæ* revelam de maneira significativa os significados dos mitos. O fato de esses nomes variarem em localidades diferentes parece-me desacreditar completamente a teoria do Sr. Lang, de que o mito provavelmente foi levado de país em país por mulheres cativas. Também põe em descrédito a teoria da "doença da linguagem", de Max Müller, pois, como veremos, a mudança de nomes dos personagens é freqüentemente de importância vital, e revela exatamente o significado subjacente à fábula.

No Brasil, a história de Cinderela é conhecida como "Dona Labismina". De acordo com essa versão, "Labismina" é o nome de uma cobra que se enrolou ao redor do pescoço da heroína quando ela nasceu, mas que, posteriormente, vive no oceano e desempenha o papel da fada madrinha. É óbvio que o nome é uma forma do termo francês *L'Abysme*, O Grande Abismo, a Mãe Serpente da Sabedoria não-revelada, que morou no oceano primordial e insondável. "A Deusa Hathor" — algumas vezes considerada idêntica a Ísis e, em outros tempos, identificada com a sua mãe — "aparece", diz o Sr. Weigall, "às vezes como uma serpente e às vezes como a fada madrinha".[65] Com muita freqüência, a própria Cinderela é chamada de Mary, Mara, Marietta ou Mariucella. O nome Mary é identificado, por alguns escritores, com Miriam, significando aquela que é triste e infortunada, a estrela do mar, uma gota do mar;[66] outros o derivam de Mara, a nereida, "cujo nome pode expressar a centelha fosforescente da superfície do mar, assim como o nome Maira expressa as cintilações da estrela Sírius do Cão Maior".[67] Entre os sérvios, o nome de Cinderela não é Cinderela, mas Mara.[68] Na Córsega, Cinderela é chamada de Mariucella,[69] e sua mãe — como também o fez Hathor — toma a forma de uma vaca. "Fica tranqüila, Mariucella", diz a vaca, "eu sou a tua mãe". Na Sardenha, o nome de Cinderela é Barbarella, evidentemente uma derivação de

---

65. *A Guide to the Antiquities of Upper Egypt*, p. 32.
66. *Prænomia*, R. S. Charnock.
67. *Girls' Christian Names*, Helena Swan.
68. *Cinderella*, p. 271.
69. *Ibid.*, p. 336.

Barbero e Barbelo, dois nomes gnósticos para a Sabedoria.[70] "A derivação desses nomes", diz o Sr. Mead, "é muito incerta", mas Bárbara significa uma estrangeira, uma mulher de outro país, e o significado se torna claro com relação à *Descensão do Sol*, onde a reluzente e esplendorosa Shri diz: "Eu sou a filha do Rei de um país distante."[71] A mesma idéia é igualmente enfatizada numa versão síria desse mito solar, onde a Filha do Sol diz: "Eu me vesti do mesmo modo como eles se vestiam, para que eles não pudessem saber que eu vim de longe; mas em uma ocasião ou em outra, eles descobriram que *eu não era do país deles*."[72]

As sílabas "ella" que aparecem em Mariucella, Barbarella e Cinderella, vêm do grego *ele*, que significa "aquele que brilha" ou "aquele que proporciona a luz". *Ele* é a raiz de Eleleus, um dos epítetos de Apolo e de Dioniso.[73] É uma sílaba que também se encontra em Eleuther, o Filho de Apolo, em Hélios, o Sol, e em Selene, a Lua. O nome de Juno Lucina — isto é, Juno em seu aspecto de Doadora da Luz — era Eleutho. A Helesponto tomou o seu nome de Helle, uma donzela que fugira da casa do seu pai para se ver livre da opressão de sua sogra, mas caiu de uma nuvem e se afogou no oceano.[74] Esta Helle deve ter relação com Hélios, o Sol, e seu afogamento é, provavelmente, uma metáfora poética do sol afundando no oceano.

Na Finlândia, Cinderela é conhecida como a "Linda Clara".[75] Clara deriva de *clareo*, eu brilho, e significa luminosa, resplandecente, clara, brilhante à visão. Na Bolonha, o Castiçal Cinderela é chamado de Zizola;[76] palavra evidentemente derivada de Ziza, que era um dos nomes que identificavam Ísis.[77]

De acordo com uma variante judia, o nome de Cinderela é Cabha, palavra que significa Aurora.[78] Aurora, derivada de *aurum*, ouro, significa a beleza dourada da manhã, a Alvorada de dedos róseos.

Na Jutlândia [atual Dinamarca], Cinderela era chamada de Lucy, que vem de *lux*, luz, ou *luceo*, eu dou luz. Lucy, que deriva do mesmo radical de Luna, a Lua, e de Lúcifer, O que Carrega a Luz, significa "uma criança brilhante nascida ao nascer do sol ou ao raiar do dia".

---

70. *The Wedding Song of Wisdom.*
71. *Descent of the Sun*, p. 87.
72. *Hymn of the Robe of Glory*, G. R. S. Mead, pp. 18-19.
73. Lemprière.
74. *Ibid.*
75. *Cinderella*, p. 533.
76. *Ibid.*, p. 198.
77. *Curious Myths of the Middle Ages*, S. Baring-Gould, p. 332.
78. *Cinderella*, p. 354.

Vê-se, desse modo, que os nomes populares de Cinderela são tão recônditos e significativos quanto a palavra clássica Psiquê da mitologia grega. Psiquê, que tem muito em comum com Cinderela, significa Alento ou Alma, e, num consenso quase geral, Psiquê é considerada um símbolo da centelha da alma aprisionada no interior do corpo material.

Para se chegar ao significado pleno do nome Cinderela, pode-se recorrer a uma história indiana intitulada, pelo seu tradutor (?) para o inglês, *A Heifer of the Dawn* (Uma Novilha da Alvorada).[79] Uma novilha aparece freqüentemente como a fada madrinha de Cinderela, e às vezes o pequeno animal tem chifres dourados. "Toda a doçura", diz o *Rig-Veda*, "está reunida na Novilha", o Vermelho da Alvorada. Além disso, a palavra Novilha é usada no Oriente para significar uma esposa ou Rainha. A Novilha de chifres dourados é Hathor, a doadora da vida líquida, e os seus chifres são os chifres dourados da lua nova. Diana aparece repetidas vezes com o crescente disposto de maneira a parecer os chifres de uma vaca, e o mesmo arranjo pode ser visto na Figura 285, na página 102. A história *Uma Novilha da Alvorada* conta as aventuras de uma Princesa que escondia a sua identidade sob o disfarce de uma criada e que visitava, dia após dia, um Rei misógino e oprimido pelo desgosto. Essa "Novilha da Alvorada" tem as características protéicas, esquivas e contraditórias de Cinderela e da bela Sulamita. Primeiro, ela aparece vestida de azul-escuro, como uma encarnação da noite de lua nova; em seguida, ela se assemelha ao céu antes que a alvorada o tinja com a primeira listra vermelha, e faz a observação: "Ó Rei, eu sou jovem, embora eu seja mais velha do que vós." Depois, ela se parece com uma encarnação da seiva da árvore da juventude, e revela que o seu nome é Madhupamanjari, isto é, "um cacho de flores para os bebedores de mel". Em seguida, ela aparece aos olhos do Rei como uma encarnação do orvalho da manhã e como um emblema do amor que estava *nascendo de suas cinzas em seu próprio coração* corporificado numa forma feminina; depois, como uma essência encarnada pela vontade do Criador, numa forma completamente diferente, embora igualmente deliciosa, e como a corporificação da paz da própria mente do Rei. Em seguida, ela parece, aos olhos do Rei, o néctar da reconciliação em forma feminina, e em seus lábios havia um sorriso que se assentava sobre eles como a luz do sol se assenta sobre as coisas. Finalmente, ela se parece com um gole do néctar do anseio amoroso encarnado numa forma feminina. O perplexo e arrebatado Rei, que ficara "doente de amor", exclama que precisava apenas tocar na mão dela

---

79. F. W. Bain.

para irromper em chamas. Então, ela olhou para ele com uma seriedade simulada e disse: "Esses são sintomas muito perigosos e alarmantes para o médico. O seu problema é terrível." O Rei disse: "Podes me comparar *com um fogo que foi tudo menos extinto* e que poderia ser reanimado. E então ele se levantou das suas cinzas e ardeu com uma chama tão pura como jamais manifestara antes disso." Meio assustada e meio sorridente, a Novilha da Alvorada exclamou: "Aryuputra, deixa-me ir. Não adivinhaste que eu sou a Rainha?" Subseqüentemente, o Rei comentou: "Será que eu não disse bem que eu era o fogo e ela o combustível? Ou não seria melhor dizer que eu sou o combustível e *ela* é que é *o fogo*, pois com certeza ela me queima como uma chama?"

Na Catalunha, Cinderela é conhecida como "A Sopradora do Fogo"[80] por causa da sua ocupação, e na Jutlândia ela é chamada de "Abanadora das Cinzas", sendo que, no título em inglês do conto, a ocupação da heroína (*whipper*) deriva do verbo *to whip*, que significa agitar e atiçar. Desse modo, poderia parecer que Cinderela, a brilhante e resplandecente, que se senta em meio às cinzas e mantém o fogo aceso, é uma personificação do Espírito Santo, que habita sem ser reconhecido em meio às cinzas da Divindade latente da Alma, que ardem sem chama, e que nunca foram totalmente extintas, e que, por meio de um cultivo paciente, as abana até que se transformem em chamas.

Os foles abaixo representam, sem dúvida, aqueles da celestial Sopradora do Fogo. A Figura 457 é distinguida pela cruz de Lux, e este signo marca a Figura 458 como uma apresentação da própria Donzela. Na Finlândia, Cinderela é chamada de Tuna, que é um diminutivo de Kristuna ou Christina, isto é, Cristo personificado como uma garotinha.

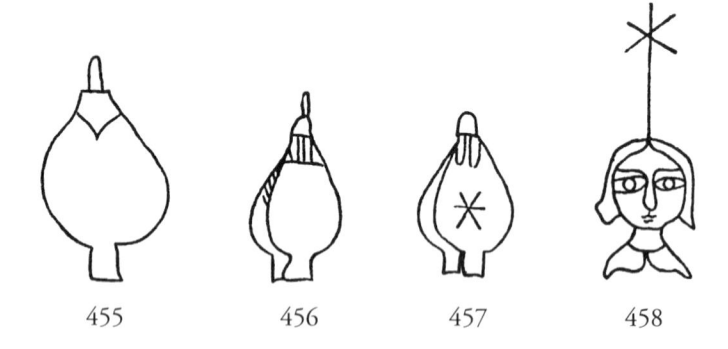

455   456   457   458

---

80. *Cinderella*, p. 311.

CAPÍTULO IX

CINDERELA

Beauty, Truth, and Rarity,
Grace in all simplicity,
Here enclosed in cinders lie.

(Beleza, Verdade e Raridade,
Graça em toda a simplicidade,
Jazem aqui fechadas em cinzas.)

SHAKESPEARE

Tendo estabelecido a probabilidade de que Cinderela contenha muitos traços da alegoria original, é admissível considerar essa teoria em detalhes mais precisos, e indagar sobre o significado subjacente às mudanças protéicas de vestimentas por Cinderela. Seus trajes sobrenaturais e místicos parecem simbolizar, inquestionavelmente, o despertar, o crescimento e a apoteose final da Sabedoria dentro da mente.

Os antigos conceberam uma Mãe de toda a Sabedoria, primordial e autoexistente, que aparece na mitologia como a *Magna Mater*, a *Bona Dea*, a Mãe de Todos os Deuses; e, no âmbito do Romance, essa Mãe primordial aparece como a Rainha das Fadas ou como Fada Madrinha.

A mãe do Rei Salomão é mencionada nos Cânticos como tendo-o coroado no dia das suas núpcias.[1] Na lenda eslava, essa Mãe do Sol às vezes é descrita como o Mar, em cujos braços o Sol mergulha fatigado no final do dia; em outras ocasiões, ela é descrita sentada, como uma das Parcas, num castelo dourado, construído aparentemente de fogo.

---

1. Cântico dos Cânticos, iii. 11.

É quase uma característica universal dos contos de Cinderela o fato de que a heroína é a imagem viva da sua encantadora Mãe; por isso, um estudo sobre a Mãe pode revelar, simultaneamente, a personalidade da Filha. Numa lenda sânscrita, o Pai, que era "da raça do Sol", teve um filho que se parecia exatamente com ele em cada detalhe particular, exceto na idade, e o Pai comenta: "Ele não é outro, senão eu mesmo."[2] Quando Shri, a heroína da *Descensão do Sol*, é condenada a vagar tristemente pela terra, o Senhor das Criaturas diz: "Não devo deixar o seu adorável corpo entregue ao jogo do acaso, pois ele traz dentro de si alguma coisa da minha própria Divindade."

Desse modo, a relação entre Cinderela e a sua Mãe coroada de Estrelas — e entre muitas outras famosas Mães e Filhas da mitologia — é a mesma que existe entre o riacho e o oceano, entre a fagulha e o fogo, entre o *ego* e a Superalma.

A fada madrinha de Cinderela, ou a sua mãe verdadeira,[3] é descrita sob várias aparências: uma mulher idosa, uma linda rainha com uma estrela na testa, uma vaca com chifres dourados, uma ninfa da água, uma sereia que vive numa gruta de pérolas e corais, e uma serpente do mar chamada Labismina.

A concepção do Mar como a Grande Mãe de toda a Criação é comum às cosmogonias antigas. Quer essa crença universal tenha surgido porque se sabia que a vida física se originara na água, ou quer o mar fosse simbolicamente usado por causa das inúmeras analogias entre a Água e a Sabedoria, essa é uma questão que seria fútil discutir; no entanto, não se pode questionar que, desde as eras mais remotas, o Espírito da Verdade ou Sabedoria era simbolizado pela Água e pelo Mar.

Na cosmogonia babilônica, considerava-se a Profundeza ou o Abismo como um símbolo da Sabedoria Insondável.[4] Dizia-se que a Sabedoria, a Esposa do Criador Supremo, morava nas profundezas do oceano ilimitado, e a ela se atribuíam os epítetos "A Dama do Abismo" e a "Voz do Abismo".[5] Uma antiga Deusa irlandesa — provavelmente a mais antiga — era chamada de Domnu, e Sir John Rhys acredita que essa palavra significava Abismo ou Mar Profundo.[6] Diz-se que, três mil anos antes de Cristo, um Imperador chinês "instituíra a música do Grande

---

2. *An Essence of the Dusk*, F. W. Bain, p. 4.
3. Não confundir com a madrasta cruel.
4. *The Wedding Song of Wisdom*, Mead, p. 52.
5. "Não se sabe a razão pela qual ela era chamada de 'A Dama do Abismo', e em outros lugares de 'A Voz do Abismo'." — *Babylonian and Assyrian Religion*, T. G. Pinches, p. 62.
6. *Hibbert Lectures*, 1886, Lecture VI.

Abismo" com o objetivo de se estabelecer harmonia entre os espíritos e os homens";[7] e, desde épocas pré-históricas, a palavra "Abismo" parecer ter sido extensamente utilizada para simbolizar o Desconhecido, o Misterioso e o Insondável. Lasbimina, a Serpente do Mar que era madrinha de Cinderela, é evidentemente uma corruptela de *L'Abysme*, o superlativo de Abismo em francês antigo. Significa a profundeza mais profunda, o caos primordial, a insondável e impenetrável profundidade, e, de acordo com o Dr. Murray, "um reservatório de águas subterrâneas".[8]

Entre os nomes da Grande Deusa Mãe Cibele havia dois, Ma e Maia, que, com toda a probabilidade, eram palavras relacionadas com maia, o nome do grande império que floresceu outrora na América do Sul. Remanescentes desse império ainda podem ser vistos nas ruínas de suas cidades no México, e há estudiosos que defendem o fato de que ele foi o fértil ancestral de onde emanaram as civilizações do Egito e da Assíria. Presumiu-se que o significado do nome "maia" era a "Mãe das Águas" ou as "Mamas das Águas Ma-y-a" — a dos quatrocentos seios, epíteto com que eles habitualmente se referiam à Deusa efésia.[9] A razão dada por Brasseur para essa derivação está no fato de que o solo do território maia tem uma estrutura que lembra favos de mel, e que exatamente abaixo da superfície existem inúmeras e imensas cavernas. "Nessas cavernas, há depósitos de águas límpidas e frescas, e extensos lagos alimentados por rios subterrâneos."[10] Por isso, parece provável que a expressão *L'Abysme*, "um reservatório de águas subterrâneas", possa ser, como muitos outros simbolismos, rastreada até a extinta civilização mexicana, e que em Labismina, a fada madrinha de Cinderela, nós tenhamos uma relíquia dos insondáveis lagos subterrâneos dos maias.

No Egito, o nome para as *Águas* era *Mem*, uma raiz da qual emanaram, com toda a probabilidade, as palavras *Mam*, irlandesa, e *Mam*, gaulesa — ambas significando *Mãe*. Na Caldéia, Mummu Tiawath, o Mar, era a divindade que gerava todas as coisas existentes, e Mama significava a "Dama dos Deuses".[11]

Entre os peruanos, *Mama* significava *Mãe*,[12] e a velha palavra eslava para *Mãe* é também *Mama*.[13] King, depois de mencionar uma exprèssão local para "uma

7. *Religion of Ancient China*, H. A. Giles, p. 8.
8. *New English Dictionary.*
9. *Queen Moo and the Egyptian Sphinx*, A. Le Plongeon, p. xxxix.
10. *Queen Moo and the Egyptian Sphinx*, A. Le Plongeon, p. xxxix.
11. *Babylonian and Assyrian Religion*, T. G. Pinches, pp. 31, 94.
12. Prescott, *Conquest of Peru*, livro i, cap. i.
13. *New English Dictionary.*

corrente do Grande Oceano que flui da parte média do Homem Perfeito", continua: "Essa mesma Divindade foi chamada, pelos frígios, de *Papa*,[14] porque ele apaziguou a confusão e o tumulto caótico que prevaleciam antes de sua chegada."[15] Desse modo, as primeiras palavras que uma criança pequena aprende a balbuciar estão, com toda a probabilidade, relacionadas com a sua Mãe primordial, o Mar.

O hieróglifo maia, e também o egípcio, para a água era um ziguezague ou uma linha ondulada que representava as ondulações das correntes de água ou as ondas do mar. Geralmente, a água ou espírito sempre têm sido representados por esse signo pré-histórico e quase universal. Le Plongeon menciona que entre os maias o hieróglifo das linhas onduladas para a água terminava com uma cabeça de cobra, pois eles comparavam as ondas do oceano com o movimento ondulante da serpente. Por essa razão, eles chamavam o Mar de *Canah*, a Grande e Poderosa *Serpente*.[16] *Anaconda*, o nome da serpente gigante da América do Sul, poderia desse modo ser decomposta em *anak*, gigante, e *onda*, onda. Essa ligação da serpente com o mar é provavelmente a verdadeira origem do uso universal da serpente como símbolo da Sabedoria Celestial, um simbolismo para a razão pela qual várias especulações recônditas e engenhosas têm, de tempos em tempos, sido apresentadas. Os desenhos abaixo evidenciam o fato de que os simbolistas medievais utilizavam a serpente com o conhecimento de seu significado básico e essencial de ondas do mar, e essa ligação original entre a serpente e a água era, sem dúvida, uma razão adicional para a importância da serpente como emblema da Regeneração.

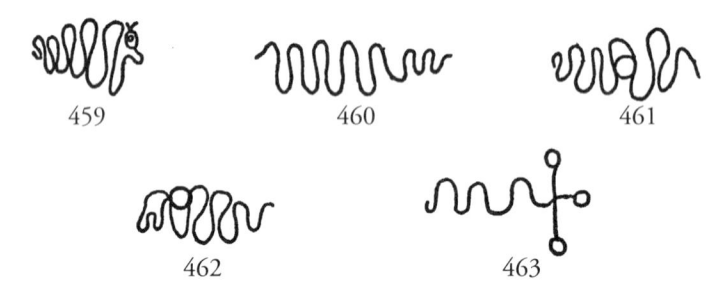

14. Entre os mexicanos, *Papa* significava um sacerdote de alto escalão. Este é, naturalmente, o Papa cristão.
15. *The Gnostics and their Remains*, C. W. King, 2ª ed., p. 90.
16. *Sacred Mysteries among the Mayas and Quiches*, Le Plongeon, p. 114.

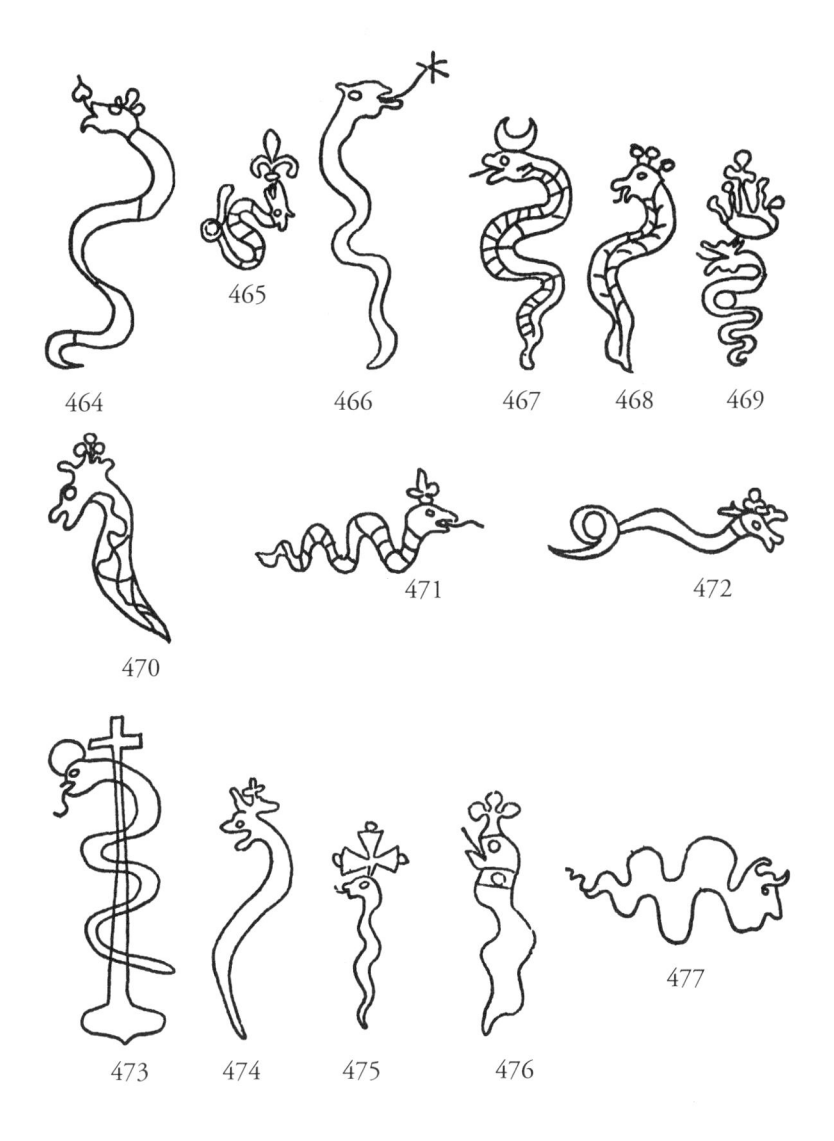

464 465 466 467 468 469

470 471 472

473 474 475 476 477

Note-se que a cabeça da Figura 463 foi sacrificada a fim de se introduzir os três círculos do Amor Perfeito, Sabedoria Perfeita e Poder Perfeito, e vários dos desenhos a seguir foram coroados com essa tríplice perfeição. O coração do Amor emerge da boca da serpente na Figura 464, e das figuras 465 e 466 é a Luz que nasce das bocas das serpentes sob as formas de uma *Fleur-de-Lys* e de uma cruz de *Lux*. A lua crescente era um símbolo e um atributo de Sin, o Deus da Luz, que era o Pai de Ishtar e o Criador da Luz.

Vários desses emblemas da Serpente estão, significativamente, envolvendo um ovo dentro das suas dobras e espiras. De acordo com a antiga cosmogonia, as representações do Ovo Virgem, o Germe Eterno ou Ovo do Universo sempre o mostravam envolvido pelo Bom Pastor da Sabedoria Criadora, que formava um círculo dentro do qual ele ficava.[17]

Essa Divindade era, às vezes, concebida como masculina, e às vezes como feminina, mas, com freqüência maior, como dupla. Entre os homens primitivos, que consideravam a descendência não com base na linhagem paterna, mas na materna, pode-se supor com segurança que o Bom Espírito era concebido originalmente como sendo a Água *Mãe*. A Serpente da Figura 477 tem a cabeça e os chifres de um Touro, o que indica uma combinação da Sabedoria, a Mãe, e de Ápis, o Criador e a Primeira Causa. Cada pessoa que era iniciada nos mistérios de Osíris recebia o ensinamento de que Ápis devia ser considerado como uma legítima e bela imagem de sua própria alma.[18] A *cerastes* ou serpente cornuda era tão sagrada entre os maias como entre os egípcios, e esse réptil provavelmente derivou sua santidade do fato de combinar alguns dos atributos do Touro e da Serpente. Cerastes foi um nome dado pelos Gregos à Zeus — "o Zeus cornudo".[19] Às vezes, duas serpentes estavam correlacionadas, como na Figura 478, em que uma delas tem dois chifres e a outra apenas um, o que indica, presumivelmente, macho e fêmea. No Egito, diz o Professor Petrie, costumava-se representar juntas duas serpentes — uma delas geralmente com a cabeça de Ísis, e a outra com a de Ser Apis[20] (=Osíris), sendo, portanto, serpentes macho e fêmea.

478 479

17. *The Chaldean Oracles*, G. R. S. Mead, i. 60.
18. *Sacred Mysteries among the Mayas and Quiches*, Le Plongeon, p. 98.
19. Payne-Knight, *Symbol. Lang. of Ancient Art*, p. 138.
20. *Religion of Ancient Egypt*, Flinders Petrie, p. 26.

480	481	482	483	484

A letra G encimada por uma coroa é a inicial de *Gnosis*, o Conhecimento Sagrado e Celestial, isto é, a Sabedoria. O V formado pela Figura 479 é a inicial de Vishnu, o Apolo hinduísta, e será examinada num capítulo subseqüente.

Sobre as figuras 480, 481 e 482 aparece a inicial M, indicando presumivelmente Maat, a Deusa da Verdade. Maat, a personificação da Razão original e celeste,[21] era considerada a Grande Mãe, e seu nome era pronunciado como Maat, Maut e Maht. As letras escritas em círculo nos desenhos em marca d'água das Figuras 483 e 484 lêem-se MAHT ou THAM, de acordo com o ponto do qual se começa, ou de acordo com o lado do papel pelo qual se observa a transparência contra a luz. Uma das designações da Grande Mãe babilônica foi Tham. As Serpentes ou linhas onduladas na Figura 483 com certeza simbolizam água, e é provável que tanto Maht como Tham significassem originalmente Águas. É possível que Maht e Tham sejam, simplesmente, permutações das mesmas quatro letras, cada uma delas significando um atributo da Divindade quádrupla. Os místicos sustentam que o sacrossanto Aum dos hinduístas é uma combinação de iniciais semelhantes, com o A significando o poder construtivo do Criador, o U o poder gerador da Mãe e o M as suas gerações ou o Filho. Desse modo, o misterioso nome Aum é capaz de permutações que, na linguagem dos maias, são lidas como:[22]

U-A-M = eu sou o Criador masculino

M-U-A = o Construtor dessas águas

A-U-M = o Filho de tua Mãe

A Trindade A.U.M. na forma alternativa "Om" é saudada como "Aquele que repousa sobre a face do Oceano de Leite e que é celebrado por mil nomes e sob várias formas."[23]

---

21. *Perfect Way*, Kingsford and Maitland, p. 155.

22. *Queen Moo and the Egyptian Sphinx*, Le Plongeon, p. 23.

23. *The Gnostics and their Remains*, King, p. 27.

Na Índia, a sílaba Aum é pronunciada como um Amén prolongado, e deve existir uma ligação estreita entre o Aum da Índia, o Amun-Rá e o Amun-Knepth do Egito e o Júpiter-Ammon da Grécia. Amun-Knepth foi o Júpiter egípcio, e esse gênio bom era representado como uma Serpente, que, de acordo com Horapollo, era "o emblema do Espírito que permeia o universo".[24] Por isso, deveria parecer que o Mar foi, desde o início, um símbolo da Verdade insondável, ou da Sabedoria, e que a Boa Serpente era invariavelmente considerada um signo alternativo para a mesma idéia. Havia uma tradição segundo a qual o Jardim do Hespérides era guardado por três Ninfas e por uma Serpente sempre vigilante chamada Ladon. Na Boêmia, Cinderela era conhecida como A Princesa com a Estrela de Ouro em sua fronte, e seu nome era Lada.[25] É provável que esse nome seja tanto a forma feminina como a diminutiva de Ladon, a Boa Serpente, e que a raiz de ambas as palavras deva ser encontrada em "la", uma sílaba que, na linguagem dos maias, significa "aquela que existiu desde sempre; a Verdade Eterna".[26]

Dizia-se que os deuses indianos batiam o néctar da deliciosa Manteiga do Mar, e os hinduístas afirmam que as três letras místicas de Aum foram "ordenhadas" pelo Criador. De acordo com uma versão indiana de Cinderela, a heroína é a sétima de sete filhas, todas as quais se casam com o Príncipe. Cinderela, tendo sido injustamente envolvida numa nuvem de suspeita, os filhos dizem ao seu pai: "Deixe que venha a sua sétima esposa, que está na masmorra. Coloque sete cortinas entre ela e nós e observe o que acontece." Cinderela é trazida para fora da prisão e sete cortinas são colocadas entre ela e as crianças. Três fluxos de leite jorram dos seus seios, e, atravessando as sete cortinas, se dirigem para as bocas das crianças.[27] Não é um incidente incomum em contos de fadas ver jorrar vinho, mel e jóias da boca da heroína; mas três fluxos de leite jorrando através de sete véus é uma idéia tão peculiarmente bizarra que, como Bacon diz de certas fábulas, ela proclama uma parábola muito à frente das outras. Uma história que é ensinada aos católicos romanos conta que Santa Gertrudes foi divinamente instruída, e que, todas as vezes em que a Saudação Angélica é recitada com devoção pelos fiéis na terra, três eficazes riachos manam do Pai, do Filho e do Espírito Santo, penetrando com a maior doçura o coração da Virgem.[28]

---

24. *Queen Moo*, p. 49.
25. *Cinderella*, p. 418; veja também Frazer, *The Dying God*, pp. 261, 262.
26. *Sacred Mysteries among the Mayas*, Le Plongeon, p. 54.
27. *Cinderella*, p. 263.
28. *All for Jesus*, Faber, p. 104.

Os *Sete* véus através dos quais os três fluxos de Cinderela penetram podem ser comparados com os *Sete* portais do mundo subterrâneo pelos quais Ishtar passou, e com as *Sete* esferas planetárias através das quais Sofia, a Virgem da Luz, ascendeu. Supunha-se que essas sete esferas, cujo movimento produzia a lendária música das esferas, estivessem colocadas umas sobre as outras como um aninhamento de tijelas cristalinas invertidas. Platão concebeu uma Sereia celeste que ficava sentada cantando sobre cada esfera, e essas Sete Sereias das Esferas podem ser comparadas com as Sete Donzelas de Cinderela, as Sete Donzelas de Sofia, as Sete Hathors ou Destinos, e os Sete Espíritos diante do Trono de Deus.[29]

De acordo com o Gênesis: "No princípio, criou Deus os céus e a terra. A terra, porém, estava sem forma e vazia; havia trevas sobre a face do abismo, e o Espírito de Deus pairava sobre as águas. Disse Deus: Haja luz; e houve luz." De acordo com as tradições mexicanas expostas no sagrado *Popol Vuh*: "Todas as coisas estavam sem vida, calmas e silenciosas; tudo estava imóvel e quieto. Vazia era a imensidão dos céus, a face da terra ainda não havia se manifestado; somente havia o mar tranqüilo e o espaço dos céus. Tudo era imobilidade e silêncio na escuridão da noite; somente o Criador, o Fazedor, o Dominador, a Serpente coberta de plumas, aqueles que geraram, aqueles que criaram, estavam sobre as águas como uma luz que crescia cada vez mais. Eles estavam rodeados por verde e azul."[30]

A Virgem da Luz era amplamente concebida como a primogênita do Espírito Supremo. "Eu", diz a Sabedoria falando de si mesma, "desde a eternidade fui estabelecida, desde o princípio, antes do começo da terra. Antes de haver abismos, eu nasci, e antes ainda de haver fontes carregadas de águas. Antes que os montes fossem firmados, antes de haver outeiros, eu nasci. Ele ainda não tinha feito a terra, nem as amplidões, nem sequer o princípio do pó do mundo. Quando ele preparava os céus, aí estava eu; quando traçava o horizonte sobre a face do abismo; quando firmava as nuvens de cima; quando estabelecia as fontes do abismo; quando fixava ao mar o seu limite, para que as águas não traspassassem os seus limites; quando compunha os fundamentos da terra; então eu estava com ele e era seu arquiteto, dia após dia, eu era as suas delícias, folgando perante ele em todo o tempo."[31]

Os hinduístas acreditavam que, quando o Criador dissipou a escuridão e produziu as Águas, sobre elas flutuou Narayana, o Espírito Divino. Entre os cristãos,

---

29. Apocalipse, i. 4.
30. Citado em *Sacred Mythology among the Mayas*, p. 111.
31. Provérbios, viii. 23-30.

esse espírito da Sabedoria é geralmente representado sob a forma de uma pomba, e Milton assim o invoca:

> Instruct me, for thou knowest; thou from the first
> Wast present, and with mighty wings outspread
> Dove-like sat'st brooding on the vast Abyss,
> And mad'st it pregnant: what in me is dark
> Illumine, what is low raise and support;
> That to the height of this great argument
> I may assert Eternal Providence
> And justify the ways of God to men.[32]

> (Ensinai-me, pois tens o conhecimento; tu, que desde o início
> Estavas presente, e com poderosas asas estendidas
> Como uma Pomba te assentavas incubando o vasto Abismo,
> E tornando-o manancial fecundo: o que em mim é escuro
> Ilumina, e o que é baixo ergue e sustenta;
> Que para a maior glória deste grande argumento
> Eu possa declarar Eterna Providência
> E justificar os caminhos de Deus para os homens.)

No *Kalevala* — que, deve-se lembrar, não é filosofia, nominalmente falando, mas apenas a tradição popular de habitantes rurais, que apenas em anos recentes foi registrada a partir de informações orais fornecidas pelos camponeses — Ilmatar, a Creatrix do Universo, a Filha Virgem do Ar, é descrita descendo do seu Lar aéreo e mergulhando tranqüilamente nas amplas extensões das águas elementais. Ilmatar, às vezes descrita como a *Creatrix* e outras vezes como a mais bela "*filha* da Criação", flutuou durante *sete* longos séculos sobre a superfície do oceano. Então:

> The wind that blew around her,
> And the sea woke life within her.[33]

> (O vento que soprava ao redor dela,
> E também o mar, despertaram a vida dentro dela.)

Uma pata pairou sobre as águas, mas não foi capaz de encontrar qualquer apoio onde pudesse pousar até que a Mãe das Águas levantasse acima das ondas

---

32. *Paradise Lost.*
33. Runo, i. 136, 137.

um joelho e os ombros, e desse modo proporcionasse ao pássaro um lugar para se aninhar. Sete ovos — seis de ouro e um de ferro — foram botados, e a pata chocou-os durante três dias. Então, a Mãe das Águas rolou os ovos para dentro do oceano, onde eles se quebraram. Da gema de um dos ovos nasceu o nosso Sol; da clara, a nossa Lua; do fragmento superior de uma das cascas se ergueu a abóbada celeste; e da metade inferior surgiu a terra sólida. "Agora", prossegue o *Kalevala*,

> the time passed quickly over,
> And the years rolled quickly onward;
> In the new Sun's shining lustre,
> In the new Moon's softer beaming,
> Still the Water-Mother floated,
> Water-Mother, maid aerial,
> Ever on the peaceful waters,
> On the billows' foamy surface,
> With the moving waves before her
> And the heaven serene behind her.
> When the ninth year had passed over
> And the summer tenth was passing,
> From the sea her head she lifted,
> And her forehead she uplifted,
> And she then began creation,
> And she brought the world to order
> On the open ocean's surface,
> On the far-extending waters.[34]

> (o tempo passou muito depressa,
> E depressa os anos rolaram para a frente;
> No novo brilho resplandecente do Sol,
> Na nova radiância suave da Lua,
> A Água-Mãe continuava flutuando,
> A Água-Mãe, aérea donzela,
> Sempre por sobre as águas tranqüilas,
> Na superfície espumosa dos vagalhões,
> Com as ondas movendo-se diante dela
> E atrás de si o céu sereno.

---

34. Runo, i. 245, 261.

Quando o nono ano se passou
E o décimo verão transcorria,
Ela ergueu do mar a sua cabeça,
E sua testa ela levantou,
E então ela deu início à criação,
E trouxe ordem ao mundo
Sobre a superfície do oceano aberto,
Sobre a longa extensão das águas.)

Nos emblemas reproduzidos a seguir, há representações não apenas da própria Água-Mãe, mas também de um pato flutuando sobre a longa extensão das águas. O fato de se atribuir uma pata a Ísis nos leva a supor que existiu no Egito uma lenda parecida com a da Finlândia:

Come thou in peace to thy seat, O Lord Conqueror;
Show us the Great Bull, the lovable Lord as he shall become
Thy duck, thy Sister Isis, produceth the sweet odours belonging to thee and with thee.[35]

(Vem em paz ao teu assento, Ó Senhor Conquistador;
Mostra-nos o Grande Touro, o adorável Senhor em que ele se tornará
A *tua pata*, a tua Irmã Ísis, que produz os doces aromas que pertencem a ti e que estão contigo.)

Em muitos desses emblemas da Água-Mãe e da Princesa, os cabelos são cuidadosamente arrumados em número de *Seis* — assim como nos emblemas de Jesus (figuras 32, 33 e 34, na página 35) o número de cabelos representados era *três*. No México antigo, os cabelos da Grande Mãe eram cuidadosamente arrumados em sua testa em cachos e cruzes, estando os cachos dispostos para formar as cruzes. [36] Na primeira edição do livro *Gnostics* (Os Gnósticos), de King [37], há uma reprodução de um facsímile de Sofia com seus cachos cuidadosamente arrumados em três de cada lado da cabeça; porém, na segunda edição revisada desse livro, os seis fios de cabelos de Sofia foram ignorantemente enfeitados pelo revisor artístico, que os aumentou para um número indeterminado e destituído de significado. Deve-se notar que a Figura 479 (na página 188) tem seis línguas, número que denota os

35. *The Burden of Isis*, p. 34.
36. *Signs and Symbols of Primordial Man*, A. W. Churchward, p. 369.
37. 1864, prancha v. Fig. 1.

485 486 487

488 489 490

491 492 493

atributos da Divindade, isto é, Poder, Majestade, Sabedoria, Amor, Misericórdia e Justiça.[38] Dizia-se que esses seis poderes, ou poderes semelhantes a eles, eram as seis raízes ou radicais da Chama Parental, o Poder Ilimitado que permaneceu, permanece e permanecerá, e esses seis aspectos da Chama provavelmente respondem pelas seis virgens vestais cujo dever era manter aceso o Fogo sagrado. Seis perfeições estão associadas à Roda Solar (Figura 493), e nas seis letras do nome Jesous os místicos viam uma identidade entre Jesus e Sofia, a Filha da Luz.[39]

Os nativos das Ilhas Sandwich têm uma tradição segundo a qual no princípio nada havia a não ser água, até que a Divindade, na forma de um grande pássaro, desceu das alturas e botou um ovo no mar. Esse ovo rachou, e dele emergiu o

---

38. *The Gnostics*, King, p. 61.
39. *Fragments of a Faith Forgotten*, G. R. S. Mead, p. 369.

Havaí.[40] De acordo com a mitologia grega, o Amor nasceu do ovo na Noite flutuando no caos.[41] Os hinduístas ensinam que o Espírito Supremo, graças à sua união com a Deusa Maia, produziu as águas, e nelas depositou uma semente produtiva. Esse germe tornou-se um ovo, brilhante como o ouro, resplandecente como uma estrela, e dele foi reproduzido o Ser Supremo sob a forma de Brahma, o ancestral de todos os seres.[42]

Sem dúvida, esse ovo semelhante ao Sol deve ser identificado com o ovo dourado que a Gansa primordial, ou o Pássaro do Espírito, botou; é também notável a alegação apresentada por Ísis: "A fruta a que eu dei à luz é o Sol." Os egípcios afirmavam que Ptah, o "Senhor da Verdade", nasceu de um ovo que saiu da boca de Amun-Knepth, a Serpente Verdadeira e Perfeita. A inicial P que aparece na Figura 482 (na página 189) é possivelmente uma referência a Ptah; e as letras M T sob as figuras 486, 487 e 488 podem ser uma contração de Maht, a Mãe da Verdade.

De acordo tanto com os maias como com os egípcios, a Grande Serpente era "de cor azul com escamas *amarelas*".[43] O amarelo, ou ouro, a cor do Sol, é ainda reconhecido como símbolo de "amor, constância, dignidade e sabedoria",[44] e o amarelo é atualmente a cor real na China, "o Império Celestial". O amarelo é também a cor sacerdotal do budismo.

Entre os egípcios, e também de acordo com Swedenborg, o Azul, que atualmente não é uma cor canônica, era o símbolo da Verdade.[45] Um dos bardos do *Kalevala* invoca Ilmatar (obviamente, *El Mater* ou o *Deus-Mãe*) nas palavras:

> Ancient Daughter of Creation,
> Come in all thy golden beauty;
> Thou the oldest of all women,
> Thou the first of all the Mothers.
>
> . . . .
>
> Rise thou up, O Water-Mother,
> Raise thy *blue cap*[46] from the billows.[47]

---

40. *Polynesian Researches*, Ellis.
41. Lemprière, Nox.
42. *Queen Moo*, p. 70.
43. *Sacred Mysteries among the Mayas*, p. 109.
44. *Christian Symbolism*, F. E. Hulme, p. 24.
45. *The Science of Correspondences*, E. Madeley, p. 363.
46. Note o gorro nas figuras 486 e 488.
47. Runo, xvii. 280, 294.

(Antiga Filha da Criação,
Vem em toda a tua beleza *dourada*;
Tu a mais velha de todas as mulheres,
Tu a primeira de todas as Mães.

. . . .

Ascende, Ó Água-Mãe,
Levanta o teu *gorro azul* das grandes ondas.)

Entre os maias, o Azul, sendo a cor da abóbada celeste, simbolizava o sagrado, a santidade, a castidade e, conseqüentemente, a felicidade.[48] No México, no Egito e na Caldéia, o azul era usado durante as ocasiões de luto como um sinal de felicidade pelo fato de que a alma, livre dos empecilhos da matéria, estava desfrutando das regiões celestiais. As múmias egípcias encontram-se com freqüência amortalhadas numa rede de contas azuis. Com o objetivo de indicar seu caráter exaltado e celeste, os Deuses freqüentemente eram pintados de azul. Pode ter sido essa a origem da expressão "sangue azul", e até a época da conquista espanhola do México, os nativos que se ofereciam como sacrifícios propiciatórios à sua Divindade untavam seus corpos com tinta azul.[49]

Dois matizes de Azul sempre foram reconhecidos pelo Misticismo e pela Poesia; a bela Turquesa de um céu sem nuvens e a transcendental Ultramar,[50] que se extrai do Lápis-Lazúli. Na Índia, o azul puro, imaculado e elemental é ainda a cor sobrenatural, a cor do lótus místico e dos Deuses lânguidos e de olhos longos.

Uma versão de Cinderela descreve seu vestido característico como "azul como o céu"; outra como "da cor do céu do meio-dia"; outra como "da cor do mar"; outra como "azul-escuro coberto com um bordado dourado"; outra como "semelhante às ondas do mar"; outra como "semelhante ao mar com peixes nadando nele"; e outra como "da cor do mar coberto com peixes dourados".[51]

A Deusa Ísis é chamada não apenas de "Dama do Princípio" e "Dama da Esmeralda"[52] mas também, "Dama da Turquesa", e ela invoca Osíris como o Deus da Turquesa e do Lápis-Lazúli. "Com Turquesa o teu cabelo é cingido e com Lápis-Lazúli, o mais formoso Lápis-Lazúli. Vê! O Lápis-Lazúli está acima dos teus cabelos!"[53]

---

48. *Queen Moo*, p. 90.
49. *Ibid.*
50. Ultramarine = "além do mar".
51. *Cinderella*, pp. 130, 159, 181, 250.
52. A imortalidade da sempre-verde.
53. *Burden of Isis*, p. 55.

No mosaico simbólico com o qual a bela Sulamita saúda o Rei Salomão, ele é descrito como "alvo marfim, coberto de safiras",[54] sendo que o azul da safira tem, sem dúvida, a mesma significação que o azul profundo do Lápis-Lazúli.

Um epíteto tradicional para Minerva, a Deusa da Sabedoria grega, era "a donzela de olhos azuis", e na história da descida do Sol, Kamalamitra planeja o seu destino estimulado pela irresistível "luz *azul* dos olhos de Shri". Quando Shri encontra seu amante no mundo subterrâneo, ela o banha numa torrente de cor *azul* que emana dos seus olhos maravilhosos, e, olhando em direção a ela, Kamalamitra percebe que o mundo inteiro se dissipa numa névoa *azul*. Quando ele a encontra pela segunda vez, relata-se que a cor azul que se projeta dos olhos maravilhosos de Shri varrem o aposento iluminando-o com a glória do sol poente.

A beleza de Cinderela "ilumina todo o aposento", e como no caso de Shri, Cinderela "brilha como o Sol".[55] É também quase uma tradição o fato de que a Princesa da Terra das Fadas tem olhos azuis e cabelos semelhantes a uma cascata de Luz dourada.

O negro, a tonalidade de outra das vestes de Cinderela, é hoje o símbolo do mal, mas é óbvio que originalmente tinha um bom significado. Às vezes, Ísis era representada como negra, e Diana, a Deusa da Luz, era representada indiferentemente como branca e negra. O Dr. Inman, cujos olhos estavam fascinados pelo falicismo, atribui o que era obviamente uma negritude sagrada a uma origem indecente, e, da parte dele, imaginária: "Eu tenho", diz ele, "procurado em vão por um motivo plausível para a negritude das virgens e das crianças sagradas em certos Santuários Papais que fosse compatível com a decência e com o Cristianismo. É claro que o assunto não será trazido à luz."[56]

Mas não existe indecência no que se refere à negritude, e seu significado é facilmente acessível. Ela era um símbolo da "Escuridão Divina" da Imperscrutabilidade, do Silêncio e da Eternidade. Era, essencialmente, um dos matizes da Sabedoria, e assim foi entendida por Milton, que, referindo-se a Cassiopéia, escreveu:

> Goddess, sage and holy,
> Whose saintly visage is too bright
> To hit the sense of human sight;

---

54. Cântico dos Cânticos, v. 14.
55. *Cinderella*, pp. 242, 333.
56. *Pagan Symbolism*, A. W. Inman, p. 80.

And therefore to our weaker view

O'erlaid with black, *staid Wisdom's hue.*[57]

(Deusa, sábia e santa,

Cuja sagrada face tamanho brilho emana

Que não o alcança o sentido da visão humana;

Nossa vista embotada vê, pois, a divindade

Em negro, que *da Sabedoria é a tonalidade.*)

Muitos dos deuses e deusas do passado eram representados com uma tonalidade dupla — *Branco* para significar Tempo e *Preto* para simbolizar Eternidade; Branco para Dia e Preto para Noite. A Noite, Mãe de todas as coisas, era retratada com um véu estrelado, segurando em seus braços duas crianças, uma branca e a outra negra. Os egípcios veneravam o Grande Espírito como "Tempo Infinito e Eternidade". A cor de Krishna era o azul, e o seu nome significa "Azul-Negro". Osíris, assim como Hórus, às vezes era negro e às vezes branco.[58] Ápis, o boi sagrado, era negro com uma mancha esbranquiçada parecida com a Lua.[59] Amun-Knepth, a Sabedoria Divina não-manifesta, foi descrito como "uma tríplice escuridão desconhecida que transcende toda percepção intelectual",[60] e as antigas *Estâncias de Dzyan* hinduístas falam do Brilhante Filho Branco do Oculto Pai Negro.[61] A palavra grega para *escuridão* é *knephaios*, que se deve associar a Knepth, a Escuridão primordial que estava sobre a face do Abismo. "Há em Deus", diz Vaughan, o místico inglês, "uma profunda e deslumbrante escuridão", e, sem dúvida, é com esse Negro Divino que os deuses e deusas da antigüidade costumavam ser revestidos. "Eu", diz a bela Noiva do Cântico dos Cânticos, "sou negra",[62] e sou formosa como as *tendas* de Quedar e como as *cortinas* de Salomão" — passagem que pode ser comparada com a referência de Isaías à divindade "que estende os céus como *cortina* e os desenrola como *tenda* para neles habitar".[63]

Além do fato de Cinderela, às vezes, aparecer vestida de preto da cabeça aos pés, é também uma característica quase universal da história o fato de ela ficar

---

57. *Il Penseroso.*

58. *Signs and Symbols of Primordial Man*, A. W. Churchward, pp. 27, 78, 242.

59. Lemprière.

60. *Sacred Mysteries among the Mayas,* Le Plongeon, p. 53.

61. *The Stanzas of Dzyan*, p. 30.

62. i. 5.

63. Isaías xl. 22.

sentada junto ao forno e cobrir de negro o seu rosto com fuligem ou cinzas.[64] De modo semelhante, nas versões masculinas, Cendrillot é descrita como "negra como um limpador de chaminés e sempre junto ao forno". O apelido de Cinderela é, às vezes, "rosto fuliginoso", e uma versão relata como as lágrimas do Príncipe "lavam" o disfarce e revelam por baixo da fuligem um rosto celestial.[65]

"Homem algum", diz Ísis, "levantou o meu véu", e, à semelhança de Ísis, não é incomum Cinderela aparecer coberta pelo véu da névoa. Quando atacada ou acossada, ela foge exclamando: "A névoa está atrás de mim, a névoa está na minha frente, o sol de Deus está acima de mim." Em outros contos ela diz: "Névoa atrás de mim, ninguém vê de onde eu venho", e tudo o que o Príncipe vê quando a persegue é "alguma coisa como o longo risco luminoso de uma estrela cadente através de densa neblina". Algumas vezes, ela exclama:

> Light before, behind me dark,
> Whither I ride no man shall mark."

> (Luz à minha frente, atrás de mim escuridão,
> Por onde eu vou homem algum prestará a atenção.")

Outras vezes, ela chora suplicando:

> Darkness behind me, light on my way,
> Carry me, carry me, home-to-day.

> (Trevas atrás de mim, luz diante do meu olhar,
> Luz me leve, luz me leve, hoje para o meu lar.)

Quando perseguida por personagens indesejáveis, ela atira sobre os seus ombros um véu branco tecido de névoa, que a torna invisível, e às vezes ela despista os seus perseguidores atirando bolas ou sacos de névoa e espalhando punhados de pérolas e jóias.[66]

Entre as charadas impostas ao príncipe pela Donzela Eslava de cabelo dourado, uma delas é a seguinte: "O fogo não pode me acender, a vassoura não pode me

---

64. O ato de se sujar com cinzas é provavelmente simbólico de alguma coisa — eu não sei o quê. Os hinduístas invocam Shiva, "efetivamente revestido de cinzas", como "esse triunfante Senhor que permanece em misteriosa meditação, pálido e acinzentado, manifestando-se à esquerda como mulher e à direita como homem". — *An Essence of the Dusk*, F. W. Bain, p. 3.
65. *Cinderella*, pp. 224, 285, 452.
66. *Cinderella*, pp. 323, 325, 331, 418. Uma variante desse dístico é a seguinte: "*Branco* na frente e *preto* atrás; ninguém verá aonde eu vou." — *Cinderella*, p. 476.

varrer, nenhum pintor pode me pintar, nenhum esconderijo me protege." O amante responde corretamente: "É a luz do sol." A donzela então lhe propõe outra charada: "Eu existi antes da criação de Adão. Estou sempre mudando, sucessivamente, as duas cores da minha roupa. Milhares de anos se passaram, mas eu permaneço sem alteração, tanto na cor como na forma." Diz o Príncipe: "Você deve ser 'O Tempo, incluindo o dia e a noite'."[67] Esta é a resposta correta, e, entre os antigos, o Tempo era um atributo e um aspecto da Divindade. Os persas o chamavam de "Tempo sem limites", ou "Tempo ilimitado", e os egípcios se referiam a ele como "O Grande Verde, o Tempo sem Fim, e a Eternidade". As duas cores alternativas do vestido da Donzela, que o príncipe adivinhou, as vestes do Tempo, incluem o dia e a noite, o dia sendo o branco e a noite o preto, e a Sabedoria sendo, alternativamente, oculta e desvelada, manifesta e imperscrutável.

Na Figura 485 (na página 195) vê-se Ísis, a Pata, flutuando sobre as águas primordiais, e ao seu redor um mostrador de relógio, a Face do Tempo. No princípio, dizem as *Estâncias de Dzyan*: "A Eterna Mãe* envolta em seus Mantos Sempre Invisíveis descansou mais uma vez por *Sete* Séculos. O Tempo não existia, pois se estendia adormecido no Seio Infinito da Duração."[68] Deve-se observar que os caracteres sobre o Mostrador desse relógio consistem numa Cruz de Luz e na figura de um traço, I, que podem ser lidos como Ísis e também como Jesus. Na Figura 494, o ponteiro do relógio consiste na *Fleur-de-Lys* da Luz e no coração do Amor, e no centro da Figura 495 aparece, em lugar dos ponteiros, uma chama ou nuvem sétupla. Uma das primeiras experiências do Peregrino de Komensky, depois de abandonar o labirinto deste mundo e contemplar as coisas através dos óculos do Espírito Santo, é a visão de um relógio. Uma luz estranha permeia todas as coisas, e o que antes parecia apenas Caos, recai num sistema rítmico, bem-ordenado. As rodas da vida, aparentemente destituídas de sentido e dispersas, unificam-se na forma de um instrumento semelhante a um relógio, que mostra o curso do mundo e a sua orientação divina. "Eu contemplei", diz Komensky, "o mundo diante de mim como um imenso mecanismo de relojoaria, fabricado com diversos materiais visíveis e invisíveis; e ele era completamente vítreo, transparente e frágil. Ele tinha milhares, ou melhor, milhares de milhares de colunas maiores e menores, rodas, engates, dentes, entalhes, e todas essas peças se moviam e traba-

67. *Slav Tales*, pp. 228, 229.
* *Parent*, no original. (N.T.)
68. *Stanzas of Dzyan*, p. 18.

494 495

lhavam conjuntamente, algumas em silêncio, algumas fazendo muito ruído e matraqueando de diversas maneiras. No meio de tudo isso, ficava a roda maior, a principal, que no entanto era invisível; dela procediam, de alguma maneira insondável, os vários movimentos das outras. Pois o poder dessa roda penetrava e atravessava todas as coisas, e dirigia tudo. No entanto, eu não era totalmente capaz de sondar a maneira como isso era feito; mas que era realmente feito, eu via de modo muito claro e evidente. Ora, isso me pareceu prodigioso e encantador: embora todas essas rodas se agitassem continuamente, e às vezes desaparecessem por algum tempo — pois os dentes e os entalhes, e mesmo as rodas e pequenas colunas, às vezes saíam fora do seu lugar e se despedaçavam — contudo o movimento geral nunca parava; visto que, devido a alguma maravilhosa habilidade inventiva dessa orientação secreta, tudo o que estivesse faltando sempre era substituído, completamente preenchido, renovado.

"Vou falar com mais clareza: Eu vi a glória de Deus, e vi como o céu e a terra, e o abismo, e tudo o que se pode imaginar além do mundo, e que se estendia até os limites sem fim da eternidade, estavam cheios do Seu poder e da Sua divindade. Eu vi como a Sua onipotência permeava tudo, e era o fundamento de todas as coisas; que tudo o que acontecia em toda a imensidão do mundo estava de acordo com a Sua vontade, a menor e a maior das coisas; isso também eu vi."

O Tempo ou o Ancião dos Dias em semítico é Rá, palavra identificada por Le Plongeon com o maia La, significando "o que existe para sempre: A Verdade Eterna".[69] Rá, diz o Dr. Churchward, é chamado de "o ancião dos confins do Monte da Glória".[70] Ísis era a "Senhora da Montanha", a divina "Dama do Outeiro*".[71]

69. *Sacred Mysteries among the Mayas*, p. 54.
70. *Signs and Symbols of Primordial Man*, p. 347.
* Em inglês *mound*, nome que também indica os pequenos montes artificiais que serviam de sepultura e desempenhavam importante papel religioso na pré-história. (N.T.)
71. *Ibid.*, p. 123.

Nos contos de fadas, não é incomum encontrar narrativas em que a Donzela de Cabelos Dourados e belos olhos azuis é colocada no topo de uma montanha de cristal.[72] Numa lenda hinduísta, o Senhor do Tempo mora numa montanha transcendente cujo topo brilha como uma língua de chamas ao sol poente, e em cuja direção as Sete Estrelas da Ursa Maior voltam os seus olhos. Os camponeses eslavos, que têm um conto de fadas a respeito dessa montanha de cristal, dizem que há uma fogueira que queima sem cessar em seu cume. Ao redor dessa fogueira, estão sentados doze Grandes Seres — os doze meses — e no centro das chamas há um homem idoso, calvo e com longas barbas brancas. "Homem", disse o Ancião dos Dias, dirigindo-se ao curioso visitante humano, "não desperdice aqui a sua vida; volte para a sua cabana; trabalhe, e viva honestamente. Pegue quantas brasas você quiser; nós temos mais do que precisamos." Então, depois de dizer isso, ele desapareceu, e os doze Seres encheram com brasas um grande saco, que eles colocaram sobre os ombros do pobre homem e o aconselharam a descer depressa para a sua casa.[73]

Para apreciar o significado e a importância dos trajes sobrenaturais de Cinderela, pode-se recorrer com proveito a um poema gnóstico incluído no texto apócrifo Atos de Tomás, o Apóstolo. Esses versos, geralmente conhecidos como *O Hino da Alma* ou *O Hino do Manto de Glória*, nada têm a ver, no entanto, com o texto original grego dos Atos de Tomás (936 d.C.), e tanto o seu estilo como o seu conteúdo são totalmente estranhos ao contexto. O Sr. G. R. S. Mead, seu editor mais recente, os descreve dizendo que se trata, com toda a clareza, de um documento independente incorporado pelo redator siríaco, à maneira ingênua, como usualmente acontece nessas compilações.[74]

O Hino do Manto de Glória, que, em muitos aspectos, é uma versão siríaca da *Descensão do Sol*, consiste em 105 dísticos (estrofes de dois versos), e é uma variante masculina da descida de Ishtar ao mundo subterrâneo. Os Pais Celestes decidem enviar o seu filho numa árdua jornada à procura de uma certa pérola que, jazendo no mar, é guardada por uma serpente de respiração ruidosa. Para esse propósito, o Menino é privado de suas roupas reais, e recebe a promessa de que, ao voltar com a pérola, sua magnífica indumentária lhe será restituída. Ele desce até a terra de Babel — palavra que, segundo Le Plongeon, deriva de palavras maias

---

72. *Cinderella*, pp. 447, 452.
73. *Slav Tales*, 7.
74. *The Hymn of the Robe of Glory*, G. R. S. Mead, p. 10.

que significavam costumes, hábitos dos nossos ancestrais,[75] isto é, convenções —
e se aloja num local próximo de onde habitava a serpente de respiração ruidosa,
esperando por uma oportunidade para conquistar a pérola.

> Lone was I there, yea, all lonely,
> To my fellow-lodgers a stranger.

> (Sim, lá eu estava sozinho, em total solidão,
> Um estranho para os que moravam comigo.)

Mas, gradualmente, os nativos de Babel seduzem o garoto atraindo-o para o
esquecimento de sua origem superior e de sua missão, e a partir do peso dos seus
víveres, ele mergulha num sono profundo. Enquanto isso, seus Pais, percebendo
tudo o que estava acontecendo, ficam preocupados e enviam uma carta ao Filho.
"Ergue-te, levanta-te do teu sono, lembra-te de que tu és o Filho do Rei, vê a quem
tens servido na tua escravidão, pensa sobre a pérola, lembra-te do teu traje glorioso,
do teu Manto Esplêndido, lembra-te!" Em conseqüência disso, continua a história,

> I snatched up the Pearl
> And turned to the House of my Father;
> Their filthy and unclean garments
> I stripped off and left in their country.
> To the way that I came I betook me,
> *To the light of our Home to the Dawnland.*

> (Eu arrebatei a Pérola
> E voltei para a Casa do meu Pai;
> As roupas imundas e sujas que me deram
> Eu as tirei e deixei em seu país.
> Pelo caminho por onde eu vim, eu voltei,
> Para a luz do nosso Lar na Terra da Alvorada.)

Seu manto maravilhoso lhe é devolvido e ele e sua Pérola são recebidos com regozijo na corte do seu Pai Real.

Proverbialmente, a Sabedoria não é apenas uma jóia excelente, mas a Pérola
de Grande Preço. Os monumentos do Egito chamam as pedras preciosas de "duras pedras da Verdade",[76] e a pérola tem sido sempre uma *ne plus ultra* simbólica,

---

75. *Queen Moo*, p. 34.
76. *The Science of Correspondence*, E. Madeley, p. 363.

sem dúvida em razão das numerosas analogias existentes entre ela e a Verdade. Supunha-se outrora que as ostras vinham à superfície durante a noite e abriam suas conchas, dentro das quais caíam gotas de orvalho que se transformavam em pérolas. A Pérola era, com certeza, considerada como um símbolo da Alma ou Espírito que jaziam encerrados dentro do corpo humano. "Houve um tempo", diz Platão, "em que nós ainda não estávamos afundados neste 'túmulo', que agora carregamos conosco e chamamos de 'corpo', firmemente presos (nele) como a ostra (na sua concha)."[77] Há, como diz Browning, um "centro íntimo em nós onde a Verdade habita em plenitude", e sendo a pérola esférica — um "orbe muito perfeito de encanto supremo" — ela era, sem dúvida por essa razão adicional, adotada como um símbolo da Perfeição. É proverbial o fato de que não apenas os lábios do conhecimento são uma jóia preciosa, mas também que a própria Sabedoria é Perfeição e leva seus seguidores à Perfeição. O número sete, constantemente associado com a Sabedoria, era chamado por antigos escritores de o número da Perfeição.[78] Cristo comparava o Céu a uma Pérola de Grande Preço, e as doze portas da Nova Jerusalém eram doze pérolas, e "cada uma dessas portas, de uma só pérola".[79] "Feliz o homem", diz a Sabedoria, "que me dá ouvidos, velando dia a dia às minhas portas, esperando às ombreiras da minha entrada. Porque, quem me encontra, encontra a vida."[80] A Sabedoria está, na verdade, sempre ligada com a Pérola Perfeita, e ela está igualmente associada com os Portais do Céu.

---

77. *Phædrus* (250 c.) Compare também com:
> Living friends, be wise, and dry
> Straightway every weeping eye.
> What ye left upon the bier
> Is not worth a single tear.
> 'Tis an empty sea-shell, one
> Out of which the pearl is gone;
> The shell is broken, it lies there;
> *The pearl, the all, the soul, is here.* — Anon.
> (Amigos vivos, sede sábios, secai agora
> Cada olho vosso que, desconsolado, chora.
> Para aquele que deixaram dentro do caixão
> Toda lágrima vertida é derramada em vão.
> É uma concha do mar vazia e abandonada
> Foi-se a pérola e tudo o que restou é nada;
> A concha se quebrou, e lá ficou, esquecida;
> A pérola, o todo, a alma, está aqui, com a vida.) — ANÔNIMO

78. *Christian Symbolism*, Hulme, p. 11.

79. Apocalipse xxi. 21.

80. Provérbios viii. 34-35.

Às vezes, Cinderela é chamada de Preciosa;[81] e fadas a conduzem até um "portal dourado", onde uma estrela igualmente dourada brilha sobre a sua fronte. Ela pede ao seu Pai "um vestido de pérolas sem corte nem costura"; ela solta os cabelos e os sacode despejando pérolas; ela está vestida da cabeça aos pés com colares de brilhantes e de pedras preciosas, e jóias caem de seus lábios quando ela fala. Às vezes, ela usa "um vestido de diamante", ou um vestido de ouro adornado com diamantes, ou um manto de seda de fio grosso com diamantes e pérolas. De acordo com *O Hino do Manto de Glória*, o traje do Filho do Rei era feito "de tecido de ouro com jóias incrustadas", e suas costuras eram presas com "jóias adamantinas"[82] (isto é, de diamantes), uma descrição que nos convida a compará-lo com o vestido de Cinderela de seda de fio grosso com diamantes e pérolas.

O Manto de Glória é, além disso, especificado como "todo enfeitado com lantejoulas que refletiam um cintilante esplendor de cores", e como trabalhado "numa mistura heterogênea de cores".[83] De maneira semelhante, Cinderela tem um vestido "com todas as cores", algumas vezes especificado como "um maravilhoso vestido cintilante", "cujo esplendor ultrapassa a capacidade de descrição". Outra versão registra graficamente o brilho do seu manto comparando-o "às ondulações de um riacho à luz do sol".[84]

Mas talvez a mais surpreendente dessas coincidências esteja nas propriedades musicais do Manto de Glória. O nonagésimo dístico do *Hino* diz:

I heard the sound of its music
Which it whispered as it descended.

(Ouvi som de sua música
Que ele sussurrou quando desceu.)

De modo semelhante, Cinderela tem um vestido que "soa como um sino quando ela desce pela escada". Esse traje notável é descrito como coberto com pequenos sinos e correntes de ouro. Às vezes, ele é um vestido "de carrilhões", e outras vezes é "um manto de sinos dourados".[85] Esses carrilhões dourados sugerem de imediato o sistro da Deusa Ísis. O sistro, um instrumento de pequenos sinos dourados, que, quando agitado, produzia música nas Festas a ela dedicadas, era

---

81. *Cinderella*, pp. 162, 163, 216, 247, 348, 349.
82. *The Robe of Glory*, 26, 70.
83. *Ibid.*, 26.
84. *Cinderella*, pp. 272, 313, 396, 401.
85. *Ibid.*, pp. 135, 136, 194, 195, 258, 321.

um símbolo do Despertador. "O sistro", diz Plutarco, "mostra que as coisas que *são* devem ser *agitadas* e *nunca parar o seu movimento*, mas é preciso, por assim dizer, agitá-las quando elas estiverem sonolentas e preguiçosas."[86] O som penetrante da Corneta de Rolando era audível a "quinze léguas de distância"; o som dos sinos dourados de Cinderela podia ser ouvido num círculo de "duzentas léguas ao seu redor", e se deixassem de soar, isso era um sinal de infortúnio.[87]

De acordo com uma versão bretã de Cinderela, narrada por um garoto de 13 anos de idade que morava numa choupana, o pai de Cinderela ofereceu a ela um vestido "como as Estrelas, como o Sol, *como a Luz*",[88] descrição que pode ser comparada com o relato que Swedenborg fez dos trajes dos anjos. "Os Anjos," diz ele, "são homens, e vivem juntos em sociedade como os homens na terra; eles têm vestes, casas e outras coisas como estas, distinguindo-se das coisas terrenas apenas pelo fato de que, estando num estado mais perfeito, eles existem em maior perfeição. As roupas com que os anjos estão vestidos, como todas as outras coisas que se referem a eles, correspondem ao que existe na mente deles; e portanto elas realmente existem. Suas roupas correspondem à sua inteligência, e, assim, todos os que vemos no céu estão vestidos de acordo com a sua inteligência; e como alguns superam outros em inteligência, eles estão mais belamente vestidos. As roupas dos mais inteligentes luzem *como uma chama* ou brilham como a luz."[89]

Para evidenciar ainda mais a semelhança, pode-se notar que o manto de Cinderela às vezes é descrito como "um magnífico vestido *de chamas*", e outras vezes como o Sol, cujo brilho as pessoas não conseguem de início olhar de frente", "como a Lua", "como a Aurora", como um tecido "trabalhado com todas as estrelas do Céu", como "a maravilha das maravilhas", como um tecido "urdido com raios do luar" e "tecido com raios do sol", e às vezes como uma roupa tão ofuscante que precisa ser transportada "por revezamento de pagens".[90]

Na apoteose do Sol, ele é usualmente representado dirigindo sua quadriga. De modo semelhante, Cinderela está equipada com uma "carruagem dourada" ou uma "carruagem esplêndida".[91] Mas, como é mais comum e apropriado a ela, seu tradicional cortejo é uma carruagem de cristal e quatro cavalos brancos.

---

86. *Isis and Osiris.*
87. *Cinderella*, p. 201.
88. *Ibid.*, p. 376.
89. *Heaven and Hell*, # 177, 178.
90. *Cinderella*, pp. 80, 167, 190, 212, 274, 353, 368, 376, 396, 413.
91. *Ibid.*, pp. 285, 406.

Cinderela, vestida como Apolo, com a Luz Solar, às vezes usa um manto feito de peles de camundongos do campo, sob o qual ela esconde suas vestes magníficas, e não fazendo caso da própria reputação, ela se põe a realizar trabalhos inferiores e tarefas cotidianas. Nos Templos de Apolo, era comum manter camundongos brancos, que eram considerados sagrados para o Deus Solar, e *Smintheus*, o Camundongo, era um dos nomes atribuídos a Apolo. Os próprios gregos ignoravam a origem dessa associação de Apolo com o camundongo, e os estudiosos modernos também se embaraçam ao tentar explicá-la. Pode-se citar numerosos exemplos em que o Herói ou a Heroína permanecem durante algum tempo sujeitos a um estado de servidão antes de realizar um destino elevado. Apolo cuidou dos rebanhos de Admeto e serviu Laomedon em troca de um salário; Hércules esteve durante doze anos a serviço de Euristeu, antes de se tornar imortal; Sargão foi um jovem ajudante de jardineiro; e Salomão foi lavador de pratos. O camundongo, sendo o mais abjeto e ínfimo animal do mundo, pode ter servido como símbolo da posição humilde que Apolo certa vez ocupara, e para a qual se concebeu que ele estava disposto a descer novamente. Se fosse o caso, este seria simplesmente um protótipo do esplendor da luz imortal encarnando num estábulo em Belém. Como o Deão de Ely observou recentemente, não há o perigo de se abaixar Deus. "Mesmo antes da Encarnação, os homens eram capazes de entender a incomparável exaltação e a incomparável condescendência que se encontram em Deus."

Os antigos não concebiam suas divindades como seres supermundanos, de um calibre diferente da espécie humana, e não era raro eles os verem abaixando-se compassivamente e vestindo a pele de camundongo da humanidade. "Vem, ó meu amado", diz a Noiva a Salomão, "saiamos ao campo, *passemos as noites nas aldeias*".[92]

Na mitologia indiana, Ganesha, o Deus da Sabedoria, é representado com cabeça de elefante, e com uma pata sobre um camundongo; aqui, novamente, a idéia que se teve a intenção de passar é, provavelmente, a de que ele abrange toda a gama da criação, desde o maior até o menor animal. No Egito, o rato era consagrado a Hórus, o Deus da Luz, o Deus salvador.[93]

Cinderela não se disfarça apenas sob um manto de pele de rato, e entre os seus disfarces está a pele de um asno. O Asno em cima do qual Cristo se dirigiu a

---

92. Cântico dos Cânticos vii. 11.
93. *Custom and Myth*, A. Lang, pp. 113, 116.

Jerusalém é, proverbialmente, o emblema da Humildade; e o manto de pele de Asno pode ser considerado como o disfarce da humildade.

Às vezes, a história de Cinderela é conhecida como "A Gata da Lareira",[94] ou Gata Borralheira, e a heroína se cobre com um manto feito de peles de gatos. Os egípcios figuravam um gato com um rosto humano sobre o arco do sistro, e usavam a mesma palavra, Mau, para indicar *gato* e *luz*.[95] Em seu aspecto de Gata Borralheira, Cinderela, evidentemente, corresponde à concepção romana de Vesta, a Deusa da Lareira[96] e do Lar. Vesta era representada velada, e o seu Templo era construído na forma de um círculo de Perfeição. O fato de essa Cinderela ser identificada com a Deusa da Lareira pode ser inferido destas palavras que são colocadas em sua boca: "Névoa na minha frente, névoa atrás de mim, Deus Todo-poderoso acima de mim! Anjinhos, anjos da guarda, protejam a casa enquanto eu estiver fora."[97] Os antigos concebiam a *Magna Mater* como a grande Operária, e se dizia da Sabedoria que ela "docemente ordena todas as coisas".[98] Outro nome de Cinderela, "Lucrezia", também a identifica como uma Deusa da Vida no Lar. Lucrezia, a matrona romana, não era apenas um proverbial padrão de castidade imaculada. Era também a dona de casa ideal, e quando foi chamada pelo mensageiro do seu marido, ela — diferentemente das suas vizinhas — foi encontrada "trabalhando em casa em meio às suas servas e *ajudando-as em seu trabalho, repartindo-o com elas*".[99]

As palavras em itálico fornecem uma pista para o significado dos sapatos de Cinderela, que às vezes são descritos como de "vidro *azul*", às vezes como de ouro, às vezes como semelhantes ao "Sol", às vezes adornados com pérolas ou enfeitados com jóias, e às vezes como "inigualáveis".[100]

O significado desses sapatos prodigiosos, que são atraídos pelos pés de Cinderela "como o ferro é atraído por um ímã",[101] talvez possa ser elucidado pela *Concordance* (*Concordância*) com os escritos de Emanuel Swedenborg.[102] "Os sapatos", diz

94. *Cinderella*, p. 341.
95. Renouf, *Hibbert Lectures*, p. 237.
96. A palavra inglesa *hearth*, que significa lareira ou forno, é derivada, de acordo com Payne-Knight, da palavra Hertha, o nome alemão da Deusa Vesta.
97. *Cinderella*, p. 421.
98. Sabedoria de Salomão viii, I.
99. Lemprière.
100. *Cinderella*, p. 516.
101. *Ibid.*, p. 161.
102. Artigo "Shoe".

Swedenborg, "correspondem às "coisas naturais que ocupam a posição mais baixa", e "plantas dos pés belamente calçadas" são emblemáticas do amor por se fazer útil. O desejo de ser útil é o tom fundamental da personagem de Cinderela e a fonte de toda a sua boa sorte. O conto geralmente começa com Cinderela e suas duas meias-irmãs encontrando um animal, uma fada ou um homem idoso, que lhes implora para que façam algum serviço ignóbil. As orgulhosas irmãs, Orgulho e Egoísmo, arrogantemente se recusam, mas Cinderela, o Espírito Celestial, aceita ajudar, e é recompensada pela subseqüente boa sorte. É uma característica fundamental da história o fato de Cinderela oferecer os seus serviços em troca de nada, e de se oferecer como voluntária para fazer todo o trabalho abjeto. A tarefa que lhe é imposta, e que ela sempre realiza prontamente é, em essência, a mais ignóbil das tarefas ignóbeis. Com freqüência, é repugnante, e, de acordo com cerca de vinte e cinco por cento das histórias, consiste em limpar uma cabeça suja. Um homem velho ou uma fada — ou, de acordo com uma versão, a Virgem Maria — encontra Cinderela e suas irmãs e lhes pede com uma franqueza simples e sem afetação: "Tirem os piolhos da minha cabeça." As orgulhosas irmãs, proferindo uma rajada de insultos, se recusam, mas Cinderela aceita a indesejável tarefa e vasculha os cabelos à procura de piolhos e lêndeas, que *se transformam em pérolas e jóias* à medida que caem. É claro que a intenção da alegoria, como a de Cristo lavando os pés dos discípulos, é que, quanto mais ignóbil for o serviço, maior será a sua beleza. É provável que a razão pela qual o sapato foi adotado como símbolo do espírito do "deixe-me-fazer-isso-para-você" se devesse ao fato de que os sapatos protegem a pessoa que os usa e impedem que a sujeira chegue até ela *ao recebê-la sobre si mesmos.*

As simbólicas vestimentas de humildade sob as quais Cinderela é às vezes vestida, são mantos feitos de pele de asno, pele de rato, pele de gato ou pele de piolho, sendo que a tarefa de catar piolhos de uma cabeça é o emblema de um serviço ignóbil e revoltante que uma pessoa pode fazer por outra. Porém, enquanto está sujeita a essa mais baixa das servidões, Cinderela tem uma visão daquela que será essencialmente a sua própria glória. Numa versão de Hanôver, a pequena heroína espia o interior de um quarto onde está pendurado um espelho numa moldura dourada. Esse espelho reflete uma garota encantadora, radiante em vestes reais, e com uma coroa de ouro na cabeça; no entanto, "ela não sabe que a garota é ela mesma". No devido tempo, ela encontra o príncipe e veste uma roupa "como nunca se viu antes". Depois de se tornar Rainha, ela olha novamente para o mesmo espelho e reconhece que foi ela mesma quem ela viu refletida nesse espelho muito tempo antes.[103] Compare com esse incidente o dístico 76 do *Hino do Manto de Glória*, onde o herói exclama a respeito do seu manto:

> At once as soon as I saw it,
> The glory *looked like my own self.*

> (De imediato, tão logo eu o vi,
> A glória *se pareceu com o meu próprio eu.*)

Esse dístico foi alternativamente traduzido como: "A mim mesmo eu vi como num espelho diante do meu rosto."[104]

Num grande círculo de contos de Cinderela, de ampla extensão, a heroína é uma das três filhas de um rei que, como o Rei Lear, são solicitadas a expressar a profundidade da sua afeição filial. Cinderela, como Cordélia, não faz nenhuma afirmação extravagante, mas em cada versão ela responde que ama o seu pai "como o sal". Ela é, conseqüentemente, expulsa de casa, e não é chamada de volta até que o seu desorientado pai tenha descoberto, por triste experiência, o valor do sal. Nessas histórias, é invariavelmente com o Sal que Cinderela é identificada, e o Sal era o símbolo da Sabedoria. A sabedoria era freqüentemente personificada segurando um saleiro,[105] e a entrega do *Sal Sapientiae*, o Sal da Sabedoria, é ainda uma formalidade na Igreja Latina.[106] A Sofia celeste aparece na Ciência mística como *sodium* ou sal, e sua cor é amarela.[107] Em *A Descensão do Sol*, diz-se que Shri é o próprio sal do mar da beleza, inspirando em todos os que dele bebem uma sede insaciável e um ardente e intolerável desejo pela água dos lagos azuis dos seus olhos.[108] Cristo descreveu os Seus seguidores como o sal da terra, e foi o sal que Eliseu usou para abrandar as águas de Jericó: "Então, saiu ele ao manancial das águas, e deitou sal nele; e disse: Assim diz o Senhor: Tornei saudáveis estas águas; já não procederá daí morte nem esterilidade. Ficaram, pois, saudáveis aquelas águas, até o dia de hoje, segundo a palavra que Eliseu tinha dito."[109]

Há uma parábola semelhante que conta como Moisés adoçou as águas amargas de Mara, mas, em vez de *sal*, Moisés lançou *madeira* nas águas. É curioso

---

103. *Cinderella*, pp. 191, 192.
104. *The Hymn of the Robe of Glory*, G. R. S. Mead, p. 93.
105. *New Atlantis: a continuation of,* by R. H., Londres, 1660, p. 23.
106. *Christian Symbolism*, Mrs. H. Jenner, p. 3.
107. *The Perfect Way*, p. 56.
108. Compare com o Cântico dos Cânticos ii. 4: "Os teus olhos são as piscinas de Hesbom."
109. 2 *Reis* ii. 21, 22.

constatar que em muitas localidades Cinderela é conhecida como *Maria Wood* (Maria Madeira), que às vezes varia para *Maria Wainscot* (Maria Lambril) e *Princess Woodencloak* (Princesa Capote de Madeira). De acordo com essas variantes, um invólucro de madeira é ajustado ao redor do corpo de Cinderela, ou uma tora de carvalho é escavada até ficar oca de modo a formar uma anágua, e Cinderela pode entrar e sair à vontade do seu revestimento de madeira. Numa certa ocasião, ela é observada por um príncipe quando saía do seu lambril, e o príncipe se casa com ela.[110] Há uma passagem curiosa no Cântico dos Cânticos relacionada com a misteriosa "irmãzinha". Lê-se: "Que faremos a esta nossa irmã, no dia em que for pedida? Se ela for um muro, edificaremos sobre ele uma torre de prata; se for uma porta, *cercá-la-emos com tábuas de cedro*".[111]

De acordo com Swedenborg, a madeira é o símbolo da bondade celestial no seu plano corpóreo mais baixo. É, em especial, o tipo de boa vontade para com o nosso vizinho — um simbolismo que deriva da utilidade da madeira como lenha para fazer fogo e como material de construção para fazer uma casa. Deve haver, penso eu, alguma ligação entre o invólucro de madeira de Cinderela e a seguinte afirmação de Swedenborg: "A qualidade da inocência das criancinhas tem sido representada para mim por alguma coisa de madeira, quase destituída de vida."[112]

É singular o fato de que Cinderela, se não é uma criada para todos os serviços, geralmente é uma garota-ganso, ou pastoreadora de gansos. Se uma pastora de ovelhas é aquela que cuida de suas próprias idéias inocentes, uma pastora de gansos seria, logicamente, aquela que cuidaria de sua própria espiritualidade. Os gansos que são pastoreados por Cinderela, tendo a inteligência de reconhecer a beleza de sua incomparável protetora, cantam em coro:

> Hiss, Hiss, Hiss!
> What a beautiful lady is this;
> Just like the Moon and the Sun is she,
> Some nobleman's daughter she seems to me.[113]

> (Hiss, Hiss, Hiss!
> Quem sabe como é linda a nossa dama diz
> Que ela é igual à Lua e ao Sol em sua beleza,
> Ela me parece filha da nobreza.)

---

110. *Cinderella*, pp. 101, 105, 110, 303, 333, 410.
111. viii. 8, 9.
112. Uma *Concordance* para os escritos de Swedenborg. Artigo "Wood".
113. *Cinderella*, p. 212.

Todos os domingos, Cinderela remove seu disfarce de madeira e penteia seus cabelos, dos quais caem sementes douradas, e essas sementes são apanhadas pelos gansinhos.[114]

Há outra característica muito comum e claramente simbólica na história de Cinderela. Quando ela é maltratada pela madrasta, alguns animais amistosos e compassivos, entre os quais uma Vaca Azul ou um Cordeiro Branco, servem a ela como um gênio confiante e bondoso. A madrasta cruel, que pode seguramente ser identificada com a Circunstância Gigantesca, ordena que a afilhada mate esta única coisa que ela mais ama no mundo. Cinderela, desconsolada, a obedece, e do sangue do seu amigo sacrificado nascem seus vestidos maravilhosos e sua felicidade futura. Creio que foi Fénelon quem disse que "somente Deus sabe como crucificar".

Em algumas versões, a tarefa imposta a Cinderela é uma escolha de grãos, semelhante àquela que é imposta a Psiquê. O significado dessa imposição é tão sugestivo que o Dr. Frazer batizou uma das suas obras com o título *Psyche's Task* (A Tarefa de Psiquê), e a dedicou "a todos aqueles que estão empenhados na tarefa de Psiquê, de separar as sementes boas das sementes ruins".

Em sua introdução para a coleção de contos de Cinderela de Miss Cox, o Sr. Andrew Lang os descreve dizendo que remontam a uma imensa antiguidade, datando de "um período de fantasia selvagem, como aquele no qual as raças mais atrasadas ainda se encontram hoje ou se encontravam ontem".[115] As evidências que foram reunidas atualmente — e ainda há muito mais coisas a serem acrescentadas — poderão, assim eu espero, fazer alguma coisa para banir essa teoria corrosiva da "fantasia selvagem", e dar apoio à afirmação de Bacon, segundo a qual "sob algumas dessas ficções antigas estão escondidos certos mistérios". Falando a respeito da heroína de *The Faerie Queene* (A Rainha das Fadas), que Spenser identifica com Diana, a Deusa da Luz, o poeta escreveu: "Nessa Rainha das Fadas eu concebo a pessoa mais excelente e gloriosa da nossa Soberana, a Rainha, e o seu Reino na Terra das Fadas." *The Faerie Queene* é, como o próprio Spenser descreve, "uma contínua alegoria ou uma fantasia poética singular e obscura", e pode-se dizer o mesmo, penso eu, de Cinderela. A progressão de Cinderela, que, de menina que tomava conta do fogo se transforma em filha do Rei, parece-me

---

114. *Ibid.*, p. 334.
115. *Cinderella*, p. xiv.

uma representação dramática deste princípio místico: "O Homem não percebe a verdade, mas Deus percebe a verdade no homem. A luz interior é a ascensão natural do espírito dentro de nós, que, no final, ilumina e transfigura aqueles que zelam por ela."[116] Comentando sobre o Cântico dos Cânticos, São Bernardo pergunta: "Quem é a Noiva?, e ele mesmo responde, penso eu, corretamente: "É a Alma sedenta por Deus."[117]

---

116. Jacob Boehme.
117. *Cantica Canticorum*, Sermão VII.

Capítulo X

A ESTRELA DO MAR

I must become Queen Mary and birth to God must give,
If I in blessedness for evermore would live.

(Eu preciso me tornar a Rainha Maria e a Deus eu devo gerar,
Só assim a bem-aventurança será para sempre o meu lar.)

SCHEFFLER

É provável que o culto da Virgem Maria tenha feito mais para moderar as repugnantes atrocidades da Idade Média do que qualquer outra característica da fé católica. O mais bárbaro fanfarrão jamais pensou que a sua masculinidade seria maculada se ele se ajoelhasse diante de um santuário mariano de beira de estrada, e o mais miserável dos camponeses sempre tirava algum conforto de uma *Ave Maria*.

A Igreja atribui à Virgem Maria características mais antigas do que aquelas que o Novo Testamento reconhece nela. Do Cântico dos Cânticos, ela tomou emprestados para a Virgem os seguintes títulos: "Rosa de Sharon", "Lírio do Vale", "Cedro do Líbano" e "Torre de Davi"; e do Apocalipse ela derivou a concepção e a imagem que se tem dela como Rainha do Céu com a Lua debaixo dos pés, vestida do Sol e coroada com as doze estrelas da Assunção.

A religião enxerta novos conceitos nos dogmas antigos, e nenhum credo recente jamais erradicou as crenças mais antigas sobre as quais ele foi imposto. O culto da Rainha do Céu já florescia muito tempo antes da época de Jeremias,[1] e quando a Igreja Cristã oficializou as datas das suas festas, ela fixou 25 de março como o Dia da Anunciação, que em inglês é chamado de "Lady Day" (Dia da Dama, ou Dia da Senhora) devido ao fato de que nessa data era celebrada, em

---

1. Jeremias, xliv. 16, 22.

todo o mundo grego e romano, a festa da concepção milagrosa da "Santa Virgem Juno". O mês de maio, agora dedicado à Virgem Maria, era igualmente o mês das virgens mães pagãs.[2] Os títulos de "Nossa Senhora", "Rainha do Céu" e "Mãe de Deus" eram atribuídos a Ísis, a imaculada, e, à semelhança da Assunção, Ísis era representada de pé sobre a lua crescente e circundada por doze estrelas.[3]

A Virgem Maria é designada pela Igreja Católica como "Nossa Senhora da Sabedoria" e *Mater Sapientiæ*. Quando retratada como Nossa Senhora da Sabedoria, ela é representada lendo o sétimo capítulo da Sabedoria de Salomão, que se abre com as palavras: "Pois ela é o alento do poder de Deus e uma pura influência que emana da glória do Todo Poderoso."[4] De acordo com o autor de *Our Lady in Art* (A Nossa Senhora na Arte): "Maria, desde o Cristianismo primitivo, permaneceu como um símbolo da Igreja e da alma individual, cuja salvação está em seu Filho."[5] Sendo assim, a Igreja Latina preservou fielmente alguma lembrança do significado original e esotérico da parábola.

Entre os títulos da Maria Rainha está o de *Stella Maris*, a Estrela do Mar — epíteto para o qual é difícil discernir qualquer justificativa bíblica. No entanto, a "Estrela do Mar" foi um dos títulos de Ísis e de outras deusas pagãs, e deve-se supor que ele foi sancionado pelo Cristianismo devido à razão habitual de que as pessoas, obstinadamente, se recusavam a renunciar a ele.

A Estrela do Mar é representada nos emblemas da Mãe-Água reproduzidos a seguir, Mary, Maria, Myrrha, Miriam ou Mara, a luz cintilante das águas, a filha virgem de Labismina, o Grande Abismo.

O espelho circular nas mãos das personagens femininas das figuras 500 a 503 é o Espelho da Perfeição, que, até mesmo nos dias de hoje, é o conhecido atributo da "Verdade".

No livro Sabedoria de Salomão, a Sabedoria, clara e imaculada, é definida como o brilho da luz eterna, o *espelho* imaculado do poder de Deus e a imagem de Sua Bondade.[6]

Entre certas tribos atuais da região oeste da África, os nativos simbolizam a Divindade por meio de um triângulo circundando um pedaço de espelho, ou alguma coisa brilhante, que eles usam para representar a Luz, e o Dr. Churchward

2. *Bible Myths*, A. W. Doane, p. 335.
3. *Ibid.*, p. 328.
4. *Our Lady in Art*, Sra. H. Jenner, p. 15.
5. *Ibid.*, p. 196.
6. Sabedoria de Salomão vii.

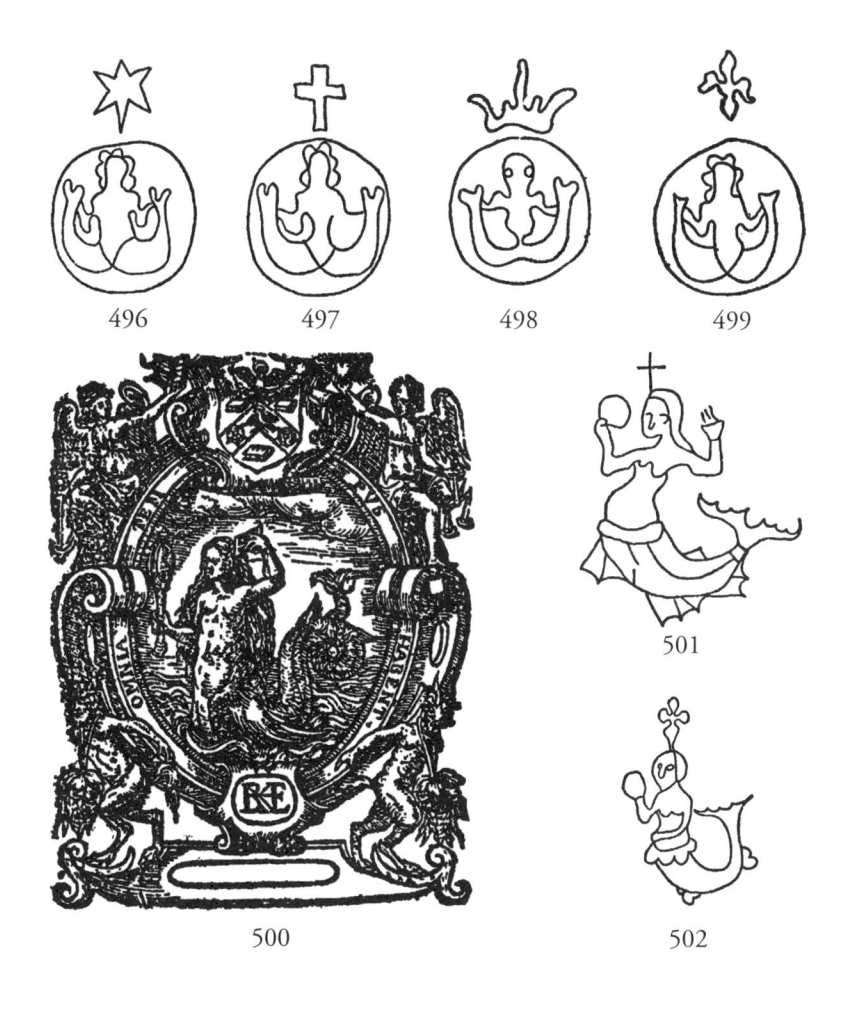

496 497 498 499

500 501 502

supõe que esse costume pode ter se originado no antigo Egito.[7] A mitologia japonesa relata que a deusa Sol, quando se despediu do seu neto, deu a ele um espelho celestial, dizendo: "Meu filho, quando você olhar para este espelho, olhe para ele como se estivesse olhando para mim; que ele esteja contigo no teu leito e na tua sala, e que ele seja para ti um espelho sagrado."[8] Esse espelho, que para os japoneses é um símbolo do Conhecimento, é preservado nos santuários de Ise.[9] De acordo com o seguinte poema indiano:

7. *Signs and Symbols of Primordial Man*, p. 132.
8. *The Story of Old Japan*, J. H. Longford, p. 22.
9. *Ibid.*, p. 17.

503   504   505

There are two mirrors, where in bliss reflected lie
The sun of heaven, and the Spirit-Sun Most High;
One mirror is the sea o'er which no storm-wind blows,
The other is *the mind* that no unquiet knows.[10]

(Há dois espelhos onde se alojam, refletidos em beatitude,
O sol do céu e o Sol do Espírito da Mais Elevada Altitude;
Um espelho é o mar onde não cai tempestade nem açoita o vento,
O outro é *a mente*, de que nenhum ser inquieto tem conhecimento.)

Seria difícil encontrar uma nação cuja história tenha chegado até nós e que não registre a existência de algum Deus Salvador nascido de uma Virgem Imaculada, e não é raro que essa Virgem Mãe se chame Maria, ou uma palavra equivalente, que aponta para o Mar. Dioniso nasceu da virgem Myrrha; Hermes, o *Logos* dos gregos, nasceu da virgem Myrrha ou Maia, e a mãe do Salvador do Sião era chamada de Maya Maria.[11] Todos esses nomes estão relacionados com *Mare*, o Mar, e a pureza imaculada das várias Mães Marias é explicada pelo princípio místico segundo o qual o Espírito, no seu elemento, era semelhante à água, essencialmente pura, e que o pecado e o materialismo, sendo corpos meramente estranhos, com o decorrer do tempo se depositariam em sedimento e deixariam livre o Espírito, brilhando na sua prístina beleza pura. Desse modo, Scheffler [Angelus Silesius], canta:

I must become Queen Mary and birth to God must give,
If I in blessedness for evermore would live.

(Eu devo me tornar a Rainha Maria e a Deus eu devo gerar,
Só assim a bem-aventurança para sempre será o meu lar.)

---

10. Traduzido do alemão de F. Ruckhart por Eva M. Martin.
11. *Bible Myths*, A. W. Doane, p. 332.

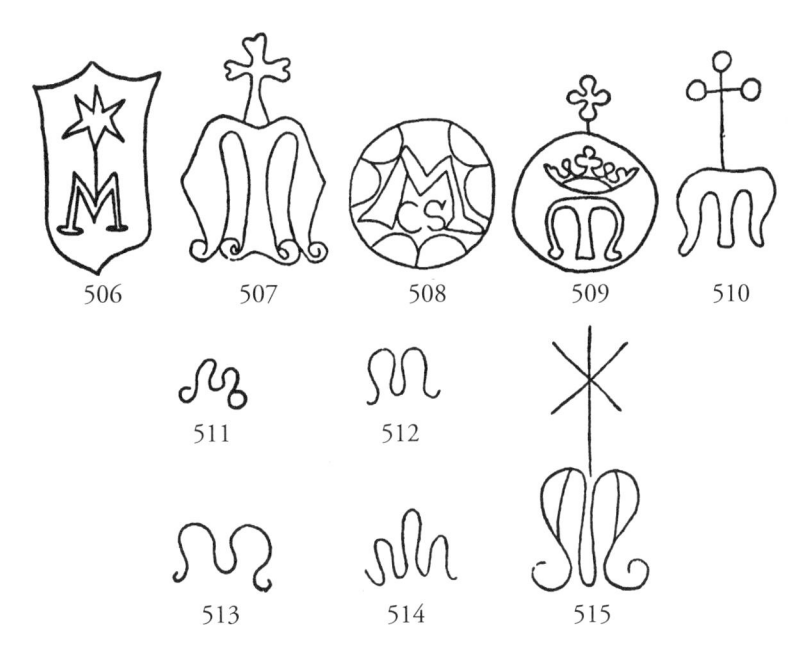

506 507 508 509 510

511 512

513 514 515

Parece que o conhecimento de que Maria, a Virgem, era simbolizada por *Mare*, o Mar, foi intencionalmente reconhecido pelos pintores de Sienna, sobre cujas Madonas a Sra. Jenner escreveu: "O excesso de graça presente nas linhas de sua (Maria) figura ondulante lembra as maravilhosas curvas das ondas que revolvem."[12] Nos regulamentos baixados em 1649 pelo Censor Artístico da Santa Inquisição, ordenava-se que Maria fosse retratada num xale ou manto *Azul*, seu vestido precisava ser branco e sem manchas e seus cabelos *dourados*.[13] Na Figura 506, a Estrela do Mar aparece sobre a letra M; no topo da Figura 510 estão os três círculos do Poder, do Amor e da Sabedoria perfeitos, e na Figura 508 foram introduzidos os seis atributos antes associados com a Mãe Água.

Quando a letra M passou a ser usada pelos fenícios, que a adotaram dos egípcios, supôs-se que ela se assemelhava a ondulações, e por isso foi batizada de Mem, "as águas".[14] A palavra *em* é o termo hebraico para *água*, e nos emblemas reproduzidos a seguir vemos que a letra M é desenhada como as ondas ou ondulações da Água.

Algumas vezes, como na Figura 515, os simbolistas a construíram a partir de dois *esses* colocados um de costas para o outro, signo que, como em todas as ocasiões anteriores, se lê *Sanctus Spiritus*.

---

12. *Our Lady in Art*, p. 44.
13. *Ibid.*, p. 7.
14. *Chambers's Encyclopaedia*, vi. 760.

Cinderela, como nós já vimos (na página 179), é conhecida em vários locais como Mara, Maria, Mary, Marietta e Mariucella, nomes que se considera derivados da luz resplandecente do mar. Dizia-se que a Deusa da Beleza indiana, como Afrodite, havia nascido do Mar, e há uma inscrição dedicada a Ísis que a saúda com as seguintes palavras:

Blessed Goddess and Mother, Isis of the many names,
To whom the heavens gave birth on the glittering waves of the sea,
And whom the darkness begat as the light for all mankind.[15]

(Santificada Deusa e Mãe, Ó Ísis dos muitos nomes,
A quem os céus fizeram nascer sobre as ondas reluzentes do mar,
E a quem a escuridão procriou para que fosse luz para toda a humanidade.)

O brasão da paróquia de Marylebone consiste na Rosa de Sharon e no Lírio do Vale, sob os quais (Figura 516) aparecem bandas heraldicamente descritas como "coticas ondeadas de seis". Essas ondas do mar, *alternadamente pretas e brancas*, correspondem, com toda a probabilidade, aos seis atributos da divindade simbolizados pelos seis cabelos das figuras 488 a 492 (na página 195) e aos seis objetos representados na Figura 508. Essas ondas do mar espiritual também aparecem no alto da Figura 519 e sobre o emblema milenarista que o acompanha. Na Figura 518, a letra M, graças ao acréscimo de um quinto traço reto, foi prolongada num ziguezague ondulado. Como o Millennium deveria consistir no reino universal do Espírito e numa plenitude do conhecimento do Senhor, é admissível ler M como Millenarium ou como *em*, as águas, e é evidente que os simbolistas o empregaram em ambos os sentidos.

516   517   518

15. *A Handbook of Egyptian Religion*, A. Erman, p. 245.

Nos desenhos reproduzidos a seguir, a pura efluência da Luz Eterna é simbolizada pelas ondas simples nas partes superior e inferior da Figura 521, pelas linhas onduladas que envolvem a Figura 522, e pelas seis formas, semelhantes a serpentes, da letra M ou S na Figura 523. Na Figura 524, as ondas (assinaladas por um M) sobem até uma *Fleur-de-Lys* que está no alto da figura e dela descem, e na base desse emblema elas formam um SS de *Sanctus Spiritus*.

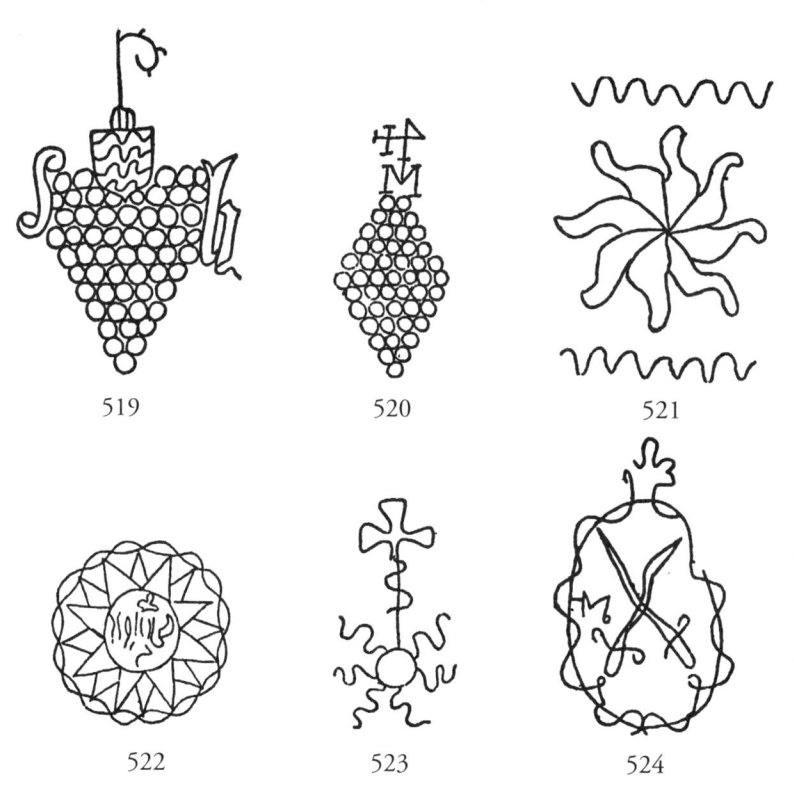

519   520   521

522   523   524

Entre todas as nações, e desde a mais remota antigüidade, a água, simbolizada por um ziguezague ou por linhas onduladas, foi utilizada, pelo que parece, como um sacramento regenerador e como uma representação da purificação e do renascimento espiritual.[16] Entre os antigos mexicanos, havia uma cerimônia em que a parteira colocava um dedo umedecido na boca da criança recém-nascida, dizendo: "Receba isto; com isto, você tem aquilo de que precisa para viver sobre a terra, para crescer e para florescer; por meio disto, nós conseguimos todas as coisas que sustentam a existência sobre a terra; receba isto." Em seguida, colocando de-

16. *Bible Myths*, A. W. Doane, pp. 317, 323.

dos umedecidos sobre o peito da criança, ela dizia: "Olhe a pura água que lava e que purifica o seu coração, que remove todas as impurezas; receba-a: possa a Deusa enxergar o bem para purificar e limpar o seu coração." Em seguida, a parteira derramava água sobre a cabeça da criança, dizendo: "Oh, meu neto, meu filho, pegue esta água do Senhor do Mundo que é a sua vida, revigorante e refrescante, que lava e que purifica. Eu rezo para que esta água celestial, azul e azul-claro, possa entrar no seu corpo e nele viver. Eu rezo para que ela possa destruir em você e afastar de você todas as coisas más e adversas que lhe foram dadas antes do começo do mundo. Onde quer que estejas nesta criança, oh coisa perniciosa, vá embora! Deixa; fica afastada; pois agora ela vive de novo, e de novo ela nasceu; agora ela está novamente purificada e limpa; agora novamente ela foi modelada e gerada pela nossa Mãe, a Deusa da Água."[17]

A Igreja Latina atribuiu à Virgem Maria a imagem salomônica da Noiva como um "jardim fechado, um manancial *recluso*, uma fonte *selada*".[18] Essa idéia tem paralelo num hino egípcio dedicado a Thoth, no qual ele é comparado a uma fonte que não será encontrada pelo tagarela e pelo barulhento: "Tu, doce fonte para quem tem sede no deserto! Ela está *fechada* para aqueles que, encontrando-se neste lugar, estão falando; está *aberta* para aqueles que, encontrando-se neste lugar, se mantêm silenciosos; quando o homem silencioso vem, ele encontra a fonte."[19]

A heroína do Cântico dos Cânticos também é designada como "fonte dos jardins, poço das águas vivas, torrentes que correm do Líbano".[20] O Evangelho não-canônico de acordo com os hebreus relata que, depois do batismo de Cristo, "toda a fonte do Espírito Santo desceu sobre Ele e Nele repousou";[21] e essa fonte simbólica é, evidentemente, um sinônimo para a Pomba simbólica, ou Espírito Santo, dos Evangelhos canônicos. Entre os parses, a influência de Anahita (a virgem do Espírito Santo) é sempre descrita como uma fonte que desce sobre os santos e os heróis, aos quais ela dá força,[22] e na figura reproduzida a seguir[23] essa fonte, manando da Deusa das águas celestiais, desce sobre Hércules (nascido em 25 de dezembro) e que permite que ele lave com elas os estábulos de Áugas. A versão popular dessa lenda narra

---

17. *Native Races*, Bancroft, iii. 372.
18. Cântico dos Cânticos iv. 12.
19. *A Handbook of Egyptian Religion*, A. Erman, p. 84.
20. Cântico dos Cânticos iv. 15.
21. *Solomon and Solomonic Literature*, D. M. Conway, p. 183.
22. *Solomon and Solomonic Literature*, D. M. Conway, p. 183.
23. Extraída do *Classical Dictionary* de Smith. Por gentil permissão do Sr. J. Murray.

525

que Hércules realizou sua árdua tarefa desviando o rio Alfeu, mas parece que o desenhista da Figura 525 está familiarizado com uma versão diferente.

Histórias a respeito de águas milagrosas que curam são comuns nos folclores da maioria das nações, e essas águas são descritas nos contos de fadas como a "Fonte do Mundo", a "Fonte além do Mundo", a "Água da Fonte das Virtudes", a "Fonte da Água Verdadeira", o "Licor Revivificante", o "Vaso do Bálsamo Cordial", e algumas vezes simplesmente "Águas Vivas".[24]

A busca por essa Água da Vida é o principal evento relatado num grande e importante grupo de contos para crianças. O elixir mágico ressuscita os mortos, desperta os adormecidos, cura os doentes, abre os olhos dos cegos, restaura a vida dos petrificados, oferece aos já fortes um grande acréscimo de forças e concede juventude imortal, graça e encanto. Os maoris, os mongóis, os indianos, os eslavos e, aparentemente, todas as raças da terra, têm tradições a respeito de uma inexaurível Fonte da Juventude, na qual, era às vezes dito, as fadas mergulhavam as crianças para libertá-las da mortalidade. Fala-se dessas fontes no Japão, e diz-se que uma delas está escondida no topo do Monte Fuji: quem a encontrar e dela beber viverá para sempre.[25]

Na Bretanha, Cinderela é conhecida como Caesarine,[26] e às vezes a fonte mágica da Terra das Fadas é chamada de Fonte de Caesar. Na Rússia, há um tipo de

---

24. *The Childhood of Fiction*, J. A. MacCulloch, p. 54.
25. *Ibid.*, pp. 54 - 66.
26. *Cinderella*, p. 373.

história de Cinderela que relata como a mais jovem de três garotas fora assassinada pela sua irmã invejosa. A donzela assassinada envia uma mensagem para seu pai: "Você não me trará novamente à vida enquanto não extrair água da Fonte do Czar." Com isso, ela é ressuscitada; o Czar se casa com ela, e ela, de livre e espontânea vontade, perdoa suas indignas irmãs.[27]

Relacionado com esses contos de fadas a respeito de uma Fonte Mágica, há outro grande ciclo de histórias nas quais a heroína é, indisfarçadamente, chamada de "Verdade", e o vilão, de "Falsidade". Uma versão húngara descreve como a Verdade, recusando-se a admitir a superioridade da Falsidade, teve os olhos arrancados por esta última. Mas a Verdade, estendida no chão, mutilada, ouviu por acaso dois demônios vangloriando-se por terem cortado o suprimento de água da cidade vizinha, e por terem acabado de assassinar um médico que havia descoberto que, se os aleijados rolassem no orvalho e os cegos lavassem os olhos com o orvalho da noite de lua nova, eles seriam curados. A Verdade, tirando vantagem dessa informação, esfrega as órbitas dos seus olhos com orvalho e sua visão é restaurada. Em seguida, ela vai até a cidade, e, contando aos seus habitantes como o suprimento de água pode ser recuperado,[28] é recebida com gratidão e honra.

É evidente que a Água, seja em forma de mar, de rio, de fonte, de poço, de chuva ou de orvalho, tem sido universalmente utilizada como símbolo das purificadoras, refrescantes e revigorantes qualidades do Espírito. "Goteje a minha doutrina como a chuva, destile a minha palavra como o orvalho, como chuvisco sobre a relva e como gotas de água sobre a erva."[29] Isaías atribui ao orvalho exatamente as mesmas propriedades que ocasionam o despertar, e que também são encontradas nos contos de fadas: "Despertai e exultai, os que habitais no pó, porque o teu orvalho, ó Deus, será como o orvalho de vida, e a terra dará à luz os seus mortos."[30] Virgílio é representado purificando o rosto de Dante com orvalho, e é muito provável que a velha idéia de que as donzelas ficavam belíssimas quando lavavam seus rostos no orvalho de uma manhã de maio tenha surgido de uma origem simbólica. O nome Drusilla significa "banhada [ou umedecida] com orvalho", e há, entre mulheres mais idosas, o costume bastante difundido de coletarem orvalho numa garrafa e usarem o líquido para lavar o rosto das crianças; a superstição afirma que, desse modo, as crianças se tornarão lindas como anjos.

27. *The Childhood of Fiction*, J. A. MacCulloch, p. 110.
28. *The Childhood of Fiction*, J. A. MacCulloch, p. 68.
29. Isaías xxvi. 19.
30. Deuteronômio xxxii. 2.

| 526 | 527 | 528 | 529 | 530 | 531 | 532 |

O Noivo do Cântico dos Cânticos, batendo na porta de sua amada, diz: "Abre-me, minha irmã, querida minha, pomba minha, imaculada minha, porque minha cabeça está cheia de orvalho, os meus cabelos, das gotas da noite."[31] Há no Deuteronômio uma profecia milenarista que conclui com a promessa de que os "céus destilarão orvalho",[32] e uma profecia semelhante em Oséias, em que a própria Divindade é identificada com o Orvalho: "Eu serei como o orvalho." As Gotas de Orvalho ilustradas nas reproduções acima não estão apenas marcadas com as linhas onduladas da água. Elas são, além disso, identificadas com o Espírito graças ao Coração do Amor que aparece na Figura 530, os três Raios de Luz nas figuras 528 e 529, e os tríplices atributos nas figuras 530, 531 e 532.

O Orvalho era um emblema singularmente favorito devido ao fato de simbolizar a doutrina fundamental do Misticismo, segundo a qual todo homem é um "microcosmo", ou mundo em miniatura. Em cada gota de orvalho, todas as coisas estão refletidas, desde o próprio Sol até os objetos mais diminutos. Acreditava-se que Deus estava presente em cada indivíduo de acordo com a capacidade que esse indivíduo tinha para refletir Deus, e que cada um, conforme o seu grau, refletia a imagem de Deus de acordo com o desenvolvimento e a pureza de sua alma.[33]

Essa idéia, com a qual os poetas estão universalmente familiarizados, é expressa por Shelley nos seguintes versos:

> What is Heaven? A globe of dew,
> Filling in the morning new
> Some eyed flower whose young leaves waken
> On an unimagined world:
> Constellated suns unshaken,
> Orbits measureless are furled
> In that frail and fading sphere.[34]

---

31. Cântico dos Cânticos v. 2.
32. Deuteronômio xxxiii, 26 - 28.
33. *The Perfect Way*, pp. 61, 62.
34. *Ode to Heaven*.

> (Que é o Céu? Um globo de orvalho cuja face
> Preenche totalmente na manhã que nasce
> Uma flor que se olha e cujas tenras folhinhas
> Despertam num mundo além de toda imaginação:
> Constelados sóis inabaláveis, curvas linhas
> De órbitas imensuráveis, e toda a imensidão
> Se enrolam nessa frágil e evanescente esferazinha.)

"Por Vossa mão", diz Oliver Wendell Holmes,

> The worlds were cast; yet every leaflet claims
> From that same Hand its little shinning sphere
> *Of star-lit dew.*[35]

> (Os mundos foram moldados; no entanto, cada folhinha clama
> Que a mesma Mão pôs sobre ela a resplandecente esferazinha
> De orvalho, cintilante como uma estrela.)

A Luz da Ásia conclui com um apelo a Aum:

> I take my refuge in thy order! Om!
> The dew is on the lotus! Rise great sun!
> And lift my leaf and mix me with the wave;
> Om Mani Padme Hum, the Sunrise comes!
> The dewdrop slips into the shining Sea.

> (Eu me refugio na vossa ordem! Om!
> O orvalho está no lótus! Ascende, grande sol!
> E erga a minha folha e mistura-me com a onda;
> Om Mani Padme Hum, o Nascer do Sol está chegando!
> A gota de orvalho desliza para o seio do Mar brilhante.)

Na figura do emblema acima, que representa a Sabedoria, a *Alma Mater*, ela aparece coroada "como a Torre de Davi edificada para ser uma sala de armas".[36]

> On the crown of her head the King throneth,
> Truth on her head doth repose.[37]

> (Na coroa sobre a sua cabeça, o Rei está em seu trono,
> A Verdade em sua cabeça repousa.)

---

35. *Wind Clouds and Stardrifts.*
36. Cântico dos Cânticos iv. 4.
37. *The Wedding Song of Wisdom.*

533

Numa das mãos ela segura a luz do sol; na outra, um cálice no qual gotas destiladas de orvalho pingam do céu. Representações de uma virgem justa e linda segurando o cálice simbólico, colocada entre espíritos demoníacos e feras que tentam arrastá-la para baixo, são comuns na arte medieval. Nos Livros do Salvador não-canônicos, é dito que Cristo é Aquele que "leva um cálice cheio de intuição e sabedoria, e também de prudência, e o oferece à alma, e projeta a alma num corpo que não será capaz de adormecer e de se esquecer por causa do cálice da prudência que lhe foi oferecido; mas será sempre pura de coração e procurará pelos mistérios da luz, até que os encontre por ordem da Virgem da Luz, a fim de que [essa alma] possa herdar a Luz para sempre".[38]

Nos cálices a seguir, os conteúdos são indicados pela *Fleur-de-Lys* da luz, pelas letras I S (= *Jesus Salvator*) e por um círculo que representa tanto a pérola de alto preço como um globo de orvalho. Os desenhistas desses emblemas foram presumivelmente influenciados pelas palavras do Salmista: "Laços de morte me cercaram, e angústias do inferno se apoderaram de mim; caí em tribulação e tristeza ... Tomarei o cálice da salvação e invocarei o nome do Senhor."[39]

38. *Fragments of a Faith Forgotten*, G. R. S. Mead, p. 518.
39. Salmo cxvi. 3, 13.

| 534 | 535 | 536 | 537 | 538 | 539 |

As taças místicas, jarras, vasos, cálices e recipientes de Salvação adotavam variedades aparentemente infinitas de formas e tamanhos, e o simbolismo com que eles são decorados é tão intrigante que eu não sou capaz de decifrar uma boa parte dele. Há uma regra segundo a qual os ornamentos indicam o conteúdo, e é provável que este seja um costume artístico de extrema antigüidade. O Sr. Andrew Lang observa que qualquer pessoa interessada na estranha e universal identidade da mente humana pode examinar as cerâmicas da América e da Grécia antiga. "Compare", diz ele, "os padrões ondulados nos vasos gregos e mexicanos."[40] Pode ser que esses padrões ondulados nada mais sejam além de ornamentos naturais, mas nos emblemas aqui reproduzidos as linhas onduladas certamente denotam o orvalho do Espírito Santo ou as águas curativas da Salvação.

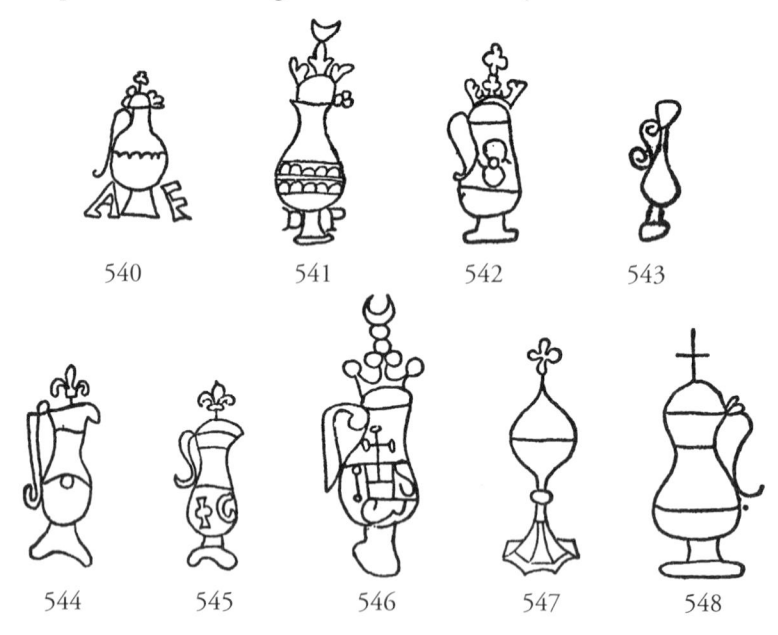

| 540 | 541 | 542 | 543 |

| 544 | 545 | 546 | 547 | 548 |

---

40. *Custom and Myth*, p. 288.

O S de *Spiritus* envolvendo a Pérola aparece na Figura 542; a alça da Figura 543 é um S, e na Figura 544 é um J = *Jesous*. As letras J e C na Figura 545 indicam *Jesous Christos*, e na Figura 546 está o conhecido I H S. Na Figura 549 está a inicial M, e as letras M e R, no vaso da Figura 550, sustentado pelas alças S S, presumivelmente significam *Maria Redemptrix*. No topo das figuras 551 e 552 aparece a Pomba do Espírito Santo. O Coração do Amor caracteriza a Figura 553, e os corpos dos vasos em série da Figura 554 também consistem de corações suportados por alças S S.

549   550   551   552   553

554

555   556

As flores que emergem dos grupos de vasos a seguir são *Fleurs-de-Lys*, Lírios do Campo e Calêndulas, estas últimas simbolizando o ouro místico de Maria*.

As figuras 560 a 570 representam várias formas da Chama. Note como nas figuras 562 e 563 esse fogo divino forma no seu topo o trevo e a lua crescente. No topo da Figura 561, o fogo arde como um Sol com seis raios, e o signo da Lua está desenhado no corpo do Vaso.

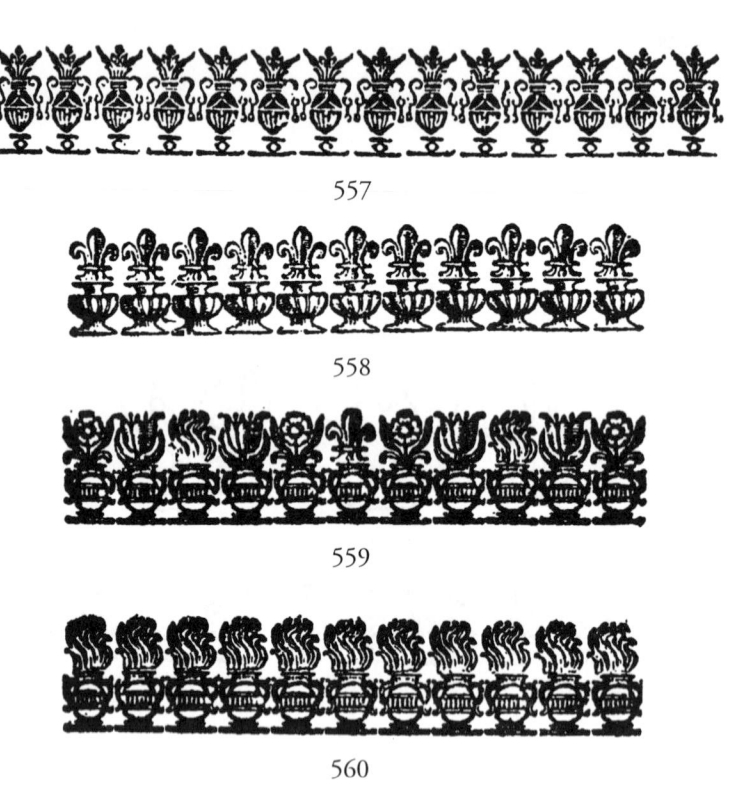

557

558

559

560

O arranjo triplo na Figura 570 é, presumivelmente, outra forma dos três raios de Luz, e a aparência do vaso com um bico coincide com a do vaso emblemático que era carregado nas festas de Ísis. Apuleio descreve-o como "um vaso pequeno feito de ouro polido e firmemente ajustado, da maneira mais habilidosa, num fundo hemisférico, e externamente ornado com relevos de estranhas figuras egípcias. Sua boca, apenas levemente levantada, se prolongava num bico que se proje-

---

* O nome inglês da calêndula é *marigold*, isto é, ouro de Maria. (N.T.)

230

561 562 563 564 565

566 567 568 569

570 571 572 573

tava consideravelmente além do corpo do vaso".[41] Com esse vaso sagrado, simbo-lizava-se a morte e a ressurreição de Osíris.[42]

Às vezes, esses vasos simbólicos eram preenchidos até o topo com uvas, o que simbolizava o vinho novo do Reino de Cristo. Baha Ullah, o místico árabe, representa a Sabedoria, fazendo-a exclamar:

41. *The Gnostics*, C. W. King, p. 111.
42. *Bible Folk-Lore*, p. 324.

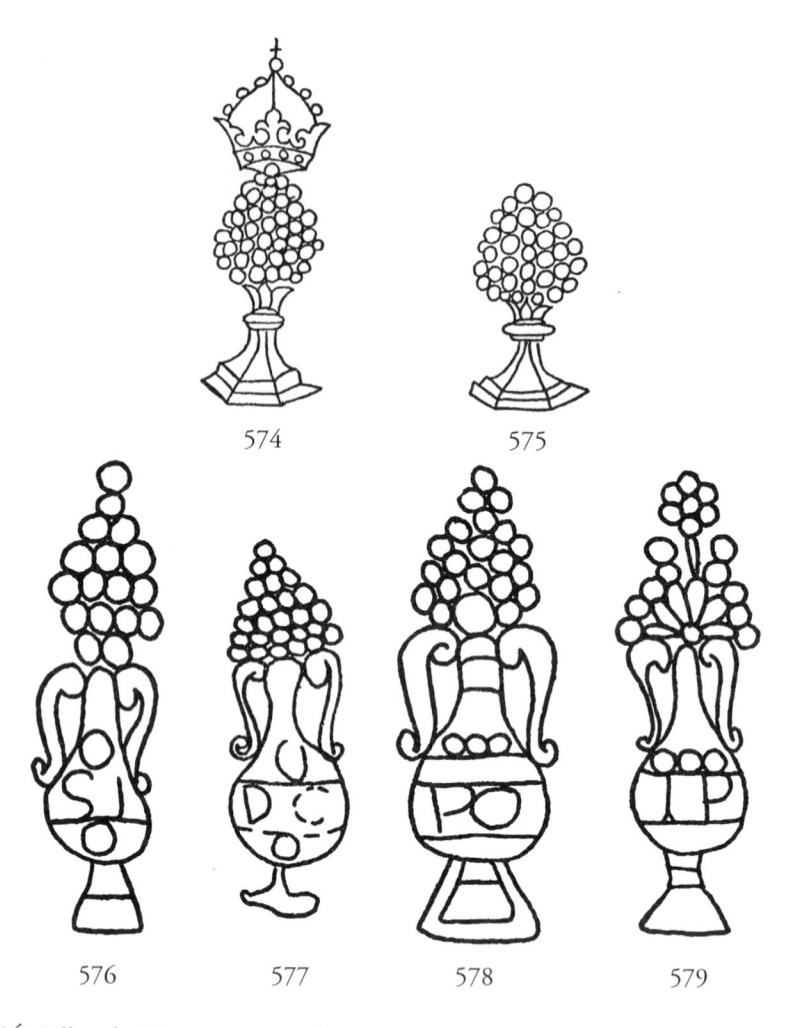

574   575

576   577   578   579

"Ó Filho do Homem; ascende ao meu Céu para que possas beber do puro Vinho que não tem igual — do cálice da Glória eterna."[43]

No Cântico dos Cânticos, é feito com que o Noivo diga: "Bebi o meu vinho com o leite. Comei e bebei, amigos; bebei fartamente, ó amados."[44] Esse elixir da vida, esse excelente e delicioso licor da Sabedoria, é novamente mencionado no Cântico dos Cânticos como o "melhor vinho", que a Noiva compara com os beijos do Noivo, "vinho que se escoa suavemente para o meu amado, deslizando entre os seus lábios e dentes" e fazendo com que "os lábios daqueles que estão adormecidos falem".[45]

---

43. *Hidden Words from the Supreme Pen.*
44. Cântico dos Cânticos v. 1.
45. vii. 9.

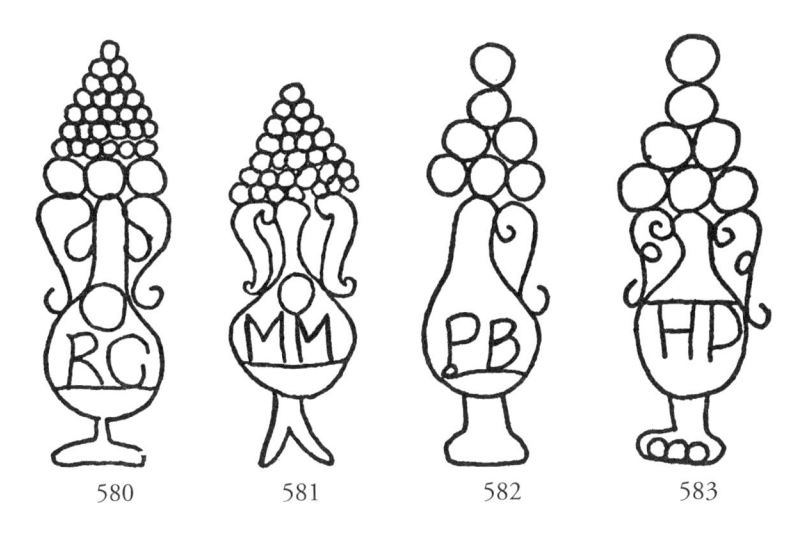

580   581   582   583

O mel e o leite sob a língua da Sulamita[46] são, sem dúvida, idênticos ao "vinho e ao mel" que fluem da boca de Cinderela, segundo as fábulas.[47] Numa certa versão, os visitantes de Cinderela, vindos do mundo das fadas, emergem de um vaso, e, a partir desse mesmo vaso, produzem seus vestidos extraordinários.[48] De acordo com outra versão, na qual Cinderela recebe as roupas de uma macieira, ela diz:

> Little golden apple tree,
> *With my vase of gold have I watered thee,*
> With my spade of gold have I digged thy mould;
> Give me your lovely clothes, I pray,
> And take my ugly rags away.[49]

> (Minha pequenina macieira dourada,
> *Com o meu vaso de ouro eu te mantenho regada,*
> Com a minha pá de ouro eu escavei a terra nutritiva onde te plantei;
> Dá-me as tuas roupas adoráveis, minha alma implora,
> E leva estes meus horríveis farrapos embora.)

Entre os vasos aqui reproduzidos, as figuras 552, 582 e 583 são decoradas com sete círculos, que denotam provavelmente as sétuplas dádivas ou perfeições do Espírito Santo. Às vezes, esses círculos são arranjados em três grupos de três, for-

---

46. iv. 11.
47. *Cinderella*, p. 188.
48. *Ibid.*, p. 349.
49. *Ibid.*, p. 139.

584 585 586

mando assim o imutável número Nove. O Nove é equivalente à palavra *Verdade* em hebraico e tem a propriedade peculiar de, quando multiplicado, reproduzir sempre a si mesmo. Por exemplo, dois vezes nove é 18 e 1+8=9; três vezes nove é 27 e 2+7=9.

Nas figuras 587 e 588, o Vaso da Verdade é encimado por sete células nucleadas, e o Nucléolo, o divino *Nucleus*, o Germe da Vida, era um dos epítetos sob os quais o Espírito Santo era conhecido entre os místicos.[50] O símbolo N, usado como nas figuras 589 a 593, separadamente ou em combinação, é apenas uma forma contraída de M, e, de modo semelhante, foi derivada do hieróglifo egípcio para água. Em Palermo, Cinderela é chamada de Nina, e às vezes de Ninetta.[51] A cidade de Nínive derivou seu nome de Nina, que também era um dos títulos de Ishtar. "Nina", diz o Dr. Pinches, "outra forma de Ishtar, era uma deusa da criação tipificada na fervilhante e fértil vida do oceano, e o nome dela é escrito com um ideograma que significa uma casa ou receptáculo com o signo para 'peixe' dentro dele."[52] Quando Nina (Cinderela) é vestida por fadas vindas do vaso mágico, ocorre o seguinte curioso diálogo:

Príncipe: "Lady, como vai você?"

Nina: "Como no inverno."

Príncipe: "Como você é chamada?"

Nina: "Pelo meu nome."

Príncipe: "Onde você mora?"

Nina: "*Na casa com a porta.*"[53]

---

50. Veja *The Perfect Way*, passim.
51. *Cinderella*, p. 349.
52. *The Religion of Babylonia and Assyria*, p. 75.
53. *Cinderella*, p. 349.

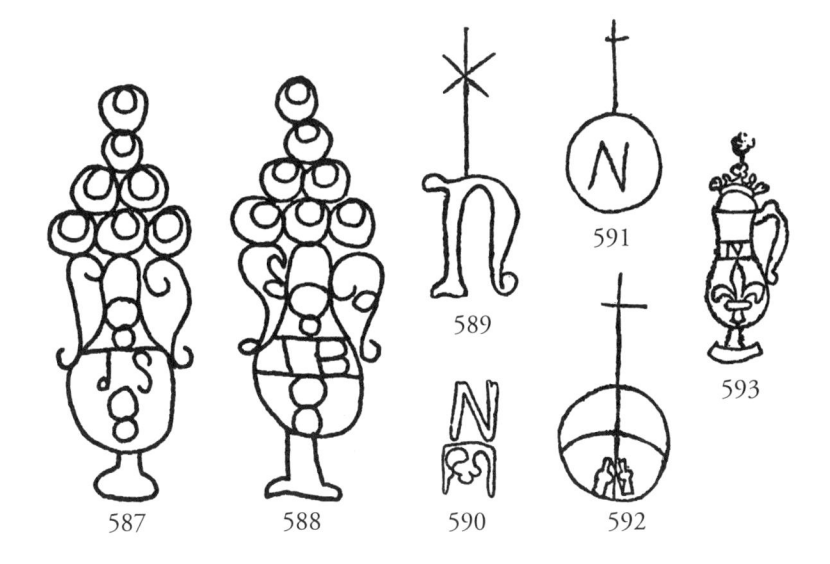

587   588   589   590   591   592   593

Quando os fenícios tomaram do Egito a letra N, eles a chamaram de *nun*, o Peixe. Por isso, Ishtar, representada por um peixe em uma casa, é claramente a mesma Nina ou Cinderela que mora na casa com a porta. Na teologia egípcia, essa Casa da Sabedoria aparece no nome de Hathor = Hat-hor, "a Casa de Hórus".[54] De acordo com uma variante suíça de Cinderela, ela é chamada pelo curioso nome de "Betheli de ouro",[55] que de imediato sugere Bethel e a visão da Escada de Jacó. "Despertado Jacó do seu sono, disse: Na verdade, o Senhor está neste lugar, e eu não o sabia. E, temendo, disse: Quão temível é este lugar! É a casa de Deus, a porta dos céus. E ao lugar, cidade que outrora se chamava Luz, deu o nome de Betel."[56]

A palavra hebraica "Luz" significa Luz,[57] e "Betel", a Casa de Deus, pode ser identificada com a "casa com a porta" de Nina e de Cinderela, isto é, a Casa da Sabedoria. Na Figura 594, note a porta proeminente e a trindade de pombas em cima do telhado; na Figura 595, observe o círculo da Perfeição e o emblema da regeneração no seu topo. No antigo Egito, esse símbolo da Morada da Sabedoria às vezes era conhecido como a Casa de Anup, sendo que a janela circular representava Hórus, e que o telhado de três lados era típico do Céu, com o corpo quadrado denotando a Terra.[58] Os místicos consideravam o elemento feminino na huma-

---

54. *Bible Folk-Lore*, p. 347.
55. *Cinderella*, p. 502.
56. Gênesis xxviii. 16, 17, 19.
57. "Luz" é atualmente a palavra portuguesa para *light*.
58. *Signs and Symbols of Primordial Man*, Churchward, pp. 319, 327.

594 595

nidade como "a *casa* e o *muro* do homem, sem cuja influência limitadora e redentora ele inevitavelmente se dissiparia e se perderia no abismo".[59]

Essa idéia da Sabedoria como uma Casa e um Muro elucida a afirmação da Sulamita, que de outro modo seria absurda: "Eu sou um muro."[60] Também é provável que a passagem anterior: "As traves da nossa casa são de cedro, e os seus caibros, de cipreste"[61] faça referência a essa Casa da Sabedoria, que é sem dúvida fundamentalmente idêntica ao Templo de Salomão.

A Igreja Latina ensina que "Maria é a mãe da Graça" e a Estrela que nos guia e nos conduz até o porto, ou abrigo, da Salvação. Um dos títulos de Cinderela é Annemor = Anna-mother (Ana-mãe) = Anna-darling (Ana-querida)[62], e o nome Anne significa Graça de Deus.[63]

A Igreja Latina também atribuiu à Virgem Maria o título de "Saúde dos Enfermos". Por enfermo, os místicos sempre entenderam a ignorância e a doença moral ou mental. "Volta novamente para o mais alto", diz o escritor de Eclesiástico, "e afasta-te da iniquidade, pois ele te conduzirá para fora da escuridão e para dentro da *luz* da *saúde*".[64]

A estrela de cinco pontas descrita no emblema reproduzido a seguir como o "Símbolo da Saúde" é o Pentágono ou o famoso Selo com o qual, dizem as fábulas, o Rei Salomão realizou suas surpreendentes maravilhas. Era com esse poderoso talismã que ele desviava todos os perigos e controlava os *genii* perversos.

59. *The Perfect Way*, p. 273.
60. Cântico dos Cânticos viii. 10.
61. *Ibid.* i. 17.
62. *Cinderella*, p. 248.
63. De maneira semelhante, Annabel e Hannibal significam a Graça de Bal, Bel ou Baal.
64. xviii. 2.

O Dr. Mackey afirma que, entre os seguidores de Pitágoras — e Pitágoras derivou suas idéias filosóficas do Egito — o triângulo triplo representava a *Luz* e era um emblema da Saúde.[65] Portanto, é provável que a letra S na Figura 601 signifique *Sanitas* e as letras S e H na Figura 600 signifiquem *Sanitas Hominorum.*

Os caracteres que aparecem nos ângulos da Figura 596 são desconhecidos para mim, mas parecem rúnicos. As Runas constituíam o antigo alfabeto dos pagãos nórdicos, sendo que a velha palavra escandinava *run* significava originalmente alguma coisa secreta ou mágica. O alfabeto rúnico era inteiramente anguloso, sendo que os seus caracteres foram construídos a partir das figuras formadas por pequenas varetas que se atirava no solo para propósitos de adivinhação.

No Cântico dos Cânticos, a Noiva diz para o Noivo: "Põe-me como um selo sobre o teu coração, como um selo sobre o teu braço."[66]

Entre os gnósticos, o selo de Salomão era atribuído à Virgem Sofia, e era considerado como a marca do Reino da Luz, e o passaporte para esse Reino. Na morte, acreditava-se que a alma era levada a julgamento perante a Virgem e, se a marca do Selo fosse encontrada sobre ela, ela seria imediatamente admitida no Tesouro da Luz.[67]

"A ignorância", diz Shakespeare, "é a maldição de Deus; e o conhecimento é a asa com que voamos para o Céu."[68] A mesma idéia foi enunciada por Sadi, o poeta persa que, no seu *Rolo de Pergaminho da Sabedoria*, afirma que "sem aprender nós não podemos conhecer Deus".

> Go, seize fast hold of the skirt of knowledge,
> For learning will convey thee to everlasting abodes.
> Seek nought but knowledge if thou art wise,
> For it is neglectful to remain without wisdom.
>> From learning there will come to thee perfection as
>> regards religion and the world.

> (Vai, agarra depressa a saia do conhecimento,
> Pois a aprendizagem te conduzirá para moradas eternas.
> Nada procures além do conhecimento se fores sábio,
> Pois é negligência permanecer sem sabedoria.
> Da aprendizagem virá para ti a perfeição como
>> a considera a religião e o mundo).

---

65. *A Lexicon of Freemasonry,* p. 104.
66. Cântico dos Cânticos viii. 6.
67. *The Gnostics,* King, pp. 352 - 356.
68. *Henry VI.,* iv. 7.

Coloniae,
Joan. Soter epcudebat. MDXXXIII.

127.

596

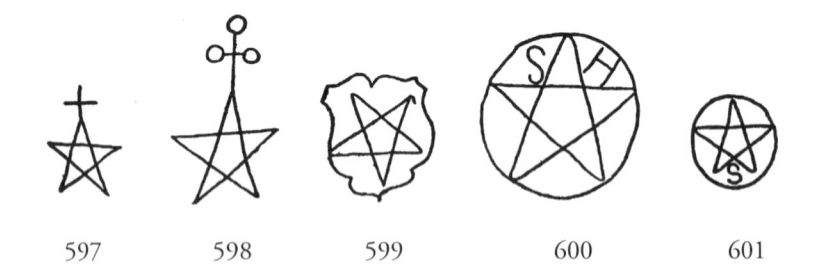

597   598   599   600   601

Os gnósticos acreditavam que Sofia simbolizava esse elemento de aspiração na alma, que está constantemente aspirando a um mundo superior.[69] "Esse mistério", diz um antigo comentarista, "é o *Portal do Céu*, e essa é a Casa de Deus, onde o Bom Deus habita sozinho; dentro dessa Casa, nenhum homem impuro entrará — mas ela é mantida sob vigilância, de modo a permitir apenas o ingresso do Espiritual; nela, quando eles chegam, eles terão de abandonar suas roupas do lado de fora e devem todos tornar-se Noivos, obtendo sua verdadeira humanidade por meio do Espírito Virginal."[70] Talvez aqui tenhamos uma pista para o significado desta passagem do Cântico dos Cânticos: "Já despi a minha túnica ... já lavei os meus pés."[71]

A Igreja de Roma ensina que a Virgem Maria é a "Porta do Céu" — privilégio que, como já vimos, foi reivindicado pelos diversos protótipos da Virgem (na página 167). "Abrir a trava do Céu", afirma Ishtar, "faz parte da minha supremacia." No *Breviário*, a Virgem Maria é saudada com estas palavras:

> Hail, Star of the Sea!
> God's Gracious Mother,
> Thou happy gate of heaven.
>
> O Lady most glorious,
> Exalted above the heavens,
> Thou art become the window of heaven;
> 'Tis thou that art the gate of the King on high,
> And of bright light the portal art thou.
>
> (Salve! Estrela do Mar!
> Mãe de Deus cheia de graça,
> Ó vós, venturosa porta do céu.
>
> Ó Dama cheia de glória,
> Exaltada para cima dos céus,
> Tornaste-vos a janela do céu;
> Vós sois a porta do Rei nas alturas,
> E é de luz resplandecente a porta que sois vós.)

---

69. *Early Christianity*, S. B. Slack, p. 711.
70. Veja *The Wedding Song of Wisdom*, Mead, p. 14.
71. Cântico dos Cânticos v. 3.

A Figura 602 consiste numa grande chave colocada no topo de uma forma circular que hoje é conhecida como Roda de Catarina. Na Figura 603, há nessa roda letras formando uma inscrição que, segundo Monsenhor Briquet, originalmente se lia como *Stella Maris*. As figuras 604 e 607 são encimadas por um M; a Figura 605, por uma Pérola, e a Figura 608 por M R = *Maria Redemptrix*? A expressão "Roda de Catarina"[72] surgiu, de acordo com a consideração popular, da Lenda de Santa Catarina, uma virgem cristã de Alexandria que admitiu publicamente aceitar o Evangelho (307 d.C.) e foi condenada à morte sobre rodas dentadas. Não menos de cinqüenta filósofos pagãos, enviados pelo Imperador para pervertê-la enquanto ela estava na prisão, foram, ao contrário, convertidos por ela ao Cristianismo graças à sua persuasiva e irresistível eloqüência: por isso, ela foi considerada a patrona dos filósofos e das escolas instruídas. Depois de rejeitar todas as ofertas de casamento terrestre, ela, numa visão, foi arrebatada para o Céu e tornou-se esposa de Cristo, que deu a ela a sua palavra oferecendo-lhe um anel.[73]

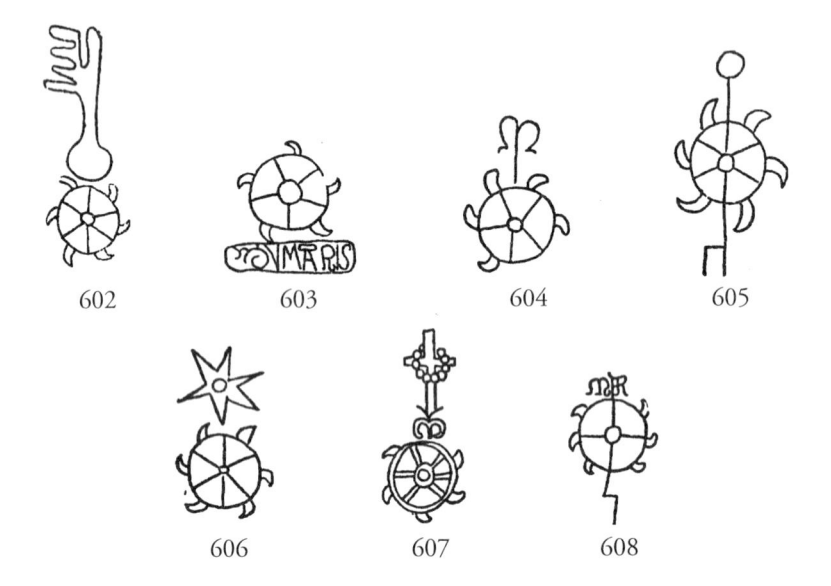

602   603   604   605

606   607   608

É claro que essa história é uma versão cristianizada de alguma lenda muito mais antiga. Catarina (nome que vem da palavra grega *Catharos* = puro) é, claramente, a toda-pura, a imaculada Noiva do Cântico dos Cânticos, e a roda dentada

---

72. Seria interessante rastrear como o fulgurante fogo de artifício chamado de Roda de Catarina adquiriu esse nome. Faíscas e fogo nada têm em comum com a lenda cristã.
73. *Chambers's Encyclopædia*, iii. 9.

com a qual ela é identificada é a roda Solar de quatro ou seis raios. Cinderela às vezes é chamada de *La Bella Catarina* (A Bela Catarina)[74], e há monumentos de Ísis que trazem a inscrição: "Imaculada é a nossa Dama Ísis."[75]

Um dos filósofos gnósticos deixou registrada a descrição de uma suposta visão de Sofia. "A Verdade", diz ele, "olhou para mim e abriu a sua boca e pronunciou uma palavra; e essa palavra tornou-se um Nome; um Nome que nós conhecíamos e que falávamos — Jesus Cristo: e depois de O nomear, ela se calou."[76] Não há dúvida de que os místicos da Idade Média identificavam Cristo com Sofia, e essa identidade se reflete nas rodas Solares de seis raios aqui reproduzidas.

Sobre a figura 611 está o Um Santo Sagrado de Jesus, a Luz Verdadeira, e o significado dos outros exemplos é elucidado pelos três círculos da perfeição, o bordão do Bom Pastor, a Lua do Céu e a Coroa da Glória.

Pela equação segundo a qual Cristo e Sofia, ambos, se encarnaram, a "Sabedoria" fica mais completa com a afirmação de Cristo: "Eu sou a porta. Se alguém entrar por mim, será salvo; entrará, e sairá, e achará pastagem."[77] Na Figura 618, a Mão trifoliada estende uma chave vinda do Céu — sem dúvida, a chave de Davi, à qual é feita referência em Isaías xxii. 22: "Ai de vós", diz Cristo,

74. *Cinderella*, p. 93.
75. Veja *The Gnostics*, King, p. 438.
76. *Ibid.*, p. 288.
77. João x. 9.

dirigindo a palavra aos intérpretes da lei, "porque tomastes a *chave da ciência*; contudo, vós mesmos não entrastes e impedistes os que estavam entrando."[78] De acordo com uma versão alemã de Cinderela, a heroína vê alguma coisa reluzente, atira nela uma pedra, e uma chave dourada cai em suas mãos. Com essa chave, ela abre um armário repleto com os mais extraordinários vestidos; coloca uma vestido de prata, encontra um cavalo de batalha mágico esperando suas ordens e vai para o baile.[79]

618

A partir dos emblemas aqui reproduzidos, é fácil ver como os místicos entendiam essa chave mágica. O punho das chaves das figuras 619 a 621 é o Coração do *Amor*, e o das chaves das figuras 622 e 623 é a Pérola da *Sabedoria*. As ondas serpenteantes de Labismina, formando uma letra M, constituem a base da Figura 622, e as iniciais SS são vistas sobre as chaves cruzadas na Figura 624. Na Figura 625, as chaves do céu são identificadas com o coração do Amor, e o meandro em forma de coração quádruplo na parte superior da Figura 626 é, presumivelmente, a rosa flamejante do Amor.

O diamante, que constitui o punho das chaves das figuras 627 e 628 era o emblema da "luz, da inocência, da vida e da felicidade".[80] Às vezes, essa pedra preciosa era usada como um emblema separado e distinto e, na Figura 630, aparece a letra D. É muito provável que o Diamante fosse considerado a jóia de Dioniso ou Dia, e que o nome *Diamante* esteja filiado com o sânscrito *dyu*, "ser brilhante". O caráter duro e indestrutível do diamante é expresso no seu nome alternativo *adamant*, que deriva do grego *adamas*, invencível. Um diamante aparece no alto da Figura 631 e era, sem dúvida, o emblema da Luz brilhante, vitoriosa e invencível. Observe a Cruz de Luz sobre as figuras 629 e 630.

Associado com a chave com punho de diamante da Figura 628, é o Falcão ou a Pomba do Espírito Santo. Há uma notável semelhança entre esse desenho e a Pomba Egípcia reproduzida na página 104, vol. ii. A Pomba era o atributo de

---

78. Lucas xi. 52.
79. *Cinderella*, p. 399.
80. *Romance of Symbolism*, S. Heath, p. 217.

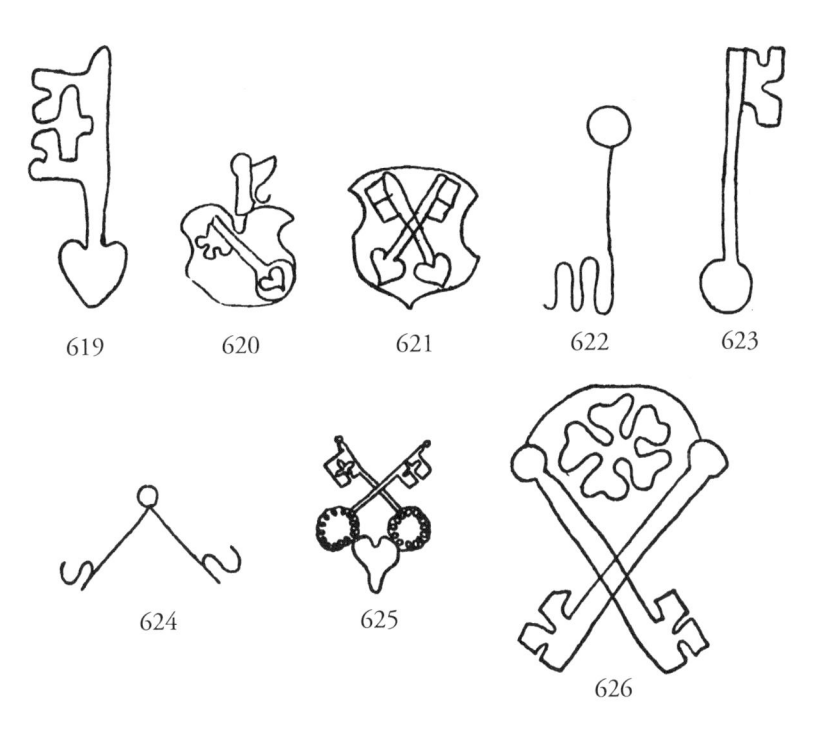

619 620 621 622 623

624 625

626

Ishtar e de Vênus, e no Cântico dos Cânticos ela também está associada com a Noiva: "Mas uma só é a minha pomba, a minha imaculada."[81]

Na Figura 632, a chave do conhecimento não está associada com a pomba mas com o Ganso Santo (*Holy Goose*) ou Espírito Santo (*Holy Ghost*). Na Figura 634, o Ganso está coroado com a tripla Perfeição; nas figuras 632 e 633, com o diadema da beleza; e na Figura 635 ele aparece em combinação com a cruz.

A conjunção do Ganso, da Pomba e da Chave parece indicar que o *Espírito* era considerado como o único que abria as Portas do Céu. "Deus é um espírito, e aqueles que o adoram *devem* adorá-lo *em espírito* e em verdade."

Com intuição poética, a Sra. Katherine Tynan reúne muitos dos símbolos ou símiles da *Stella Maris* consagrados pelo tempo, a Bona Dea, a imaculada *Magna Mater*, no seu poema intitulado "The Mother" (A Mãe). Os itálicos são meus.

> I am the *pillars* of the house;
> The *keystone* of the arch am I.
> Take me away, and roof and wall
> Would fall to ruin utterly.

---

81. Cântico dos Cânticos vi. 9.

627 628 629 630 631

632

633 634 635

I am *the fire upon the hearth,*
  I am *the light of the good sun.*
I am the heat that warms the earth,
  Which else were colder than a stone.

At me the children warm their hands;
  I am their light of love alive.
Without me cold the hearthstone stands,
  Nor could the precious children thrive.

I am *the twist* that holds together
  The children in its sacred ring,

Their *knot* of love, from whose close tether
No lost child goes a-wandering.

I am *the house* from floor to roof.
   I deck the walls, the board I spread;
I spin the curtains, warp and woof,
   And shake the down to be their bed.

I am their *wall* against all danger,
   Their *door* against the wind and snow.
Thou Whom a woman laid in manger,
   Take me not till the children grow!

(Eu sou os pilares que sustentam a casa;
   Eu sou a *pedra angular* da arcada.
Se me levares embora daqui, desmoronarão
   Em mil pedaços o teto e as paredes e a fachada.

Eu sou o *fogo que sem chamas arde na lareira*,
   Eu sou *a luz que é irradiada pelo sol bondoso*.
Eu sou o calor que traz vida e aquece a terra inteira,
   Sem mim, tudo seria triste, frio e tenebroso.

Em mim, todas as crianças as suas mãos aquecem;
   Eu sou a viva luz do amor que ilumina o seu ser.
Sem mim, as pedras da lareira permanecem frias,
   Sem mim as preciosas crianças não poderiam florescer.

Eu sou a *torcedura* que num aperto carinhoso
   Mantém juntas as crianças em seu sagrado círculo,
Sou o seu *laço* de amor, cujo nó, firme e amoroso,
   Não deixa uma criança perdida, caminhando ao léu.

Eu sou tudo o que *na casa* está entre o chão e o telhado.
   Enfeito as paredes, sirvo as refeições, fio e teço
As cortinas, corto, costuro e faço o seu bordado,
   E com panos confortáveis preparo o seu berço.

Sou o *muro* que as protege contra todo perigo,
   Sua a *porta* que as defende contra o vento e a neve.
Ó Tu que ao nascer tivestes na manjedoura o abrigo,
   Até as crianças crescerem, eu Te peço, não me leves!)

Capítulo XI

UM OLHO, DOIS OLHOS E TRÊS OLHOS

"A linguagem foi chamada por Jean Paul de 'um dicionário de metáforas desbotadas'; assim é, e o dever do etimologista é tentar restituí-las ao seu brilho original."

— Max Müller

A janela da casa da Sabedoria (na página 236, Figura 594) foi construída com *cinco* círculos perfeitos, e esses cinco círculos eram o símbolo maia e egípcio para "luz do dia e esplendor".[1] Na escola de Pitágoras, o número *cinco* simbolizava Luz;[2] entre os gregos, era o número sagrado de Apolo, e entre os modernos maçons ele significa as Cinco Virtudes ou Pontos de Companheirismo. A prática simples desses cinco preceitos constituía — eu tenho poucas dúvidas quanto a isso — as misteriosas potências do Selo de cinco pontas de Salomão. As Cinco virtudes às vezes eram simbolizadas separadamente, e às vezes, como na Figura 637, formavam um ornamento dotado de graça e esplendor.

Às vezes, quatro círculos são ligados a um quinto, maior e central, constituindo-se assim numa ilustração das palavras da Sabedoria: "Eu sou a mãe do belo amor, e do medo, e do conhecimento, e da sagrada esperança."[3]

As duas crianças associadas com a Sabedoria, a Água Mãe, na Figura 500 (na página 217), são respectivamente distinguidas pelo Coração do *Amor* e do *Livro* do *Conhecimento*; a *Esperança* também é expressada pela Âncora, e o *Medo* pela Balança da Justiça.

---

1. *Signs and Symbols of Primordial Man*, Churchward, p. 128.
2. *A Lexicon of Freemasonry*, Mackey, p. 104.
3. Eclesiástico xxiv. 20.

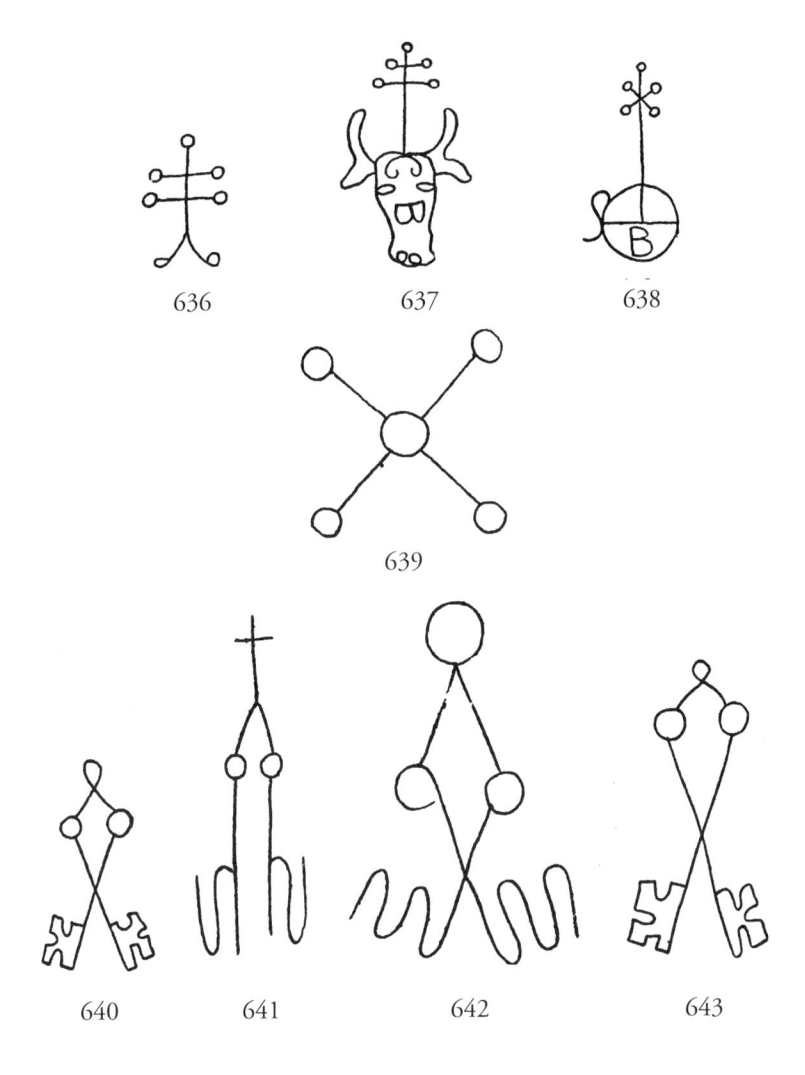

636   637   638

639

640   641   642   643

Dentre os filhos da Sabedoria, dois deles foram considerados como os principais, sem comparação, e esses dois, "Conhecimento" e "Belo Amor", foram simbolizados por várias formas e métodos. As duas correntes de leite manando da *Alma Mater* representada na Figura 533 (na página 227) provavelmente os simbolizam, e nas Chaves Cruzadas reproduzidas acima eles são representados por duas Pérolas ou Círculos.

Às vezes, os próprios círculos gêmeos formam Balanças ou são equilibrados em balanças. Os egípcios acreditavam que, por ocasião da morte, as ações da alma desencarnada eram pesadas por Thoth diante de Maat, a Deusa da Verdade, e que esse julgamento era realizado no Salão Divino chamado de "Salão das *Duas Verda-*

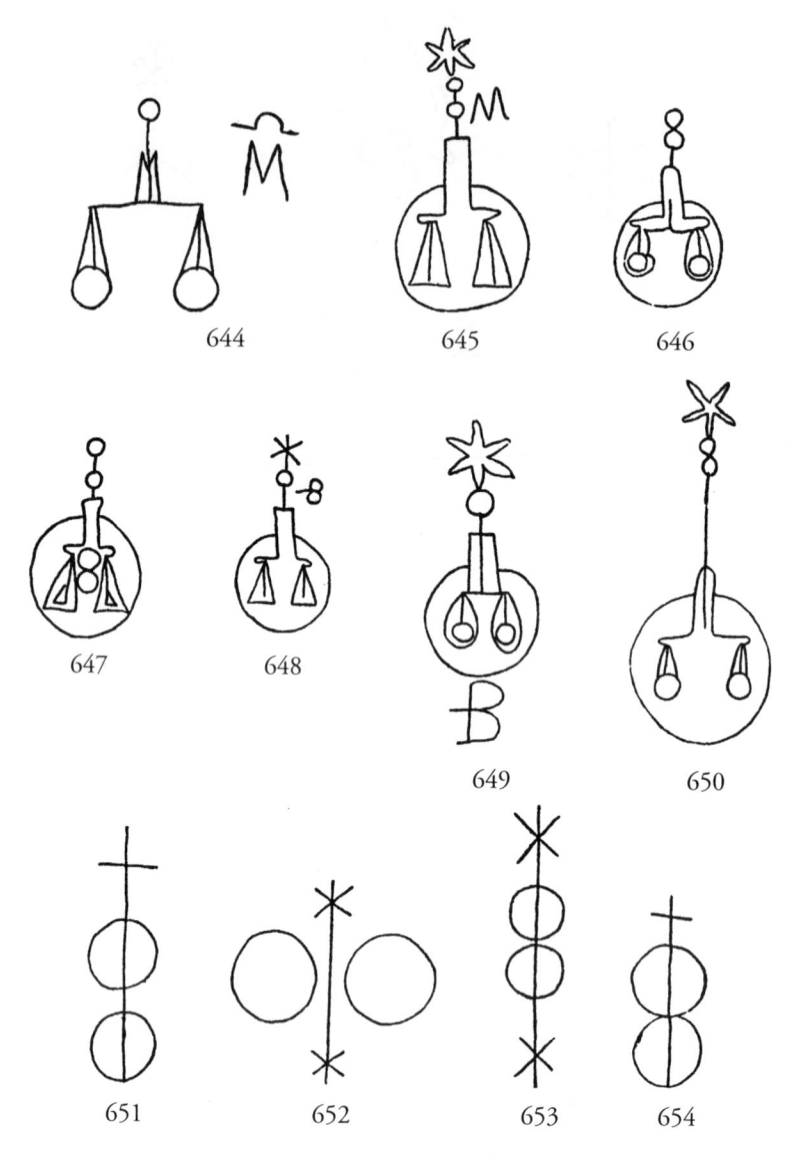

644   645   646

647   648   649   650

651   652   653   654

des.[4] A letra M, quando encontrada em combinação com balanças, indica provavelmente Maat,[5] e o número 8, que também ocorre com freqüência (veja as figuras 646, 647, 648 e 650), era, como já vimos, o número de Thoth, o regenerador. Um

4. *A Handbook of Egyptian Religion*, A. Erman, p. 108.

5. Maat é representada como Filha de Rá, Senhora do Céu, Governadora da Terra e Presidente do Mundo dos Mortos. "A *maat* egípcia é não apenas Verdade e Justiça, mas também Ordem e Lei no mundo físico, assim como no moral." — Renouf, *Hibbert Lectures*, p. 120.

célebre místico afirmou a respeito de Cristo que "em Seus elementos essenciais o Seu número é 8"[6], e pareceria provável que a cifra 8 fosse considerada como o número da regeneração porque é formada pelos círculos gêmeos do Amor e do Conhecimento em estreita proximidade. Nas figuras 651, 652 e 653, os dois círculos não estão se tocando; mas na Figura 654 eles formam um 8 perfeito, e na figura 646 esse número sagrado aparece como o objetivo da Visão.

Entre as inscrições atribuídas a Ísis está a declaração: "Eu tornei a Justiça mais poderosa do que a prata e o ouro. Eu fiz com que a Verdade fosse considerada bela",[7] e é evidente que os místicos medievais expressavam suas aspirações quase nos mesmos termos que o poeta moderno. "Ó Tu, Deus poderoso, faze-me como uma balança de rubis e azeviche forjada no regaço do sol. Eu te suplico, ó Tu Grande Deus, para que me permitas fulgurar a maravilha do Teu brilho, e me fundir no perfeito equilíbrio do Teu Ser, ó Tu Deus, meu Deus."[8]

Com base no fato de que não é raro os círculos gêmeos aparecerem sobre o Vaso da Sabedoria, pode-se concluir que a "Sabedoria" era considerada como uma perfeita combinação ou equilíbrio entre Amor e Conhecimento.[9] A letra G, impressa no vaso da Figura 656, significa Gnose — isto é, conhecimento inspirado, revelado, divino e caridoso — e não é improvável que também possa significar Gesu. Repare na engenhosidade com que o suporte do vaso da Figura 657 forma o 8 regenerador.

É evidente que o objetivo dos criadores de emblemas era concentrar muitos significados dentro de uma só forma, ilustrando assim a máxima segundo a qual "é mais excelente a Escritura que gera significações mais abundantes. Pois Deus é capaz de dizer muitas coisas em uma só, como o ovário perfeito contém muitas sementes no seu cálice".[10] O corpo e a face de animais simbólicos são, com freqüência, engenhosamente simbólicos até os mínimos detalhes. Na Figura 658, os Quatro filhos da Sabedoria aparecem como olhos e narinas. Na Figura 659, os olhos foram colocados deliberadamente em justaposição, e, como foram desenhados como círculos perfeitos, há poucas dúvidas de que eles simbolizavam os olhos regenerados do Amor Perfeito e da Sabedoria Perfeita.

Os egípcios imaginavam que a divindade tinha dois olhos, o Sol e a Lua; e estes eram chamados de os olhos do Norte e do Sul, ou o olho de Hórus = Luz e o

6. *Life of Louis Claude de St. Martin*, A. E. Waite, p. 411.

7. *A Handbook*, Erman, p. 245.

8. A. Crowley.

9. "O conhecimento incha e explode, mas a caridade constrói."

10. Extraído de um fragmento hermético citado em *O Caminho Perfeito*.

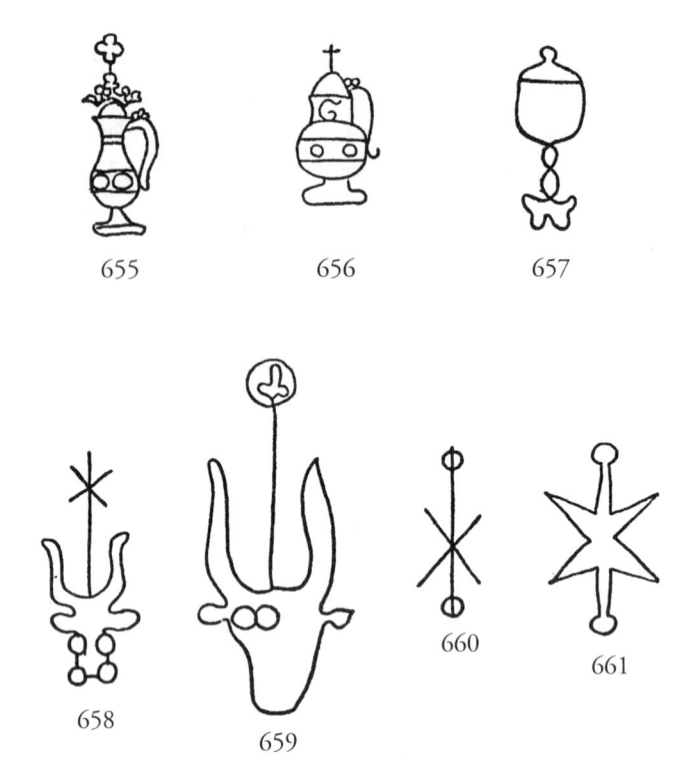

655   656   657

658   659   660   661

olho de Sut = Trevas. Eles acreditavam que o homem regenerado teria essa dupla visão concedida como um Presente dos Deuses, e que, finalmente, "dois olhos são concedidos a ele, e com isso ele se torna glorioso".[11]

Na Figura 660, esses olhos simbólicos estão associados à estrela da Luz, e na Figura 661 eles formam suas pontas do norte e do sul. Na Figura 663, os círculos gêmeos foram combinados com os três raios de luz, e na Figura 664 esses três raios fluem da boca de um Touro. Era muito comum encontrar representações nas quais o Espírito Supremo ostentava barba. O Sin assírio, o Iluminador, o Deus da Luz e da Sabedoria, a "Novilha de Anu",[12] tem uma longa barba ondulante da cor do *lápis-lazúli*,[13] e essa barba azul era, com toda a probabilidade, um símbolo da Verdade que jorra para baixo.[14]

11. Veja *Signs and Symbols of Primordial Man*, Churchward, pp. 201, 202, 330, 345.

12. Anu era também o nome de uma deusa gaélica da prosperidade e da abundância.

13. *Religion of Babylonia and Assyria*, Jastrow, p. 76.

14. As amenidades da Teologia parecem sempre exigir que os Deuses do nosso vizinho sejam considerados Demônios. Nossa palavra Diabo (*Devil*) é cognata com *devel*, a palavra cigana para Deus; "Ogro" era originalmente uma Divindade setentrional, e o "Barba Azul" do conto de fadas é, provavelmente, uma deturpação do Deus Sin, de barba azul.

Na Figura 662, a luz simbólica que flui da boca é expressa por um desenho que combina a Cruz T (tau), a Cruz Latina, o Triângulo e a Lua Crescente.

Na Figura 666, o círculo do Uno Perfeito e Eterno foi feito para atuar como uma boca, e na Figura 667 essa boca foi significativamente colocada fora de lugar. O Cervo não era apenas um símbolo da Pureza Solitária, mas seus chifres ramificantes eram comparados aos raios do Sol nascente, e assim o Cervo se tor-

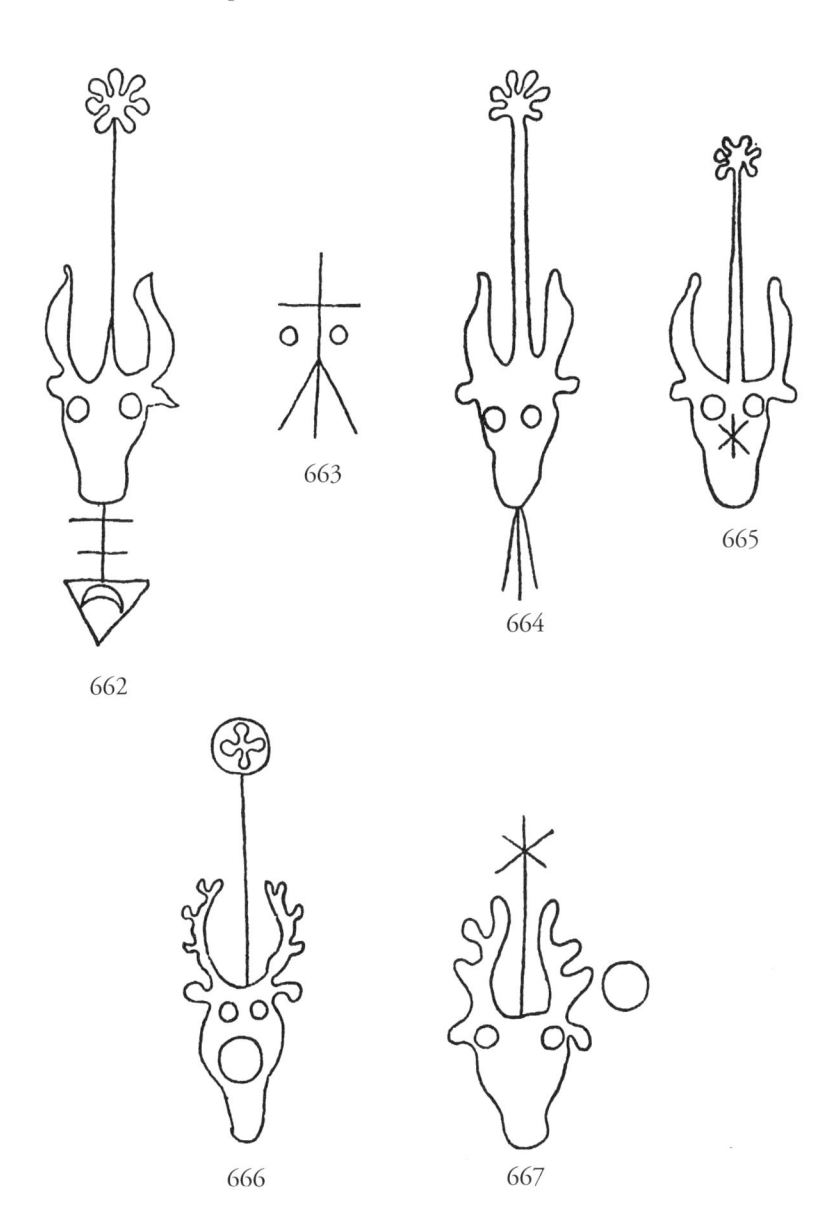

662

663

664

665

666

667

nou um emblema Solar. A boca era considerada como um poço ou fonte, e é proverbial a afirmação: "A boca do justo é uma fonte de vida."[15] A Figura 666 significará para nós aquilo que Matthew Arnold chamou de "virgindade solitária (ou pureza) da Fonte toda virgem".

If, in the silent mind of One all-pure
At first imagin'd lay
The sacred world; and by procession sure
From those still deeps, in form and colour drest,
Seasons alternating, and night and day,
The long-mused thought to north, south, east, and west
Took then its all-seen way:

O waking on a world which thus-wise springs!
Whether it needs the count
Betwixt thy waking and birth of things
Ages or hours: O waking on Life's stream!
By lonely pureness to the all-pure Fount
(Only by this thou canst) the colour'd dream
Of Life remount.

Thin, thin the pleasant human noises grow,
And faint the city gleams;
Rare the lone pastoral huts: marvel not thou!
The solemn peaks but to the stars are known,
But to the stars, and the cold lunar beams:
Alone the sun arises and alone
Spring the great streams.

(Se, na silenciosa mente do Uno todo puro
De início imaginado, repousa em sua magia
O mundo sagrado; e por progressão e marchar seguro
Desde essas quietas profundezas, em forma e cor se veste,
Alternando as estações, e também a noite e o dia,
E segue, o pensamento, para norte, sul, leste e oeste
Siga então seu caminho que tudo vê e tudo via:

---

15. Provérbios x. 11.

Oh, despertar num mundo tão sábio no seu desdobrar!
Se é que é necessária uma margem
De comparação entre o nascer das coisas e o teu despertar,
E o das eras e o das horas: Oh, acordar no rio da Vida fluente!
Pela solitária virgindade até a Fonte toda virgem
(mas só com isso não conseguirás) o sonho iridescente
Da Vida remonte até a origem.

Cada vez mais tênue, desvanece o ruído humano delicioso,
E da cidade se apagam na distância as luzes dos lares;
Passam raras as cabanas: que isso não te seja espantoso!
Só das estrelas o pico solene é conhecido,
Só das estrelas, e dos frios raios lunares:
Sozinho o sol se levanta e sozinho e decidido
Verte seus grandes rios por todos os lugares.)

Na Itália, há uma versão de Cinderela chamada Mona Catarina, isto é, "a Pura solitária", e em algumas localidades a história de Cinderela é contada sob o título de "Um Olho, Dois Olhos e Três Olhos". O fato de a Cinderela aparecer como a personagem "Dois Olhos" nessa versão apóia a sugestão de que a Sabedoria era considerada como o equilíbrio entre o Amor e o Conhecimento. Às vezes, os Deuses eram descritos com Três Olhos; o Terceiro Olho representava essa faculdade misteriosa que nós chamamos de Intuição, ou o que os antigos poetas chamavam de "o olho interior da Razão". A mitologia grega atribui três olhos a Júpiter; às vezes, três olhos eram atribuídos a Thor, e não é incomum encontrar no folclore personagens com três olhos.

Os autores de *O Caminho Perfeito* afirmam que, no simbolismo do rosto, dois olhos denotam, respectivamente, Inteligência e Amor,[16] e é provável que os olhos

---

16. "Assim como o homem, feito à 'imagem' de Adonai, é a expressão de Deus, do mesmo modo a expressão ou o semblante do homem é a imagem expressa da natureza de Deus, e traz em suas feições a impressão do celestial, mostrando-lhe que é do céu que ele provém. Por isso, no rosto humano, pela linha reta, central e protuberante do órgão da respiração, é indicada a Individualidade, o Ego divino, o Eu Sou do homem. Embora exteriormente único e constituindo um órgão que comprova a Unidade Divina, no interior ele é duplo, tendo uma dupla função e duas narinas nas quais reside o poder do Alento ou Espírito, e que representam a Dualidade Divina. A dualidade encontra sua simbolização especial nas duas esferas dos olhos, que, colocadas em nível com o topo do nariz, denotam, respectivamente, Inteligência e Amor, ou Pai e Mãe, como os supremos elementos do Ser. Embora exteriormente eles sejam dois, interiormente eles são um, assim como a visão é uma só. E da cooperação harmoniosa das duas personalidades representadas por eles, procede, como filho, uma

direito e esquerdo tenham cada um o seu próprio significado particular. Zacarias desfecha violentos ataques contra o sacerdócio contemporâneo exclamando: "Ai do pastor inútil, que abandona o rebanho!... seu olho *direito* de todo se escurecerá",[17] e a expressão ainda em vigor "ter um só olho" remonta, com toda a probabilidade, a um passado imemorial. A fábula registra a existência de uma raça de homens de um só olho dos quais se dizia que estavam constantemente tentando roubar o ouro escondido, que certos grifos vigiavam e protegiam.

Essas criaturas de um só olho eram chamadas de "*Arima*spianos" — palavra que sugere Arimanes, o Lúcifer persa.[18] Os grifos, monstros com corpo de leão e cabeça e asas de águia eram considerados símbolos da Sabedoria e da Iluminação,[19] e o ouro que eles tinham por missão vigiar e defender era, provavelmente, o ouro da Sabedoria. Na ilustração da Figura 668, dois grifos estão sustentando a Sabedoria em sua forma de Água-Mãe. Grifos decoram o elmo que protege a cabeça de Minerva — nome ao qual geralmente se atribui a mesma raiz *mens*, a Mente — e eles são com freqüência representados guardando o Vaso da Sabedoria.[20] Nas esculturas, em geral o grifo aparece segurando uma bola sob a garra, e pode-se ver pseudogrifos nessa postura sobre o parapeito do Viaduto Holborn. Essa bola, a Pérola da Sabedoria, é a mesma Bola da Perfeição sustentada pela

668

terceira personalidade, que é a sua expressão conjunta, ou 'Palavra'. Desta, a Boca é, ao mesmo tempo, o órgão e o símbolo, sendo ela mesma Dupla — quando fechada é uma linha, e quando aberta é um círculo; e é também dupla pelo fato de que é composta de linhas e círculos na língua e nos lábios. E, enquanto lugar de emissão do sopro criativo, ela está abaixo das outras características, uma vez que a criação, vinda do Altíssimo, é, quanto à sua direção, necessariamente descendente. Desse modo, no semblante da 'Imagem de Deus' está expressa a natureza de Deus — e até mesmo a da Santíssima Trindade. Pois 'esses três são um', sendo modos essenciais do Mesmo Ser." — p. 205.
17. Zacarias xi. 17.
18. Diz-se que a partir de Arimanes, o Príncipe das Trevas, nós derivamos a nossa expressão "Old Harry" (Velho Harry), que significa o Diabo. — *Mythology of the Aryan Nations*, Cox, p. 567.
19. *Horns of Honour*, J. C. Elworthy, p. 116.
20. No Stationer's Hall, há uma réplica de um medalhão clássico que os representa dessa maneira.

254

Bona Dea, coroada com sete estrelas, que aparece sobre o pórtico do Museu Britânico como a figura central do grupo de Deuses e Deusas. Na Figura 669,[21] a Grande Mãe segura uma bola e um anel. O anel mágico, que figura com muita freqüência na mitologia salomônica, tinha provavelmente o mesmo significado que o nosso moderno anel de casamento, cuja origem pagã quase levou à sua abolição durante a Commonwealth.[22] Alguns dos grifos ilustrados mais adiante estão coroados com a *Fleur-de-Lys* da Iluminação. O da Figura 672, que está marcada com o sinal-da-cruz, tem a sua cauda retorcida na forma de uma Pérola, e na Figura 673 o círculo foi colocado no centro do corpo. Jesus Cristo foi considerado como o Mestre-Grifo,[23] e os números 1 e 8 sob a Figura 674 significarão, desse modo, o Santo *Um* que manifesta a Si próprio como o número 8.

669

Na Figura 676, há uma inscrição indistinta em que as letras S e H são proeminentes. A inscrição na Figura 677 (uma Ursa Maior) se lê como I S S, e a inscrição na Figura 674 conclui com as letras I e S.

De acordo com os autores de *O Caminho Perfeito*, as palavras Is e Ish significavam originalmente Luz, e o nome Ísis, que outrora era Ish-Ish, era o nome egípcio

---

21. Extraído do *Classical Dictionary*, de Smith. Com a permissão do Sr. J. Murray.

22. "A forma do anel", diz um velho escritor, "sendo circular, isto é, redonda e sem fim, significa com muita ênfase que o seu amor mútuo e afeição sincera devam fluir redondamente de um para o outro, como num Círculo, e isso continuamente e para sempre." — *The Origins of Popular Superstitions*, T. Sharper Knowlson, p. 99.

23. Ver o *Purgatório* de Dante: cantos xxx. e xxxi.

670 671 672

673 674

675 676 677

para Luz-Luz.[24] Os iniciados nos mistérios de Ísis eram conhecidos como Issa,[25] e os lendários "issedones", que se dizia terem sido expulsos do seu país pelos usurpadores de sempre, os arimaspianos de um só olho, provavelmente podem ser identificados com os seguidores iluminados de Ormuz, o Senhor da Luz e adversário de Ahrimã,[26] o Príncipe das Trevas.

Há um conto do norte sobre o Old Harry (Velho Harry) que apresenta uma notável semelhança com a lenda grega de Ulisses e de Polifemo. O Diabo, perce-

---

24. p. 111.
25. *O Caminho Perfeito*, p. 111.
26. "Seu nome e seus epítetos significam maldade essencial; um ser ocupado em perverter e corromper tudo o que é bom." — *Persia*, J. B. Fraser, p. 128.

bendo que um homem estava moldando botões, pergunta-lhe sobre o que ele estava fazendo, e quando ele responde que estava modelando olhos, o Diabo lhe pergunta se ele lhe poderia fornecer um novo par de olhos. O trabalhador aceita a encomenda, mas em vez de lhe fornecer novos olhos, "Issi", como ele chamava a si mesmo, derramou dentro das cavidades oculares do Diabo uma dose mortal de chumbo derretido, e o Demônio enlouquecido disparou em fuga, exclamando: "Issi fez isso, Issi fez isso." A palavra Issi, sendo ambígua, significando também "ele mesmo", os vizinhos, em vez de se compadecer pelo Demônio espertalhão, zombaram dele ordenando-lhe para que ele se deitasse na cama que "ele mesmo" havia feito.[27]

As sílabas Isse ocorrem no nome Ulisses, e também no seu equivalente Odisseu. De acordo com a lenda grega, Ulisses, quando Polifemo lhe perguntou o nome, respondeu astuciosamente: "Meu nome é Ninguém*." Mais tarde, Ulisses, com quatro amigos selecionados, aqueceram a ponta de um estaca até que ela brilhasse como um carvão vivo; então, suspendendo-a sobre o único olho do gigante, eles a enterraram profundamente na cavidade ocular. Os ciclopes que moravam nas vizinhanças, perturbados com o monstruoso urro de Polifemo, deixaram suas cavernas, se aproximaram e lhe perguntaram que atroz ferimento fizera com que emitisse um alarme tão horrível que interrompera-lhes o sono. Ele respondeu: "Oh amigos, eu morro, e Ninguém me desferiu o golpe." Eles responderam: "Se *ninguém* te feriu, é o golpe de Jove, e tu deves suportá-lo." Dizendo isso, eles o deixaram gemendo. Na manhã seguinte, Ulisses, a salvo das garras do gigante, gritou com menosprezo: "Ciclopes! Os Deuses vos retribuíram muito bem por vossas ações cruéis. Saibam que vocês devem a Ulisses a vossa vergonhosa perda da visão."

Os tártaros têm a história de um gigante de um olho só, devorador de homens, e o herói Bissat, como de costume, queima o olho do monstro com uma faca aquecida ao rubro.[28]

Uma lenda celta relata que um certo herói chamado Lugh cegou um gigante de um só olho[29] por meio de um ferro aquecido ao rubro, e esse nome, Lugh, sempre é identificado com Lleu, a palavra gaulesa para *Light* (Luz).[30]

27. *Mythology of Aryan Nations*, Cox, p. 570.
* Na tradução inglesa, *Noman* = Nenhum Homem. (N.T.)
28. *Cinderella*, p. 489.
29. *Celtic Myth and Legend*, Charles Squire, p. 239.
30. Rhys, J., *Hibbert Lectures*, pp. 239, 409.

As sílabas ambíguas Issi, Ysse, Isse ou Issa estão relacionadas com Esse, o verbo latino "ser", e de *esse* deriva a palavra Essência, um sinônimo filosófico e poético para Alma ou "Luz interior".

Poderia assim parecer provável que a Odisséia, até certo ponto, é uma alegoria da Alma, e que Odisseu, o errante, na verdade é Ninguém, nenhum personagem histórico; mas, como Cinderela, é uma personificação da alma, a centelha, o "Deus interior" ou "Morador do Íntimo". O jogo de palavras com Issi, "a Luz", e Issi, "ele mesmo", é comparável ao perplexo despertar de Cinderela para o fato de que a glória de sua ofuscante radiância é "ela mesma".

As sílabas Isse ou Ishi parecem ter significado antigamente *Luz* em muitas direções. Nós as encontramos em Nyssa, o nome da ninfa que se dizia ser a mãe do Sol; em Nysa, a montanha onde Dioniso nasceu; e no Monte Nissa da Etiópia,[31] onde Osíris nasceu. As Lanternas de Pedra sagradas ou receptáculos de Luz do Japão ainda são chamadas de *Ishidoro*, e diz-se que o Neto Celestial japonês desceu à terra sobre o Monte Kirishima. Ísis era conhecida no norte da Europa como Zizi; o herói solar caldeu chamava-se Izdubar; e as últimas divindades gêmeas japonesas foram chamadas de Izanagi e Izanami.

Na Lapônia, a deusa correspondente a Ísis era cultuada sob o nome de Isa, e essa palavra deve ser relacionada com Isia, uma variante grega de Ísis, que significava, de acordo com Platão, o "Santo Um", "Inteligência" e "Percepção".[32] Para Plutarco, o nome Ísis significava "Conhecimento".[33]

678

Em hebraico, a sílaba Is torna-se Jes; por isso os judeus chamavam Isaías de Jesaías; por outro lado, a palavra Jessé é presumivelmente idêntica a Isse. Na coleção de literatura mística reunida na nossa Bíblia sob o significativo título *Isaías*, há

---

31. *Things Seen in Japan*, Clive Holland, p. 209.
32. *Cf. Ísis e Osíris*, de Plutarco.
33. *Ibid.*

uma profecia que descreve um futuro onde "a terra se encherá com o conhecimento do Senhor, como as águas cobrem o mar". "Nesse dia", diz Isaías, "haverá uma raiz de Jessé. E do tronco de Jessé sairá um rebento, e das suas raízes, um renovo."[34] A raiz de Jessé, como é representada na Figura 678, tem *cinco* prolongamentos, e é portanto a raiz de Luz.

Em Oséias, há uma profecia milenarista em que ocorre uma passagem enigmática: "Naquele dia, diz o Senhor, ela me chamará de Ishi e não me chamará mais de Baali. Da sua boca eu tirarei os nomes dos baalins, e eles não mais serão lembrados pelos seus nomes."[35] Os Baalins eram divindades secundárias, nas quais o Grande Deus fenício El estava subdividido, e Ishi era provavelmente um sinônimo de Luz primordial. O gigante celta que fora cegado por Lugh, a Luz, se chamava Balor, e *Bal* talvez possa ser identificado com o *Baal* de Baalin.

O animal sobre cujo dorso as letras I, S e S estão inscritas (na página 255) é uma Ursa, e as Sete Estrelas da Ursa Dourada eram conhecidas como as Sete *Rishis* ou Luzes brilhantes. Evidentemente, uma vogal inicial foi caindo pouco a pouco dessa palavra até desaparecer. Como as Sete estrelas são muito parecidas com um arado, e a constelação da Ursa Maior às vezes era conhecida como os *Sete Bois Lavradores*, é provável que a vogal perdida fosse *A*, formando *Ar-ishis*. A sílaba Ar, que constitui a palavra irlandesa para Arado, é a raiz de muitas palavras relacionadas com a atividade de arar, tais como arável, ariano, etc.[36] *Arishis*, portanto, se resolve, simples e razoavelmente, em *Luzes do Arado*.

Ursa, a palavra latina para o animal que deu nome à constelação, provém da mesma raiz que Ushas, a Alvorada; e as brilhantes Ushas (os porteiros (*usher*) do Dia) são idênticas a Ísis. O Homem no Sol védico, correspondente ao termo genérico Adão, foi intitulado Purusha. Shri, a mulher de Vishnu, antes de descer do Sol, era conhecida como Anushayini,[37] e a mulher de Krishna, "o Sol noturno", é chamada de Luxmee. O conhecimento de que *Is* ou *Ish* significam *Lux*, a Luz, não apenas elucida o significado de Ishi mas também esclarece a etimologia de muitos outros títulos obscuros como, por exemplo, o nome da Deusa Ishtar, que até agora

---

34. Isaías xi.
35. Oséias ii. 16, 17.
36. O nome *George* significa um arado ou um agricultor. Os camponeses ingleses ainda pronunciam "Jaarge", preservando inconscientemente o radical primitivo Ar.
37. As Montanhas de Kirishima estão situadas na Ilha de Kiushio, e se registra que um certo Deus japonês se estabeleceu, com o nome de Okuninushi, num local chamado Izumo. Em sânscrito, a raiz Ush significa "queimar".

demonstrara ser um enigma insolúvel, e que pode ser resolvido em *Ish*, a Luz, e *Tar*, "filha da".[38]

O nome do profeta Eliseu, Elisha (uma luz ardente e brilhante), resolve-se naturalmente em Isha, "a luz de", El, "Deus". Na versão autorizada do Novo Testamento, Elisha é traduzido como Eliseu, e pode-se concluir com segurança que Elisha, um nome alternativo de Dido, tem o mesmo significado. Aceita-se normalmente que Dido é uma personificação mítica do Sol, e seu famoso suicídio equivale à morte flamejante do sol na pira fúnebre do pôr-do-sol. O termo Elissa, que também foi ostentado por uma Deusa árabe que Heródoto identifica com o Mitra persa,[39] leva sugestivamente a Elisyon, e há poucas dúvidas de que os Campos Elíseos dos gregos possam ser identificados com Zion, a Cidade Sagrada dos hebreus.

Um dos elisabetanos menores, que dedica uma série de sonetos, intitulada *Diana*, "às Nobres e Sagradas Donzelas de Sua Majestade", começa um dos sonetos assim:

> Eternal Twins that conquer Death and Time,
> Perpetual advocates in Heaven and Earth;
> Fair, chaste, immaculate, and all-divine,
> Glorious alone before the first man's birth.[40]

> (Vós, que vencestes a Morte e o Tempo, Gêmeos da Eternidade
> No Céu e na Terra, sois vós o perpétuo advogado;
> Belos, castos, imaculados, completa divindade,
> Mas sozinhos na sua Glória antes de o homem ser criado.)

Supomos aqui que "Sua Majestade" signifique Rainha Elizabeth, mas a Elizabeth na mente do poeta era, evidentemente, a Filha de Zion, que era "toda gloriosa interiormente" — EL-IZZA-BETH, isto é, a Casa da Luz de Deus.

É óbvio que *Jeshurun* ou "Israel" refere-se freqüentemente a alguma coisa a mais do que a uma tribo histórica de semitas adoradores do demônio, e que Israel, no masculino ou feminino, é às vezes uma personificação da alma individual atra-

---

38. A sílaba Tar ocorre novamente no nome finlandês Ilmatar, cujo suposto significado é "Filha do Ar". É um fato bem reconhecido que a linguagem da Finlândia é abundante em sobrevivências caldaicas, e o sufixo finlandês "tar", equivalente a "a filha de", é aparentemente uma dessas. Cf. *Popular Poetry of the Finns*, C. J. Billson.

39. i. 131.

40. *Elizabethan Sonnets*, Richard Smith. Ed. S. Lee.

vessando o deserto. Eu sugiro que o nome Israel se resolva naturalmente em Is, "a Luz de", Rá, "o eterno Sol que existiu para sempre",[41] e El, "a Primeira Causa, o princípio ou começo de todas as coisas".[42] O poético "Israel" aparece desse modo como uma extensão do nome Ezra, "o Surgir da Luz",[43] e como outra personificação da Essência Divina, Luz, ou Colônia na alma.

O livro atribuído a Salomão diz o seguinte a respeito da Sabedoria: "Ela é o esplendor da Luz eterna, ela é mais bela do que o Sol e está acima de toda a ordem

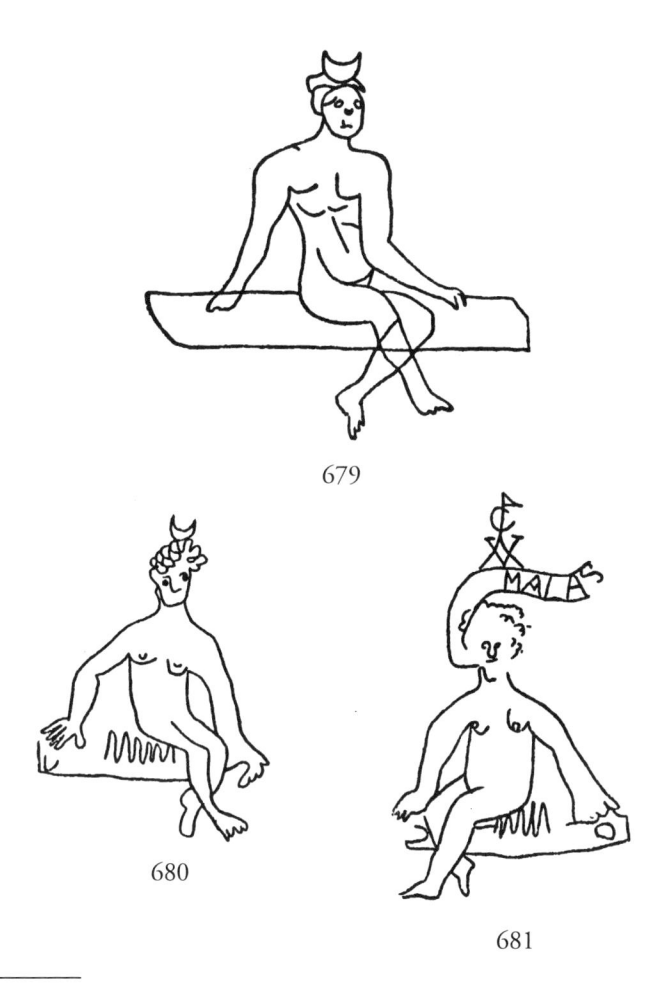

679

680

681

---

41. Compare os nomes Ezra e Zerah, que se considera terem o mesmo significado: "nascer da Luz".
— *Christian Names*, Helena M. Swan.
42. *A Lexicon of Freemasonry*, Mackey, p. 229.
43. Esta é a definição dada em *Christian Names*, da Sra. Swan. De início, é provável que significasse Ez ou Izra, a Luz de Rá.

das Estrelas."[44] Em algumas partes da Itália, Cinderela é chamada de L'Isabelluccia,[45] nome obviamente aparentado com Isabella, que tanto pode significar "Bela Luz" como "O Brilho da Luz". As sílabas Ella, como em Cinderella, são encontradas em *stella*, uma estrela. E *aster*, palavra alternativa para estrela, está relacionada com Ashtaroth. Ashtaroth e Astarte são nomes de Ishtar, e Ishtar foi identificada com Esther, nome que é radicalmente idêntico ao *stara* avéstico, uma estrela. A versão grega do Livro de Ester contém uma passagem notável: "*Uma pequena fonte tornou-se um rio*, e lá havia luz, e o sol, e muita água. Esse rio é Ester, e os dois dragões são eu e Haman." No Eclesiástico, uma afirmação autobiográfica semelhante é colocada na boca da Sabedoria. "Eu também saí como um riacho sai de um rio e como um canal se insinua num jardim. Eu disse: regarei o meu melhor jardim, e regarei com abundância o leito do meu jardim: e eis que o *meu riacho tornou-se um rio*, e o meu rio se tornou um mar. Vou, pelo menos, fazer a minha doutrina brilhar como a manhã, e projetarei até longe a sua luz. Derramarei ainda a doutrina como profecia, e a deixarei para todas as eras e para sempre."[46] Os rabis parecem preservar algumas tradições de interpretação semelhante quando chamam Ester de "a corça da Alvorada", e no Talmude afirma-se que a sua tez era da cor de ouro.[47]

Nos emblemas de L'Isabelluccia ou Cinderela reproduzidos na página anterior, ela está sentada sobre os ziguezagues da resplandecência e é adornada com a jóia que a deusa da Alvorada usa no cabelo.

No filactério que emerge da boca da Figura 681, há uma palavra que quase certamente era "Manas", mas os dois traços da letra N infelizmente se perderam. Manas, em sânscrito, significa "mente", "órgão do pensamento", "função do conhecimento e da ação", "o ego ou princípio individualizante, às vezes chamado de alma racional ou humana". A Lua Crescente era o emblema de Sin, o Deus da Luz assírio, de barba azul, e a palavra Cinderela está indubitavelmente relacionada com Sin. A etimologia da nossa palavra *Cinder* (cinza (por exemplo, de fogão)) é tão sugestiva que eu a cito, palavra por palavra, do *Dictionary of English Etymology* (Dicionário de Etimologia Inglesa), de Wedgwood. "Dever-se-ia escrever *Sinder*, correspondente ao *Sinter* alemão; ao *Sindel* holandês; ao *Sintel* da Antiga Noruega: *Sindr* significa, em primeiro lugar, as faíscas brilhantes que são expelidas quando o

---

44. Sabedoria de Salomão vii.
45. *Cinderella*, p. 281.
46. Eclesiástico xxv. 1.
47. *Bible Folk-Lore*, anônimo, p. 198.

ferro aquecido ao branco é martelado na bigorna, e em seguida significa as escamas pretas nas quais as faíscas se convertem quando esfriam, e a escória ou impureza do ferro da qual elas são compostas. A origem da palavra é reconhecida, no norueguês antigo, na palavra *Sindra*, faiscar, atirar fagulhas — uma forma paralela a *Tyndra*, faiscar. Na Alemanha, *Zunder* é utilizado como sinônimo de *Sinder*." A palavra do norueguês antigo para a nossa palavra *Tinder* é *Sindri* = uma pedra de sílex para obter fogo por atrito associada com um som de tilintar.

O nome Simbá tem, sem dúvida, uma derivação semelhante a Sindrella e aos nomes teutônicos Sinbald, que significa "príncipe faiscante", e Simbá, que significa "brilho faiscante". As Sete viagens de Simbá outrora eram alegóricas, e o seu simbolismo foi solucionado com consideráveis detalhes por E. A. Hitchcock.[48] Na terceira das Sete viagens, Simbá, como "Issi", Ulisses e Bissat, cega um monstro de um só olho.

---

48. *The Red Book of Appian*, Nova York, 1866.

Capítulo XII

O OLHO DO UNIVERSO

"Na terra, os arcos quebrados; nos céus, a Redondez Perfeita."

Browning

"Deixe-nos então reconhecer no homem um poeta nato. ... Apesar dos seus maiores esforços, se ele fosse louco o bastante para empregá-los, ele não poderia ter êxito em eliminar da sua linguagem o elemento poético que é inerente a ela, despojando-a do broto, da flor e do fruto, e nada mais deixando que um galho desfolhado e nu. Ele poderá fantasiar por um momento que teve êxito nessa empresa, mas precisará apenas tornar-se um filólogo um pouco melhor, e se aprofundar um pouco no estudo das palavras que ele usa, para descobrir que ele está tão longe de consumar esse propósito quanto sempre esteve."

— Trench

A expressão "ter um olho só" não era invariavelmente utilizada num sentido desfavorável, e o Olho de Shiva, o Olho de Hórus e o Olho de Zeus eram símbolos, consagrados por sua longa idade, da Onisciência Divina. Dizia-se que Wotan, o Pai Todo-poderoso, de manto azul, da mitologia nórdica, tinha um olho solitário, o que, segundo os mitologistas, apontava, "além de toda dúvida, para o Sol, o olho único que durante todo o dia olha do Céu para a Terra".[1] Na mente de São Mateus, o olho único era a equação da Luz. "A luz do corpo é o olho: se, portanto, o teu olho for singular (*single*), todo o teu corpo deverá ficar cheio de luz."[2]

Na Figura 682, uma reconciliação ou reparação dos dois círculos está em progresso, e a visão dupla está se fundindo no único olho de Luz.

---

1. *Aryan Mythology*, G. W. Cox, p. 193.
2. Mateus vi. 22.

A similitude de Deus com um círculo é comum entre os teólogos e filósofos. Na escrita ideográfica do antigo México, a Divindade é representada por um círculo, precisamente como Ormuz também o foi pelos persas,[3] e Assur pelos assírios.

Os egípcios consideravam Deus como o Olho do Universo; e um ponto dentro de um círculo era considerado por eles como um símbolo da Divindade circundada pela Eternidade: um globo simbolizava o supremo e eterno Deus.[4]

A palavra grega para Sol é *Helios*, isto é, a "Luz Brilhante". O nome do Deus-Sol assírio, Sin, e as palavras inglesa "sun" e alemã "zon" foram, provavelmente, certa vez *is-in*, *is-un* e *iz-on*, a "Luz do Um" ou "Luz do Sol". É um dos axiomas da Filologia que os sons das vogais são iguais entre si e têm pouca, ou nenhuma, importância individual;[5] o *ol* de *sol* deve, portanto, ser igual a El, que significa Deus e Poder, e a palavra *sol*, que é islandesa, suíça, dinamarquesa, latina e portuguesa, pode ser igualada a Is El, a "Luz de El". Os italianos chamam o Sol de *il Sole*, "o solitário", e os franceses o chamam de *soleil*, que pode ser identificado com *sole il* ou El, o Único e Solitário Deus, o Monóculo ou Grande Olho Solitário.

Os caldeus simbolizavam Eusoph, a Luz da Vida, por um triângulo equilátero, e para os hinduístas a grande morada de Aum no infinito é figurada de maneira semelhante. Os egípcios consideravam o Triângulo como a bela e frutífera "Natu-

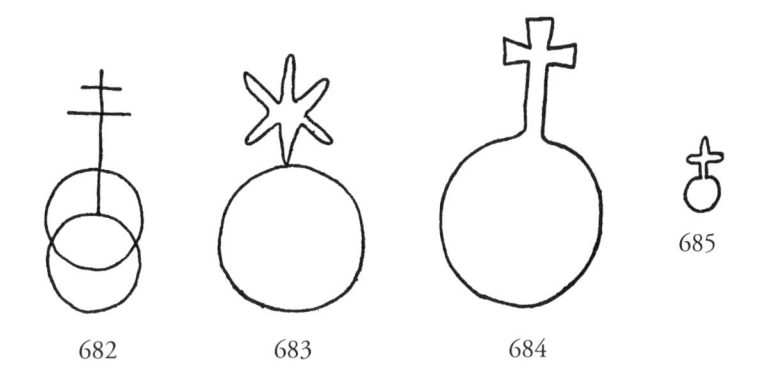

682   683   684   685

3. *Great Cities of the Ancient World*, T. A. Buckley, p. 367. Emerson, no seu ensaio sobre círculos, refere-se ao Inatingível como "o vôo Perfeito" ao redor do qual as mãos do homem nunca podem se encontrar.

4. *A Lexicon of Freemasonry*, Mackey.

5. Voltaire definiu a etimologia como uma ciência na qual as "vogais absolutamente não significam nada, e as consoantes muito pouco". A respeito disso, Max Müller comenta: "Foi apenas no presente século que a etimologia assumiu o seu posto como Ciência, e é curioso observar que aquilo que Voltaire exprimiu como um sarcasmo agora se tornou um dos seus princípios reconhecidos." — *Science of Language*, 2ª série, p. 258.

reza", e o Triângulo inscrito no círculo, como na Figura 686, expressará assim as palavras de Plutarco: "A área dentro desse triângulo é o lar comum a todos eles, e é chamada de a 'Planície da Verdade', na qual a Razão, as formas e os padrões de todas as coisas foram, e serão, armazenados para que nada os perturbe; e, como a Eternidade habita ao redor deles, é a partir daí que o Tempo, como uma corrente que mana de uma fonte, flui para baixo, por sobre os mundos."[6]

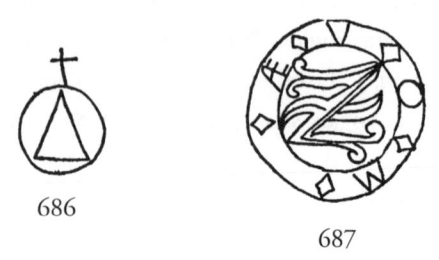

686

687

O Z de Zeus, formando o centro da Figura 687, "o Olho de Zeus que vê tudo e sabe tudo", consiste em três traços que correspondem ao raio Triplo. Um símbolo comum, mas até agora não decifrado, que aparece impresso em jóias gnósticas, é a letra S ou Z repetida *três* vezes e atravessada por uma barra na sua região média.[7] Este é novamente o Santo Um e os raios triplos correspondem às três exclamações: *Sanctus! Sanctus! Sanctus!* Os caracteres ao redor da Figura 687 consistem em *cinco* diamantes e nas letras A, U, O e M. Os três traços que se projetam à direita da letra A são novamente os três raios, e esses três raios, quando presos ao Santo Um, constituem a nossa letra E.

Havia um "E" mundialmente famoso inscrito sobre o Oráculo em Delfos.[8] Como essa letra tem cinco pontas, os gregos a consideravam equivalente ao número 5, "mas", diz King, "outros interpretaram mais profundamente essa letra, afirmando que ela significava, devido ao som da sua pronúncia grega, a declaração Ei, *Vós Sois*, dirigida à Divindade, o que a torna equivalente ao título O On, 'o Deus vivo', atribuído com muita freqüência a Jeová".[9]

As cinco pontas do E fizeram com que ele fosse considerado equivalente ao Selo de Salomão, de cinco pontas. Estimava-se que o E era a letra da Luz, e sua aparência na Figura 688 caracteriza esse emblema como outro exemplo do Olho

6. *On the Cessation of Oracles.*
7. *The Gnostics*, p. 218.
8. Veja o ensaio de Plutarco, *A Respeito do E em Delfos.*
9. *The Gnostics*, p. 297.

688

689

690

691

692

Único da Luz. A letra E, que, por um plano ou por coincidência, é a *quinta* letra dos alfabetos egípcio, fenício, grego e latino, forma a *Chave da Luz*[10] nas figuras 691 e 692.

A letra T, tanto na sua forma maiúscula quanto na minúscula, era considerada, de maneira semelhante, a letra da luz. O T ou cruz Tau era a *signa tau*, a *signature* ou *assinatura* ou a marca da iluminação mencionada em Ezequiel, e que segundo ele marcaria a fronte dos eleitos,[11] e sua santidade é exemplificada nos emblemas precedentes.

A letra latina T originalmente era escrita como +, que foi subseqüentemente alterado para X, e o pequeno traço com o qual nós agora cruzamos o nosso t minúsculo é uma reversão para a cruz original.[12]

Os Círculos reproduzidos abaixo exibem todos os quatro caracteres: a Figura 693 mostra o sinal de + original; a Figura 694, o subseqüente X de Luz; e as figuras 695 e 696, as modernas letras T maiúscula e minúscula.

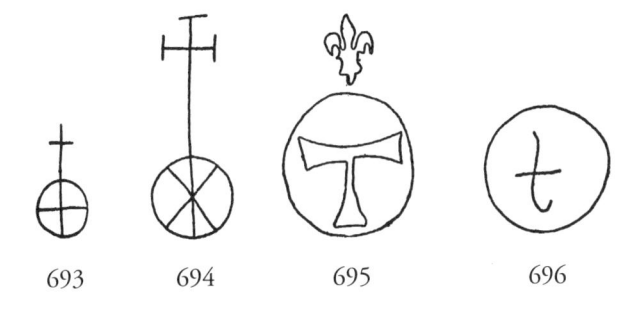

693

694

695

696

10. Compare com: "E Maria respondeu e disse ao Salvador: 'Agora nós sabemos, Ó Mestre, livremente, com certeza, claramente, que trouxestes as Chaves dos Mistérios do Reino da Luz, que livram as almas dos seus pecados para que elas possam ser purificadas e transformadas em pura luz, e trazidas para a Luz." — *Pistis Sophia*.

11. Ezequiel ix. 4.

12. Veja *The Alphabet*, Dr. Isaac Taylor.

697

698

699

700

701

702

703

704

No alfabeto maia, o T era expresso pelo mesmo signo T latino, e também por um triângulo equilátero.[13] No alfabeto grego, o D ou *delta* é figurado por um triângulo, e pareceria que o significado expresso por T e D fosse originalmente idêntico. Essa identidade pode explicar a permutabilidade entre o T e o D formulada na Lei de Grimm, como por exemplo em *Tius* e *Deus*, as palavras teutônica e latina para a Divindade. A palavra grega para Deus é *Theos*, e o *Th* dessa palavra é, simplesmente, uma variante de T ou de D. Nos alfabetos fenício e grego, o *Th* era grafado por um círculo dividido por quatro quadrantes.[14]

Supõe-se que a palavra sânscrita *dyu*, significando *brilhante* e *resplandecente*, é a raiz de Deus, Dies, Diana, Dieu, e assim por diante. Mas *dyu* é uma palavra de duas sílabas, e por isso é incorretamente descrita como raiz. A verdadeira raiz é o *dee* ou *dy*, e é evidente que esse monossílabo carrega em si mesmo a idéia de brilho, de luz e esplendor. Portanto, o *Deus* ou *Dies* latinos e o *Dios* espanhol se resolvem em "Luz Brilhante". O significado expresso pela palavra grega *Theos* ou pela alemã *Tius* é precisamente o mesmo, e no nome *Zeus* nós nos defrontamos novamente com a variabilidade do Z com o T, o D ou o Th. A mesma permutabilidade é evidente em *Tuesday* (Terça-Feira) e em *Ziestag* ou *Dienstag*, as palavras alemãs antiga e moderna para Terça-Feira.

Na Figura 687 (na página 266), a Luz foi representada pela letra Z, e, a julgar pela significativa freqüência com que esse caractere entra nos nomes dos Deuses-Sol e em palavras que têm relação com luz brilhante, eu sugiro que, da mesma maneira como M e N outrora eram representações hieroglíficas das ondas do mar, a letra Z antigamente era entendida como expressão dos ziguezagues descendentes dos relâmpagos e raios.

---

13. *Sacred Mysteries among the Quiches*, Le Plongeon (A.), p. xii.
14. No alfabeto grego, essa letra também era expressa por um ponto dentro de um círculo, e no velho alfabeto da Itália ela era expressa por um X num círculo, como aquele que forma o punho da chave na Figura 705.
Dizia-se que os quacres adotaram o "tu" e o "ti" dentais de sua fala diária como um lembrete constante do Alento, ou Espírito, Primordial, e na Figura 705 o *th* simbólico, ou X, estão na base da Chave da Vida.

705

Nossa palavra *Zed* (o nome inglês da letra Z), emprestada dos fenícios, é provavelmente a palavra persa *ized*, na qual o *i* definhou e desapareceu. Os Izeds eram, de acordo com a teosofia zoroastrista, os trinta arcanjos de Ormuz, o Senhor da Luz, e eles presidiam, como espíritos guardiães, sobre os trinta *dias* ou *dies* do mês.

A letra X, a cruz de *Lux*, era conhecida pelos gregos como *xi*, e a sílaba *xi, zi* ou *si* significava outrora, evidentemente, Fogo ou Luz. Ela ocorre, significativamente, em Xiutlecutli, o Deus do Fogo mexicano; em Xilonen, uma Deusa mexicana; em Zizi e Ziza, equivalentes europeus de Ísis; em Zio, o velho nome de Zeus no alto-alemão; em Zion, ou Luz do Sol, no hebraico; no equivalente grego Elisyon, ou Luz Brilhante do Sol; no Shiva hinduísta, a ardente luz solar, e no Zeus grego.

A palavra francesa para relâmpago, *éclair*, é foneticamente *ak-clare*, o "grande brilho". A palavra italiana para relâmpago, *baleno*, deriva evidentemente de Belenus, o nome do Apolo celta. Quanto à palavra alemã para relâmpago, *blitz*, nós podemos legitimamente restaurá-la para *belitz*[15] ou *beliz*, a "brilhante luz de Bel". Uma forma mais antiga de *blitz* era *blicze*, que se resolve em *bel-ik-ze*, o "grande fogo de Bel" ou o "fogo do grande Bel". A palavra portuguesa *raio*, e a espanhola, *rayo*, sugerem Rá. A palavra francesa para *blaze* (chama, labareda, esplendor) é *rayon*, e

706

270

como *az* é equivalente a *iz*, nossa palavra *blaze* poderia, como *blitz*, ser restaurada em *belaze*, "o Fogo de Bel". Nós talvez tenhamos aqui a origem das palavras *blast*, *bliss*, *blush* e *bless*, e dos nomes próprios Blaise e Belasses. Havia, evidentemente, alguma estreita ligação entre os fogos pagãos de Baal ou Bel e os nomes cristãos São Blasé, Blaise, Blayse, etc. Na Inglaterra, o Dia de São Blasé era formalmente marcado por várias observâncias significativas — iluminação por meio de velas de cera, fogueiras sobre as colinas, etc., e em Bradford, em Yorkshire, ainda hoje se celebra uma festa em sua memória a cada *cinco* anos.[16]

Entre os antigos, era habitual usar nomes divinos como adjetivos — como nós também fazemos atualmente quando usamos as palavras *good* (bom) e *gaudy* (enfeitado com exagero) e também *jovial, marcial, mercurial, saturnino* e *venérea*. É igualmente óbvio que os nomes divinos serviram, e ainda servem, freqüentemente como substantivos. A respeito de uma certa divindade irlandesa chamada Bress, que significa belo, registra-se que, na Irlanda, qualquer coisa bela, "planície ou fortaleza, ou cerveja, ou tocha, ou mulher ou homem", era comparada com ele, e por isso os homens diziam dessa coisa: "Isto é um Bress."[17] Esse costume ainda é evidente no Japão, onde a palavra *Kami*, Deus, também é usada para significar toda e qualquer coisa que, sob qualquer aspecto, seja semelhante a Deus.

Portanto, é provável que a Bel, o Deus da Luz, o Vencedor do Dragão, nós devamos o adjetivo francês *bel*, que significa belo, bom e honesto. No Oriente, *Bel* era usado como um termo genérico para Senhor ou Soberano.[18]

A palavra anglo-saxônica para brilho, branco e brilhante era *blac*, evidentemente, Belac, o Grande Bel; e, assim como os gregos usavam K*neph*aios para designar escuridão ou imperscrutabilidade, e os hinduístas Kristna para significar *negro*, nós agora usamos a palavra *black* (negro) no seu sentido secundário, isto é, exatamente o oposto do *blac* saxônico.

Na Figura 707, a letra Z está situada acima da cabeça de um boi ou *Bull* (Touro), e se diz que esse animal "berra" (*bellow*), e que o seu nome, *Bull* ou *Bullock*, é filiado com Bel ou Belloc.[19] O fato de *oc* ser radicalmente o mesmo que

---

16. *A Book of the Saints*, L. H. Dawson, p. 24.
17. *Celtic Myth and Legend*, C. Squire, p. 50.
18. *Shinto*, W. G. Aston, p. 5.
19. Compare com os nomes próprios Black, Blake, Bulloch e Belloc; e também com Bellochantuy, lugar montanhoso da Escócia. "No caso dos nomes locais, as matérias-primas da linguagem não se prestam, com a mesma facilidade com que outras palavras o fazem, aos processos de decomposição e reconstrução, e muitos nomes, durante milhares de anos, permaneceram imutáveis, e às vezes se demoram nos locais agora desertos dos lugares aos quais se referem. Os nomes de quatro das mais

707

ac é demonstrado com abundantes evidências, como, por exemplo, na identidade entre o nosso *Oak*-tree (Carvalho) e a palavra anglo-saxônica *Ac*-tree. De maneira semelhante, o Rio Ock, de Devonshire, é conhecido alternativamente como o Exe, sendo que ambos os nomes, de acordo com Baring-Gould, podem ser rastreados até as mesmas raízes celtas, e que a diferença se deve ao fato de que houve dois ramos distintos da família celta plantados sobre o rio, um acima do outro.[20] A letra X, que eu decodifiquei sistematicamente como o símbolo da luz, é chamada de *exe*, que foneticamente é pronunciada *ecse*, "A Grande Luz". A letra X é usada pelos matemáticos como a primeira das quantidades desconhecidas, as incógnitas, e entre os cristãos é um signo que abrevia o nome de Cristo.

Nas Dionisíacas, ou Grandes Festas Dionisíacas, era comum os participantes do culto bradarem, em altos gritos, *Axie Taure!* — que, segundo Plutarco, significava "Digno é o Touro".[21] Mas a *ak*clamação ou grande clamor de *Axie!* aparentemente significou outrora *Acze*, "Grande Fogo ou Luz" — um significado até o

---

antigas cidades do mundo — Hebron, Gaza, Sidon e Hamath — ainda são pronunciados pelos habitantes precisamente da mesma maneira como eram pronunciados há talvez trinta ou quarenta séculos, com freqüência desafiando as persistentes tentativas feitas por governantes para substituí-los por alguns outros nomes. Durante os trezentos anos do governo grego, os conquistadores fizeram uma tentativa para mudar o nome de Hamath para Epiphania, mas o nome antigo permaneceu nos lábios das tribos da vizinhança, e acabou retomando o seu controle, enquanto o nome grego foi logo completamente esquecido. O nome de Accho, que encontramos no Antigo Testamento, foi substituído, durante algum tempo, pelo nome grego Ptolemais. Hoje, esse nome foi esquecido, e o lugar passou a ser chamado pelo nome de Akka. Os gregos tentaram impor o nome de Nicopolis à cidade de Emmaus, mas em vão, pois o nome moderno, Amwâs, ainda afirma a vitalidade da antiga designação. Lemos no Livro das Crônicas que Salomão construiu Tadmor no deserto. Os romanos tentaram impor a ela o nome de Adrianopolis, mas esse nome definhou completamente, e os beduínos ainda dão o antigo nome de Tadmor à desolada floresta de colunas eretas e prostradas que marca o local da cidade das palmeiras." — *Words and Places*, Dr. Isaac Taylor, p. 256.

20. *Devon*, p. 16.

21. *Greek Questions*, 36.

qual muitas outras expressões de aplauso e de glória dos dias atuais podem ser rastreadas. Os cristãos modernos cantam, um tanto inconscientemente, a respeito de "erguer o *Trisagion* para todo o sempre".[22] A palavra *Trisagion*, equivalente à latina *Ter-sanctus*, é *tris-agion*; isto é, o grito *agion!*, Grande Sol ou Um, repetido três vezes. A palavra alemã *Hoch!* é ainda hoje entendida com o significado de "Alto dia".[23] O grito de guerra dos antigos gregos era *Eleleu!*, isto é, *ele lu*, "a luz brilhante," e a isso os hebreus parecem ter acrescentado *Jah*, o que o tornou *Hallelujah!* ou *Alleluia!* As freiras de Santa Maria, em Chester, costumavam cantar um hino, *Qui creavit cælum, lully, lully lu*, e este misterioso *lully, lully lu* é um sobrevivente do grito de êxtase *Ialuz! Ialuz!*, isto é, a Luz Eterna! a Luz Eterna!

A palavra semita para Fogo e Luz é *Ur*, de onde nomes cristãos tais como Uriah (Urjah) e Uriel são ambos definidos nos dicionários de nomes com o significado de "Deus é minha Luz ou Fogo".[24] O grito britânico *Hooray!* ou *Hurrah!* pode, com toda a probabilidade, ser resolvido em *Ur-ray* ou *Ur-Ra*, "a luz de Rá". Nas Festas do Sol, no Peru, os participantes do culto levantavam triunfantes gritos de *Hailli!*[25], que é, aparentemente, uma forma tardia do nosso mais primitivo *Hail!*, e pode-se imaginar os primitivos bretões, na Planície de Salisbury e em outros locais em que, em tempos pré-históricos, se cultuava o Sol, esperando em silenciosa expectativa pela Aurora, e levantando altos gritos de Urrah! quando o grande Olho do Dia se levantava sobre o horizonte e se abria para eles.

Os *três* vivas britânicos, ou Trisagion, podem ser comparados com a expressão *Selah*, que ocorre nos intervalos durante a recitação dos Salmos hebraicos, e que atualmente se supõe que significava "uma pausa". Foneticamente, essa expressão equivale a *Silah!*, o "Fogo da Eternidade".

O *Vive!* ou *Vivas!* das nações latinas estão relacionados com Vivasvat, um nome sânscrito para o Sol, a Fonte e o Doador da Vida. A palavra *laus*, como em *Laus Deo*, antes de significar "louvor", deve ter sido *la us*, a "Luz da Eternidade", e nós podemos novamente reconhecê-la, nesse sentido pré-histórico, no nome inglês do Papai Noel, *Santa Claus*, ou, como deveria ser escrito, Sant Aclaus, a "Grande Luz Sagrada que existe para sempre".

---

22. *Hymns Ancient and Modern*, nº 423.
23. *Origin of Popular Superstitions*, T. Sharper Knowlson, p. 53.
24. Iah ou Jah é, da mesma maneira, evidente em Uzziah, Zedekiah, Hezekiah, Obadiah, Jeremiah, Keziah e Jedediah.
25. *Peru*, Prescott, Cap. 2.

Essas mesmas duas sílabas, *la-us*, estão no final do nome Eleleus, um dos apelidos de Apolo e Dioniso.

"Onde quer que analisemos a linguagem", diz Max Müller, "com um espírito verdadeiramente erudito, seja na Islândia seja na Tierra del Fuego, deveremos encontrar nela a chave de alguns dos segredos mais profundos da mente humana, e a solução dos problemas de filosofia e de religião que nenhuma outra fonte é capaz de nos fornecer. Cada linguagem, seja ela o sânscrito ou o zulu, é como um palimpsesto, que, se manipulado cuidadosamente, revelará o texto original que está por baixo da escrita superficial, e embora esse texto original possa ser mais difícil de se recuperar em linguagens iletradas, mesmo assim ele ainda está lá. Cada linguagem, se for adequadamente abordada, nos revelará a mente do artista que a forjou, desde os seus primeiros balbucios até os seus últimos sonhos. Cada uma delas nos ensinará a mesma lição, a lição sobre a qual se baseia toda a Ciência do Pensamento, a de que não existe linguagem sem razão, assim como não existe razão sem linguagem."[26]

Uma análise dos vários termos para *homem*, *alma* ou *espírito* revela a crença, consagrada pelo tempo, segundo a qual a raça humana emergiu, na sua infância, da Grande Luz, e que cada alma humana é uma centelha ou fragmento da Superalma Sempre-Existente. A palavra egípcia para *homem* era *se*, a alemã para *alma* é *seele* — cognata com *Selah!* — e significa igualmente a "Luz da Eternidade". A palavra holandesa para *alma* é *ziel*, a ardente luz de Deus, e a inglesa *soul* outrora foi, presumivelmente, *is ol*, a essência ou luz de Deus.[27] A palavra hebraica para *homem* é *ish* e para mulher *isha*. A palavra *homo* latina é Om, o Sol, como também o é a francesa *homme*, e *âme*, a palavra francesa para *alma*, é aparentemente o Aum hinduísta. Os antigos mexicanos rastrearam seus descendentes a partir de um ancestral chamado Coxcox, isto é, *ack ock se, ack ock se*, a "Grande Grande Luz, a Grande Grande Luz".[28] Os teutões alegam que descenderam de Tiu ou Tuisco, um Deus da Luz ariano, e o nome Tuisco pode ser restaurado em *tu is ack O*, a "brilhante luz do Grande O". Um nome alemão para o primeiro homem era Askr, isto é, *as ack ur*, a "luz ou essência da Grande Luz". A palavra *askr* também significa freixo (*ash-tree*), e

---

26. *Biographies of Words*, Introdução.
27. Podemos constatar que uma erosão vocálica semelhante está em ação nos dias de hoje, e a palavra *cute* (atraente, inteligente) logo tomará o seu lugar nos dicionários, além de *acute* (dotado de percepção ou discernimento aguçado), que é a sua forma adequada.
28. Essa duplicação de um título é um lugar comum de âmbito mundial, semelhante ao nosso "Rei dos Reis e Senhor dos Senhores, *Very God of Very God*".

os gregos imaginavam que uma das raças de homens nasceu dos freixos. A árvore Ash — ou Ish — era o símbolo da Luz e era sagrada para Wotan, o Deus de um só olho, e a expressão "filho do freixo" era utilizada como sinônimo de "homem".[29]

Os termos genéricos para homem, alma e espírito não somente revelam a concepção antiga como também a mesma aristocracia de pensamento se manifesta em diversos nomes e sobrenomes individuais.

O escocês Ure é o hebraico *ur*; Eric ou Herrick é *ur ik*; Harris e Rhys foram outrora *ur is*. Hawker ou Hocker são, com toda a probabilidade, os mesmos nomes que Kerr ou Carr. O Omar persa é paralelo ao Homer (Homero) grego, e ambos os nomes podem provavelmente ser identificados com *amor* e *amour*, que originalmente significavam *luz do sol* ou *fogo do sol*, e só secundariamente passaram a significar *amor*. O nome *Ann* é *an*, o Sol; e Anna é o mesmo que *ana*, a palavra assíria para *céu*, e Anu, o nome assírio do Pai Supremo (*All-Father*). O escocês Ian ou Ion é idêntico ao Hahn continental e ao inglês John, pronunciado em certos distritos do país como Jah-on. Jah ou Je é a palavra hebraica para o Sempre-Existente, e John, Joan e Jane significam o Um ou Sol sempre-existente. De maneira semelhante, o Johan ou Jean europeu e o Jehan persa expressam o dogma egípcio: "Tu nascestes deus, Filho do Um", e o hebraico: "Vocês são deuses: e todos vocês são filhos do Altíssimo."[30]

Os nomes Jesse, Jessie e Jose significam "Grande Luz Sempre-Existente". O Jozon córnico [da Cornualha] é a "Luz do Sol sempre-existente", e esse mesmo significado está subjacente em Janus, Jonas, Jones, Johns e Hans. Hicks é a "Grande Luz", Hocken, Hacon e Haakon são o "Grande Sol ou Grande Um", e Haco, Hugo e Jago, o "Sempre-Existente grande O".

A alta linhagem do *Ego* humano, o "Eu mesmo", o "Eu" da primeira pessoa do singular, se reflete na palavra grega e latina *Ego*, o "Grande O". A palavra anglo-saxônica para "Eu" era *Ic* e a do inglês antigo *Ik*. A holandesa é *Ik*, a islandesa é *Ek*, e a alemã é *Ich*. A francesa *Je* significa o sempre-existente, e nas palavras dinamarquesa e sueca *Jeg* e *Jag* nós deparamos novamente com o "grande um sempre-existente". O lituano para "eu mesmo" é *Asz*, isto é, a "luz da forte Luz", e no *Aham* sânscrito ocorre, por assim dizer, um *eco*[31] das palavras *I Am* (Eu sou).

---

29. *Science of Language*, Müller, ii. 478.
30. Salmo lxxxii.
31. Que, presumivelmente, assim era chamado tendo-se em mente a agradável fantasia de que Echo era a voz do Grande O.

O *Je* do *sempre-existente* ocorre em Jahwe ou Jehovah; em Jove, que é a mesma palavra Jehovah; em Júpiter, isto é, *Ju pitar*, o "Pai sempre-existente"; no Jimmu japonês;[32] e em Jumala, o Pai Supremo (*All Father*) finlandês. Este último nome pode ser resolvido em Jum, o "Sol sempre-existente", e Ala ou Allah, o "Deus que existe para sempre".

Na Alemanha, o Papai Noel (Santa Claus) é conhecido alternativamente como Knecht (Cavaleiro) Clobes. Clobes é a mesma palavra que a nossa palavra inglesa *globes* (globos), e a raiz de ambas é a sílaba *ob*, que outrora significava o mesmo que *Orb*. *Ob*, que significa *bola*, é o fundamento de *obus*, bola, e também de *obolus*, uma bola pequena. A palavra *bolus* ou pílula grande é *obolus* com uma letra inicial perdida, e até a mesma raiz podem ser rastreadas as palavras *bowl*, uma bola redonda, e *bowl*, um utensílio circular. *Globe* deve ter sido originalmente *ag el obe*, o "Grande Orbe de Deus". Clobes deve, portanto, como Aclaus, ter significado a "luz do Grande Orbe de Deus", e nós podemos identificar "Knight (Cavaleiro) Clobes" com Oberon, o Rei das Fadas.[33] *Hob* era uma palavra usada há muito tempo para denotar um duende, e ela sobrevive em "Hobgoblin".

Como O é permutável com A, segue-se que *ab*, o termo hebraico para Pai, é o mesmo que *ob*.[34] A palavra *abyss* (abismo), tão freqüentemente aplicada a Deus, é fundamentalmente *ab is*, e a palavra babilônica para *abyss* era *abzu*, o Fogo da Luz de *ab* o Pai, ou o *orbe* do Dia.[35] Também é provável que *ob*, como em *observador*, é o *hub* * da Roda Universal e a raiz do termo *ubique* (ubíquo), que significa aqui, lá e em qualquer lugar.[36]

Oabl é a palavra celta para *céu*, e a francesa para *heaven* e *sky* [ambas significam "céu" em inglês] é *ciel*, isto é, a "Luz de Deus".

---

32. Ao subir ao trono, sucedendo o período de reinado dos seus pais, em 1868 d.C., Mutsuhito, o último imperador do Japão, dirigiu-se ao seu povo com as seguintes palavras: "Minha casa, que desde Jimmu Tenshi governou o Japão de acordo com a vontade dos deuses, é a mais antiga dinastia na terra, e remonta a dez mil anos antes de Jimmu, até o tempo em que os nossos ancestrais Divinos assentaram os fundamentos da terra." O nome Jimmu é equivalente ao nome inglês Jimmy, uma forma de James, ou, como costuma ser pronunciado, Jeames, isto é, a Eterna Luz do Sol.
33. Compare com os nomes: Job, Jobson, Hobbs, Hobson, Oben, Obadiah, Hobday, etc.
34. Compare com Abner, Absalom, Abdiel, etc., e, como as vogais são permutáveis, também com o Ib escandinavo e com o Ibach alemão.
35. Compare com Abissínia (cuja capital antiga era Axume) e Arábia.
* *Hub* é o nome inglês do "cubo da roda", isto é, a peça cúbica central que prende a roda no seu eixo de rotação. (N.T.)
36. O Rubi vermelho provavelmente recebeu o seu nome de *ur ube*, o orbe ardente.

Os antigos tinham um costume para o qual os filólogos cunharam a agradável expressão "*onomatopoësis*". "Este", diz Max Müller, "é um dos segredos da *onomatopoësis*, ou poesia do nome, segundo a qual cada nome deveria expressar não a qualidade mais importante ou mais específica, mas aquela que impressiona a nossa fantasia."

E, aparentemente, a fantasia dos antigos se impressionava com o fato de que qualquer coisa redonda ou circular era semelhante ao Orbe do Dia. Desse modo, os lituanos chamavam a maçã de *obolys*, que é simplesmente *obolus*, uma pequena bola. A palavra irlandesa para maçã é *abhal*, a gaélica é *ubhal* e a russa *iabloko*, uma palavra que se resolve em *iabel*, o "orbe de deus", e *oko*, "o grande O".

Entre os antigos mexicanos, a palavra *on* servia para denotar qualquer coisa circular.[37] A palavra celta para *círculo* é *kib* — *ak ib*, o "grande orbe", e para *redondez* (*round* em inglês) *é krenn* — *ak ur en*, o "grande fogo solar".

Parece que uma das chaves mais importantes para a linguagem é o fato de que as consoantes de pronúncia aguda e pouco diferenciada, tais como S e Z, T e D, P e B, eram originalmente idênticas ou, pelo menos, tinham um valor tão próximo uma da outra que poderiam ser agrupadas conjuntamente, como o macho e a fêmea de uma espécie. Esse fato é reconhecido no alfabeto de Estenografia de Pitman, onde P e B, T e D, Ch e J, K e G, etc. são representados pelos mesmos sinais, mas delgados e espessos, deste modo: \ = p, \ = b; | = t, | = d; / = ch, / = j; — = k, — = g. De acordo com essa regra, o ob da palavra *maçã* em russo, gaélico, irlandês e lituano torna-se *ap* na sua grafia inglesa *apple*, na alemã a*pfel e* na islandesa *epli*.[38] O conhecimento de que *ap* é igual a *ob* ou *orb* nos permite reduzir o nome Apollo em *Ap ol lo*, o "orbe do Senhor Eternidade".[39]

> I am the Eye with which the universe
> Beholds itself and knows itself divine,
> All harmony of instrument or verse,
> All prophecy, all medicine are mine,

---

37. *Queen Moo*, Le Plongeon, p. 151.

38. Essa etimologia de "*Apple*" é confirmada pelo francês *pomme*, isto é, *op om*, a Bola de Sol; e também por *pomolo*, o nome de uma laranja gigante. A palavra *orange* se resolve em *or-an-je*, o dourado Sol eterno.

39. Entre os peruanos, *capac* era não apenas um adjetivo que significava *grande* e *poderoso*, mas era também um nome para o Sol. Apsu e Apason eram formas alternativas de Abzu, o Grande Abismo babilônico.

All light of Art and Nature: — to my song
Victory and praise in their own right belong.[40]

(Eu sou o Olho com que o universo
Se contempla e se reconhece divino,
Toda harmonia de instrumento ou verso
Toda medicina, profecia, ensino,
E toda a luz da Arte e da Natureza:
É meu tudo isso, e na minha canção,
Vitória e louvor ocupam a posição
Que, por direito nato, é sua com certeza.)

Ap deve ser a raiz do grego *apo*, que significa "muito longe", e também pode ser identificado com o nosso *up* (acima) e *upwards* (para cima), ambos significando em direção ao orbe: é também o fundamento de *optimus* (ótimo), o melhor, e de *optimism* (otimismo) ou fé no mais elevado.[41] Os camponeses pronunciam *up* como "oop", e as *hoop* * das crianças podem ter esse nome porque se assemelham a um círculo como o do Sol. *Op* não é apenas a raiz de *hope* (esperança) e de *happy* (feliz), mas é também o fundamento de *optics* (óptica), *optical* (óptico) e de outros termos relacionados com o olho ou globo ocular. A palavra *eye*, "olho" em inglês, que equivale foneticamente a "I", pode ter surgido do fato de que o olho é uma bola igual ao Sol, e essa idéia percorre a etimologia de "olho" em muitos idiomas.[42]

Ops ou Opis[43] era um dos nomes de Juno, a "única, sempre-existente O", ou, como ela às vezes era conhecida, Deméter, a "Mãe de brilhante esplendor". Ops era o doador de *ops*, riquezas, e é daí que vem a palavra *opulent* (opulento). *Plenty* (profusão) é, fundamentalmente, *opulenty*, e a palavra latina para *profusão é copia*, *ak-ope-ia*. Um sinônimo para *plenty* é *ab-un-dance* (abundância).

A sílaba Op, significando Olho, ocorre em diversos nomes próprios[44] e em topônimos, notavelmente na Etiópia e na Europa. Cox traduz Europe com o

---

40. *Hymn of Apollo*, Shelley.
41. "High" pode, de maneira semelhante, ser identificado com "em direção a *I* (Eu) ou *Eye* (Olho)".
* Brinquedo em forma de grande argola de metal ou plástico que as crianças rolam pelo chão por meio de uma vara ou manualmente. (N.T.)
42. A palavra sânscrita para Olho é Akshi (= Akishi?), a lituana é Akis, a latina é Oculus (diminutivo de Ocus), a grega é Omma, a sueca é Oga, a russa é Oko, a espanhola é Ojo (= o sempre-existente O), a portuguesa é Olho (Lord O = Senhor O).
43. *Religion of Babylonia and Assyria*, Pinches (T. G.), pp. 17, 93.
44. Compare com Hopps, Hope, Opie, Jope, Jeppe, Joppa.

significado de "o esplendor da manhã", e a palavra é traduzida alternativamente como "o olho largo". Mas as duas sílabas de Europe são simplesmente uma forma reversa do sobrenome inglês Hooper, o Olho ou "Argola (*Hoop*) de Luz", isto é, o Sol. É uma coincidência curiosa o fato de que na Ilha de Lewis (Llew = luz) há um lugar chamado Erropie, perto do qual se situa a Península de Eye.

Dentro do Ope ou Hoop ou *Agape*[45] da Figura 708, aparece a letra P. A mais antiga forma de P — a julgar pelas figuras 709 a 711, que são reproduzidas da coleção dos Pês arcaicos de Monsenhor Briquet — era um cajado de pastor, e o P nesses emblemas aparentemente significa Pa, o Pai (*Father*), o Pastor (*Shepherd*), e o Bispo (*Bishop*) de todas as almas.

Pa, que, de acordo com Max Müller, não significa *procriar,* mas sim *proteger* e *nutrir,*[46] é a raiz do *pater* grego e latino, do italiano *padre*, e de *parens*, um pai ou mãe. A palavra persa para "Pai" é *pidar*, a sânscrita *pitar*, a maori *pata*, e aparentemente em todos os idiomas *pa* ou *pi* significaram outrora o Pai (ou Mãe), o Protetor e o Alimentador. Diz-se que São Nicolau — um sinônimo para Santa Claus (Papai Noel) ou Pai Natalino — nasceu em Patara; e na Itália a Festa de São Nicolau é chamada de Zopata,[47] isto é, o "Pai Fogo". Um símbolo do Pai Supremo era o Pavão, e esse emblema pode ser visto bordado nas vestes dos padres católicos. O Pavão, assim como o Ganso, era o Pássaro de Juno, ou Ops, obviamente por causa dos olhos azuis iridescentes[48] da sua plumagem maravilhosa. A fábula conta que Argus, apelidado de Panoptes ou "o que Tudo vê", foi transformado num Pavão, e se o nome Argus é analisado, ele produz *ar goose* (ganso em inglês), o "*Fire Ghost* (Fantasma de Fogo) ou Espírito". Na Figura 712, Argus, de pé sobre um T ou Cruz Tau, se eleva acima do Orbe. A palavra francesa para Pavão é *paon*, isto é, *Father-Sun* (Pai-Sol), e se nós descartarmos de *Peacock* os negligenciáveis *cock* (galo) ou *hen* (galinha), o nome *Peacock* (Pavão)[49] se resolve em *pea* ou *pi*, o Pai.

No Cristianismo, o Espírito Santo é simbolizado por uma Pomba, e a palavra hebraica para *pomba* é *jonah*. O *jon* de *jonah* reaparece em *pigeon*, que significa "pombo" em inglês e em francês, palavra que se resolve em *pi ja on*, o "Pai do Eterno Uno". Os nomes celtas para *pombo* são *dube*, o "orbe brilhante", e *klom*,

---

45. *Agape* é a palavra grega para *Amor*.
46. *Chips,* ii. 22.
47. *Antiquities*, Brand, p. 226.
48. Compare com *opala*, que é uma pedra azul iridescente.
49. Compare com o sobrenome Pocock, ou Grande Grande Pai.

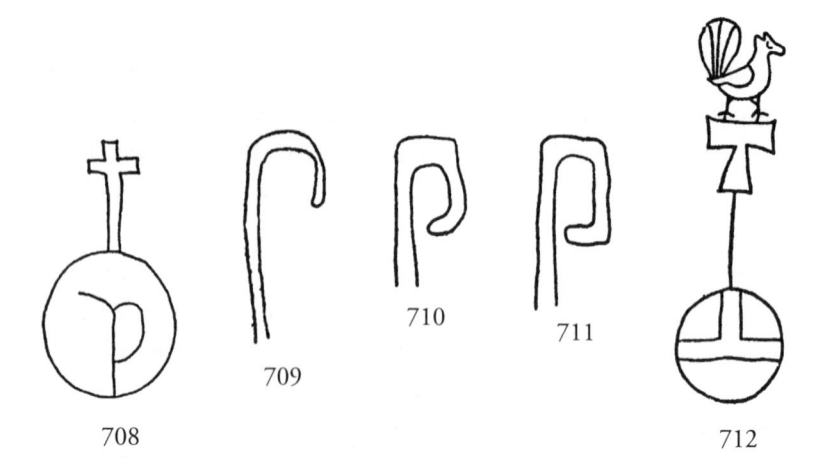

708   709   710   711   712

isto é, *ak el om*, "Grande Senhor o Sol".[50] No batismo de Cristo, diz-se que os Céus se abriram e uma Pomba ou *Pigeon* desceu proferindo as palavras: "Este é o meu Filho amado, em quem me comprazo." *Pi* ou *pa*, o Pai, é a raiz de *pity* (piedade), *peace* (paz), *patience* (paciência), e dos nomes Paul, Paulus, etc.[51] As duas sílabas de Paul freqüentemente se coalescem em Pol, de onde Pollock, Polson, Polly, Poldi, etc., e inúmeros topônimos, como Poldhu ou Baldhu, Polton e Bolton, Polperro, e Belpur. Pol foi um título de Baldur,[52] o Apolo da Escandinávia, e, outrora, Baldur aparentemente significava a "Bola (*Ball*) duradoura" ou o "Baal duradouro". O Baal oriental pode ser identificado com o Beal druida, que, de acordo com antiquários celtas, significava "a vida de tudo" ou "a fonte de todos os seres".[53] *Pais*, isto é, a "essência do Pai", é a palavra grega para *filho*,[54] e *paour*, novamente a "luz do Pai", é a palavra celta para *filho*. *Pa ur*, o Pai da Luz, é a origem de *power* (poder), que em francês é *puissance*, a luz ou essência de Pa. A palavra celta para *spirit* (espírito) é *poell*, e *poële* é a palavra francesa para *forno*, que é *stove* em inglês; e no idioma alemão, *stube*. Mesmo no Japão atual, o forno doméstico de cozinhar é considerado uma Divindade.[55] *Patriarch* (Patriarca) originalmente deve ter sido *pater-arch*, que significava Grande Pai. O nome do santo

50. Compare com *colombe* e *columba*.
51. Paul é equivalente a Poel, Deus o Pai. Compare também com Joel e Jael, o Deus Sempre-Existente.
52. *Gazetteer of British Isles*, Bartholomew (J. G.), p. 884.
53. *Age of Fable*, Peacock, p. 375.
54. Paish é um sobrenome córnico.
55. *Shinto*, W. G. Aston, p. 44.

padroeiro da Irlanda é, presumivelmente, uma forma corrompida de Paterick, o Grande Pai, e a folha de trevo (*Shamrock* ou *Clover* em inglês) pode ser considerada como o símbolo triplo do *ac lover*, o Grande Amante.

Na Figura 713, a letra P, adornada por um báculo de bispo, se eleva sobre o topo da Roda Solar, ou Girassol, o Dourado Olho de Touro do Universo.

Sustentava-se que a Daisy (margarida) ou "dyzi", constituída como um pequeno sol amarelo rodeado por radiantes pétalas brancas, simbolizava o Olho do Dia, e a variedade gigante de Margarida é chamada de *Oxeye*.

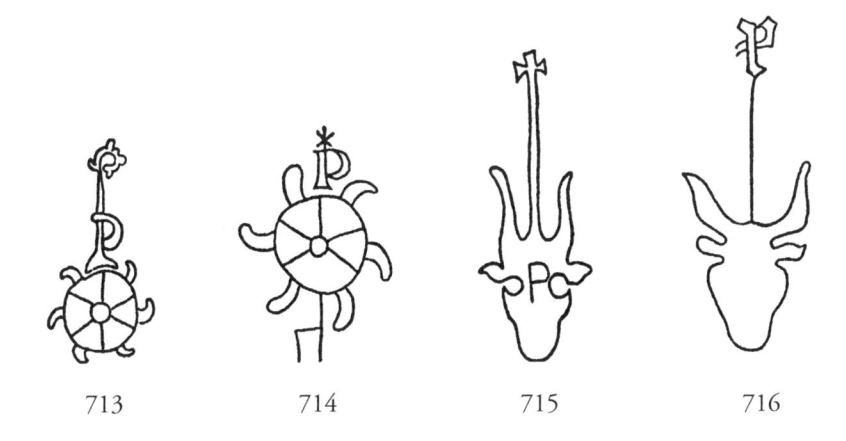

713 714 715 716

Nas figuras 715 e 716, o P do Grande Pai (ou Mãe) aparece sobre a cabeça de um Boi (*Ox* em inglês) ou acima dela. No Egito, o Boi sagrado era conhecido como Apis, isto é, *opis*, o Olho de Luz.

É óbvio que a nossa palavra Ox, foneticamente *ok se*, foi usada porque, pelo que parece, desde os primórdios da vida humana o Boi era considerado como um símbolo do Criador, o Salvador Solar, a Grande Luz. A palavra sânscrita para Touro é *ukshan*, isto é, *ukishan*, a grande Luz do Sol. A palavra grega para Touro ou Boi, *tauros*, é radicalmente *tau* ou T, e significa a Luz brilhante e forte.

O Boi gigante da Ásia Central é chamado de *Yak*, isto é, *Y-ak* ou *J-ak*, o Grande Uno Sempre-existente. O termo mais antigo para Dioniso foi Iakchos, do qual a sílaba *chos*, como em Argus, é evidentemente cognata dos nossos *goose* (ganso) e *ghost* (espírito). Iakchos, desse modo, se resolve em Grande Fantasma, Espírito, ou Alento Sempre-existente, e este alto simbolismo do Ganso talvez possa responder pelos seus nomes italianos *oca* e *papero*, que de outro modo seriam inexplicáveis.

Na Figura 717, o Z é heraldicamente inscrito na Águia da Onipotência, o Pássaro do Fogo, o Falcão de Ouro. Tanto no Oriente como no Ocidente, o Fal-

717

cão-águia foi, invariavelmente, o símbolo do Sol. No Egito, mantinham-se Falcões no templo do deus-Sol, onde a própria Divindade era representada como um homem com cabeça de falcão e o disco do Sol sobre ela.[56] A palavra grega para Falcão é *hierax*, palavra que tem feito muitos filólogos quebrarem a cabeça, mas que, obviamente, significa *hier*, sagrado para, ou santo para —, *ak se*, a Grande Luz. A palavra latina para *falcão* é *accipiter*, que contém o *piter* de Júpiter e pode ser resolvida em *ak se pitar*, Grande Luz Pai. A palavra latina para Águia é *aquila*, e a espanhola é *aguila*. O núcleo de ambas as palavras é, evidentemente, Huhi, um termo egípcio para Deus o Pai, e ambas, desse modo, se lêem *ak* Huhi *la*, o Grande Pai Eterno.[57] A palavra irlandesa para Águia era *achil*, provavelmente *ak el*, o Grande Deus, com a qual nós podemos comparar o *aigle* francês e o *eagle* inglês.[58]

Um dos apelidos de Dioniso era Puripais, palavra cujo significado era entendido como "Filho do Fogo". *Pur* ou *pyr* é a palavra grega para Fogo, e os gregos às vezes chamavam o Relâmpago ou Raio de Pur Dios, isto é, o Fogo de Dios ou Dyaus, a luz Brilhante, o Céu. *Pyre* em inglês significa pira funerária; em úmbrico, *pyr* significa luz; e em taitiano *pura* significa "arder como um incêndio". Em sânscrito, *pramantha* significa a vareta com a qual se acende (ou se atiça) o fogo, e o *pur* de *pramantha* é sem dúvida idêntico ao *pur* de Prometeu, o tradicional Portador do Fogo.

Um dos historiadores gregos registra que "os eslavos conheciam apenas um deus, o *fabricador de relâmpagos*, que eles consideravam como o soberano de tudo". Esse Deus, representado com *três* cabeças, era chamado de Perun e era retratado

---

56. *Golden Bough*, Frazer, iii. p. 112.
57. "Em egípcio, o Deus Uno Ptah ou Atum Rá era *Huhi*, o Eterno no ideograma de Deus o Pai." — *Signs and Symbols of Primordial Man*, Churchward (A. W.), p. 365.
58. *Eeg* é a palavra escandinava para *Oak* = Ac. A palavra portuguesa para Falcão é Açor (Grande Fogo). Nossa palavra inglesa *Hawk* é quase idêntica a Ork, a palavra gaélica para "baleia" (o *Grande* peixe). Compare também com *Hag*, a palavra do escandinavo antigo para Falcão. Há uma variedade de Falcão conhecida na Inglaterra como "Hobby", e outra como *Goshawk*, ou *Falcão* Grande Luz.

com um rosto vermelho ardente, rodeado por chamas. Ele era cultuado pelos russos, pelos boêmios, pelos poloneses e pelos búlgaros. Um fogo perpétuo era mantido em honra de Perun. Se fosse extinto, era aceso novamente por faíscas que saíam de uma pedra que a mão da imagem de Deus segurava.[59] O nome Perun evidentemente significava tanto Fogo do Sol como Fogo Uno; sendo que o *un* de Perun é ainda a mesma palavra francesa para *um*[60] e a raiz de *unus, unit, unique*, etc. Perun[61] também era conhecido como Peraun, isto é, o Fogo Solar; como Perkunas, que podemos restaurar em Per-ak-un-as, o Grande e Fulgurante Fogo do Sol; e como Perkuns, isto é, Per-ak-ince,[62] o Grande Fogo Cintilante.[63]

A palavra grega *paraclete*, usada por São João para significar o Espírito Santo, o Confortador, é radicalmente *per ak el*, o Fogo do Grande Deus, e foi talvez de Perak, o Grande Fogo, que o Perak indiano oriental e o Paraguai sul-americano derivaram os seus nomes.[64]

Deve-se associar Perun não apenas com Perugia ou Perusia, mas também com Peru, a terra das autoproclamadas "Crianças do Sol". O herói Solar peruano era chamado de Pirhua Manca, expressão traduzida por Spence como "Filho do Sol",[65] e por Donnelly como "revelador de *pir*, a luz".[66] A sílaba Per, seja ela uma forma coalescida de *pa ur* ou uma forma contraída de *op ur*, ainda hoje é um nome cristão na Escandinávia, e é obviamente a raiz de Percy, Perceval e Parzifal — nomes que outrora significavam a luz ou luz forte do Fogo. Na língua persa, *persica* significa Sol, e o Fundador da Monarquia Persa era chamado de Persica.[67]

O sobrenome inglês Purvis pode ser identificado com Peredur, forma alternativa de Percevale ou Parsifal, sendo que cada um dos sufixos -*vis*, -*dur* e -*val* significa força ou resistência.

---

59. Cf. *Religious Systems of the World*, p. 261.
60. Não há dúvida de que a palavra inglesa *one*; a francesa *on*, *un* ou *une*; a escocesa e a anglo-saxônica *ane* ou *an*; a alemã *ein*; a latina *unus*, a "luz una" — significam, todas elas, o Sol, o um único. A palavra finlandesa para *um* é *ik* ou *yksi*, "a grande luz"; a palavra sânscrita é *ek*; a bretã é *unan*, "o sol uno". A palavra anglo-saxônica para "*only*" (único) era *anlic*, isto é, semelhante ao um, único.
61. Compare com o sobrenome inglês Perrin.
62. Compare com os sobrenomes ingleses Perrins, Prince e Perkins.
63. *Ince* = "cintilante, faiscante", como em *étincelle* e *tinsel*.
64. Perak pode muito bem ter sido a origem do nosso adjetivo inglês *perky*, que significa esperto, vivaz e cheio de fogo.
65. *Mythologies of Ancient Mexico and Peru*, p. 53.
66. *Atlantis*, p. 391.
67. *Symbol. Lang. of Ancient Art and Mythology*, Payne-Knight, p. 145.

O Filho de Hélios, o Sol, era chamado de Perses; a filha de Perses era Perseis; e a mulher de Hélios era Perse. Per, o Fogo ou Luz, também era, sem dúvida, a raiz de Percides, Perseu e Perséfone ou Peroserpine (Prosérpina), que é representada na gravura a seguir[68] com o cetro da Luz, que tem uma *Fleur-de-Lys* na ponta, e está coroada com a torre da Verdade.

A famosa Persépolis, uma das maravilhas do mundo oriental, deve ter significado Per-se-polis, a Cidade de Perse, a luz de Per; e a terra da Pérsia, originalmente Persis,[69] deve claramente o seu nome à mesma raiz. O sobrenome espanhol Perez deve ser identificado com o italiano Perizzi, e com o Perizzites do Antigo Testamento. Os Parsis, cultuadores do Fogo, foram originalmente — como os Parisii, os fundadores da Cidade de Paris[70] — os adeptos ou filhos de Per. No Peru, há uma cidade chamada Per; na Cornualha, há um lugar chamado Par,[71] e Parr é um conhecido sobrenome inglês. Num local próximo a Stonehenge há um local chamado Perham, e em outras partes da Inglaterra nós encontramos Perton, Pyrford, Purbeck, Purfleet, Perborough e Pirbright.

718

---

68. Ilustração reproduzida do *Classical Dictionary*, de Smith, por permissão do Sr. J. Murray.
69. Alternativamente, Elam, "Senhor Sol".
70. O nome Paris, a luz do Sol, pode ser contrastada com Helen ou Selena, a Lua. Os franceses tinham outrora um nome de garota, Selenissa, isto é, a luz da Lua.
71. Próximos de Par estão os nomes Luxulyan e St. Blazey. Paris é um sobrenome córnico.

O Deus-Sol Perun é, provavelmente, o Padrinho (*Godfather*) de um anfiteatro de Pedra da Cornualha chamado de Perran Round, situado em Perranzabuloe, um povoado em ruínas abundante em remanescentes pré-históricos. Na Cornualha, há também um Perran Well (Poço ou Fonte Perran) e um Perranporth.

Na América do Sul, existe o Estado do Pará, na Ásia há a cidade de Pera, e em Devon há Paracomb, e todos provavelmente devem sua nomenclatura a um Santuário ao Pai Fogo.

Par, o fundamento da nossa palavra *parente*, pode ser identificado com o francês *père*, que significa "pai", e o Deus-Sol Perun provavelmente pode ser identificado com *père un*, o Pai um (ou uno).

Pur é a palavra francesa para *puro* e é a raiz de *principal, primordial, primitivo, primeiro* e *progressivo*. *Perfeito*, ou como dizem os franceses, *parfait*, originalmente deve ter significado feito por ou como Per. Per, que significa *através de* ou *completamente*, é o fundamento dos adjetivos *permanente, permeante, perseverante, penetrante, pertinaz, perene* e *presente*. *Pardon* (perdão) significa a *donation* (doação) ou o presente de Per, e assim como *laus* era fundamentalmente a luz da Eternidade, o seu equivalente em inglês *praise* (louvor) deve ter significado *per az*, a luz de Per. A palavra sânscrita *Purusha* é o equivalente do termo genérico Adão. A palavra francesa para *espírito* é *esprit* e a portuguesa para *luz* é *esperti*, isto é, a luz do brilhante Per. Na nossa palavra inglesa *spirit (espírito)* e na latina *spiritus* a vogal inicial definhou foneticamente. Muitas palavras que hoje começam com *sc, st, sp*, etc., eram originalmente pronunciadas com uma vogal inicial, e as raças nativas geralmente acham impossível pronunciar sílabas como a nossa inglesa *school* (escola) sem dizer "ischool" ou "sukool".[72] A palavra grega *peri*, que significa aqui, lá e em toda a parte é equivalente ao latim *ubique*. Um nome persa para espíritos radiantes e alados é *peri* ou *pari*; os maoris da Nova Zelândia referem-se a fadas como *paiarehe*, que eles afirmam habitar a montanha ardente chamada Pirongia,[73] palavra que sugere Perun Sempre-Existente e também Parnasso. O Lar[74] dos *peri* persas era Paraíso, e o Jardim das Hespérides não pode se distinguir do Paraíso, a Brilhante Luz de Per. Hipérion era o Pai do Sol; Hésperos era a Estrela da Manhã, que anunciava a Alvorada; e a palavra francesa *espérance* significa *Esperança*.[75] A palavra francesa para alvorada é *aube*, isto é, *orb* ou *hoop*, a abertura do Olho radiante.

---

72. Veja *Science of Language*, Müller, ii. 209, 210.

73. *Maoris of New Zealand*, Cowan (J.), p. 203.

74. Os alemães chamam a Morte de *Heimgang*, "ir para casa". Ambas as palavras Home (Casa, Lar) e Heim significam Om, o Sol, ou Omma, o Olho.

75. Compare também *espoir* (esperança), *spire* (pináculo, cone), *spero* e *aspiration* (aspiração).

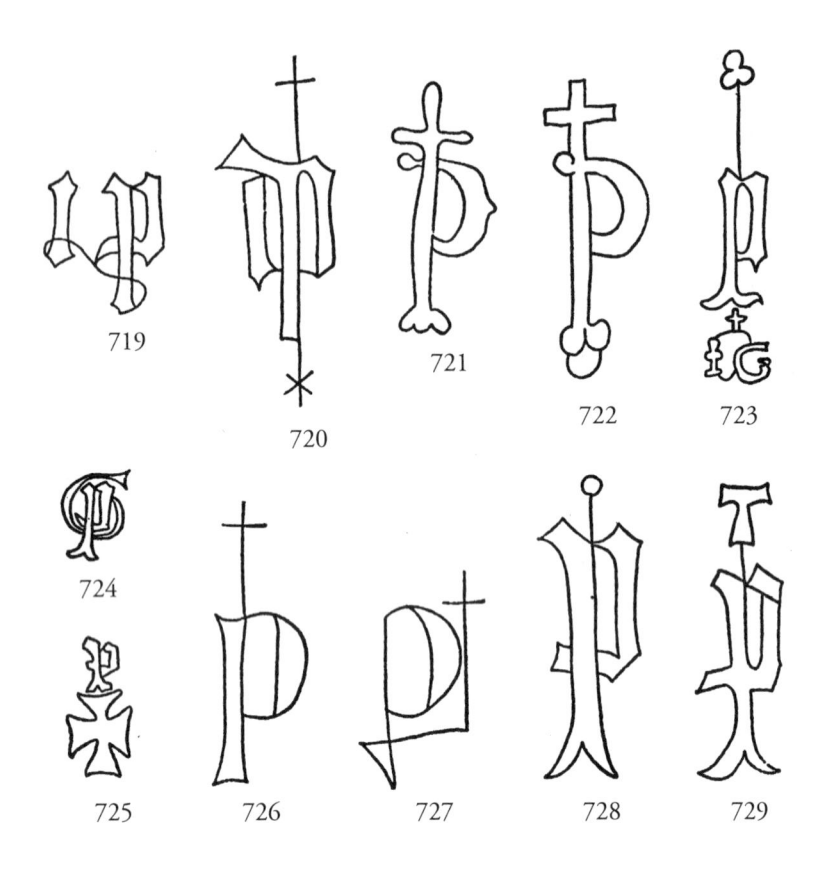

Nas figuras 719 e 720, o I ou Santo Um combina-se com P e forma a palavra Ip.[76] Nas figuras 721 e 722, o I forma parte do P; na Figura 723, essa inicial sagrada é identificada com "Jesus Christus"; e na Figura 724, com o C de Christus.

Na Figura 735, o P do *All-Parent* (Pai de Tudo) é encimado pelo S de *espiritus* e de *essence* (essência); na Figura 736, pelo Coração do Amor; e na Figura 737 ele é identificado com a Ursa Maior. O alemão antigo para Urso era *pero* ou *bero*. O alemão moderno é *bar*, e o holandês é *beer*; e como a letra *b*, aparentemente em todos os lugares, é permutável com *p*,[77] a nossa palavra inglesa para urso, *bear*, se resolverá em *baur*, o Pai da Luz. O Urso, símbolo do Auto-Existente, foi desenhado sobre o Pássaro de Fogo na Figura 312 (na página 113), e em todas as línguas

---

76. Possivelmente, essa palavra sobreviveu em *Hip* (em anglo-saxão, *Heope*), o nome das bagas pequenas e redondas, ou em forma de olho, do *Hawthorn* (Espinheiro).

77. A forma mais antiga do nome Bertha era Perahta; a palavra bretã para *pardon* é *bardone*. Existe uma colina na Cornualha conhecida como Pertinny ou Bartine. Pode-se citar inúmeros exemplos de inter-relações semelhantes.

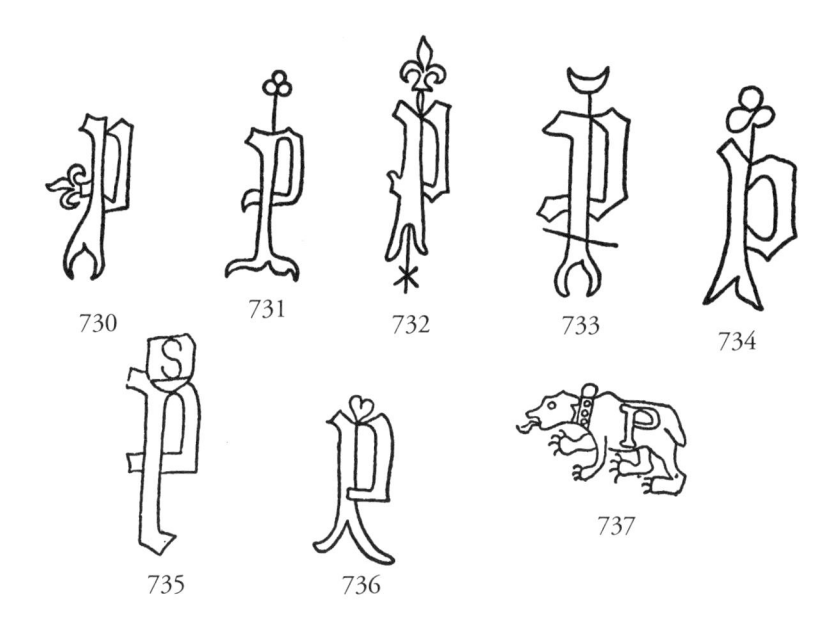

730   731   732   733   734

735   736   737

as palavras equivalentes a Urso também significam Luz ou Fogo. A palavra francesa *ours* e a latina *ursa* se resolvem em *ur se*, o Fogo luminoso, e a palavra sânscrita *riksha* se expande em *ur ik isha*, o fogo do grande Isha. A semelhança dessa palavra, *riksha* (urso), com *rishi* (pessoa ou coisa que brilha) foi o pretexto que Müller usou para sustentar a sua teoria, outrora muito popular, de que a mitologia se originava de uma "doença da linguagem". Com o objetivo de encontrar alguma explicação para o fato de o Urso ser chamado de "pessoa ou coisa que brilha" ou "brilhante", ele foi levado à fútil sugestão de que a causa estava nos "olhos brilhantes do animal, ou em seus brilhantes pêlos fulvos".[78]

Às vezes, o Urso é chamado de Bruin, nome que pode ser identificado com Peraun ou Perun. O nome da cor *brun* (marrom, em francês) ou *brown* (marrom, em inglês) pode ter sua origem na cor do pêlo do Bruin.

O Pai de Tudo (*All-father*) da mitologia teutônica era chamado de Bur; *bra* é a palavra hebraica para *criar*, *brao* é a celta para *bom*, e se diz que os Filhos de Bur mataram os gigantes primordiais e criaram as Esferas Celestes.[79] A raiz *bur*, que significa "fogo", responde por palavras tais como *burn* (queimar), *burnished* (lustroso), *brass* (latão), *brazier* (braseiro), *bright* (brilhante), *brilliant* (brilhante, diamante) e *breeze* (cinzas). A palavra alemã para *fogo* é *brennen* e a espanhola é *brillo*.

---

78. *Science of Language*, ii. 379.
79. *Teut. Mythology*, Rydberg, 389, 418, 425, 428.

Na mitologia escandinava, Bragi, Filho de Odin, era o brilhante e resplandecente Senhor do Céu e do Dia, e a chefe das Donzelas do Fogo chamava-se Brunhilde.[80]

O nome Bridget pode ser rastreado até Brighit, a Deusa do Fogo irlandesa, que às vezes era chamada de "a Proteção Dirigente" (*Presiding Care*); e o marido de Brighit chamava-se Bress. Um dos títulos de Ops ou Cibele era Berecinthia; e Agni, o Deus do Fogo indiano, é alternativamente conhecido como Brihaspati.[81] O Filho de Brahma era chamado de Brighu, e Brighu foi o "Descobridor do fogo".[82] Em sânscrito, a palavra *bhrama* significa chama turbilhonante, saltitante, e *bhrama* deve ser idêntica aos nomes divinos Brahma e Brahm. Este último se resolve em *bur aum*, o Sol Ardente ou Fogo Solar. O nome Abraham é reconhecido como Brahm; o alemão Brahms significa a luz de Brahm, com o qual também podem ser comparados os sobrenomes ingleses Bram, Brahm e Brougham.[83] Este último é pronunciado *Broom*, e os arbustos de *Broom* (Giesta) e *Gorse* (Tojo) europeus foram presumivelmente batizados assim com esses nomes porque suas flores, semelhantes a chamas, têm a aparência de *ag or se*, a "Grande Luz do Fogo Dourado". Em hebraico, *Bram* significa "pai de uma multidão".

Brahma é representado cavalgando um *goose* (ganso) — *ag oos*, a Grande Luz; ou um *gander* (ganso macho) — *ag an dur*, o Grande Sol Duradouro;[84] e uma das denominações de Baco, o Pai Ganso, era Bromius. O nome escocês antigo do ganso[85] era *clakis*, isto é, *ak el akis*, o Grande Deus, a Grande Luz; e aparentemente em todas as línguas os nomes para "ganso" também significam Sol.

A raiz Bur é responsável por inúmeros nomes de lugares e nomes próprios, e por adjetivos tais como *burly* (corpulento) ou *burlike* (semelhante a um ouriço)[86], *brisk* (vivo, esperto) e *brave* (bravo, corajoso). Pode-se supor que o grito de *Bravo!*

---

80. Valkyre (Valquíria) ou Walkure, as Donzelas do Fogo, resolve-se em Val 'K Ur — forte e grande Fogo.

81. Pati, o Pai Brilhante; Brihas, Fogo Luz.

82. *Biography Of Words*, M. Müller, p. 190.

83. Compare com os nomes Barr, Burrup, Boris, Baruch, Barker, Bernard, etc.

84. Gander pode ser identificado com Condor, a águia gigante da América do Sul. O *gann*et (gansopatola) ou "ganso Solan" é um ganso do mar.

85. Em sueco, a palavra para ganso é *gas*, em islandês é *gas*, em dinamarquês é *gaas*, em holandês e grego é *gans*, em latim é *anser*. O nome *brandt* é aplicado para uma variedade de ganso; e também *barnacle*, em latim *bernacla* ou *bernecha*, e em francês *bernache*.

86. *Barley* (Cevada) era, nos tempos anglo-saxônicos, escrito como *Berlic*, isto é, *Bur*-like (semelhante ao ouriço) ou *Baer*-like, Father-of-Fire-like (semelhante ao Pai-do-Fogo). As espigas de cevada com praganas semelhantes ao fogo são, obviamente, a causa do seu nome.

era originalmente *Buravo* ou *Bur ave*, "Eu te saúdo, Bur!" A palavra "aplauso" aponta sugestivamente para a conclusão de que ele era, em sua origem, *op laus*, um *laus* ou louvor ao beneficente Hoop.

Os nomes *burr* (ouriço, carrapicho) e *burdock* (bardana),[87] aplicados aos pequeninos pericarpos espinhosos usados nas cercas vivas, estavam evidentemente brindados com a noção poética de que o carrapicho pegajoso era uma miniatura da bola solar com seus raios. A mesma noção está subentendida na nomenclatura do porco-espinho, que se enrola formando uma bola espinhosa. A palavra espanhola para porco-espinho, ou ouriço, é *erizo*,[88] e a francesa é *herisson*,[89] ambas resolvendo-se em *ur is on*, isto é, Fogo Luz Sol. A palavra inglesa *hedgehog* (porco-espinho) equivale foneticamente a *ejog*, eterno grande um; e como *ch* deve ser equivalente a *j*, seu nome alternativo de *urchin* (ouriço) — *urechon* no dialeto valão — significará Fogo do Sol Sempre-Existente. No emblema da Figura 738, o ouriço traz acima de si a quíntupla luz da Chama do Pai (ou Mãe).

738

Os Ouriços-do-Mar — animais equinodermos discóides ou globulares, rodeados por numerosos espinhos de cores muito primorosas — aparentemente derivaram o seu nome pela mesma razão que o ouriço (o porco-espinho) derivou a sua; e o nome sueco do ouriço-do-mar é *borre*.

Uma das denominações de Baco, o Pai da Grande Luz, era Liber = La-Bur, o Eterno *Burr*. Labur deve ter sido o Senhor do arbusto *Laburno*, semelhante ao fogo, e em latim *liber* significa *livre* — de onde vem a palavra *liberdade*. A palavra inglesa *free* (livre) é quase idêntica a Fro, o nome do antigo Pai de Tudo da Europa

---

87. "Burr, o Grande Que Brilha."
88. *Erezu* é a palavra avéstica para *certo*.
89. Compare com o sobrenome Harrison.

nórdica — de onde veio a palavra *Friday* (Sexta-feira). Cox observa: "Na mais antiga mitologia teutônica, encontramos um deus chamado Fro ou Friuja, que é cultuado como o Senhor de todas as coisas criadas. Se podemos julgar a partir do nome, a concepção dessa divindade estava provavelmente muito acima das idéias formadas a respeito de qualquer um dos deuses védicos ou olímpicos. Se a palavra estiver ligada ao alemão moderno *Froh*, ela expressa uma idéia totalmente oposta à tendência hebraica de cultuar a mera força e poder. Pois Fro não é um severo chefe de serviço, mas o Deus misericordioso e eterno. Ele é, em poucas palavras, a beneficência e a paciência da natureza. Fro é assim o poder que concede à vida humana toda a sua força e doçura, que consagra todos os esforços corretos e sanciona todos os motivos corretos."[90]

O fundamento do nome Fro é *fer*, de onde veio a nossa palavra inglesa *fire* (fogo). A mesma raiz é evidentemente responsável pelas palavras alemã *feuer* e holandesa *vuur*, e pelas inglesas *furnace* (forno), *forge* (forja), *frizzle* (frigir), e por palavras semelhantes relacionadas com o fogo. Fornax era a deusa latina do Forno, e *fornax* era o termo genérico para *furnace* (forno). *Formus* é a palavra latina para *warm* (aquecer), e *fourneau* é a francesa para *stove* (fogão). *Fervour* (fervor) significa *warmth* (ardor), e *fry* (fritar) um alimento era, presumivelmente, expô-lo ao Fiery One (Ardente Uno). *Phare* é a palavra grega para *farol*, e *fair* é uma palavra inglesa de dois sentidos, significando *justo* e *belo*. A palavra *sphere* (esfera) no inglês medieval era escrita com a grafia *spere*, e no francês antigo era *espere*, e essas palavras estão evidentemente relacionadas com a luz do *Père*, o *Father* (Pai), ou o grande *Phare* do Dia. As *Fairies* (Fadas), a luz ou essência de *The Fire* (O Fogo), pode ser identificada com os *peri* ou *pixies* (duendes, elfos),[91] e o termo *fairies* é cognato da palavra persa *Ferouers*. Os Ferouers constituíam a categoria de seres Divinos imediatamente abaixo da dos Izeds, e em celta *izod* significa *fair* (justo, belo). Infinitos em número, os Ferouers protegiam o homem durante a sua vida mortal e purificavam a sua alma no Dia da Ascensão.

No irlandês antigo, a palavra *fer*, assim como a latina *vir*, era o termo genérico para *homem*, e Friuja, o nome alternativo de Fro, é o adjetivo teutônico *frija*, que significa *livre, querido* e *amado*. Ele pode ser comparado com a palavra sânscrita *priya*, que significa *esposa* ou *amada*, e com a gótica *frijon, amar* — de onde se

---

90. *Mythology of Aryan Nations*, p. 198.
91. Pixy = Pickze. O líder deles era Puck. Compare também com *Brownies* (Duendes benfazejos), *Sprites* (sepurites) (Duendes) e *sprightly* (vivaz, esperto).

supõe que venha a nossa palavra inglesa *friend* (amigo). Os adjetivos *fresh* (fresco) e *frisky* (brincalhão) são equivalentes a *brisk* (refrescante) e *perky* (esperto), e *force* (força) é aparentada com *power* (poder). Phare, o Poder Primordial, a base das nossas palavras *firm* (firme), *firmament* (firmamento), *first* (primeiro) e *foremost* (principal), é a raiz do título dinástico Faraó[92] e dos nomes Phra, Pharamond, Faraday, Frazer, Fergus, Farquharson, Frederick, Fritz, etc. A Cidade de Pherenice, que alternativamente é Berenice e originalmente era Hesperis, é o lendário lugar do Jardim das Hespérides. Phoroneus é a palavra grega para "descobridor do fogo", e as Ilhas Fortunate (Afortunadas) legitimamente podem ser grafadas como Phortunate. Na palavra *ophthalmia*, *oph* é obviamente uma forma de *op* ou *ob*. As Ilhas Faroe foram provavelmente assim batizadas em homenagem a Fro, que também foi, sem dúvida, a origem de *franc*, que significa *free* (livre); de *frank*, que significa *aberto*; e também de Franz e de França. A cidade antiga de Firan era conhecida alternativamente como Pharan, e esta, de acordo com Lepsius, é a mesma Paran do Antigo Testamento.[93]

Como o F agudo deve ser igual ao V de pronúncia pouco definida, o Varuna indiano expressa a mesma idéia que Perun, o Poder único ou Pere. A palavra frísia para Pai é *vaar*, e a ela nós podemos atribuir o nome da cidade chamada Verona e o nome cristão Verônica.[94]

A identidade original de Ver com Ber pode ser deduzida de nomes de lugares, aparentemente por todo o mundo. O Monte Beroma, em Mashonaland, é alternativamente Monte Veroma. Na Cornualha, há uma St. Buryan e uma St. Veryan; a primeira é sem dúvida idêntica ao nome cristão Bryan ou Brien.

Ver é a palavra francesa para *Spring* (Primavera), isto é, *se puring*, o fogo de Pere, e é a raiz de *verdure*. Vir é a palavra latina para *força*, e em sânscrito a palavra *vrishan*, de acordo com Max Müller, significa "o forte sol nascente".[95] Em francês, *vrai* significa verdadeiro, e a mesma raiz é responsável por *verité* (verdade), *verax* (veraz), *veracity* (veracidade), *virtue* (virtude), *virility* (virilidade) e *very* (verdadeiro, exato). A expressão "*Very God of Very God*" ainda é usada *freqüentemente*.

Dizia-se que a consorte de Odin, o Um Só Olho escandinavo, era Frig, o "Grande Fogo", e o meio pelo qual os antigos obtinham o fogo era a *fricção*. Furick é também, evidentemente, a raiz do nome África; uma conclusão fortalecida pelo

---

92. Ou Peraa.
93. *Egypt, Ethiopia, and Sinai*, p. 304.
94. A lenda da *Vera Icon* deve ter se manifestado mais tarde.
95. *Science of Language*, ii. 463.

739   740

fato de que a África era alternativamente conhecida como Aparica. No Peru, a palavra Viracocha, além de significar o Grande Pai, era um termo genérico para todos os seres divinos.[96]

Sir John Maundeville menciona, em suas *Asiatic Travels* (Viagens Asiáticas),[97] um lugar chamado Pharsipee, isto é, Phar, o Pai Fogo. Dizia-se que em Pharsipee existia um maravilhoso Gavião — nós podemos chamá-lo de *Peregrino* (*per-eg-ur-un*, o Fogo do Grande Poder Uno) — e quem quer que observasse esse pássaro durante sete dias e sete noites — alguns diziam três dias e três noites — veria cada um dos seus desejos realizado por uma "bela dama das fadas". Na Figura 739, a letra F está inscrita sobre o Pássaro de Fogo, e na Figura 740 ela é desenhada de modo a transmitir a noção de Fogo flamejante.

96. *Myth. of Ancient Mexico and Peru*, Spence (L.), p. 48.
97. Capítulo XIII.

CAPÍTULO XIII

O PRESIDENTE DAS MONTANHAS

"Todo animal na floresta é meu,
e o gado que pasta sobre mil colinas."
SALMO 1. 10.

A primeira Divindade que, gradualmente, emergiu da prodigiosa antigüidade da história egípcia é Ptah, o Criador. Sob o simbolismo de um Touro — "o belo Touro do Ciclo dos Deuses" —, Ptah era cultuado como Hapi ou Ápis. Ele também era representado por um Touro conhecido como Ka-nub ou Kanobus, nome que se resolve facilmente em *ak-an-obus*, o "grande Sol, o obus". Um terceiro Touro era conhecido como Bakh ou Bakis, isto é, "*Ob*, a Grande Luz", ou, em outras palavras, Baco. Os egípcios também simbolizaram o Criador sob a forma de um quarto Touro, chamado Ur-mer. A primeira sílaba desse nome provavelmente, como entre os semitas, significava *Fogo*, e também é provável que a palavra esteja associada com Mer, um dos nomes do Deus do Relâmpago assírio. Um dos títulos do Fogo-deus assírio era Nin-Ip e Ninip ou Nerig — *on ur ig*, o Grande Fogo uno, que também era conhecido como Uras.[1] O Touro gigante da Europa primitiva era conhecido pelos latinos como *urus*, a "luz do Fogo", e essa palavra é praticamente idêntica a Hórus ou Orus, o Apolo egípcio. O culto de Hórus estava tão difundido que no Egito a palavra *horus* era usada como um termo genérico para "Deus".[2] *Urus* é, evidentemente, a base das palavras grega *tauros*, latina *taurus* e espanhola *toro*[3], para Touro. Os chineses ainda têm um Templo chamado de o Palácio do Touro Cornudo, e o mesmo símbolo é venerado no Japão e em todo o Hindustão. Thor, o Júpiter escandinavo, era representado no Templo de Upsal

---

1. *Religion of Babylonia and Assyria*, Pinches, p. 97.
2. *Religious Systems of the World*, Tiele (C. P.), p. 6.
3. A insígnia heráldica da cidade de Torino ou Turin é um *Touro* rampante.

(Op-Ciel[4]?) com a cabeça de um Touro sobre o peito; e na Antiga Escandinávia, assim como na Fenícia e na Caldéia, *thur* era o termo genérico para *touro*;[5] e *tur* era a palavra caldaica para *sol*.[6] Em Miako (Om-yak-o?), no Japão, a criação do mundo é representada pela imagem de um Touro quebrando a casca de um ovo e animando o conteúdo com o seu sopro.[7]

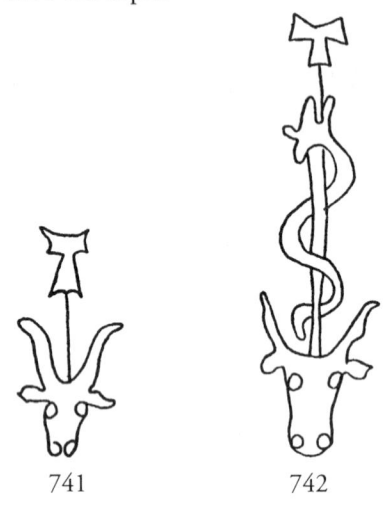

741   742

O nome Ptah deve ter sido pronunciado como Optah, o "Olho brilhante", ou como Patah, o "Pai brilhante", e os egiptologistas têm feito comentários sobre o fato de que as imagens de Ptah são muito semelhantes às *pataikoi*, que eram as pequenas figuras carregadas pelos marinheiros fenícios. A palavra *pata* está relacionada com *pehti*, o termo egípcio para *forte* ou *força*, e com *patu*, a palavra maori para *pai*; e os *pataikoi* ou *pataiks* eram, presumivelmente, pequenos símbolos de São Patrick, o Grande Pai Forte.

Nas eras subseqüentes, o termo Ptah foi ampliado pela adição de nomes de Deuses mais tardios, tais como Seker,[8] cujo símbolo era um Falcão. O nome Seker, Sokar ou Seger é claramente o mesmo que a palavra inglesa *saker*, uma espécie de Falcão. Os franceses e espanhóis chamam esse pássaro de *sacre*, e os árabes de *saqr*. Na cidade de Opis, na Assíria, ficava o principal santuário da Divindade Zakar, e

---

4. Upsal, o Olho do Fogo de Deus, também era chamado de Upsala. Esse nome é quase idêntico a *upsilon*, o nome grego para a letra *v* deles. Compare também com epsilon, o nome grego para o E. Um dos títulos de Baco era Psilas.

5. *Symbol. Lang. of Ancient Art and Mythology*, Payne-Knight (R.), p. 20.

6. *Anacalypsis*, Higgens, i. 607.

7. *Symbol. Lang. of Ancient Art and Mythology*, Payne-Knight (R.), p. 20.

8. Que varia em Sokar, Seger, etc.

esse nome, identificado com o Issacar bíblico, o Filho de Jacó,[9] é o fundamento da palavra *sacred* (sagrado) (em francês *sacré*). O Deus Supremo do budismo é conhecido como Sekra.

Além do título Ptah-Seker, o Pai de Tudo egípcio também era chamado de Ptah-Seker-Osíris. Uma forma mais antiga do nome Osíris, o Observador, o de Muitos-Olhos, o Ser Bondoso, era Asar ou Asir. Esar é o nome turco e Sire é o nome persa para Deus — e *sire*,[10] que é a palavra inglesa para *pai*, é também a palavra caldaica para *luz*. A Divindade que presidia a Assíria era chamada de Assur. Asura era uma das designações de Varuna, e Asura foi identificado com Ahura-Mazda, isto é, Ormuz.[11] Em hebraico, o nome Azur significa "Aquele que ajuda"; Asser é um sobrenome inglês; e em assírio Assur ou Asur significam *Santo*. Há uma inscrição em Nínive onde a palavra *asur* ocorre três vezes, sugerindo a exclamação: "Santo! Santo! Santo!" ou "Santo! Santo! Santo Uno!"[12] *Azure* (anil) é a cor azul-celeste dos Céus, e na mitologia escandinava os Doze espíritos que possuem existências independentes e moravam em Asgard eram chamados de Aesir. Asari era uma das denominações de Merodach, "o jovem piloto do Dia", que é descrito "pastoreando os Deuses como ovelhas",[13] e é óbvio que Asari e termos correlatos podem ser identificados com Osíris. Desse modo, a designação posterior de Ptah-Seker-Osíris se resolve na idéia: "Pai Brilhante, a luz do Grande Fogo, o esplendor da luz do Fogo."

Osíris era conhecido alternativamente como Unnefer, o Fogo Solar ou Fogo uno, e na Figura 743 o sol traz sob ele a inscrição AUNF, uma forma contraída desse nome. O círculo interno do Olho é chamado de *íris*, e o significado do nome Osíris, como geralmente é interpretado, é "o de Muitos Olhos". Íris, o Arco-Íris,

743

---

9. Jacobus é a palavra latina para James.

10. O nosso título inglês *Sir* tem o mesmo significado. Numa certa época, todos os sacerdotes eram chamados de *Sir* ou *Sir Reverence* (Reverência); às vezes, de *Sir John*. Dirige-se a palavra ao Rei como *Sire*.

11. *Aryan Mythology*, Cox, p. 156.

12. *Religion of Babylonia and Assyria*, Pinches, p. 87.

13. *Ibid.*, p. 61.

foi o iridescente mensageiro dos deuses, mais particularmente de Juno; e *eros* é a palavra grega para *Amor*. Osíris também era conhecido como Unbu, *un* significando *um*, ou *sol*, e *bu, Pai*. O fato de que Ba é permutável com Pa, e equivalente a ele, é óbvio com base em muitas considerações; por exemplo, a cidade de Pabast era alternativamente conhecida como Bubastis; a palavra turca *Pasha* é equivalente a *Bashaw*, e a cidade de Paphos era alternativamente chamada de Bafu. *Ba* era a palavra maia para *pai* e a palavra egípcia para *alma*.[14]

Be é o verbo inglês *to be (ser ou estar)*, *Being (Ser)*, ou *Existência*. O latim para *existir* é *fore*, isto é, o *fogo*, e em francês *beau* significa *belo*.[15] O córnico para *piedade* era *byte*, de onde se pode concluir que o "Pai Resplandecente" era considerado um deus de *Piedade* e de *Beleza*.

Na Figura 744, o P de Ptah é encimado pelo seu símbolo, o Escaravelho ou besouro. A palavra egípcia para escaravelho era *chepera*, e a palavra *chepera* também significava *ser*. "Nenhuma palavra", diz Renouf, "pode expressar mais claramente a noção de 'Ser que tem existência independente do que *chepera cheper t'esef*, palavras que ocorrem com muita freqüência em textos religiosos egípcios."[16] Em certa época, o Sol matutino era cultuado sob o nome de Khepera,[17] e Chafura era um nome que os egípcios davam aos seus reis ou "Filhos do Sol". Os ingleses têm esse termo *chafura* em sua forma mais primitiva, *chafer*, que significa um besouro. No antigo alfabeto hieroglífico do México, um besouro era o signo da

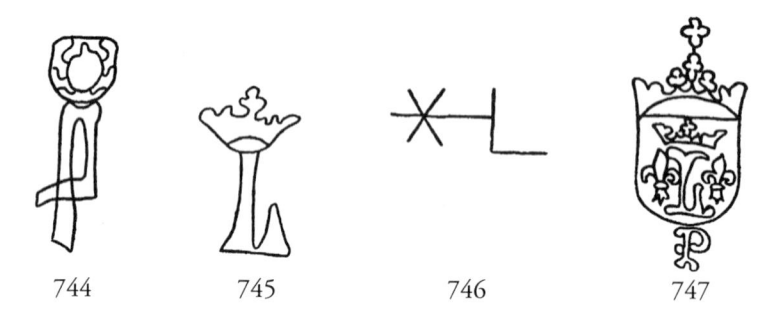

744   745   746   747

14. A desprezibilidade do som das vogais é evidente nas palavras inglesas *pope*, isto é, *papa* ou *pape*, e em *babe, baby* (bebê) ou *bébé*. Skeat descreve a palavra *babe* (do anglo-saxônico *bab*, forma mais antiga *baban*) dizendo que ela "provavelmente se deve ao modo de falar das crianças pequenas". Sem dúvida, um bebê foi chamado de *bebê* porque ele exclamava *baba* ou *papa*, e não é improvável que o balido do cordeiro, *Baa*, tenha sido uma das razões para a santidade simbólica desse animal. Pepi e Baba foram nomes régios no Egito; Babilônia era alternativamente Babilu.

15. A palavra hebraica para *belo* é *joppa*.

16. *Hibbert Lectures*, 1879, p. 217.

17. *Religion of Ancient Egypt*, Petrie (Flinders), p. 54.

letra L,[18] e *El* presumivelmente era chamado assim porque simbolizava El, que significava Poder ou Deus. Os maias representavam o L por um ponto dentro de um círculo e por um ângulo agudo. Nos emblemas reproduzidos acima, a letra L é glorificada com a coroa e a cruz, e na Figura 747 ela está associada com o P de Pa.

A palavra *chafer* significava originalmente "Fogo Sempre-Existente", e o *pera* de *chepera* pode ser traduzido como *père* ou *poder*. A palavra *scarab* (escaravelho) pode ser comparada com *escarbot*, o francês para besouro, e desdobrada em *is-ac-ar-ab* ou *es-ac-ar-bo*.

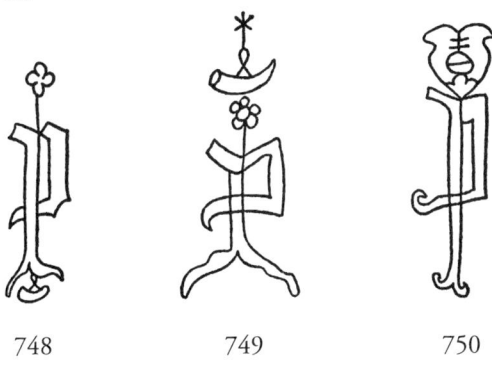

748   749   750

A palavra egípcia *chepera* é quase igual à inglesa *shepherd* (pastor), e a alemã para *pastor* é *schafer*. A palavra francesa para *pastor* é *berger (bur-zhay)*, "Baur, o sempre-existente", e a sânscrita é *payu*. A palavra italiana para pastor é *pecorajo*, isto é, *op-ek-ur-ajo*, "o Olho, o grande Fogo sempre-existente", e a celta para pastor era *bugel*. Nas figuras 748 e 749, o P está associado com uma corneta, e a palavra inglesa *bugle* (corneta) tem dois significados adicionais. Significa um boi selvagem e também um ornamento de forma circular ou oval. A raiz de *bugle* é *bug*, e *bug*[19] é um termo inglês para todo tipo de besouro. Pode-se supor que, independentemente do simbolismo, eles eram chamados assim porque têm forma arredondada, como *ob ug*, o Poderoso Orbe. A Figura 750 mostra um Orbe na sua parte superior.

Entre os celtas, o besouro era chamado de *chouil* ou *chuyl*, e, em alguns distritos, de *huyl*. A palavra *huyl* é equivalente a *heol*, *haul* ou *houl*, o nome celta para o *Sol*. É aparentemente de *heol*,[20] o eterno El, que derivamos os adjetivos ingleses *hale* (sadio, vigoroso), *whole* (todo) e *holy* (sagrado). As palavras teutônicas para Sagrado são *hel*, *heli*, *heil* ou *ala*, isto é, Ella, Deus que existe para sempre, o *All*

18. *Atlantis*, Donnelly (I.), p. 219.
19. Existe um Rio Bug na Rússia e outro na Áustria. Bugge é sobrenome inglês.
20. Compare com os sobrenomes Hull e Hoole.

(Tudo) e o *Whole* (Todo). Aparentemente em todas as línguas, a palavra que significa *sagrado* deriva da luz solar, à qual se prestam honras divinas.[21]

A letra P latina tem a mesma forma da letra grega chamada *Rho*. Um dos emblemas mais famosos do Cristianismo primitivo — conhecido como Lábaro, o selo de Constantino, ou monograma *Chi-Rho* — é a letra X encimada por um P. Supõe-se que as duas letras *Chi* e *Rho* se lêem como Chr, uma contração do nome Christo, mas esse símbolo fora utilizado longas eras antes do Cristianismo, e provavelmente simbolizava X, o Grande Fogo, e P, Pater ou Patah. A palavra *labarum* se resolve em *la bar um*, o "eterno Pai Sol". Também se entendia que o *Pe Ekse* desse famoso símbolo significasse, sem dúvida, *Pax = paz*. Os antigos personificaram Pax como uma divindade e construíram templos em sua honra. Como as formas místicas de *pi* representam um cajado de pastor, também se entendia, sem dúvida, que a letra significasse *Payu*, o Deus Pastor. À luz dos emblemas aqui reproduzidos, é evidente que o R derivou, de maneira semelhante, de um cajado de pastor. O nome inglês da letra R é *Ar*, o Fogo, e na Figura 142, na página 61, Ar formava o centro do Olho solar. A palavra egípcia para *olho* era *ar*; Har era um dos nomes de Odin, que tinha um olho só, e em escandinavo *harr* significava *high* (alto), sem dúvida porque Har[22] estava no alto. É provável que a letra grega *Rho* tenha derivado o seu nome de Rá, e que a palavra italiana *papero*, um *ganso verde*, fosse presumivelmente "Pai Rá". *Ra* é sem dúvida responsável pelas palavras inglesas *ray* (raio) e *radiant* (radiante), e por inúmeros nomes de lugares e sobrenomes.[23] A pala-

751 752 753

21. Compare com as palavras gregas *Hagios* e *Hieros*. A palavra *saint* ou *santa* era fundamentalmente *san*.

22. Compare com os nomes de lugares Harborough, Harby, Hargrave, etc., e com o sobrenome Hardy, "o resplandecente Har".

23. Compare com Ray, Wray, Reay, Raoul, Rean, Rehan, Rejane, Rene, Rabal, Rackham, Racksole, etc.

vra dinamarquesa para *ganso* é *radgaas* ou *raygaas*, e na Europa Setentrional, a principal Divindade foi, outrora, Radgost ou Radegost.[24]

O P do Grande Pastor é a base de Pã, o Deus de todos os Pastores, e o nome Pã pode ser entendido, indiferentemente, como *opan*, o Disco do Sol, ou *paan*, o Pai Sol.[25] Apolo, que era cultuado, em particular, na cidade de Patara, tinha o apelido de *Pæan*, e por isso as canções que eram cantadas em suas festas eram chamadas de *pæans*. A palavra *patara* significa [algo] redondo ou disco, e a palavra *pæan* também era usada para significar *Agente de Cura* e *Médico*.

> Shepherds, rise and shake off sleep;
> See, the budding morn doth peep
> Through the window, while the sun
> To the mountain tops is run.
>
> Sing His praises that doth keep
> Our flocks from harm,

---

24. O principal lugar do seu culto era entre um povo denominado obodritas, cujo território correspondia aproximadamente ao do atual Meklenburgo (*Burg* significa fortaleza, e o restante da palavra, Mecklen, se parece curiosamente com Omeka-Len ou Omega-Len). Supõe-se que, na Boêmia, vários lugares foram nomeados em homenagem a Radegost, e também se acredita que os obodritas sejam responsáveis pelos nomes Berlin, Bremen, Le-ip-z-ig, e muitos outros.

25. Em toda língua antiga há certa ambigüidade. No que se refere ao sânscrito, o Sr. F. W. Bain, no prefácio de uma de suas histórias indianas, escreve: "O nome das pequenas fábulas indianas, aqui apresentadas para o amante de curiosidades numa roupagem inglesa, é ambíguo. Nós podemos traduzi-lo, indiferentemente, ora como *A Lua Nova nos Cabelos do Deus dos Deuses*, ou então, como *Aquela que reduz o Orgulho dos Deuses, dos Demônios e de todo o Restante da Criação*; isto é, a *Deusa da Beleza e da Fortuna*. Para aqueles que não estão familiarizados com o gênio peculiar da língua sânscrita, poderia parecer singular o fato de que duas idéias tão diferentes sejam expressáveis por meio de uma única palavra. Mas é exatamente nesse poder da hábil ambigüidade que reside a beleza dessa linguagem. Assim como nós reconhecemos que existem asas de borboletas e de besouros para as quais é impossível dizer se elas são positivamente desta ou daquela cor — pois, de acordo com a luz sob a qual nós as vemos, elas mudam e se convertem, ora num vermelho pardo, ora num azul de pavão, ora numa cor púrpura escura ou na velha cor do ouro — nós também vemos que uma palavra composta bem-formada em sânscrito emite brotos e cintila sutilmente com significado, assim como o fazem essas maravilhosas asas coloridas: e essa estudada significação dupla, tripla, múltipla das palavras confere à língua clássica uma espécie de brilho ou lustro verbal, uma perpétua corrente subterrânea de sugestões indiretas, uma mímica de alusões, uma beleza prismática, da qual nenhuma outra língua pode sequer transmitir a menor idéia. Pois a tradução precisa dividir o que no original é uma unidade. E, desse modo, o nosso título, de acordo para os valores que nós escolhemos atribuir aos seus elementos componentes, pode ser lido tanto com o significado de jóia para os cabelos do Deus coroado com a lua como com o significado de primazia universal de Afrodite, desorientadora do mundo."

Pan, the Father of our sheep;

While arm in arm
Tread we softly in a round,
While the hollow neighbouring ground
Fills the music with her sound.

Pan, O Great God Pan, to Thee
Thus do we sing!
Thou that keep'st us chaste and free
As the young Spring;
Ever be thy honours spoke,
From that place the morn is broke,
To that place day doth unyoke. [26]

(Levantai-vos, pastores, e expulsai o vosso sono;
Vede, a manhã que está desabrochando em seu trono
Já espreita pela janela, e o sol para o alto cume
Das montanhas dirige rapidamente o seu lume.

Cantai louvores a Ele para que Ele assim proteja
Todos os nossos rebanhos contra adversos fados,
Pã, ó Pai de nossas ovelhas, Pã, ó benfazeja
Divindade... Enquanto isso, com os nossos dois braços dados,
Vão traçando uma roda os nossos passos, docemente,
Enquanto o oco solo ecoa no local presente
E completa a nossa música com o seu som fluente.

Pã, ó Grande Deus Pã, ó Grande Divindade a Quem
Nós cantamos nossos cantos de louvor e de sincera
Ação de graças! Tu, que castos e livres nos manténs
Como se mantém casta e livre a tenra Primavera.

Que, para sempre, loas a Ti ecoem nos espaços,
Desde o lugar onde a manhã dá os seus primeiros passos,
Até o lugar onde o dia desfaz todos os seus laços.)

Supõe-se comumente que Pã era uma divindade de concepção grega, mas Heródoto registra que os egípcios, ao contrário, consideram Pã como "extrema-

26. Fletcher.

mente antigo" e pertencendo ao grupo daqueles que eles chamavam de "os oito Deuses", isto é, a Ogdoada original. Ele declara: "Esses egípcios, que são os mendesianos, consideram Pã como um dos oito deuses que existiram antes dos doze, e Pã é representado no Egito pelos pintores e escultores do mesmo modo como na Grécia, com a face e as pernas de um bode. No entanto, eles não acreditam que seja essa a sua forma, nem o consideram, em qualquer aspecto, diferente do outro deus, mas o representam dessa maneira por uma razão que eu prefiro não mencionar."[27]

Pã e sua companheira Maia eram adorados na América Central, e quando os espanhóis entraram na cidade de Panuca ou Panca,[28] no México, eles encontraram soberbos templos e imagens de Pã.[29] Os nomes Pã e Maia entram em profusão no vocabulário maia, sendo que Maia é o próprio nome da península, e que o nome de Pã, combinando-se com o de Maia, forma o nome da antiga capital, Maiapã.

Entre os gregos, o nome Pã era usado para significar o *Todo*, o *Tudo* e o *Universal*. Pã, a raiz de Panacéia, a Deusa da Saúde, deve ser igualado a *Ban*; e *ban*, *bon* ou *ben*, significando *bom*, são as raízes de *benigno*, *benevolente*, *bênção*, etc. *Bonheur* é a palavra francesa para *felicidade*.

Pã, pelo que parece, foi uma Divindade original do Japão. Os japoneses chamam o seu país de Nippon (*on ip pon*), e sua saudação nacional é *Banzi!*, a luz do grande Fogo ou Vida. No Japão moderno, entende-se que Nippon signifique "Fonte ou Nascente de Luz".

Registra-se que Pã era filho de Aither, o *éter* que tudo permeia, e quanto à Mãe de Pã há várias versões, segundo as quais ela era Dryope,[30] a "Grande e Duradoura Unidade ou Olho", ou Ybis, ou Oneis, a "Essência Una ou Luz Una", ou Penélope. De acordo com a mitologia grega, a mulher primogênita foi Pandora.

Pente em grego significa *Cinco*; *panch* ou *punj* é a palavra sânscrita e cigana para *Cinco*, e se supõe que Puniab ou *Punj orb* tem esse nome porque ele é banhado por *Cinco* Rios. Diante da costa da Arábia ou Urobia há uma ilha chamada Panchea, onde se erguia um magnífico Templo de Júpiter. É um fato muito curioso que a forma do nosso número "5" é idêntica à forma da letra P no alfabeto indiano, do qual também derivaram outros signos que representam os nossos números.[31]

---

27. Livro ii. p. 46.
28. Compare com o sobrenome Pankhurst.
29. Introdução de Brasseur à obra *Relacion* de Landa.
30. Drope é um sobrenome inglês.
31. *Chamber's Encyclopædia*, i. 188.

A palavra galesa para Grande Espírito é Mawr Pen Aethir, que não se pode deixar de relacionar com a expressão que os índios americanos usam para se referir ao Grande Espírito: Maho Peneta;[32] de fato, são tão numerosas as semelhanças entre a língua do País de Gales e as de certas tribos da América que os galeses reivindicam a honra de ser os primeiros colonizadores europeus no México. Reade afirma: "Nós temos, com base na autoridade do Capitão Davies e do Tenente Roberts de Hawcorden, em Flintshire, e de uma anotação manuscrita no diário de William Penn, evidências coletadas pelo famoso Dr. Owen Pughe, de que as tribos de Illinois, Madocantes, os Padoncas e os índios Mud falavam a língua galesa."[33] Não é improvável que os "White Panis" (Panis Brancos), atualmente chamados de Pawnees, fossem originalmente uma tribo de cultuadores de Pan.

Pã, na terrível majestade dos seus aspectos superiores, é a fonte da palavra *pânico*. De maneira semelhante, a palavra *fear* (medo) pode ser identificada com *Fire* (Fogo), *appaling* (apavorante) com Apolo, e a palavra francesa *peur* com *Power* (Poder).

Pã é o Padrinho de *Spain* (Espanha) —᛫ uma forma contraída da palavra mais antiga Hispania, e até a mesma raiz podem, sem dúvida, ser rastreadas as palavras latina *panis* e a francesa *pain* para pão. Pã, evidentemente, é também a raiz de *pensive* (pensativo) e de *pensée*, a palavra francesa para pensamento. A palavra cigana para "pensar" é *penchava*, e a persa é *pendashten*. O emblema, consagrado pelo tempo, da lembrança e da bondade do *pensamento* é a flor que nós chamamos de *pansy* (amor-perfeito), de onde se pode deduzir o fato de que os antigos definiram o *pensamento* como a "luz ou fogo de Deus".

Pã era, em particular, intitulado "Presidente das Montanhas",[34] e em muitas línguas o seu nome se tornou um termo genérico para colinas e montanhas. A palavra chinesa para *montanha* ou *colina* é *pan*,[35] e a fenícia era *pennah*, de onde se supõe que foi derivada a palavra córnica *pen* e a escocesa *ben*. Em todo o mundo, a raiz *pen* ou *ben* entra em nomes de montanhas, dos Apeninos à Cordilheira Pennine, e das Montanhas Pindus da Grécia ao Pinra peruano.

Os chineses consideram as montanhas como o símbolo da Constância e da Firmeza, e, de acordo com Swedenborg, "na igreja antiga, o culto divino era realizado no topo das montanhas porque as montanhas significavam Amor celestial".[36]

---

32. *Atlantis*, p. 115.
33. *The Veil of Isis*, p. 196.
34. *Wisdom of the Ancients*, Bacon.
35. *Gloss. of Geogr. Terms*, Knox (A.), p. 303.
36. *Arcana Celestia*, nº 4.288.

No Egito, Pan era conhecido como Min, e *três* gigantescas figuras de Min em pedra calcária foram encontradas junto à cidade de Koptos, o seu mais importante lugar de culto.[37] "Min", diz o professor Petrie, "era o princípio *masculino*", e é provável que Min seja o mesmo que *man* (homem),[38] em contraste com *woman* (mulher). *Man*, que em escocês se pronuncia *mon*, é a raiz da palavra latina *mens*, da inglesa *mind* (mente), da sânscrita *manas* e da grega *monos*, que significa *único, solitário, sozinho*. Talvez fosse originalmente *om on*, o "Sol Uno", ou pode ter sido uma aliaça de *ma on*, a Mãe Una, como em *moon* (lua), o símbolo da Magna Mater. Rá, o Sol, era Amon ou Amun; os gregos davam a Zeus o título de Ammon[39] ou Hammon; e a palavra *Amen!* significa *firme, verdadeiro, verídico*.

Os anglo-saxões chamavam a Lua de *mona*, e nos dias atuais *Moon-day* ou *Mona-day* é chamado "*Monday*" (Segunda-feira). Anglesey,[40] um famoso santuário dos druidas ingleses, era antigamente conhecido como Mon, Mona ou Menai; e Mona e Minnie são nomes cristãos familiares.[41] Mona é um nome alternativo da Ilha de Man, que também era conhecida como Monabia.

A cidade de Bodmin era originalmente "a residência de Min", e esse nome pode ser identificado com o indiano Allahabad, "a '*abad*' ou *abode* (residência) de Allah".[42]

Irmin era o nome de uma Divindade saxônica,[43] e o seu título — de onde provém *harmony* (harmonia) (?) — sugere que ele era um aspecto masculino de Minerva, o Fogo Forte Único. Ocorre novamente essa mesma relação nos nomes do pequeno animal conhecido como *ermine* (arminho)[44] ou *miniver* (esquilo siberiano); dentro das fronteiras de Bodmin fica a paróquia de St. Minver.

---

37. *Religion of Ancient Egypt*, Petrie (Flinders), p. 59.
38. Na língua cigana, *man (homem)* é o pronome pessoal "I (eu)".
39. Compare com o sobrenome Hammond.
40. Os nomes de lugares em Anglesey são de grande interesse. Beaum-ar-is = "Pai Sol, a Luz Solar". Na Figura 746, El era representado como um *ângulo* reto. A palavra ângulo, ou *an ag el*, é a raiz do moderno nome England (Inglaterra).
41. Compare com os sobrenomes Mann, Manning, etc.
42. *Cf. Words and Places*, Taylor, p. 332.
43. Sem dúvida relacionada com a Divindade saxônica e anglicana Er ou Ir. O sobrenome Ackermann é o grande Ermin. Monro é uma forma reversa de Ramon ou Raymonde, e Munday, Simon, Simeon, Symon e Simmonds provêm, todos eles, dessa mesma grande raiz.
44. A Ermine Street é a antiga estrada britânica que se dirige para o norte a partir do canal da Mancha até Yorkshire. O pêlo de arminho ainda é um emblema da realeza, da corte de justiça e da nobreza britânicas. "Acreditava-se que o arminho preferia a morte à sujeira, e se fosse cercado por uma parede ou anel de lama, ele se suicidaria para não contaminar seu pêlo imaculado. É por isso que se escolhe o arminho como o manto do príncipe e do juiz — um emblema de pureza sem manchas." — Hulme (F. E.), *Nat. Hist. Lore*, p. 176.

Os antigos acreditavam, e essa é uma idéia que ainda está arraigada entre as raças nativas, que reis e governantes são "Filhos do Sol", as imagens vivas e os vice-regentes, ou "sombras", do Sol Sagrado.[45] Essa divindade dos reis se reflete não apenas em termos genéricos como *monarca*, em sânscrito *chunig*, em alemão *konig*, "o grande e único uno",[46] mas também, particularmente, em nomes dinásticos.

De acordo com tradições sacerdotais, o rei original do Egito era um certo Men, Mena ou Menes — e *Menes*, a "única (*sole*) Luz", era um termo genérico para o Touro Sol de Osíris, de cor branca ou dourada. Menur, o "único (*sole*) Fogo", era um nome do Touro Sagrado de Mnevis. Juno era chamada de Mena, e no latim antigo *manis* significava *bom* e *propício*; *manes* é a palavra latina para *ancestrais*. Menes do Egito pode ser igualado ao nome Minos, um régio nome em Creta, e Creta era o lugar do *Minotauro*, um Touro fabulosamente monstruoso.

Na Irlanda estão as Montanhas Ox (Boi), e Taurica era um apelido de Diana. O Monte Taurus, também conhecido como Amanus, Antitaurus[47] e Amarantha,[48] é a mais larga montanha da Ásia.

Said an envious, erudite ermine:
"There's one *thing I cannot determine;*
When a man *wears my coat,*
He's a person of note,
While I'm *but a species of vermin!"*
(Disse um invejoso mas erudito arminho:
"*Uma* coisa eu não entendo nem adivinho;
Se um *homem* veste o meu casaco admirável,
Todos dizem: Ele é uma pessoa notável,
Enquanto *eu sou* apenas um bicho daninho!")

45. "Os antigos monarcas da Babilônia foram cultuados como deuses durante suas vidas ... Os reis de Tiro reconheciam sua descendência de Baal, e aparentemente professavam ser deuses em suas próprias pessoas." — *Adonis, Attis, Osiris*, Frazer, pp. 10, 11.

Na Nova Zelândia, um chefe tampo disse a um missionário: "Não pense que eu sou um homem, que minha origem está na terra. Eu vim dos céus; meus ancestrais estão todos lá; eles são deuses e eu voltarei para eles." — *The Story of New Zealand*, Thompson, i. p. 95.

No antigo Egito, havia a "crença em que o rei ou soberano que governava o Egito era a imagem viva, e o vice-rei, do deus-sol (Rá). Ele estava investido dos atributos da divindade, e isso nos primeiros tempos, a cujo respeito nós dispomos de evidências monumentais". — *Religion of Ancient Egypt*, Renouf, p. 161.

46. Compare com *Rajah, Rey, Rex, Anax, Archon*, etc. *Shah* é uma forma contraída de *padishah* — *pad*, como em *padre*, significando, sem dúvida, Pai, e *isha*, a Luz. Kshi (*akishi*) é a palavra sânscrita para "governar". *Shiek* era provavelmente Ishi Ek, a Grande Luz; *Kaiser*, foneticamente *Kysur*, pode ser restaurada em *ak yz ur*, a Grande Luz da Luz; e *Akbar* é simplesmente *ak bar*, o Grande Fogo. A palavra *emperor* (imperador) ou *empereur* é, como os franceses a pronunciam, *om per ur*, "Sol, Pai, Fogo".

47. Compare com o nome Antipater.

48. Amarantha significa *imortal* e *imperecível*.

Mena, o Rei original do Egito, pode ser relacionado com Manu, o Noé e primeiro ancestral dos hinduístas. Diz-se que o rei original da raça alemã foi Mannus, e *manus*, *manush* ou *monish* são as palavras ciganas para *homem*. A palavra sânscrita para homem é *manasha*.

Mon, a raiz de *monocle* (monóculo) e *monopoly* (monopólio),[49] etc., é a base do nome real egípcio Meneptah, "único (*sole*) Olho resplandecente", e ela é também o fundamento de *monde* e *mundus*, o mundo redondo, o universo.

Min, que era cultuado, em particular, na cidade de Mendes, também foi reverenciado no Egito sob o nome de Mentu.[50] O principal santuário de Mentu, que era representado com cabeça de Falcão, estava na cidade de Erment, nome aparentado não apenas com o Irmin saxônico mas também com Hermon, um nome alternativo do Monte Zion. É evidente que Min, assim como Pã, tornou-se um termo genérico para *montanha*. A palavra japonesa para *pico de montanha* é *mine*, e em inglês *min* significava outrora "pico de um monte".[51] A grande montanha chamada Monch[52] era, sem dúvida, assim chamada em homenagem a Mon, o Sempre-Existente, e a mesma raiz é responsável pelos termos genéricos *mons*, *mont*, *mount*, *mound*, todos representando *monte*, e todos os seus numerosos termos correlativos. *Mons* é a palavra latina para *acima*, e o verbo *mount* significa *ascender*, *dirigir-se para cima*. Pode-se comparar os nomes Montaigne, Montague, Mônica, Mônaco, Monigue e Mungo com as palavras para montanha, *mountain* e *montagne*. A palavra *mungo* é termo celta para *amável*, e a província irlandesa Monaghan está nominalmente relacionada com a Mongólia asiática, o país dos mongóis. Um título dinástico dos imperadores mexicanos era Montezuma, que significa o Monte do Sol Resplandecente, e o *Ezuma* de seu nome pode ser identificado com Izume, uma Deusa japonesa, e com o Isum assírio, "aparentemente um nome do Deus Fogo".[53]

O local de Mendes, a cidade de Pã hoje em ruínas, é marcado apenas pelos outeiros de Ashmoun, nome que retém *moun*, a raiz *mound* (outeiro)* e *mount* (monte). No emblema da página seguinte, uma cruz quádrupla se equilibra sobre um triplo Monte Sagrado.

---

49. Compare com o nome de lugar italiano Monopoli.
50. Compare com o sobrenome Minto.
51. *Names of Places*, Edmunds, p. 237.
52. Compare com Manchúria e Manchester. Esta última cidade, também conhecida como Manigceaster e Mancunium, foi fundada pelos Brigantes, uma tribo de Yorkshire.
53. *Religion of Babylonia and Assyria*, Pinches, p. 93.
* Ver a nota de rodapé na página 201. (N.T.)

754

Há uma tradição cristã segundo a qual, quando as hostes angelicais anunciaram o nascimento de Jesus Cristo, um fundo gemido reverberou através das Ilhas da Grécia, insinuando que o grande Pã havia morrido, e que as antigas divindades de Olimpo haviam sido destronadas e estavam exiladas. Essa história se originou de um incidente registrado por Plutarco, e segundo o qual, enquanto navegava nas proximidades da ilha de Paxos — note o nome — um piloto egípcio chamado Thamus ouviu, vindos da praia, gritos repetidos de Thamus! A voz em seguida anunciou que "o Grande Pã estava morto". Como supôs o Dr. Frazer, a verdadeira conclusão dessa história parece ser a identificação de Pã com Tammuz, o Deus-Pastor sírio cuja morte era deplorada anualmente e ruidosamente.

A raiz do nome Thamus, Tammuz ou Thomas é *Tham*, *Tam* ou *Thom*, e assim como *pan* e *mon* eram termos genéricos para *colina* ou *montanha*, a raiz *thom* também o era. Em galês e em gaélico, *tom* é um *hillock* (morro pequeno) — de onde a palavra do inglês antigo *tump*, um morro pequeno. *Tom* é a raiz de *tumulus*, um *mound* (outeiro), e uma das vistas famosas perto de Carnac, na Bretanha, é "o Butte (monte isolado e íngreme) de Thumiac ou Grand Mont, um outeiro celta de 70 pés (21 m) de altura e 800 pés (240 m) de circunferência".[54]

Thum ou Tom deve ter significado originalmente o "Sol resplandecente", e no Egito de fato significava, Tum sendo o título conferido ao deus-Sol na grande cidade de Anu, On ou Heliópolis. *Tambo* era a palavra peruana para *a aurora*.[55] Renouf identifica Mentu com Tmu, afirmando que eram apenas dois aspectos diferentes do mesmo grande Sol.[56] "Eu sou Tmu", diz uma inscrição, "que fez o Céu e criou todas as coisas que existem, e eu existo sozinho".[57]

54. *Handbook to Normandy and Brittany*, Cook, p. 277.
55. *Mythologies of Ancient Mexico and Peru*, Spence, p. 51.
56. *Hibbert Lectures*, p. 88.
57. *Ibid.*, p. 198.

A palavra egípcia TM, Thom ou Tum é a raiz de *tempus* ou *tempo*, e a mecha única de cabelo representada na cabeça calva do Pai Tempo era conhecida no Egito como a mecha de Hórus.

Nas festas de Baco, como em todas as outras orgias solares ou bacanais, os praticantes do culto tinham o costume de se manifestar fazendo um barulho alto e contínuo, e muito alegre, por sobre o som dos címbalos e tamborins. A palavra *tambourine* ou *timbrel* (tamborim ou pandeiro) é uma forma desdobrada de *tambour*,[58] tambor, e a palavra *tambour* se desenvolveu a partir do *tom-tom* ou *tantan* nativos. Todas essas palavras apontam para a conclusão de que o tambor circular tinha esse nome em homenagem a *dur oom*,[59] o Duradouro Sol. A palavra latina para tambor é *timpanus*.

Há um tipo de tambor pequeno conhecido como *tabor* ou *tabour*, que sugere que o Monte Tabor, uma montanha que, sem dúvida, recebeu esse nome devido à sua forma "notavelmente arredondada".[60] Os místicos bizantinos costumavam se sentar observando os seus umbigos, ou "círculos do Sol", com a esperança de testemunhar a muito célebre "Luz de Tabor" fluindo deles, como de um foco.[61]

As faixas do tamborim, brilhantemente coloridas, como as serpentinas multicoloridas que "emanam" do anel no topo do Mastro de Maio, simbolizavam a luz solar, toda-radiante e fluente.

Layard, em seu relato de uma festa solar celebrada perto de Nínive, descreve como os nativos, em seu exultante frenesi, atiravam tamborins ao ar, enquanto as mulheres faziam as pedras ressoarem com gritos agudos de *tahlehl*.[62]

Parece que esse grito de *tahlehl* provém de *ta el ale*, "Saudações resplandecente Deus!" A palavra *hail* (saudações, salve!) é a palavra celta *hael*, o *Sol*, e equivale radicalmente à palavra *yule*. *Hiul*, em dinamarquês e sueco, significa *wheel* (roda), e se nós descartarmos as diferenças de pronúncia, *hueel* e *hiul* são a mesma palavra. Em Yorkshire, as pessoas, até uma época comparativamente recente, costumavam gritar *Ule! Ule!* nas igrejas como um sinal de regozijo, e o tipo comum corria pelas ruas cantando:

---

58. Compare com o nome Tamburlaine ou Tamerlane; e também com os nomes ingleses Thom, Toms, Tomley, Thompson e Tompkins. Em celta, *tam* significava *gentil*.

59. Compare com o sobrenome Drummond e com nomes de lugares como Mindrum, Dundrum, Drumlish, Dromore, Drumod, etc.

60. *Early Travels in Palestine*, Wright (T.), p. 9.

61. *The Gnostics*, King (C. W.), p. 300.

62. *Nineveh*, p. 186.

Ule! Ule! Ule! Ule!
Three puddings in a pule,
Crack nuts and cry Ule! [63]

(Ule! Ule! Ule! Ule!
Três pudins numa lamúria,
Quebre nozes, grite Ule!)

No México, *Hool* significa a Cabeça, a Divindade, e *ho* significa *cinco*.[64]

Com toda a probabilidade, a palavra *hubbub* surgiu dos gritos hilariantes de Hob-Hob! que se levantavam nas festas solares. Em hebraico, *hobab* significa *amado*, e uma das árvores mais sagradas do mundo é a *baobá*, o Pai Hobab.

Fobb e *chop*, isto é, o Orbe Sempre-Existente, são antigas palavras britânicas para *topo de montanha*, e podem desse modo ser rastreadas em nomes de lugares tais como Evanjobb ou Evanchop, em Radnorshire.

O nome sírio Tammuz foi identificado, notavelmente pelo Sr. Baring-Gould,[65] com o do nosso santo padroeiro, St. George (São Jorge). Na província russa da Geórgia, cuja fronteira meridional são as montanhas da Armênia (Harmonia?), São Jorge não é considerado apenas como um santo, mas é cultuado como a Divindade. Na mente dos georgianos, que se dirigem a ele como "Deus São Jorge de Ikhinti", ele ocupa precisamente a posição de Mediador e Intercessor que Cristo desempenha na mente dos cristãos.

A Cruz de São Jorge, que, conforme se dizia, nasceu na cidade de Diospolis, aparece na Figura 754, e o fato de que São Jorge era identificado com *montanhas* fica evidente quando se constata que na Geórgia "não existem colinas nem pequenas montanhas sem igrejas em homenagem a São Jorge".[66]

A capela mais famosa do mundo é talvez a de São Jorge na Colina de Windsor.[67] Nas vizinhanças de Eton ainda se realiza uma festa *trienal* chamada Montem — originalmente em homenagem a *Mon Tem*, o Único (*Sole*) Sol? O nome egípcio "Tem, o Senhor da Luz", e o Rio Thames (Tâmisa),[68] Thamise ou Tamesis, de

---

63. *Antiquities*, Brand, p. 252.
64. *Sacred Mysteries*, Le Plongeon, p. 63.
65. *Curious Myths of the Middle Ages*.
66. "*Folk-Tales of the Georgians*", Javakhishvili (J.), *The Quest*, janeiro de 1912.
67. O nome *Windsor* significa "praia sinuosa".
68. Na direção a Oxford fica a aldeia de Thame. Os nomes originais de Oxford foram Caer (o lugar de) Memphric, em seguida Bellositum, e Caer Pen Halgoit.

suave fluência e doador de vida, estão presumivelmente associados a Tammuz, a luz ou essência de Tam ou Pai Tempo. No vale do Tâmisa, Timms é um sobrenome comum.

Eton, em Bucks, realizava outrora uma grande Feira anual na Quarta-feira de Cinzas. O culto de São Jorge era, notavelmente, praticado na cidade de Ashby de la Zouche: Ashby era antigamente denominada Esseby, e Ashbury, situada perto de Okehampton, também era conhecida originalmente como Essebury.[69]

A famosa "Furry Dance" (Dança Peluda) praticada em Helston[70] (Heol's Town?), na Cornualha, era, e ainda é, uma "Feira", um "Highday" (Dia Alto), "Eyeday" (Dia do Olho), ou "Holyday" (Dia Santo) de São Jorge, e uma estrofe da antiga *Furry Song* diz:

> As for Saint George O,
> Saint George he was a Knight O;
> Of all the Kings in Christendom,
> King Georgie is the right O,
> In every land O,
> Each land where'er we go!

> (Quanto a São Jorge Ó,
> São Jorge era um Cavaleiro Ó;
> De todos os Reis da Cristandade, só
> Rei Jorge é o verdadeiro Ó,
> Em todas as terras Ó,
> Em que os nossos passos pisam o pó!)

A palavra *furry* poderia, igualmente bem, ser *verry*, uma dança do fogo ou da primavera, e a mesma raiz reaparece em Pharnavas, um nome régio na Geórgia. A mais célebre rainha da Geórgia foi Thamar ou Tamara.

A brincadeira com o Ó* na *Furry Song* do Rei *Georgy O* sugere o nome italiano Georgio. Na Rússia, o santo é conhecido como Yurgen, isto é, *yur-ag-en*, o "Fogo Sempre-Existente", o "Poderoso Sol". Entre os muçulmanos, seu nome é El Koudr; e El Koudur (*ak-o-dur*), o Grande Duradouro Ó, dizem eles, ainda não está morto, mas continua voando e dando voltas e voltas ao redor do mundo.[71] Em Urmi, na

---

69. *Imperial Gazetteer*, Wilson.
70. Perto de Helston está Manaccan.
* A pronúncia inglesa de O é "ou". (N.T.)
71. *St. George for England*, H. O. F., p. 28.

Pérsia — e Urmi está obviamente relacionada com Urmin — as Igrejas de São Jorge são freqüentadas por aqueles que sofrem de *medo*, isto é, de *pânico*.

A Rosa, a flor de São Jorge, simboliza o Amor, e a palavra *rose* (rosa) é uma forma inflexa* de Eros, o Deus do Amor. A palavra grega para *rosa* é *rhode* ou *rhoda*, o resplandecente Rho ou Rá.[72] Em húngaro, *eros* significa *forte*, e é evidentemente o mesmo que *eros*, a palavra grega para *hero* (herói). Há uma estreita conexão entre *heróico* e *erótico*, que significa *amoroso*. A palavra francesa para *amor* é *amour*, "fogo ou luz do Sol", e essa palavra, assim como a latina *amor*, é o mesmo que as primeiras duas sílabas de Amaruduk, a mais antiga forma[73] do nome Merodach. Merodach, "o jovem piloto do dia", a "vida da totalidade dos deuses", é o mesmo como Meriadek,[74] o santo padroeiro da Bretanha. A palavra bretã para amor é *minoniach*; a bretã para *ami*, um amigo, é *minon* ou *minour*; e há também uma palavra bretã, *orged*, que significa amor.[75] *Orged* se resolve em "resplandecente Orge", ou a "Luz Dourada Sempre-Existente", e a palavra Orge, de onde provêm *gorgeous* (deslumbrante) e *urge* (desejo, anseio, estímulo), é evidentemente a raiz de George. *Georgia*, a palavra grega para *agricultura*, provavelmente derivou-se de George, e não George de *georgia*. *Ge*, como em *geografia*, significava *terra*, e desse modo se pode supor que o verdadeiro significado de *George* é *Ge urge*, o incitador ou estimulador da Terra.

Na *Good* Friday (Sexta-feira da Paixão) ou "*Furry Day*" é habitual comer pãezinhos da Sexta-Feira Santa, marcados com uma cruz, ainda quentes. Esses pãezinhos são biscoitos redondos estampados com a assinatura de São Jorge. Esse costume pode ser rastreado até o Egito, onde biscoitos sacrificiais, feitos com os mais puros e deleitáveis ingredientes, eram vendidos do lado de fora dos Templos.

---

* E um anagrama de *rose*. (N.T.)

72. Compare com o sobrenome Montrose; e com os nomes de lugares Montrose, Montreux.

73. *Religion of Babylonia and Assyria*, Pinches, p. 59.

74. "Como era completamente impossível destruir esses costumes pagãos, o Cristianismo tentou, como nós sabemos, assimilá-los em proveito próprio. Ele ergueu capelas próximas às fontes, colocou imagens da Virgem nas fendas dos carvalhos sagrados, santificou os velhos mitos adotando-os como seus e substituiu os nomes dos velhos deuses por nomes de santos. E, sem dúvida desse modo, veio a ocorrer que o bom Meriadek, fabuloso Bispo de Vannes, se viu obrigado a ser objeto do culto que até então era endereçado ao sol nesse canto de Tregor. Há muitas coisas a respeito dele que justificam essa teoria. Uma certa peça de mistérios — precioso remanescente de um dialeto perdido — nos mostra o Bispo dotado com a dádiva da luz, dissipando a escuridão dos olhos sem visão, e abrindo a sombreada compreensão para que ela pudesse contemplar a Luz das Luzes." — *The Land of Pardons* [Bretanha], Anatole le Braz, p. 134.

75. *Vocab., French-Breton*, Gonidec, p. 12.

A palavra *bun* (bolo) era originalmente *boun*, e os gregos a mudaram ligeiramente para *bous*.[76] A palavra *bous* em grego também significa Boi, e os bolos sagrados às vezes eram feitos com uma representação de dois chifres. Em Yuletide, é comum comer pastel de *carne picada*, ou, como eles também os chamam, "*meses felizes*". Na Escócia, pequenos grupos de garotos e garotas tinham o costume de perambular pelos vilarejos na época do Natal gritando: "Hagmena, Hagmena, nos dê bolos e queijos e nos deixe ir embora." Supõe-se, diz o cauteloso Brand, que essa palavra notável, *Hagmena*, usada nessas ocasiões, era uma antigüidade anterior à introdução da fé Cristã.[77] Ela parece mais antiga do que Ag-Mena, o Grande Mena, o tradicional ancestral pré-histórico da realeza egípcia. Para explicar as palavras *bun* (bolo) e *pie* (pastel), pode-se supor que esses comestíveis eram originalmente redondos, ou então que os antigos acreditavam, como muitos cristãos ainda acreditam, que no sacramento do *bolo*, da hóstia ou do *pastel*, eles estavam comendo o autêntico e substancial corpo de seu Pai Espiritual. O Livro ou Ordinário do Serviço Litúrgico é chamado de *pie*, e o pequenino baú que conserva a Hóstia consagrada é conhecido como o *pix*. Pio, um nome papal padrão, significa o mesmo que *piedoso*. Na linguagem cigana, *pikkis* significa os seios femininos, que também são chamados pelos ciganos de *birk* e *bark*. Bir ou Birqu era um título do Mer assírio, o Pai, Fogo ou *Amour*; e a idéia do Grande Alimentador está retida em *piept*, o termo valão para seios; e no inglês *pap*, alimento para bebês, e *paps* ou *bubs*, os seios femininos.

Na cidade egípcia de Tebas, cujo nome se originou de um santuário chamado Ap,[78] Amon-Rá era cultuado sob o disfarce de um Carneiro, e na Figura 757 a Cabeça de um Carneiro aparece no centro do Olho.

O Carneiro, figurado como Áries no Zodíaco, era o símbolo do Calor Criativo. A palavra egípcia para *carneiro* era *ba*, e essa mesma palavra também significava *alma*. *Belus*, a palavra latina para *carneiro*, está associada com Belenus, o Apolo celta, e *tup*, a palavra inglesa para carneiro macho, pode ser identificada com *top*, o Olho resplandecente. *Ares* é idêntico a Uras, Eros, Hórus, etc., e outrora o nosso *carneiro* era, evidentemente, *uram*, o Fogo Solar.[79] *Ramr* é a palavra islandesa para

---

76. *Antiquities*, Brand, p. 81.
77. Essa festa sobrevive atualmente sob o nome de "Hogmanay".
78. "*Ap*, juntamente com o artigo feminino *Tap*, com o qual os gregos fizeram Tebas, era o nome de um santuário particular de Ammon." — *Egypt, Ethiopia, and Sinai*, Lepsius, Bohn's Library, p. 248.
79. Os ciganos da Inglaterra chamam a sua língua, como os ciganos de muitos outros países chamam a sua, de *Romani* ou *Romanes* — palavra derivada do indiano *Ram* ou *Rama*, que significa

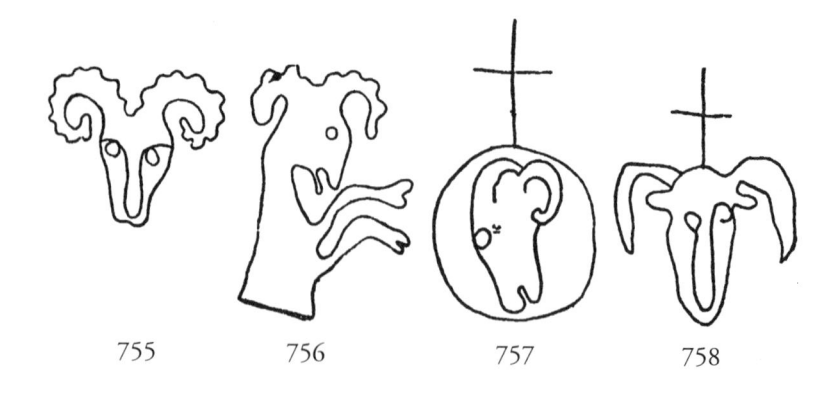

755 756 757 758

forte, e a idéia de força, retidão (*straightness*) e poder está contida na palavra *ramrod* (atacador*) e no verbo *to ram* (bater, golpear). Em hebraico, *ram* significa *elevado*, e *ramah* é um *lugar sublime*; em sânscrito, Rama é o Sol. Ram é a raiz do nome real Ramsés,[80] que as autoridades traduziram com o significado de "Filho do Sol", e de Ramadan ou Ramazan, uma grande Festa entre os povos muçulmanos. A palavra Ramadan, que significa fogo que consome, está associada com a raiz árabe *ramed*, que quer dizer *estava quente*; *Ramazan* é *san rama*,[81] o Santo Sol.

Rimmon, Ber ou Birqu, o Todo-poderoso babilônico, era alternativamente conhecido como Rammanu, e como *Urim* é o plural de *Ur*, o título Rimmon

759 760 761

marido, ou da cidade de Roma, que por sua vez tomou o seu nome do indiano *Ram* ou da palavra gaulesa *Rom*, que é quase equivalente a marido ou homem; pois, assim como o *Ram* indiano significa marido ou homem, o gaulês *Rom* significa aquilo que constitui um homem e permite que ele se torne um marido. — *Romano Lavo-Lil*, Introdução, George Borrow.

* Vareta para calcar pólvora em armas de fogo. (N.T.)

80. As glórias de Ramsés II foram cantadas por um poeta egípcio chamado Pentaur. Na Cornualha, há um Cabo Rame e um Promontório Pentire.

81. Compare com a república de San Remo.

pode ser compreendido como *Urim Mon*, "Único (*Sole*) Senhor do Fogo e das Luzes".

Whatever lamps on Earth or Heaven may shine
Are portions of One Power which is Mine.[82]

(Quaisquer lâmpadas que brilhem sobre a Terra ou sobre
o Céu
São, quaisquer fontes de luz, porções de Um Só Poder
que é Meu.)

As principais cidades da Ilha de Man, Manobia ou Manxland (*manikseland*) são Ramsey e Peel.

Na Figura 760, um Bode está saltando sobre um pico de montanha. Em Mendes, no Egito, Min era cultuado sob a forma de um bode, e nesse distrito *mendes*[83] era o nome genérico para *bode*. Na Grécia, assim como no Egito, Pã era figurado com as feições e os membros de um bode. As odes corais cantadas em honra de Baco, do qual também se dizia que era semelhante a um bode, eram chamadas de *tragodiai* ou canções de bode, e um bode era o prêmio simbólico oferecido nessas ocasiões.

A distinção emblemática do bode surge parcialmente porque o *habitat* desse animal são locais acidentados e montanhosos, mas principalmente porque o Bode simbolizava o Calor Gerador ou o Impulso (*Urge*) Vital. A palavra *urge* pode ser reconhecida, como em George, e em *Demiurge* (Demiurgo), um termo gnóstico para a Divindade, com o significado de Fogo Sempre-Existente, o *en-urgy* Solar [ou energia Solar].

A palavra francesa para bode é *bouc*, que significa exatamente o mesmo que *bauk*, a palavra egípcia para falcão. Também significa o mesmo que a palavra inglesa *buck* (bode, carneiro e machos de outros animais) e pode talvez ser rastreado em nomes de lugares tais como Box,[84] Buxton e Baxenden. As palavras latina *caper*, italiana *capra*[85] e espanhola *cabron* precisam apenas do acréscimo de sua

---

82. *Hymn of Apollo*, Shelley.
83. Compare com o nome inglês Mendenham.
84. A Gloucestershire Box é uma aldeia de Minchinhampton. A Box que fica perto de Chippenham, a aldeia de Cheoppen, inclui Ashley. Ao sul de Salisbury, há um pico chamado Buxbury. Compare também com Bex na Suíça e com Buxar na Índia. Bax, Bex e Jex são sobrenomes ingleses.
85. Compare com Capri, que fica no mar diante do litoral de Campania.

vogal inicial para restaurá-las como "Grande Olho do Fogo". Há uma cabra-montesa de chifres longos conhecida como *ibex*, palavra que se resolve em *ib ek se*. A palavra francesa *chèvre* é quase a mesma que a inglesa *chafer*, e significa igualmente Fogo Sempre-Existente. Os gregos têm dois termos para cabra — *tragos*, a grande luz duradoura, e *aix*,[86] o grande fogo de A. No alfabeto maia, o A era representado por *três* sinais alternativos — um ponto dentro de um círculo, um quadrado com a forma de um diamante e um pico, que sem dúvida pretendia ser um hieróglifo para montanha ou monte. A palavra grega para pico de montanha era *akra*, e a palavra inglesa *peak* (pico) contém, de modo semelhante, a noção de Grande Pai. No norte da Inglaterra, *pyke* é um termo genérico para morro pontiagudo, e *pic*, a mesma palavra, ocorre no Continente, como em Pic Du Midi. Registra-se que Kristna afirmou: "Eu sou a letra A"; e no Apocalipse de Jesus Cristo é declarado: "Eu sou o Alfa e o Ômega, o princípio e o fim, diz o Senhor Deus, aquele que é, que era e que há de vir, o Todo-poderoso."[87] Parece que em todas as línguas o grande A se mantém como símbolo do Monte Ancião, Sem Idade, Constante e Eterno, o El Permanente, a Imutável Primeira Causa.

O fato de que um topo de montanha fosse considerado um símbolo e uma semelhança física do A[88] sagrado fica evidente, até certo ponto, em termos genéricos para montanha, tais como o grego *akra*, o grande Fogo A; o saboiano *crau*; o eslavo *gara*; o anglo-saxônico *law*, isto é, *el aw*, "Senhor Aw"; o japonês *jama*

---

86. Aix é um nome comum de lugar.

87. Apocalipse i. 8.

88. Que a letra A tenha alguma significação secreta é evidente pelas palavras de Jesus encontradas no Evangelho apócrifo de Tomás: "E ele olhou para o professor Zaqueu, e disse: 'Tu que és ignorante da natureza do Alfa, como podes ensinar a outros o Beta? Tu hipócrita! Primeiro, se tu sabes, ensine o A, e acreditaremos no que nos ensinares sobre o B.' Então, ele começou a questionar o professor sobre a primeira letra, e ele não foi capaz de lhe responder. E, enquanto muitos escutavam, a criança disse a Zaqueu: 'Ouça, ó professor, a ordem da primeira letra, e note aqui como ela tem linhas, e um traço no meio cruzando aquelas que tu vês que são comuns; (linhas) ajuntadas; a parte mais alta sustentando-as; e novamente trazendo-as sob uma só cabeça; com três pontos (de intersecção); do mesmo tipo; principal e subordinadas; de igual comprimento. Tu tens assim as linhas do A.' E quando o professor Zaqueu ouviu a criança falar sobre tais e tão grandes alegorias da primeira letra, ele ficou muito embaraçado com essa narrativa e quanto ao seu ensinamento."

As três linhas do A são talvez explicadas na seguinte passagem de um manuscrito do século XV, citado por Sir John Rhys: "Os três elementos de uma letra são / | \, uma vez que é na presença de um ou de outro dos três que uma letra consiste; *eles são três raios de luz*, e é com eles que são formados os dezesseis *ogyrvens*, isto é, as dezesseis letras. Estas também pertencem a outros sete (riscos) e sete *ogyrvens*, que não são outros senão os símbolos da posição dos sete riscos e das sete palavras na descendência da língua galesa, e foram delas que todas as palavras derivaram." — *Hibbert Lectures*, p. 268. (*Os itálicos são meus.*)

ou *yama san*, "Sagrado e único Sol A"; o latim *montana*;[89] o espanhol *montanha* e *sierra*.

Os nomes Jah e Yah se resolvem em o Existente ou Único Ah ou A, e esse radical primordial pode ser reconhecido, em sua simplicidade original, na palavra inglesa *awe* (terror, admiração, veneração), e nos sobrenomes Hay e Haw. *Agha* é a palavra sânscrita para *Senhor*, *arka* em sânscrito significa *Sol*, e também um *hino de louvor*. A Terra Feliz de Pã, o líder da dança e da canção celestiais, era a Arcádia ou Arcady, nome que se resolve em "resplandecente poderoso A". A é a raiz de *age* (era) e do sânscrito *ayus*, que significa *vida*. É também o fundamento de nomes tais como Ahab, Ahaz, Hayes, Hawes e Aaron; Aaron, em hebraico, significa alto ou montanhoso, e em Cumberland há uma montanha chamada Aaron End. O Alto Pontífice dos maias era conhecido como o *Cay*,[90] isto é, *ac ay*, o grande A; Kay e Gay são sobrenomes ingleses; e *gay* é um adjetivo: *kay* é a palavra teutônica para *contentamento, júbilo*.

Com toda a probabilidade, a palavra portuguesa *boa* era originalmente *bo a*, "Pai A". *Oca*, o grande A, é a palavra italiana para *ganso*; *ana* era a palavra caldaica para *céu*; e *ana* era a palavra sânscrita para *mãe*. *Abu = bu a?* é a palavra árabe para *pai*; existia, na cidade de Aba, um famoso oráculo de Apolo; e o Monte Abu, na Índia, é um célebre lugar de peregrinação. Mais ou menos na altura média do Monte Abu, os seguidores de Vishnu, conhecidos como jainistas, ergueram um magnífico grupo de *cinco* templos.

A primeira letra do alfabeto egípcio era *ahom*, que significa *águia*, e a primeira letra do hebraico é *aleph*, que significa boi. *Alpha*, a palavra grega para A, deve ser uma forma tardia de *aleph*, e é foneticamente *aleph a*. *Caliph*[91] ou *Calipha*, como também *Cadi*, títulos orientais de autoridade, significam, todos eles, o grande A, Aleph ou Alpha; e o nome do santo, Alphage,[92] provavelmente está relacionado com ele. Os israelitas decaíram no culto de um bezerro de ouro; os antigos moscovitas também cultuavam um bezerro de ouro;[93] e a palavra inglesa *calf* (bezerro) é aparentemente uma contração de *ac-alif*, o grande A. A palavra gótica para

---

89. A palavra italiana para *carneiro* é *montone*.
90. *Queen Moo*, p. 19.
91. Perto de Tadcaster, em Yorkshire, está situado Ulleskelf, isto é, Ulles-Akelif? Junto ao Rio Duddon, em Cumberland, perto de Ulverstone, fica a Paróquia de Ulpha. Há outra Ulpha em Westmoreland. Perto de Penrith situa-se Ulfsby ou Ousby.
92. Canterbury inclui as paróquias de St. Alphage e Patrixbourne.
93. Payne-Knight, p. 147.

calf era *kalbo*, o Grande Senhor Pai; e os Alpes[94] e o Calvário aparentemente devem os seus nomes a essa mesma raiz.

O Dr. Taylor afirma[95] que a palavra hebraica *aleph* é idêntica a *eleph* ou *elephant*, a maior, a mais poderosa e a principal entre todas as feras. A palavra semita para *elephant* é *pul*, que também significa *rei*. No Antigo Testamento,[96] um certo Rei Pul é mencionado quando faz uma aliança com o Rei Menaém, isto é, Única (*Sole*) Águia ou Único A?

Le Plongeon afirma que entre os maias o mastodonte era venerado como uma imagem da Divindade na Terra, "provavelmente porque esse paquiderme era a maior e mais poderosa criatura que viveu em solo terrestre".[97] Para grande perplexidade dos historiadores, foi descoberta uma representação de elefante, "o símbolo de poder e sabedoria",[98] entalhada numa das torres redondas da Escócia na companhia de um crucifixo e de um cordeiro. Higgens, que inicialmente supôs que esses símbolos tivessem origem cristã, escreveu mais tarde: "Eu agora duvido [da data moderna da torre] pois vimos repetidas vezes o homem crucificado antes de Cristo. Nós também encontramos 'o Cordeiro que tira os pecados do mundo' entre os carnutos da Gália, antes da época de Cristo; e quando contemplei a ambos, e o elefante de Ganesha, e o anel e sua cobra, *Linga, Iona* e *Nandies*, encontrados não longe da torre ..., fui induzido a duvidar das minhas conclusões anteriores. O elefante, o Ganesha da Índia, é um camarada muito obstinado para ser encontrado até mesmo aqui. O anel também, quando juntado com outros aspectos, eu não consigo entender."[99]

Uma das maravilhas do mundo é a estupenda caverna santuário de Elephanta. Esse templo, "o mais antigo e mais magnífico do mundo", é descrito por Maurice como "nem mais nem menos que um soberbo templo do Deus Triúno".[100] O Ganesha indiano, representado seja como um elefante seja como um homem com cabeça de elefante, é invocado como o superador dos obstáculos por hinduístas de todas as seitas antes de começarem qualquer negócio: o nome se resolve em *ag an*, o Grande Um Isha. No *Ganapati Upanishad*, dirige-se a palavra ao Deus: "Louvado

---

94. Parte do distrito de Alp é chamado de Oberland.
95. *The Alphabet*, i. 169.
96. 2 Reis, xv. 19.
97. *Sacred Mysteries among the Mayas*, p. 64.
98. *Bible Myths*, p. 117.
99. *Anacalypsis*, ii. 130.
100. *Indian Antiquities*, iii. p. 9.

762   763

sejas, ó Ganesha! És manifestamente a verdade; és, sem dúvida, o Criador, o Preservador e o Destruidor, o Supremo Brahma, o Espírito Eterno. Eu falo o que é certo e verdadeiro; preserva-me, pois, quando falo, ouço, dou, possuo, ensino, aprendo; protege-me continuamente em qualquer lugar onde eu estiver."[101] Pode-se ver imagens de Ganesha em encruzilhadas de estradas da Índia, e ela é colocada por arquitetos nas fundações dos edifícios. No México antigo, a cabeça do mastodonte era, de maneira semelhante, o principal ornamento, e o mais comum.[102]

Diz-se que a encarnação de Buda foi realizada pela descida do poder divino chamado "o Espírito Santo" sobre Maia, uma mãe humana, e esse Espírito Santo desceu sob a forma de um elefante branco.[103] Stow, em seu *Survey* (Levantamento), fala de *elefantes* como *oliphants*, de onde se poderia presumir que provém o significado do sobrenome inglês Oliphant.[104]

A palavra alemã para *cabra* é *ziege*, o "Fogo idoso", e a sânscrita é *aga*, o poderoso A. A nossa palavra inglesa, *goat*, varia nas linguagens da Europa para *gat, goot, geit, ged, get*, e o radical de todas essas palavras é *at*, que é a palavra egípcia para *cabra*. Há razão, como veremos, para se supor que essa sílaba outrora significava o mesmo que as palavras do nosso inglês moderno *heat* (calor) e *hot* (quente) significam hoje.

Etna,[105] o vulcão, é uma forma contraída de *attuna*, a palavra fenícia para forno (*furnace*). A palavra francesa para *stove* (fogão) é *étuve*, e as sílabas *et, at, ot*, etc. ocorrem persistentemente em palavras relacionadas com *cabeça* ou com coisas *quentes*.

Assim como o *t* e o *d* são permutáveis em outros lugares, aqui eles novamente variam. A palavra do inglês antigo para *hot* (quente) era *hoot*; a anglo-saxônica é *hat*;

---

101. *Hindoo Mythology*, Wilkins, p. 273.
102. *Sacred Mysteries*, Le Plongeon, p. 97.
103. *Bible Myths*, Doane.
104. Numerosos remanescentes de elefantes foram encontrados na Bretanha.
105. Compare com o nome cristão Edna.

a holandesa é *heet*; a sueca é *het* e a dinamarquesa é *hed*. A palavra francesa para *warm* (quente) é *chaud* e para calor é *chaleur*, o Sempre-Existente, Eterno Fogo.

Tammuz era conhecido como Atys ou Attis, e seu nome alternativo, Adônis, se resolve, com uma singular relevância para a opinião corrente, em "quente luz Solar". *Aton*, a palavra asteca para *sol*, e *aten*, a egípcia para *sol*, parecem ter significado originalmente o *hot one* (o quente) ou o "*hot 'un'*"; e quanto a Ptah-Hotep, um dos títulos do Patah egípcio, pode-se talvez transliterá-lo em "o Pai Brilhante Ah ou A, o Hot Hoop (Aro Quente)".

A principal Divindade do Fogo entre os japoneses é Atago-Sama. Atago pode ser entendido como o "quente e poderoso O", e a palavra Sama é estreitamente aparentada com Samas, o Deus-Sol ou Deusa-Sol da Babilônia, que também era conhecida como Utuki, isto é, o "Quente e Grande Um" (?). O principal santuário de Atago-Sama fica no topo do alto monte de Atago, perto de Kioto, e santuários de *montanhas* são dedicados a ele em todas as principais cidades do Japão. Na antiga religião do estado, o Deus e o fogo eram considerados idênticos.[106]

A palavra japonesa *kami*, que significa Deus e qualquer coisa semelhante a Deus, é o mesmo que Kami,[107] o antigo nome do Egito. *Khama* é a palavra hebraica para *sol*, e *cam*, *kem* e *can* são as palavras ciganas. Em sânscrito, a palavra *khan*[108] significa *sol*; em hebraico, *kham* significa *calor*; e é provável que o nome Kami ou Kamit, aplicado no Egito, não signifique "Terra Negra", mas "Terra do Grande Sol Quente". A palavra Egypt (Egito) se resolve em Ej-yp-te, "o idoso Olho Brilhante".

Nas praias do Mar Vermelho (*Red*, (*ured*) ou "Fogo-Quente"), que os italianos chamam de *mar Rosso*, fica situada a cidade notavelmente quente de Aden. Adim é a palavra sânscrita para primeiro, e se acredita que Adam (Adão) é o primeiro ancestral da Humanidade. Adon foi a grande Divindade dos fenícios, e Adonai é um termo místico e poético para o Espírito Supremo, do qual se fala dizendo-se que é a *Monad* (Mônada). *Monadh* é a palavra gaélica para *montanha* ou *colina*, correspondendo ao galês *mynydd*, e essas duas palavras ocorrem freqüentemente em nomes de lugares.[109]

O babilônio Rammanu, Bir ou Birqu era conhecido alternativamente como Addu, "brilhância quente" (?); Adad, "calor dos calores" (?); e Dadu, "brilhante

106. *Shinto*, Aston, W. G., p. 44.
107. Ou Chemi, de onde vem a palavra *química*.
108. Compare com o título afegão Khan. Na língua celta, os nomes Kean e Kenny significam *vasto*.
109. *Words and Places*, Taylor, p. 326.

dos brilhantes" (?). Na língua romani ou cigana, *dad* e *dado* significam *pai*, e são claramente as mesmas palavras que as nossas inglesas *dad* e *daddy*. A palavra celta para *ancestrais* era *gour dadou* e *tadou koz*, sendo que ambos os termos refletem a crença primitiva segundo a qual o primeiro pai do homem foi o "Papai Grande Fogo" ou "Papai Grande Luz".[110] Nos Evangelhos, Dídimo é mencionado como outro nome para Tomé.

A palavra celta para *pai* era *tad* ou *tat*, a origem, talvez, dos sobrenomes Tod, Tait, Taddy, todos os quais podem ser comparados com o símbolo egípcio chamado de *tat*, *dad* ou *daddu*. O *Tat*,[111] uma representação de quatro pilares, era o emblema da estabilidade. Recentemente, decidiu-se que o *tat* ou *dad* também representava a espinha dorsal ou *backbone* (*back bone*) (coluna vertebral) de Osíris.[112] No emblema reproduzido a seguir, a letra A forma a base de uma árvore[113] semelhante a chamas, de uma coluna vertebral ou do Fogo da Vida. Essa vara ou tronco de Jessé pode ser identificada com o *Ashera*, um objeto fálico mencionado no Antigo Testamento com relação ao culto de Ashtoreth. O *Ashera* era um tronco ou mastro vertical que corresponde simbolicamente ao Mastro de Maio inglês. No Japão, uma certa santidade ainda está associada ao pilar central (*king-post*) da casa, conhecido como *daikoku-bashira*. O *bashira* ou Pai Ashera está associado nos antigos rituais japoneses com uma Casa-Deus chamada de Yabune.[114] O "Bom Ya" era outrora, sem dúvida, a mesma concepção que o hebraico Yah ou Jah.[115]

764

---

110. A palavra celta para *anjo* é *el*, Deus. A francesa para ancestral é *aïeul*.

111. Compare com a palavra inglesa *teat* ou *dud*. *Tud* é a palavra cigana para *leite*, e na mesma língua *tatoo* = *hot* (quente), *tatcho* = *true* (verdadeiro) e *tatchipen* = *truth* (verdade).

112. *Book of Dead*, Tirard, p. 79.

113. Acreditava-se que Osíris fora aprisionado no tronco de uma árvore.

114. *Shinto*, Aston, p. 46.

115. Em 1 Crônicas ii. 27, é dito que Buna foi irmão de Ram; em Rute iv. 19, é dito que Ram gerou Aminadabe.

Em certas partes de Samaria, o grande deus Pã era conhecido como Ashima,[116] e, na mitologia persa, Armaiti, a Grande Mãe, tinha uma filha — "a boa Ashi" — cuja função é deslocar-se entre a terra e o céu e trazer a sabedoria celeste para a humanidade. Em sânscrito, as sílabas A-si são equivalentes ao hebraico Jah e significam "Tu és": fundamentalmente, o sânscrito A-si se resolve em "Fogo do A".

Entre as nações européias, o Pai de Tudo (*All-Father*) era peculiarmente identificado com o Poderoso Freixo, e é provável que a sorveira brava e o freixo das montanhas fossem originalmente venerados em razão dos glóbulos de "semente sagrada", o "frutífero orvalho de mel", espalhado sobre eles em cachos vermelhos. Vermelho era a cor do Amor e do Sangue, e o Sangue era considerado como a essência da vida e a fonte de toda atividade humana. A palavra latina para freixo é *fraxinus*, a "grande luz do Fogo"; a palavra islandesa é *askr*, o "esplendor do Grande Fogo"; a dinamarquesa e a sueca são *ask*; e a lituana é *asis* = Ísis. As perfumadas flores brancas do freixo, que se assemelham às pequenas flores do espinheiro, crescem em densos cachos e aparecem no mês de Junho ou de Juno. Cada uma das flores tem *cinco* pequenas sépalas e *cinco* pétalas brancas arredondadas, e as folhas serrilhadas da árvore têm uma certa aparência de pequenas chamas. "Eu conheço um Freixo chamado Iggdrasil, uma árvore alta, salpicada de umidade branca (de onde vêm os orvalhos que caem nos vales): ele permanece sempre verde na primavera de Urd.[117] Dele vêm três donzelas, todas sábias, da entrada que se encontra debaixo da árvore."[118] Essas três donzelas, a familiar Trindade do Bom Pensamento, da Boa Ação e da Boa Palavra, podem ser comparadas com as três Rainhas guardiãs do Rei Artur; e o nome Ig-dur-as-il pode ser resolvido em a "Grande Duradoura Luz de Deus".

Na Figura 765, o Urge (Impulso) vital, o Fogo rejuvenescedor, é simbolizado por uma espiga de trigo ou cevada com as praganas. A palavra francesa para cevada é *orge*, uma palavra que, idêntica a *urge*, reaparece em *burgeon*, um rico botão ou broto explodindo de energia.[119]

Uma das designações gnósticas de Cristo, o Pão da Vida, era "a Grande Espiga de Trigo"; Hórus tinha por epíteto a Verde Espiga de Trigo, e a Espiga de Trigo era um atributo muito conhecido de Ísis, Ceres e de outros aspectos do Grande Pai ou

---

116. *Bible Dictionary (Ashima)*, Smith.
117. Compare com o sobrenome Hurd.
118. Extraído do *The Edda*, W. Faraday, p. 29.
119. Originalmente Bud era pronunciado como *budde* ou *bodde*, e a palavra portuguesa para *goat* é *bode*.

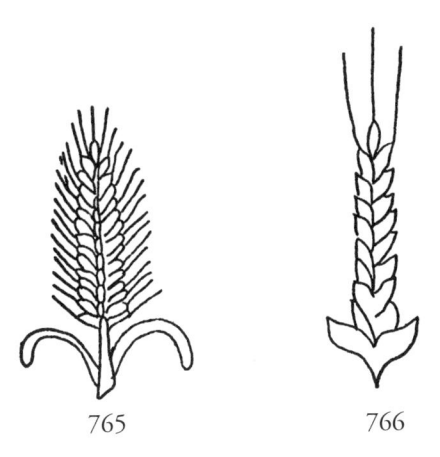

765   766

Mãe. Ele simbolizava o poder espermático do Criador e pode ser identificada com o cajado ou vara da vida, sendo que até os dias de hoje essa expressão é proverbialmente aplicada ao trigo.

No vestíbulo do Museu Britânico há uma escultura que representa Mitra matando o Touro sacrificado, e o sangue que jorra do ferimento do Touro tem a forma de *três* espigas de trigo.

Uma espiga de trigo com as praganas figura numa moeda cunhada pelo rei britânico Cunobelinus, mais conhecido como Cymbeline (cerca de 5 d.C.). A capital do Rei Cunobelinus — Belenus, o Carneiro solar, o grande único O — era Colchester,[120] então conhecida como Camulodunum. Sir John Rhys identifica Cumhal, a raiz desse nome, com *himmel*, a palavra alemã para *céu*; e *heaven* (céu) é o mesmo que *Evan*,[121] que era um dos nomes de Baco. A cidade de Roma, de acordo com alguns relatos, recebeu esse nome em homenagem à Deusa Roma, uma filha de Evander, o "duradouro Evan". Diz-se que Rômulo, o fundador alternativo de Roma, instituiu para o serviço dos deuses uma ordem de sacerdotes chamados Camilli ou Camillæ. Camille é um nome cristão francês; Camillus era um sobrenome romano; e na Itália e na Mesopotâmia havia pessoas que se chamavam Camelani. Na Inglaterra e na Escócia, há um Rio Camel; Cammel é um sobrenome inglês; e as mesmas raízes são responsáveis por Camelot, a maravilhosa cidade do Rei Artur, que os poetas descrevem como uma cidade de pináculos e pequenas torres amontoados de forma pitoresca sobre os declives de uma montanha íngreme.

---

120. É dito que Phryxus (*Furiksus*) foi transportado para a Cólquida nas costas de um carneiro dourado. Colchester era a capital do Trinobantes.
121. Compare com os nomes Evan, Evans, Levan e Bevan ou Ap-Evan.

Os camelos simbólicos desenhados abaixo têm, nos três casos, a corcova representada como um monte triplo ou monte Sagrado — fato que me leva a investigar a ligação, se é que existe, entre as palavras *camelo* e Carmelo, o monte Sagrado. Além do Monte Carmelo na Palestina existe um Pico Carmel em Anglesey, e na América do Sul existe uma Alta Camela.[122]

No Cântico dos Cânticos, a cabeça do Noivo é comparada com o Monte Carmelo: "A tua cabeça é como o Monte Carmelo";[123] e em Miquéias a idéia de Carmelo está associada com a da haste frutífera, ou com a espiga da vara da vida: "Apascenta o teu povo *com a tua vara*, o rebanho da tua herança, os teus herdeiros, que mora a sós no bosque, no meio da terra fértil de Carmelo."[124]

A palavra Carmelo, de acordo com reconhecidas autoridades, significa não apenas o *cordeiro circuncidado*, mas também *colheita, videira de Deus* — *ou então um jardim ou pomar* — e *cheio de espigas de milho.*

767   768   769

Alguns estudiosos arturianos identificam Camelot com Guildford, originalmente Gilford, em Surrey. A palavra hebraica para *camelo* é *gimel*; e se acredita que *gimel*, a terceira letra do alfabeto hebraico, tomou sua forma da corcova do camelo.[125] Portanto, deve ter existido algum significado peculiar associado à corcova do camelo, e se Guildford é equivalente a Camelot, nós podemos talvez supor corretamente que Gil é uma forma decaída de *gimel*.

Entre os nomes de lugares nas vizinhanças de Stonehenge está Gomeldon; *gamel* é a palavra em inglês antigo para *ancient (antigo)*, e Gemmel é um sobreno-

---

122. O Alta usado aqui pode ser comparado com as palavras britânica Alt e gaélica Alltha, que significam um lugar íngreme ou distrito montanhês, e assim utilizadas, com freqüência, na Escócia e em Gales.

123. Cântico dos Cânticos vii. 5.

124. Miquéias vii. 14.

125. *The Alphabet*, Taylor, p. 87.

me escocês. Na Babilônia, existiu um rei, Gimel Sin (2500 a.C.); ele foi divinizado durante a vida, e depois de sua morte ergueu-se um templo em Lagash (= "Senhor Grande-*Ash* (Freixo)"?) em sua homenagem.[126]

Existe um boi asiático que traz sobre os ombros uma corcova semelhante à de um camelo, e esse animal sagrado é conhecido como *zebu*, isto é, "Pai Fogo".

É dito que os israelitas foram guiados através do deserto por um pilar de fogo, e a idéia de um pilar flamejante como fonte energizante do Ser foi dramaticamente apresentada pelo Sr. Rider Haggard em *She* (Ella). "'Aproximem-se, aproximem-se!' exclamou Ayesha,[127] com uma vibrante exultação na voz. 'Contemplem a Fonte e o Coração da Vida, quando ele bate no seio deste grande mundo. Contemplem a substância da qual todas as coisas tiram sua energia, o Brilhante Espírito deste Globo, sem o qual ele não pode viver, mas ficaria frio e morto como a lua morta. Aproximem-se, e banhem-se nestas chamas vivas, e recebam a sua virtude em seus pobres corpos em toda a sua força virginal — e não como agora, quando ele brilha debilmente em seu seio, filtrado além disso através dos finos filtros de milhares de vidas intermediárias, mas como ele está aqui, na própria fonte e nascente do Ser terrestre.' Nós a seguimos através do róseo brilho até o topo da caverna, e até que nos postamos diante do lugar por onde passavam a grande batida pulsante e a grande chama. E, à medida que seguíamos, íamos ficando sensíveis a uma alegria selvagem e esplêndida, a um sentido glorioso de tamanha e impetuosa intensidade de Vida que, ao lado dele, os momentos mais alegres de nossa força pareceram insípidos e domesticados e débeis. Era o mero eflúvio do fogo, o éter sutil que ele desprendia à medida que as suas ondas rolavam, entrando dentro de nós, e nos tornando fortes como gigantes e velozes como águias. Ele chegou mais perto, e ainda mais perto, até que ficou bem sobre nós, rolando em sua descida como se somasse todas as rodas dos trovões do céu que seguiam atrás dos cavalos, dos raios e dos relâmpagos. Sobre ele viajava, e com ele, sua gloriosa e enceguecedora nuvem de luz multicolorida, e permaneceu diante de nós por algum tempo, revolvendo lentamente, como nos pareceu; então, acompanhado pelo séquito de pompa sonora, ele se foi, não sei para onde. Tão extraordinária foi essa maravilhosa visão que todos nós, menos *Ella*, que estávamos de pé com as mãos estendidas na direção do Fogo, afundamos no chão diante dele, e escondemos o nosso rosto na areia."

---

126. *Religion of Babylonia and Assyria*, Jastrow, p. 561.
127. Note a precisão de linguagem desse nome.

Da mesma família do *Laburno* dourado, e aparentada a ele no esplendor das suas cataratas floridas, é a árvore que nós chamamos de *acácia*, mas pronunciamos *akashur*, o "Grande Ashur".

É dito que *Acácia* vem do grego *akakia*, "a espinhosa acácia egípcia", e sua raiz é *akis*, uma *ponta* ou *espinho*.[128] O Espinheiro é uma árvore de *spikes* (pontas) ou *spines* (espinhos); *spike* também significa uma *ponta afiada*, um *prego* e uma *espiga de milho*; e *spine* também significa *coluna vertebral*.

De acordo com a tradição rabínica, a sarça ardente sobre o Monte Sinai,[129] onde o Deus de Israel apareceu para Moisés, era um *espinheiro*. No Egito, o espinheiro estava associado a Unbu, e se supunha que a acácia *espinhosa* fosse a morada da deusa-mãe Neith. Na teologia assíria, encontramos a *espinhosa* árvore de luz, sagrada para Ashur, e na Arábia o lótus *espinhoso* era consagrado a Baal.[130]

É dito que a coroa de *espinhos* com a qual os judeus coroaram Cristo foi trançada com galhos do arbusto espinhoso chamado de *jujube* ou *jujuba*,[131] um gênero que pertence à ordem natural das *rhamnaceæ*. O Espinheiro Sagrado de Glastonbury é chamado de *sacra spina*, e a *jujuba* era conhecida como *spina christi*. Há poucas dúvidas de que, na infância do Mundo, todas as coisas espinhosas ou pontudas de todo o Globo eram consideradas simbólicas do dardejante, irradiante e penetrante Fogo, conclusão que uma análise das palavras *pur ik el, bur is el, es pin es, se pyx*, e assim por diante, confirmará. Os norte-americanos chamam o carrapicho espinhoso da Castanha-de-Cavalo ou Castanha-de-Hórus pelo nome de *buck-eye* (*olho-de-cervo*).[132] O simbólico ramo, ramalhete, galho, *rameau* ou *virgo* nas ilustrações a seguir pode ser reconhecido como *Buckthorn, Bellacthorn*[133] ou Hawthorn — o espinho do Haw (espinheiro) ou A.

É evidente que o eixo do Universo era considerado indiferentemente como sendo uma coluna de fogo, um pilar, uma espinha dorsal, um espinho, uma espiga, um prego, um torso, um tronco, um bastão, um pivô, um fuso, um eixo de roda, uma vara ou um mastro. Neste signo universal, Eros, o Deus do Amor ou da Atração, o primeiro princípio da animação, o pai dos Deuses e dos homens, e o

---

128. Skeat.
129. O Sinai era alternativamente conhecido como Horeb e Choreb.
130. *Bible Folk-Lore*, p. 61.
131. *Chambers's Encyclopædia*.
132. A palavra foi presumivelmente transmitida pelos Pilgrim Fathers.
133. Há uma cidade chamada Hackthorne situada perto da Ermine Street quando ela passa por Lincolnshire.

770   771

regulador e ordenador de todas as coisas, era cultuado sob o nome de Priapus — Pur-i-apus. Dizia-se que Príapo permeava todo o Universo, com o movimento de suas asas trazendo pura luz, e por isso ele foi chamado de "o Esplêndido, o Auto-Iluminado, o Regente Príapo".[134]

O bastão tosco, que ocorre na heráldica em conjunção com o Urso, tem sem dúvida um significado semelhante. Esse tronco, ou bastão tosco, está representado na Figura 771.

Estendido ao sul de Whitby e de Scarborough, sob o mar invasor, estão os remanescentes submersos da outrora florescente cidade de Owthorne.[135] Na mesma linha litorânea, também foram levados pelas águas os portos de Ravensrod e Ravenspur. *Rod* (vara) ou *Rode* tinha outrora, como em Holyrood, o significado secundário de cruz. *Spur* (espora), a mesma raiz de *sperm* (esperma), ocorre nos nomes Spurr, Spurling, Spurge, Spurgeon, etc., nas Montanhas Sperrin irlandesas

772

134. *Orph. Hymn.*
135. *Story of Lost England*, Willson (Beckles), p. 82.

e no Cabo Spurn, o local da antiga Ravenspur, onde se ergue o assim chamado "Farol Flutuante do Touro". A perna reproduzida na figura 772, estrelada por uma *eperon* (espora) ou *spur* de cinco raios e untada por uma réstea de chama descendente é, pelo que parece, um símbolo de Deus, a Espora Dourada, o Esperma Energizante, a *Spark* (Faísca), o *Spurt* (Esguicho) ou o Espírito. As armas de Mona formam a bem conhecida trindade de pernas; essas três pernas, que "estimulavam e decoravam Or", emergindo de uma face solar, são os emblemas heráldicos de Trinacria ou Três Ângulos, atualmente Sicília.

Perto do Cabo Spurn estão as cidades de Paull, Patrington, Barton, Brigg, Hull e Goole, isto é, o Grande Yule ou Roda? Nas vizinhanças de Goole situa-se o município de Armin.

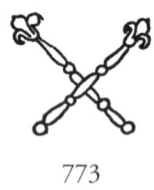

773

Layard faz referência a uma tribo árabe, os Yezidis, que têm um símbolo muito reverenciado, que eles chamam de Melek Taos ou Rei Taos. O Melek Taos — "Deus-Sol, grande luz brilhante" — era a imagem de um pavão fixado num suporte semelhante a um castiçal, e foi cuidadosamente explicado a Layard que esse objeto não era considerado um ídolo mas um símbolo.[136] Imagens de um pássaro sobre um pedestal foram encontradas por Bent durante sua exploração dos Templos pré-históricos de Mashonaland,[137] e símbolos semelhantes foram descobertos na Fenícia, no Egito e em Chipre. O pilar ou *betyle* — compare com o nosso *beetle*

774

---

136. *Nineveh*, p. 188.
137. Om-ash-una?

775

776

777

778

779

780

(malho), o anglo-saxônico *bitela* — era o emblema do Axis (Eixo) universal, e o Pássaro sobre o topo pode ser descrito como um *pombo*, o "Pai Sol Sempre-Existente", ou um *pavão*. Atualmente, esse símbolo real é chamado de *sceptre* (cetro) — originalmente *se pitar*, o "Fogo Pai"; e o cetro inglês traz em sua ponta uma Íris ou *Fleur-de-Lys*. Os maoris da Nova Zelândia possuem um pombo em pedra verde que eles têm levado consigo durante incontáveis séculos durante suas numerosas peregrinações. Esse pássaro simbólico, chamado de "o Korotangi", o "Grande Sol de Fogo-Quente, o Sempre-Existente" (?), costumava ser colocado no topo de um monte (na língua maori, *taumata* = *tum*, o quente A) e invocado como um oráculo.[138]

Nos emblemas aqui reproduzidos, Pan, Mon ou Tum é parcialmente representado com uma face de Bode e parcialmente com a de um Leão. Como símbolo do Sol, o leão era, e é, um emblema universal, e a causa disso pode provavelmente ser rastreada até a semelhança entre a face solar convencional e a face fulva, amarela, circundada pela juba, de Leo. A palavra *leo*[139] significa o "Everlasting O (Eterno O)", e *leon*, *laon* ou *lion* podem ser resolvidos em o "Everlasting One" (o Um Eterno). A palavra hebraica para *leão* é *laish*, a "Luz eterna", e a palavra persa *sher* pode ser identificada com Ashur.

781   782   783

É comum identificar Cristo com o "Leão de Judá", associado no Apocalipse com a Raiz de Davi.[140] Diz-se que Judá foi o pai de *cinco* filhos,[141] e o signo *Leo* é o *quinto* do Zodíaco. Na Figura 781, o Leão é identificado com Judá, o "Sempre-Existente A Brilhante", por meio de *cinco* corações, e as figuras 782 e 783 são habilidosamente desenhadas para representar o Fogo Vivo.

---

138. *Maoris of New Zealand*, Cowan, pp. 72, 73.
139. Compare com Leopold, Leotard, Leonard, Cleo, etc.
140. Apocalipse v. 5.
141. 1 Crônicas ii. 4.

Na Figura 785, na qual o realismo foi sacrificado em favor do simbolismo, a cabeça consiste num *lírio* ou *íris*. A juba forma *oito* lobos e a barba forma três letras V, ou raios de luz. A cauda representa uma romã, que em hebraico se chama *rimmon*. A pata direita agarra as seis flechas ou relâmpagos do Poder Divino, e a pata esquerda segura um fogaréu em forma de lua, ou uma luz de farol. O tridente, ou lança de três pontas — um conhecido emblema de poder — é uma forma alternativa da Cruz.

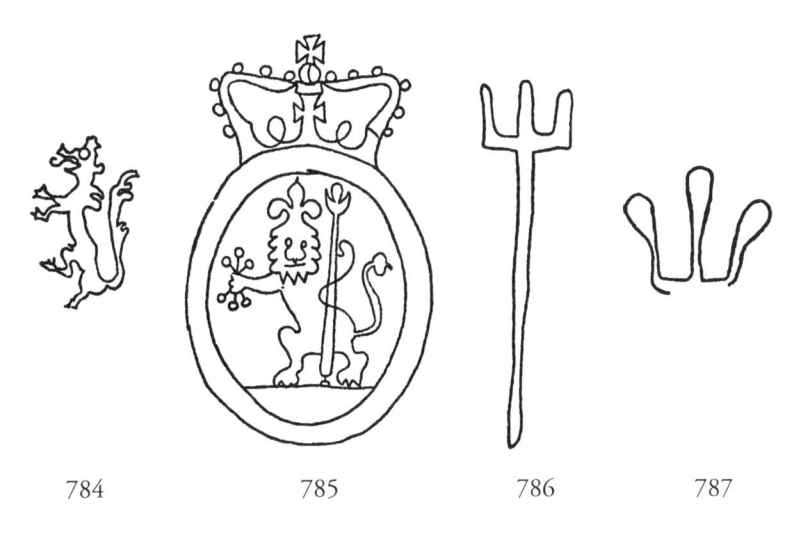

784 785 786 787

Um leão deitado era o hieróglifo egípcio para a letra L, e na Índia, na Pérsia e, aparentemente, em todas as partes do mundo, o leão é o emblema reconhecido para a força, a coragem e o Sol. Em Mashonaland, os nativos chamam o leão de *Mondoro*, "o solitário e duradouro O", e lá ele é cultuado como uma divindade boa. Bent, ao descrever uma visita ao Sumo Sacerdote de *Mondoro*, que, como o seu Mestre, também é chamado de "o Mondoro", diz: "Então, nós o questiona-mos sobre o leão-deus, e ele nos deu a entender que o Mondoro ou o leão-deus do país de 'Mtoko é uma espécie de leão espiritual que só aparece em épocas de perigo, e luta pelos homens de 'Mtoko; todos os homens bons da tribo, quando morrem, passam para a forma do leão e reaparecem para lutar pelos seus amigos. É bastante claro que esses selvagens entretêm uma firme crença numa vida após a morte e num mundo espiritual, e cultuam seus ancestrais como intercessores espi-rituais entre eles e o indefinido Muali, ou Deus que vive no Céu."[142]

---

142. *The Ruined Cities of Mashonaland*, p. 329.

Uma vez a cada doze meses, um boi e um bode são sacrificados para o Mondoro; no mesmo distrito, *bondoro* é a palavra nativa para *manes* (espíritos dos mortos) ou ancestrais.[143]

Ao olhar de cima o Templo do Grande Zimbábue em forma de ovo, em Mashonaland — veja a moldura oval na Figura 785 — vê-se o Monte Beroma ou Veroma em forma de torre; e quando os portugueses visitaram pela primeira vez essa região da África, ela estava sob o governo do Imperador Monomatapa. Esse nome — "o sol solitário, o quente olho A" — é tão cheio de informações interessantes quanto os outros nomes reais africanos, tais como Lucere, Manuza, Khama, Chaka, Panda, Umpanda e Chipunza ou Chipadzi.

A palavra *Zulu*[144] é provavelmente cognata de Zula, um nome de lugar na Cornualha, e as curiosas paredes de pedra de Zimbábue, em ziguezague e sem argamassa, ainda são construídas em certas partes da Cornualha, em especial nas proximidades de Boscastle e de Bossiney. Bos — que originalmente era *obus* ou *bous*, sendo que tanto *bos* como *bous* significavam *boi* — é um prefixo comum na Cornualha, e às vezes ocorre como sufixo, como no nome de lugar Probus,[145] perto de Par. Às margens do Rio Ouse, perto de Boston, em Lincolnshire, há um lugar chamado Wyboston, na paróquia de Eaton-Socon. Junto ao Usk (*usik* ou Grande Ouse), perto de Wye, no condado de Monmouth, situa-se a cidade de Caerleon, isto é, *o assento* ou *fortaleza do leão*. A rocha de Laon, a fortaleza dos últimos reis merovíngeos, também era conhecida como Laudunum. O nome de lugar Lau ou Leo, como em Leiden — novamente a *Leo's Den* (Toca do Leão) — e Leon, como nas palavras francesas Laon e Lyons, é sempre alternativamente Lugus, isto é, *Lord Great Ouse* (Grande Senhor Ouse), *Uz* ou *Luz*.[146] A terra per-

---

143. "Um leão (Simha) foi o ancestral mítico do Príncipe Wijaya, o conquistador ariano do Ceilão, e as pessoas que cruzavam com ele vindas do norte da Índia (543 a.C.) ostentavam o nome de simbaleses. As Crônicas do Ceilão testemunham que no século III antes de Cristo, quando o budismo foi introduzido na Ilha, o Grande Mosteiro de Anuradhapura foi erguido na forma de um leão de guarda. Posteriormente, os muros da capital foram ornamentados com figuras de leões, e o mesmo emblema aparece em numerosas esculturas na cidade sagrada, bem como nas capitais posteriores, tais como Pollonnaruwa. A maravilhosa cidadela rochosa Sigiri (a Rocha do Leão), foi modelada na forma de um leão. Esse emblema nacional também aparece na moeda de ouro de Parakrama Bahu, o Grande (1164–97)." — *Miscellanea Genealogica et Heraldica*, ser. iv., vol. iii., pt. viii., p. 371.

144. Zulu é uma forma abreviada de Amazulu. Os zulus constituem um ramo dos bantus. Compare com os nomes ingleses Bunty e Bundy.

145. *Probidade* é *honestidade*. A palavra "honesto" se resolve em "luz resplandecente do Uno", e a expressão "honesto como a luz do dia" é proverbial.

146. "O nome Lugus", diz o Sr. C. Squire, "ainda está ligado às cidades de Lyons, Laon e Leyden, todas elas antigamente chamadas de Lugudunum." — *Mythology of Ancient Britain*, p. 13.

dida de Lyonesse era alternativamente chamada de Logris, e a Lyonesse francesa (atualmente Normandia e Bretanha) era originalmente uma grande província chamada de Lugdunensis, dividida, como uma cruz de São Jorge, em quatro quadrantes, conhecidos, respectivamente, como Lugdunensis Prima, -Secunda, -Tertia e -Quarta. Há um Leominster às margens do Rio Lug, perto de Shrewsbury, e Shrewsbury era conhecida pelos antigos bretões como Pengwern. O pássaro aqui reproduzido seria o pingüim, um pássaro de Pã? Ou será que ele pretende representar *Auk* ou *Grande Auk*?

788 789

Em Sussex, há um Leominster que contém a aldeia de Crossbush. Leinster (ou Leonstower), uma das quatro províncias da Irlanda (ou Ureland), pode ser identificada com Leiden e Laudunum; e Leinstur está localizada perto de Munster,[147] Minster ou Minister, uma torre ou fortaleza de Minis,[148] a Única (*Sole*) Luz. A sede principal do culto a Apolo era a cidade de Patara; o nome Cleópatra se resolve em *ac leo patara*, o Grande Leo, o Eterno O, o Duradouro Pai A.

Leo, como Pius (Pio), a luz de Pa, e Urban, o Fogo benigno, é um nome convencional adotado pelos Papas. As *pipes* (flautas)* cruzadas na Figura 789 são um símbolo de Cristo, o *Piper* (Flautista) ou Grande Papa.[149]

"O Pai do Todo", diz um dos escritores gnósticos, "também é chamado de o 'Flautista', pois o que nasce é o Espírito (ou Alento) harmonioso. O Espírito é igualmente chamado de o Pai, e o Filho gerado pelo Pai para o culto do Perfeito não é carnal, mas espiritual ... Este é o mistério do Uno Incompreensível, dotado

---

147. Ulster = "Torre de Deus" (?). Compare também com Ulleswater, perto de Penrith, Patterdale ou Paterdale, Birkfell e Pooley.

148. Minns ou Minnes é sobrenome inglês.

* Em inglês, o plural de flauta, *pipes*, é também o nome da gaita de foles, em torno da qual gira o conto de fadas que encerra o livro. (N.T.)

149. Em *Travels on the Amazon* (Viagens no Amazonas), o Dr. Wallace menciona o Grande Rei Abutre — no Egito, o abutre era o símbolo do cuidado materno — como "Sarcorhamphus papa" (p. 320). Se este é o nome local ou o nome científico, eu não sei dizer.

de inúmeros olhos, pelo qual toda a Natureza anseia de diferentes maneiras. Esta é a Palavra de Deus."[150]

Há um conto de fadas eslavo narrado de uma das montanhas dos Cárpatos, denominado Caraiman, mas que se aplica igualmente a Man ou Pã, o Presidente de todas as montanhas. Ele se desenrola deste modo: "Há muitos e muitos anos, quando o céu estava mais perto da terra do que agora, e havia mais água do que terra, nos Cárpatos morava um poderoso feiticeiro. Ele era tão alto quanto o mais alto dos pinheiros. E carregava sobre a cabeça uma árvore inteira com brotos verdes e ramos em botão. Sua barba, que tinha muitas jardas de comprimento, era de musgo, e os seus cílios também eram. Sua roupa era de casca de árvores, sua voz era semelhante ao ribombar do trovão, e debaixo do braço ele carregava um conjunto de gaitas de fole, grande como uma casa. Ele podia fazer tudo o que quisesse com suas gaitas de fole. Quando ele tocava suavemente, rebentos verdes brotavam por todo o seu redor, até tão longe quanto os seus olhos pudessem alcançar; se ele soprasse com um pouco mais de força, ele podia criar coisas vivas; mas quando ele soprava com uma força assustadora, emergia tamanha tempestade que as montanhas sacudiam e o mar se encolhia de volta abandonando as rochas, de modo que mais terra era deixada a descoberto.

"Certa vez, ele foi atacado por alguns inimigos poderosos, mas em vez de tentar se defender, ele apenas colocou a sua gaita de foles nos lábios e transformou seus inimigos em pinheiros e faias. Ele nunca se cansava de tocar, pois seus ouvidos se deleitavam quando o eco lhes reenviava o som da sua música, mas ainda mais deliciado ficavam os seus olhos ao ver todas as coisas crescerem vivas ao seu redor. Em seguida, milhares de carneiros e ovelhas apareciam em todas as elevações e vindas de todos os vales, e sobre a testa de cada um deles crescia uma pequenina árvore, por meio da qual o Caraiman podia saber quem era que aí estava; e das pedras ao redor também emergiam cães, e cada um deles conhecia a voz do Caraiman. Como ele não havia notado muita coisa de bom nos habitantes de outros países, ele hesitou muito tempo antes de criar quaisquer seres humanos. No entanto, ele chegou à conclusão de que as crianças eram boas e adoráveis, e decidiu povoar sua terra somente com crianças. Então, ele começou a tocar o acorde mais doce que já havia composto — e, vejam só! Crianças brotavam por todos os lados, e ainda mais crianças, em multidões incontáveis. Agora você pode fantasiar, imaginando como era maravilhosa a aparência do reino do Caraiman. Nada, exceto brincadeiras e folguedos, vigoravam lá; e as pequenas criaturas davam seus primei-

---

150. Veja *The Gnostics*, King, p. 92.

ros passos e rolavam de um lado para o outro nesse lindo mundo e eram muito felizes. Elas rastejavam por baixo das ovelhas e sugavam leite das suas tetas; elas arrancavam ervas e apanhavam frutas e as comiam; elas dormiam em camas de musgos e debaixo de rochas salientes, e eram tão felizes quanto o dia era longo. Sua felicidade se insinuava por elas até mesmo durante o sono, pois então o Caraiman tocava para elas as árias mais adoráveis, para que elas tivessem sempre belos sonhos.

"Nunca se pronunciou qualquer palavra zangada no reino do Caraiman, pois todas essas crianças eram tão doces e alegres que nunca brigavam umas com as outras. Nunca surgiam ocasiões para inveja ou ciúme, pois o quinhão que cabia a cada uma era tão feliz quanto o quinhão que cabia à sua vizinha. E o Caraiman cuidava para que houvesse abundância de ovelhas para alimentar as crianças; e com a sua música, ele sempre proporcionava grama e ervas suficientes para que as ovelhas também pudessem ficar bem alimentadas.

"As crianças nada sabiam a respeito de ler e escrever; isso não era necessário, pois todas as coisas vinham até elas por si mesmas, e elas não precisavam se preo-cupar a respeito de coisa alguma. Nem precisavam de qualquer conhecimento a mais, pois não estavam expostas a perigo algum.

"No entanto, à medida que ficaram mais velhas, elas aprenderam a escavar pequenas moradias para si mesmas no chão, e a acarpetá-las com musgo, e então, de súbito, elas começaram a dizer: 'Isto é meu.'

"Certa vez, porém, quando uma das crianças começou a dizer: 'Isto é meu', todas as outras quiseram dizer o mesmo. Algumas construíram cabanas como a primeira; mas outras descobriram que era muito mais fácil aninhar-se junto àque-las que já haviam construído as suas, e então, quando os proprietários gritaram e se queixaram, os indelicados pequenos conquistadores riram. Por causa disso, aque-les que foram defraudados dos seus pertences brigaram com os punhos e as mãos fechadas, e então houve a primeira batalha. Alguns fugiram e foram se queixar junto ao Caraiman, que em conseqüência fez soprar uma violenta tempestade com a sua gaita de foles, que deixou todas as crianças terrivelmente assustadas.

"Desse modo, elas aprenderam pela primeira vez a conhecer o medo; e depois elas demonstraram raiva contra os mexeriqueiros. Desse modo, até mesmo as bri-gas e as divisões entraram no belo e pacífico reino do Caraiman.

"Ele ficou profundamente magoado quando viu como o minúsculo pessoal do seu reino se comportava exatamente da mesma maneira que as pessoas cresci-das em outras terras, e ele se debateu perguntando-se como poderia curar o mal. Deveria ele atirar todas elas, num sopro, para dentro do mar e construir uma nova família? Mas os novos logo ficariam tão maus quanto estes, e na verdade ele era realmente muito afeiçoado ao seu povo de pequeninos. Em seguida, ele pensou em levar embora tudo o que pudesse causar brigas entre eles; mas então tudo ficaria seco e estéril, pois era apenas a respeito de um punhado de terra e musgo que a briga tinha começado, e, na verdade, apenas porque algumas das crianças tinham sido industriosas e outras preguiçosas. Então, ele pensou em presenteá-las, e deu a cada uma delas ovelhas e cães, e um jardim para seu uso particular. Mas isso apenas tornou as coisas muito piores. Algumas cultivaram seus jardins, mas outras os deixaram crescer selvagens, e então perceberam que os jardins cultivados eram os mais bonitos, e que as ovelhas que tinham boas pastagens produziam mais leite. Então as perturbações se tornaram de fato ainda maiores. As crianças preguiçosas formaram uma liga contra as outras, as atacaram e levaram embora muitos dos seus jardins. Então, as industriosas se mudaram para um lugar fresco, que logo também se tornou belo sob as suas mãos; ou então elas se recusaram a ser expulsas, e surgiram longos conflitos, no decurso dos quais algumas crianças foram mortas. Quando elas viram a morte pela primeira vez, ficaram muito assustadas e magoadas, e juraram manter-se em paz umas com as outras. Mas foi tudo em vão — elas não conseguiam permanecer quietas por muito tempo; por isso, estando agora relutantes em matar umas às outras, elas começaram a roubar as propriedades das outras em segredo e com astúcia. E isso era muito mais triste de se ver; o Caraiman, na verdade, ficou com o coração tão pesaroso que chorou rios de lágrimas. Elas fluíram através do vale e se dirigiram para o mar; no entanto, as crianças perversas nunca consideraram o fato de que essas eram as lágrimas que o seu bondoso pai estava vertendo por causa delas, e continuaram a disputar e a brigar. Por isso, o Caraiman chorava cada vez mais, e o seu pranto se transformou em torrentes e cataratas que devastaram a terra, e terminaram por transformá-la num imenso lago, o que levou à morte incontáveis criaturas vivas. Então, ele parou de chorar, e soprou um vento poderoso, que deixou a terra novamente seca; mas agora, todas as coisas verdes que haviam crescido desapareceram, casas e jardins estavam enterrados sob pilhas de entulhos e pedras, e as ovelhas, por falta de pastagem, não davam mais leite. Então as crianças cortaram a garganta delas com pedras pontiagudas para ver se fluiria leite por um outro local. Mas, em vez de leite, jorrou sangue, e quando elas o beberam, ficaram ferozes, e estavam sempre ansiosas por mais. Por isso, elas mataram muitas outras ovelhas, roubando as dos seus irmãos, e beberam o sangue e comeram a carne. Então o Caraiman disse: 'Será preciso fazer animais maiores, ou logo não haverá mais animal algum!' e soprou novamente na sua gaita de foles. E vejam o que aconteceu! Touros selvagens vieram ao mundo, e cavalos alados com longas caudas escamosas, e elefantes e serpentes. As crianças começaram então a lutar com todas essas criaturas, e graças a isso cresceram muito altas e fortes. Muitos desses animais se deixavam domesticar e se tornaram úteis; mas outros perseguiam as crianças e as matavam, e como elas não mais habitavam em paz e segurança, muitas doenças lamentáveis e perigosas surgiram entre elas. Logo elas se tornaram, sob todos os aspectos, semelhantes aos homens das outras terras, e o Caraiman ficou cada vez mais desconsolado e sombrio, pois tudo o que ele pretendera utilizar para o bem se converteu em mal. E também as suas criaturas, que agora não o amavam mais e nem confiavam nele, e em vez de perceberem que elas mesmas tinham desencadeado os estragos, pensaram que fora o Caraiman que enviara a tristeza sobre elas por mero capricho, crueldade e esporte. Elas não escutavam mais a gaita de foles, cujos doces acordes tinham sido outrora o deleite dos seus ouvidos. Na verdade, agora o velho gigante nem se preocupava mais em tocar muito a sua gaita. Ele ficara cansado com tanta tristeza, e dormia durante horas debaixo da sombra das suas sobrancelhas, que haviam crescido para baixo, em direção às suas barbas. Mas às vezes ele acordava do seu sono, e colocava a sua gaita de foles na boca e soprava um som muito parecido com o da trombeta sobre o mundo perverso. Em conseqüência disso, ergueu-se uma tempestade tão raivosa que as árvores se vergaram e se esmagaram umas contra nas outras, rangendo, e acabando por desencadear um incêndio, e por isso toda a floresta logo ardeu em chamas. Então, ele se levantou com a árvore que crescia em sua cabeça até conseguir tocar as nuvens, e as sacudiu fazendo cair chuva, que apagou o incêndio. Tudo isso enquanto os seres humanos lá embaixo tinham apenas um pensamento: 'Como fariam para silenciar para sempre aquela gaita de foles?' Por isso, eles se armaram com lanças e flechas, e fundas e pedras, para combater o gigante. Mas, ao vê-los, ele explodiu num tamanho acesso de riso que houve um terremoto, engolindo a todos eles, com suas casas e o seu gado. Em seguida, uma outra hoste se arremessou contra ele com tochas feitas de pinheiros em chamas, com os quais pretendiam atear fogo à barba do Caraiman. No entanto, ele apenas espirrou e todas as tochas foram apagadas e todos os que as empunhavam caíram de costas no chão. Uma terceira hoste o teria amarrado enquanto ele dormia, mas ele se espreguiçou com pernas e braços, as amarras arrebentaram e os homens que haviam se aproximado dele foram esmagados até virarem átomos. Em seguida, eles pretendiam colocar sobre ele todo tipo de enormes animais selvagens que ele havia criado. Mas ele varreu todo o ar de uma só vez, o que causou uma interminável nevasca, que os cobriu repetidas vezes e os enterrou profundamente, transformando-se em gelo acima deles; de modo que, depois de milhares de anos, quando já não se via sequer um só indivíduo semelhante a eles sobre a terra, esses animais ainda estão lá, com o pêlo e a carne imutáveis, encaixados no gelo.

"Então eles pensaram em apanhar secretamente a gaita de foles, levando-a embora enquanto o gigante estivesse adormecido. Mas ele pousou a cabeça sobre a gaita, e a cabeça dele era tão pesada que os homens e os animais, juntos, não conseguiram puxar a gaita de debaixo dela. Por isso eles, finalmente, se arrastaram para cima dela e perfuraram um minúsculo orifício nos foles — e vejam só — ergueu-se uma tamanha tempestade que não se podia dizer se era a terra ou o mar ou o céu que se rasgaram, e quase nada sobreviveu de tudo o que o Caraiman havia criado. Mas o gigante não voltou a acordar; ele ainda está dormindo, e debaixo dos seus braços está a gaita de foles, que às vezes começa a tocar, quando o vento de tempestade é apanhado dentro dos foles, e sopra varrendo o Vale de Prahova. Se alguém pudesse pelos menos consertar a gaita de foles, o mundo voltaria a pertencer às crianças."

Transcrevi este conto quase literalmente, extraindo-o de *Legends from River and Mountain*[151] (Lendas do Rio e da Montanha), coletadas por Carmen Sylva, do folclore "associado com as montanhas que circundam a casa dela, entre os bosques de pinheiros de Sinala".[152] A julgar pela enorme antigüidade do folclore em geral, é possível que essa história vinda dos Cárpatos preserve uma das lendas de Pã numa forma comparativamente pura e primitiva. Os emblemas reproduzidos nas figuras 790 e 791 são descritos por Monsenhor Briquet como *Cornamusas*. Eles parecem representar o saco inflado, cheio de alento, da cornamusa ou gaita de foles, e eu penso que quem quer que os tenha desenhado ouviu e reconheceu as Flautas de Pã.

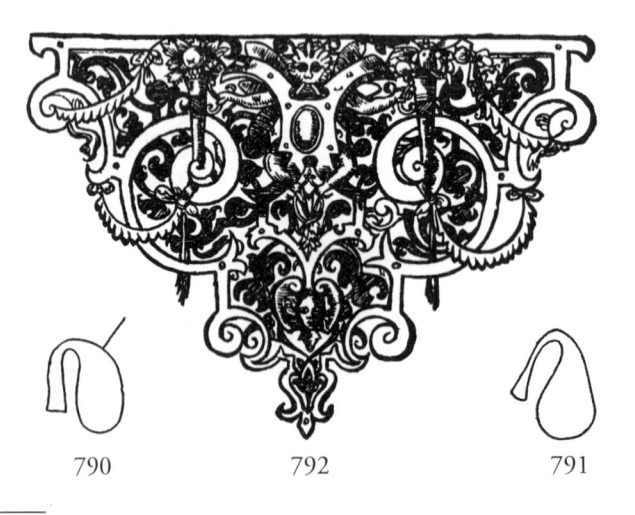

790   792   791

---

151. Traduzido por Alma Strettell, Londres, 1896.
152. Compare com Sinai, Sinodun, etc.